dtv

Deutsche Geschichte der neuesten Zeit
vom 19. Jahrhundert bis zur Gegenwart

Herausgegeben von Martin Broszat,
Wolfgang Benz und Hermann Graml
in Verbindung mit dem Institut für Zeitgeschichte, München

Hartmut Mehringer, geboren 1944, studierte Neuere und Osteu-
ropäische Geschichte und arbeitet als Leiter der Außenstelle Berlin
am Institut für Zeitgeschichte, München.
Wichtigste Veröffentlichungen: ›Permanente Revolution und Russische Revolution‹ (1977); ›Biographisches Handbuch der deutschsprachigen Emigration nach 1933‹ (Mitautor, 1980); ›Die KPD in
Bayern 1919–1945‹ (1983); ›Die bayerische Sozialdemokratie bis
zum Ende des NS-Regimes‹ (1983); ›Waldemar von Knoeringen.
Eine politische Biographie‹ (1989); ›Widerstand als »Hochverrat«‹
(Mikrofiche-Edition der Hochverratsverfahren vor dem Volksgerichtshof und anderen Gerichten der NS-Zeit, Mithrsg., 1995).

Hartmut Mehringer

Widerstand und Emigration

Das NS-Regime und seine Gegner

Deutscher Taschenbuch Verlag

Originalausgabe
Dezember 1997
© Deutscher Taschenbuch Verlag GmbH & Co. KG,
München
Umschlaggestaltung: christof berndt & simone fischer
Umschlagbild: © Bilderdienst Süddeutscher Verlag
Satz: Design-Typo-Print, 85737 Ismaning
Druck und Bindung: C.H. Beck'sche Buchdruckerei, Nördlingen
Gedruckt auf säurefreiem, chlorfrei gebleichtem Papier
Printed in Germany · ISBN 3-423-04520-5

Inhalt

NKFD/
BDO

Widerstand gegen den Nationalsozialismus, Flucht und Emigration nach 1933 sind bis heute im historischen Bewußtsein der deutschen Öffentlichkeit unzureichend oder oft nur als bloße Schlagworte präsent. In den ersten zwei Nachkriegsjahrzehnten begriff das Gros der Zeitgenossen Widerstand und Emigration keineswegs als generelle oder individuelle Handlungsalternativen während des Dritten Reichs. Die Erinnerung daran wurde vielmehr zumindest uneingestanden als Zumutung empfunden, weil sie vergegenwärtigte, daß neben aktiver Unterstützung, Anpassung und Mitläufertum durchaus auch andere Verhaltensweisen gegenüber dem Nationalsozialismus denkbar und möglich gewesen waren; sie bildete daher eine ständige Infragestellung der Nachfragetabus, die alsbald für die unmittelbare Vergangenheit galten. Im sowjetischen Besatzungsgebiet, in dem Widerstand sehr bald einlinig auf die kommunistische Version beschränkt wurde, hatte diese Reduzierung auf eine fiktive Vorgeschichte der sich durchsetzenden SED-Herrschaft eine durchaus vergleichbare legitimatorische Funktion.

Erinnerung schlug sich in alljährlichen Gedenkritualen und oft hilflosen Versuchen volkspädagogischer Nutzung nieder; es sollte bis Dezember 1980 dauern, bis die Kultusminister der Länder eine eindeutige »Empfehlung zur Behandlung des Widerstands in der NS-Zeit im Unterricht« vorlegten. Widerstand und Emigration blieben, wie sich an zahlreichen Einzelbeispielen zeigen läßt, weithin von Irritationen, Unsicherheiten, Befremden und Ambivalenz gekennzeichnet, boten und bieten teilweise noch immer ein facettenreiches und häufig widersprüchliches Bild, das von amtlicher Anerkennung und weihevoller Verehrung über kritische Distanz bis hin zu partieller oder sogar genereller Ablehnung reichte. Lediglich der Vorwurf des Vaterlandsverrats ist inzwischen weitgehend verstummt.

Dies ist umso erstaunlicher, als kaum ein Thema der deutschen Zeitgeschichte im In- und Ausland ein so großes Interesse gefunden hat wie der Widerstand gegen die nationalsozialistische Diktatur und – mit einiger Verspätung – auch die Emigration nach 1933. Dies zeigt sich schon an der kaum noch überschaubaren Flut von Darstellungen, Würdigungen, Einzel-, Spezial- und Regionaluntersuchungen, die diesen Themen in der zweiten Hälfte des 20. Jahrhunderts gewidmet wurde. Nichtsdestoweniger läßt sich beobachten, daß die Widerstands- und die Exilforschung über weite Strecken eine Art Sonderexistenz innerhalb der zeitgeschichtlichen Disziplin führten und führen, daß ihre Resultate sich mit den Forschungsergebnissen auf anderen zeitgeschichtlichen Feldern, auch und gerade im Bereich der NS-Forschung, häufig nur unzureichend verknüpfen lassen. Dies liegt vermutlich vor allem daran, daß die deutsche Opposition gegen Hitler angesichts der unterschiedlichen Legitimationszwänge und Entschuldungs- bzw. Schuldzuweisungsbedürfnisse der Jahrzehnte nach dem Zusammenbruch des Dritten Reichs in hohem Maße moralisch besetzt und nicht historisch begriffen wurde. Sie galt als das »andere Deutschland«, als der läuternde Gegenentwurf, als die »weiße Linie« gegenüber dem »schwarzen Sonderweg« des »verbrecherischen NS-Regimes«.

Dabei handelt es sich allerdings um eine falsche Alternative: In der Geschichte gibt es bekanntlich kein »Schwarz« und kein »Weiß«, sondern nur eine Vielzahl von Grautönen. Wie alle aus konkreten Menschen bestehenden Interaktionszusammenhänge waren auch Widerstand und Emigration komplexe Phänomene, die nur aus ihrer Zeit heraus begriffen und anschaulich gemacht werden können. Sieht man vom Arbeiterwiderstand ab, waren viele Vertreter des Widerstands keineswegs von Anfang an Gegner des Nationalsozialismus, manche lange Zeit nicht einmal ausdrückliche Gegner Hitlers; Repräsentanten des Widerstands aus den »alten Eliten« unterstützten unterschiedlich lange den Nationalsozialismus und seine Ziele, wirkten mit an Kriegsvorbereitung und Kriegführung, waren zum Teil sogar massiv an Verbrechen des Regimes beteiligt und vielfach nicht weniger antisemitisch als die deutsche Gesellschaft insgesamt. Viele NS-Gegner waren Vertreter eines ähnlich umfassend strukturierten, weltanschaulich-fortschrittsgläubigen Ausschließlichkeitsanspruchs, wie ihn die Nationalsozialisten repräsentierten. Anhänger moderner demokratisch-pluralistischer Vorstellungen finden sich im Widerstand kaum und in der Emigration meist erst nach langen Erfahrungs- und Lernprozessen. Die gängige Meinung, die deutsche Opposition gegen Hitler sei sich bei aller Unterschiedlichkeit in Motivation und Zielsetzung bzw. der politischen, sozialen, kulturellen und weltanschaulichen Milieus, aus denen sie stammte, in ihrer prinzipiellen Gegnerschaft zum totalen Staat und zur totalitären Weltanschauung einig gewesen, muß sowohl im zeitlichen Verlauf wie inhaltlich zumindest mit einigen deutlichen Differenzierungen versehen werden.

Trotz beeindruckender Zahlen von Beteiligten und Betroffenen repräsentieren Widerstand und Emigration, gemessen an der Gesamtbevölkerung, die Geschichte einer winzigen Minderheit, und es gehört zu den Paradoxien der bisherigen historiographischen Beschäftigung mit dem NS-Regime, daß wir über diese Minderheit und ihre Angehörigen weit mehr wissen als über die deutsche Gesellschaft unter dem Nationalsozialismus insgesamt. Die deutsche Opposition gegen Hitler stellte jedoch auch einen auf vielfältige Weise mit der NS-Gesellschaft verwobenen Mikrokosmos dar, dessen Geschichte einen integralen Bestandteil der deutschen Geschichte während des Nationalsozialismus bildet; sein Umfang, seine weltanschauliche Vielfalt und gesellschaftliche Breite legen Zeugnis ab von der Prägekraft der durchaus unterschiedlichen soziokulturellen Milieus, denen seine Angehörigen entstammten.

Die vorliegende Darstellung versucht, soweit auf knappem Raum möglich, einen monographischen Gesamtüberblick über Widerstand und Emigration zu liefern, ihre Verlaufsgeschichte deutlich zu machen und sie, um Einordnung und Bewertung zu ermöglichen, in die Geschichte des Dritten Reichs einzubetten. Dies bedeutet keine Herabwürdigung der deutschen Opposition gegen Hitler. Mut, moralische Substanz und Überzeugungstreue der meisten ihrer Angehörigen werden nicht durch die Vergeblichkeit ihres Handelns beeinträchtigt. Wer, wie immer, opponierte, wußte auch, daß er sein Leben aufs Spiel setzte. Nur eine historische Würdigung, die alle Formen oppositionellen Verhaltens auf sämtlichen gesellschaftlichen Ebenen einbezieht und unterschiedliche Bewertungen keineswegs ausschließt, vermag der Opposition gegen Hitler gerecht zu werden und kann – nicht über falsche Vereinnahmung, sondern über kritische Würdigung – zu einem Angebot positiver Identifikation mit dem modernen demokratischen Rechtsstaat beitragen.

Kurt und Michel – zwei Namen, zwei Lebensschicksale, beide in ihrer Unterschiedlichkeit typisch für jene in den ersten anderthalb Jahrzehnten des neuen Jahrhunderts geborene »Zwischengeneration«, die von der NS-Herrschaft in lebensbestimmender Art und Weise betroffen war. Aus ihr rekrutierte sich nicht nur die große Zahl der Anhänger und Funktionäre des Hitler-Regimes, sie stellte – in der Arbeiterbewegung – auch die Mehrzahl der Opfer politischer Verfolgung und das Gros derer, die Widerstand leisteten oder/und aufgrund der Bedrohung an Leib und Leben ins Ausland emigrieren mußten.

Kurt wie Michel, Jahrgang 1906, standen nach Lebensalter in der Mitte jener »Zwischengeneration«. Kurt war Sohn eines Schusters, eines sozialdemokratischen »Proletariers« aus Sachsen, Michel Sohn eines verarmten, nichtsdestoweniger konservativ eingestellten Gutsbesitzers aus Oberbayern. Beider Kindheit war nicht von krasser Armut, aber doch von materiellen Einschränkungen gezeichnet. Kurts Familie mußte 1911, da der Vater in der Großstadt Leipzig keine Arbeit mehr fand, ins Erzgebirge übersiedeln; 1914 wurde Kurts Vater eingezogen, ein Jahr später kehrte die Mutter mit Kurt und seinem jüngeren Bruder nach Leipzig zurück, wo sie sich von Anverwandten Unterstützung erhoffte. Auch Michels Vater, der den Unterhalt der Familie als Gutsverwalter und als Sekretär im Christlichen Bauernverein verdiente, wurde unmittelbar bei Kriegsbeginn zum Militär einberufen; ein Jahr später kehrte er, nach schwerer Verwundung und Lazarettaufenthalt dienstuntauglich, als überzeugter Pazifist nach Bayern zurück.

Der Erste Weltkrieg wurde somit für Kurt wie für Michel zum biographisch bestimmenden Erlebnis ihrer Jugend – sowohl im innersten Kreis der Familie wie auf der Ebene erster politischer Wahrnehmung. Sie erlebten als Dreizehnjährige das Kriegsende und den Zusammenbruch des Kaiserreichs; ihre Väter, der sächsische Proletarier wie der bayerische Edelmann, hatten dem »kleindeutschen« Reich unter preußischer Führung stets reserviert gegenübergestanden. Kurt wie Michel durchlebten die nachfolgende Zeit revolutionären Umbruchs mit wachem Auge, wenn auch unter konträren Ausgangsbedingungen: Kurts Vater war die eigene Partei, die Mehrheits-Sozialdemokratie Friedrich Eberts, eine der Stützen der neuen Republik, nicht revolutionär genug; er schloß sich einer ephemeren linken Frontkämpfer-Organisation an, wie es sie zahlreich gab im »roten Sachsen«, der Hochburg des Linkssozialismus in der Weimarer Republik. Michels Vater, der sich inzwischen als Pazifist der Glaubensgemeinschaft der Ernsten Bibelforscher (Zeugen Jehovas) angeschlossen hatte, blieb politisch seiner konservativen Grundüberzeugung treu und stand den revolutionären Wirren 1918/19 in München und Südbayern und dem Sozialismus ganz allgemein scharf ablehnend gegenüber.

Michel erlebte 1918 noch einen tiefen Einschnitt: Er scheiterte in der Quarta an Latein, und die Eltern nahmen ihn, auch aus wirtschaftlichen Gründen, vom Gymnasium. Er machte eine kaufmännische Lehre bei der Ortskrankenkasse und war dort aufgrund seiner Herkunft sicherlich eine Art Paradiesvogel. Da die Ortskrankenkassen jedoch ähnlich den Konsumgenossenschaften und anderen Selbsthilfe-, Bildungs- und Freizeitvereinen im Umkreis der Arbeiterbewegung in starkem Maße von sozialdemokratischen Funktionären getragen waren, fand er hier die Ansprechpartner, die ihm den Zugang zur Sozialdemokratie eröffneten.

Kurt hingegen hatte in den Kriegs- und ersten Nachkriegsjahren die Volksschule durchlaufen und war wegen seiner guten Leistungen in den Genuß eines Stipendiums für eine weiterführende Schule gelangt, die er 1924 mit der mittleren Reife verließ. Als Siebzehnjähriger hatte er sich 1923 – aufgrund der Familientradition ganz folgerichtig – der »Sozialistischen Arbeiterjugend« (SAJ) angeschlossen.

Für Michel, der – ebenfalls siebzehnjährig – im gleichen Jahr zur sozialistischen Bewegung stieß, war dies der Schritt in eine andere, neue Welt. Sie hatte sich ihm zunächst über die Lektüre aus der väterlichen Bibliothek erschlossen, vor allem über die Schriften Ferdinand Lassalles, und sie kam seiner Suche nach einer zeitgemäßen gesellschaftlichen Heimat entgegen. Mitgliedschaft bei SPD und SAJ kam für ihn aus Rücksicht auf die antisozialistische Einstellung des Vaters vorerst nicht in Frage; möglich war jedoch der Beitritt zu dem der Arbeiterbewegung verbundenen »Touristenverein ›Die Naturfreunde‹«, was zudem seiner damals schon ausgeprägten Vorliebe für Wandern und Bergsteigen entgegenkam. Der SPD schloß er sich erst 1926 oder 1927 an – nach dem Tod des Vaters.

In den Jahren der Weimarer Republik, jener »unvollendeten Demokratie« und »belagerten Civitas« mit ihren tiefgreifenden Widersprüchen und Krisen, die gerade bei der jungen Generation die Neigung zu radikaler Standortwahl förderten, nahmen beide eine Entwicklung nach links – wenn auch zeitversetzt und, aufgrund der unterschiedlichen Ausgangsbedingungen, auf verschiedenen Wegen und zu zunächst unterschiedlichen Zielen. Kurt hatte sich schon im Krisenjahr 1923, das im Oktober den Einmarsch der Reichswehr in Sachsen und die Absetzung der neugebildeten Einheitsfront-Regierung aus Sozialdemokraten und Kommunisten unter Ministerpräsident Zeigner gebracht hatte, empört von der Sozialdemokratie abgewandt, deren Berliner Führung diese Aktion der Reichsregierung unterstützt hatte. Er schloß sich zunächst einem anarchistischen Zirkel um den Schriftsteller Erich Mühsam an, der in der Münchener Räterepublik eine wichtige Rolle gespielt hatte und 1934 im Konzentrationslager Oranienburg umkommen sollte (seiner Frau Zenzl Mühsam begegnete Kurt später wieder in der Moskauer Emigration; sie wurde ein Opfer der Stalinschen Säuberungen). Kurt mußte sich freilich alsbald von Ohnmacht und organisatorischer Schwäche des politischen Anarchismus in Deutschland überzeugen, der einer effektiven Wirksamkeit keine Entfaltungsmöglichkeiten bot. Der Weg zurück zur Sozialdemokratie, die als »mitregierende Opposition« Trägerin jenes Systems war, das Kurt bekämpfte, kam für ihn nicht in Frage. So blieb nur die KPD, der sich Kurt, wohl auch unter dem Einfluß seiner späteren Frau, einer kommunistischen Schauspielerin, im Frühjahr 1927 anschloß, eben zu dem Zeitpunkt, da Michel der Sozialdemokratie beitrat.

Auch Michel fühlte sich in Opposition zum Weimarer Staat; ihm ging es ebenso um die sozialistische Revolution, die Befreiung der Arbeiterklasse von den Fesseln des Kapitalismus, um die Einlösung der weltrevolutionären Verheißung. Doch anders als für Kurt bot die SPD in Bayern, seit 1920 in Fundamentalopposition zu der übermächtigen und mit den reaktionären Exponenten der »Ordnungszelle Bayern« verquickten »Bayerischen Volkspartei«, für Michel durchaus ansprechenden Entfaltungsraum. Er avancierte rasch zum Leiter des örtlichen Arbeiterbildungskartells, baute eine Arbeiterbücherei auf und vermochte sich aufgrund seines mitreißenden rednerischen Talents vor allem unter den jungen Parteimitgliedern in ganz Bayern einen Namen zu machen. Schon damals, noch vor dem großen NSDAP-Wahlsieg des Jahres 1930, hatte er mit sicherem Instinkt den Nationalsozialismus als eigentlichen Gegner ausgemacht und engagierte sich vor allem in den Wahlkämpfen des Jahres 1932 als antinationalsozialistischer Versammlungsredner sowie im »Reichsbanner Schwarz-Rot-Gold«, der republikanischen Wehrorganisation. Ende der zwanziger Jahre versuchte er in München, das Handicap der abgebrochenen Schulausbildung durch Privatstudien zur Vorbereitung auf die Reifeprüfung auszugleichen, ein Unternehmen, dem freilich die zunehmende politische Inanspruchnahme im Wege stand.

Mit seinem organisatorischen und rhetorischen Talent machte auch Kurt rasch Karriere. Zunächst wie Michel im Arbeiterbildungs- und Schulungsbereich tätig, wurde er – aus politischen Gründen von seiner Arbeitsstelle entlassen – bald hauptamtlicher KPD-Funktionär. 1930 in den sächsischen Landtag gewählt, berief ihn schon ein Jahr später die Parteiführung nach Berlin. Zunächst Mitarbeiter des einflußreichen ZK-Sekretärs Walter Ulbricht, erhielt er 1932 die Schlüsselstellung eines Technischen Sekretärs des Politbüros der KPD. Kurt wie Michel waren gleichermaßen unermüdliche Warner vor der nationalsozialistischen Gefahr, gerade weil die »Nazis« von den beiden großen Arbeiterparteien nicht ernst genug genommen wurden. Man rechnete – zumal nach den Novemberwahlen des Jahres 1932, die der NSDAP herbe Verluste gebracht hatten – nicht mit einer Kanzlerschaft Hitlers oder gab ihr, nach dem 30. Januar 1933, eine bestenfalls kurzfristige Überlebenschance; dem weltrevolutionär-chiliastischen Selbstverständnis der KPD erschien das NS-Regime weithin sogar als die letzte noch notwendige Stufe kapitalistischer Herrschaft vor der bevorstehenden proletarischen Revolution.

Kurt und Michel teilten so illusionäre Hoffnungen nicht, und ihre Befürchtungen sollten sich nur allzu rasch bewahrheiten. Am 28. Februar 1933, sechs Tage vor den Reichstagswahlen, durch die Hitler sich eine parlamentarische Mehrheit zu verschaffen hoffte, brannte in Berlin der Reichstag. Die noch in derselben Nacht einsetzenden Massenverhaftungen trafen den organisatorischen Bestand der KPD ins Mark. Kurt, inzwischen einer der einflußreichsten Männer des Apparats, blieb vor allem deshalb unbehelligt, weil er sich nicht auf diesen verlassen, sondern sich persönlich um sichere Ausweichquartiere gekümmert hatte. Er lebte nun als maßgeblicher Funktionär im Untergrund, sobald man nach dem Schock der Reichstagsbrand-Verhaftungen die Partei in der Illegalität wieder aufzubauen versuchte.

Für Michel kam die einschneidende Wende wenige Tage später, als am 9. März 1933 die Nationalsozialisten auch in Bayern mit einem Coup d'État die Macht übernahmen. Als engagiertes Reichsbanner-Mitglied gehörte er zu jener Gruppe, die sich im Münchener Gewerkschaftshaus verbarrikadierte, um es gegen die »Nazis« zu verteidigen. Diese Aktion endete unblutig, da die Polizei mit der Gewerkschaftsführung einen »ehrenvollen Abzug« aushandelte. Michel mußte dennoch untertauchen: Als bekannter Versammlungsredner wurde er inzwischen per Haftbefehl mit Belohnung gesucht. Auf Anraten seines Mentors Erhard Auer floh Michel wenige Tage später nach Tirol bzw. Wien, um die weitere Entwicklung abzuwarten. Michel, der nie an die kurze Dauer nationalsozialistischer Herrschaft geglaubt hatte, sah sich in seinen schlimmsten Befürchtungen bestätigt: Nach einigen Monaten halblegaler Existenz wurde die SPD in der zweiten Junihälfte 1933 verboten.

Kurt wie Michel – der eine im Untergrund in Berlin, der andere in Wartestellung jenseits der österreichischen Grenze – sahen sich im Frühjahr und Sommer 1933 am Tiefpunkt ihrer politischen Hoffnungen. Der NS-Staat stabilisierte sich, die Arbeiterbewegung war zerschlagen: Alles war gekommen, wovor sie und zahlreiche andere »Linke« gewarnt hatten. Sozialdemokratische Politik erschien beiden seit der Zustimmung zu den Kriegskrediten am 4. August 1914 als Kette des Versagens bzw. als »Verrat« der reformistischen Parteiführung: Die SPD hatte nicht nur die Gunst der revolutionären Stunde 1918 ungenutzt vergehen lassen, sie war auch später immer weiter zurückgewichen, hatte für das »kleinere Übel« optiert und zu guter Letzt versäumt, den »Nazispuk« rechtzeitig durch Ausrufung des Generalstreiks zu vertreiben. Die Quittung schien verdient: Die alte sozialdemokratische Partei und ihre Führung waren am Ende.

Und doch – war nicht gerade dies eine Entwicklung, die trotz der epochalen Niederlage der Arbeiterbewegung zu großen Hoffnungen berechtigte? Eine Beseitigung der NS-Diktatur, so glaubten beide, sei – analog zur Entwicklung nach dem Ersten Weltkrieg – nur über eine Revolution im Gefolge einer neuen militärischen Niederlage möglich, auf die es die Volksmassen vorzubereiten gelte; die Zerschlagung der reformistischen Parteimaschine der SPD sei Bedingung für einen revolutionären Neubeginn, das NS-Regime habe auch die Schlacke beseitigt, die die revolutionäre Flamme bislang immer erstickt habe.

Für Kurt bildete eine erneuerte KPD den Rahmen, in dem sich die im Feuer des revolutionären Kampfes gestählten »neuen Menschen« sammeln würden; Michel sah diesen Rahmen in einer im illegalen Kampf erneuerten sozialistischen Partei. Beiden war klar, daß in der neuen Organisation die Spaltung der Arbeiterklasse in Sozialdemokraten und Kommunisten überwunden werden und eine revolutionäre Einheitspartei entstehen müsse. Michel war dabei insbesondere beeinflußt von der »Leninistischen Organisation« (»Neu Beginnen«).

Im Herbst 1933 wurde Michel, der in Wien sein schmales Budget durch Vorträge über den Faschismus in Deutschland aufbesserte, im Auftrag des SPD-Exilparteivorstands (»Sopade«) Grenzsekretär für Südbayern. Seine Arbeit nahm er zunächst von Wien bzw. von der österreichischen Grenze aus auf; nach dem »Februaraufstand« 1934 in Österreich war die Fortführung dieser Arbeit unmöglich: Michel floh in die Tschechoslowakei. Seit Frühjahr 1934 befand sich das Grenzsekretariat Südbayern in Neuern/Nýrsko im Böhmerwald, dicht an der böhmisch-bayerischen Grenze.

Michel, nach späterem Urteil Beteiligter einer der fähigsten Grenzsekretäre mit engen und zahlreichen Verbindungen und einer umfassenden Berichterstattung aus seinem Betreuungsgebiet, fühlte sich damals freilich nicht nur der Sopade verpflichtet. Insgeheim Mitglied der Auslandsorganisation, 1937 sogar »Reichsorganisationsleiter« von »Neu Beginnen«, das zur Sopade in scharfer Konkurrenz stand, brachte er Verbindungen wie Informationen in erster Linie bei Neu Beginnen ein, zumal auch bei den illegalen Inlandsgruppen die politische Zurückhaltung gegenüber der Sopade sehr stark war – sah man in ihr doch letztlich die bloße Neuauflage des alten Parteivorstands. Die Gruppen, die Michel betreute und mit Informationen und Material belieferte, fielen freilich trotz aller von ihm angewandten und gepredigten konspirativen Vorsicht bis Mitte der dreißiger Jahre der Gestapo zum Opfer – mit einer gewichtigen Ausnahme: Um Josef («Bebo») Wager und Eugen Nerdinger, beide ehemalige Vertreter der SAJ aus Augsburg, sowie Hermann Frieb in München bildete sich ab 1933 die Organisation der »Revolutionären Sozialisten«, die sich selbst als Teil von Neu Beginnen begriff und nach dem Anschluß Österreichs ihr Netz über Tirol und Salzburg bis nach Wien ausdehnen konnte. Sie wurde erst 1942 zerschlagen.

In seinem Doppelengagement war Michel 1934 bis 1938 jedoch gezwungen, ein zwar menschlich verständliches, unter moralischen Gesichtspunkten jedoch durchaus problematisches Doppelspiel zu betreiben. Einerseits war er Angestellter der Sopade und zur Aufrechterhaltung seiner Inlandsarbeit auf ihre materielle Unterstützung angewiesen, andererseits stand er wie alle Linkssozialisten der Sopade als dem Vertreter der »alten« SPD grundlegend skeptisch gegenüber. Er war zutiefst überzeugt, daß die revolutionäre Bewegung, als die sich – in völliger Verkennung der Realität – der sozialistische Widerstand begriff, das Hitlerregime dereinst hinwegfegen und ein sozialistisches System errichten werde. »Hitler bedeutet Krieg« hatten die Weimarer Sozialisten immer wieder gepredigt, und man war sicher, dieser Krieg werde in absehbarer Zeit ausbrechen und wie 1918 mit einer Niederlage Deutschlands bzw. Hitlers enden. Dann werde die Situation von 1918/19 noch einmal eintreten, und die neue sozialistische Einheitspartei, frei von den Schwächen der alten

SPD und der alten KPD, werde diesmal nicht auf halbem Wege stehenbleiben, sondern die Revolution zum endgültigen Sieg führen. In dieser Perspektive wußte sich Michel mit allen linken Zwischengruppen einig; Neu Beginnen fühlte sich als der eigentliche Repräsentant des sozialistischen Widerstands und versuchte Mandat und Alleinvertretungsanspruch der Sopade nicht zuletzt deshalb anzufechten, um Anteil an dem ins Ausland geretteten Parteivermögen zu bekommen. Dieser Konkurrenzkampf zwischen Neu Beginnen und der Sopade um Geld, Macht und Einfluß in der Exilszene, bei den Bruderparteien und innerhalb der »Sozialistischen Arbeiterinternationale« (SAI) sollte erst nach Kriegsausbruch enden.

Die Arbeit der Grenzsekretariate endete praktisch mit dem Anschluß des Sudetengebiets, endgültig mit der Besetzung Prags und der »Rest-Tschechei« Mitte März 1939. Die Sopade war schon nach dem Anschluß Österreichs im Frühjahr 1938 von Prag nach Paris übersiedelt, und das Gros der sozialdemokratischen Emigration folgte im Herbst 1938 nach dem Münchener Abkommen. Bereits in den Jahren zuvor waren die exilpolitischen Aktivitäten wegen des wachsenden diplomatischen Drucks von Berlin auf Prag schwieriger geworden; die Grenzsekretariate hatten sich 1936 aus den grenznahen Regionen zurückziehen müssen. Michel mußte seine Arbeit von da an von Budweis bzw. von Prag aus organisieren. Erst Ende 1938 begab auch er sich nach Paris.

Kurt, als ehemaliger Technischer Sekretär des Politbüros einer der wichtigsten Männer im kommunistischen Untergrund, lebte bis Mitte 1934 illegal in Berlin. Er mißbilligte die heftigen Kämpfe um Macht und Einfluß an der Spitze der KPD, die nach der Verhaftung Ernst Thälmanns im März 1933 in der KPD-Führung ausgebrochen waren und unterstützte Ulbricht, der in seinen Augen noch die realistischste Politik vertrat. Verhaftungen und Flucht gefährdeter Funktionäre ins Ausland rissen in diesen Monaten immer wieder große Lücken in den Apparat der illegalen KPD. Trotzdem glaubte Kurt, bei allen Opfern, die die Niederlage der Arbeiterbewegung 1933 die KPD gekostet habe, sei zugleich ein Regenerationsprozeß in Gang gekommen, in dem viele Schlacken abgestoßen würden, die Partei alles »Bonzentum« abstreifen und ihre besten Kräfte zur Geltung bringen könne. Das war allerdings eine Illusion, da sich die »abgestoßenen Schlacken« alsbald mit um so größerer Geschäftigkeit im Ausland festsetzten und dabei die Unterstützung der Komintern-Führung erhielten. Bis Ende 1933 hatten alle nicht verhafteten Politbüro-Mitglieder Deutschland verlassen und sich im Ausland – in Prag, Paris oder Moskau – etabliert.

Kurt war in diesen Monaten von Berlin aus bemüht, die Verbindungen zu den ehemaligen Bezirken auszubauen; er hatte dabei bemerkenswerte Erfolge. Vor allem in einigen süddeutschen Bezirken gelang es ihm, vollständig neue Bezirksleitungen zu installieren. Im organisatorischen Bereich traf sich seine Lageeinschätzung mit der der emigrierten Parteiführung: Aufrechterhaltung und Rekonstruktion der Parteiorganisation im Untergrund hatten Priorität, um bereit zu sein, wenn ein baldiger Aufstand der revolutionären Arbeiterklasse die NS-Herrschaft hinwegfegen würde. Diese Konzeption einer – verdeckten – Weiterführung der Parteiorganisation erwies sich unter den Bedingungen einer »modernen« polizeistaatlichen Diktatur als wirklichkeitsfremd und erlaubte dieser einen immer rascheren Zugriff auf die unentwegt neugebildeten Organisationen. Mochte die Gestapo in ihren Lageberichten auch den Eindruck vermitteln, die KPD gleiche jener sagenhaften Hydra, der die abgeschlagenen Köpfe sofort wieder nachwüchsen, so war der Herkules in dieser Auseinandersetzung von vornherein besser gerüstet, zumal ihm die KPD mit ihrer Taktik unmittelbar in die Hände spielte. Das war eine bittere und opferreiche Erfahrung, aus der die Partei allerdings kaum angemessene Konsequenzen zog.

In anderer Hinsicht unterschied sich Kurts Meinung jedoch deutlich von der der emigrierten Parteiführung und der neuen Auslandsleitung. Diese begriffen die nationalsozialistische Machtübernahme und die Zerschlagung der Arbeiterbewegung keineswegs als epochale Niederlage, sondern sahen sich lediglich auf einem taktischen Rückzug, auf den unvermeidlich die revolutionäre Offensive folgen werde. So schien es unerheblich, daß die Kommandozentrale für diese Offensive, als die sich die KPD-Führung begriff, vorübergehend im Ausland postiert war. Man sah nicht, daß sich die Bedingungen der Auseinandersetzung und vor allem die gesellschaftliche Kommunikation im Land binnen kurzem vollständig gewandelt hatten.

Kurt hingegen vertrat damals – ähnlich den sozialistischen Illegalen und den linken Zwischengruppen – die Auffassung, die Führung der illegalen Partei und die Leitung ihrer Arbeit könnten nur im Lande selbst, durch die Berliner Inlandsleitung, und nicht vom Ausland aus vollzogen werden. Damit geriet er bald in einen Gegensatz zu der emigrierten Parteiführung, die ihren Anspruch unverändert aufrechterhielt, mit den wirklichen Verhältnissen in Deutschland aber immer weniger vertraut war, was zu zum Teil grotesken Fehleinschätzungen führte. Um die Jahreswende 1933/34 begaben sich Kurt und zwei seiner engsten Mitarbeiter unter großen Schwierigkeiten über die verschneite Grenze ins tschechische Riesengebirge, um mit Vertretern der Parteiführung die aufgetretenen Differenzen beizulegen. Kurts Gesprächspartner ließen jedoch erklären, sie seien verhindert – was Kurt zutiefst erbitterte. Erst Ende April 1934 ergab sich für ihn die Möglichkeit, zu einer Sitzung des Politbüros nach Paris zu reisen, um zu berichten und Bedürfnisse und Klagen der Inlandsorganisation vorzubringen. Er mußte jedoch erneut eine harsche Enttäuschung erleben: Sein Bericht wurde ohne Diskussion zur Kenntnis genommen, seine konkreten Vorschläge und Anregungen blieben unbeantwortet, und es war klar, daß die bisherige Arbeitsweise fortgesetzt würde. Sie bestand vor allem darin, ungeheure Mengen illegaler Literatur vom Ausland ins Reich zu schmuggeln. Das war nutzlos und obendrein für die Betroffenen höchst gefährlich. Die angesichts der gemeinsamen Verfolgung grotesk gewordene Frontstellung gegen die Sozialdemokratie wurde beibehalten, und auch sonst schienen die Führer der KPD keinerlei Konsequenzen aus der Niederlage von 1933 zu ziehen. Während sich in der illegalen Praxis im Lande zwischen aktiven Genossen inzwischen feste Kameradschaften herausgebildet hatten und vieles, was Kurt in der Partei früher als negativ und störend empfunden hatte, einem neuen Verhältnis der Illegalen untereinander gewichen schien, zeigte sich unter den Politbüromitgliedern im Gegenteil nur eine Verschlimmerung jener Schäden und Mißverhältnisse, die Kurt schon früher konstatiert hatte.

Kurt erhielt in Paris den Auftrag, sich ins Ausland abzusetzen. Bedeutete dies auch, die Inlandsarbeit auf- und an andere zu übergeben, so kam ihm diese Weisung vermutlich durchaus gelegen: Zu klar hatte sich gezeigt, daß angesichts der Ignoranz der KPD-Führung eine erfolgreiche Weiterarbeit im Inland kaum möglich war. Kurt erhielt im Juni 1934 die Weisung, sich ins Saargebiet zu begeben. Zu diesem Zeitpunkt hatte bereits jenes große taktische Revirement innerhalb der Komintern eingesetzt, das auf dem VII. Weltkongreß 1935 zur Abkehr von der ultralinken Linie und zur Propagierung von Volks- und Einheitsfront und einer Zusammenarbeit mit Sozialdemokraten führen sollte. Kurt erkannte rasch, daß diese neue Linie vor allem die Folge einer veränderten Außenpolitik der Sowjetunion war: Aufnahme in den Völkerbund, verstärkte Zusammenarbeit mit den westlichen Demokratien. Er begrüßte diese Entwicklung, entsprach sie doch seiner Erfahrung, wonach eine unversöhnliche Sozialfaschismus-Taktik unter den Bedingungen gemeinsamer Verfolgung geradezu selbstmörderisch war.

Im Saarland bot sich schon 1934 die Möglichkeit, die neue Kominterntaktik gewissermaßen im Labor zu erproben. Nach dem Ersten Weltkrieg von Deutschland abgetrennt, politisch unter Völkerbundsverwaltung gestellt und wirtschaftlich Frankreich angeschlossen, stand das Saarland mitten in der Wahlkampagne für die Volksabstimmung am 13. Januar 1935, die über sein weiteres Schicksal entscheiden sollte. Drei Varianten waren möglich: die endgültige Angliederung an Frankreich, die Rückkehr zu Deutschland oder die Beibehaltung des Status quo. Waren Sozialdemokraten und Kommunisten ebenso wie die meisten anderen Parteien an der Saar – die pro-französischen Parteien bildeten eine kleine Minderheit – in der Weimarer Zeit uneingeschränkt für den Anschluß an Deutschland eingetreten, so änderte sich das nach Hitlers Machtantritt. Gegen die nationale Option sprach nun, daß ein Anschluß an Deutschland die Unterwerfung unter die NS-Diktatur bedeutete, was für die saarländischen Sozialdemokraten und Kommunisten wie für die zahlreichen Flüchtlinge aus dem Reich Verfolgung, Vertreibung und Emigration nach sich ziehen mußte. Dennoch hatten die Saar-SP wie die KPD bis weit in das Jahr 1934 hinein die Losung einer »Roten Saar« bzw. einer »Sowjet-Saar« in einem »Sowjetdeutschland« vertreten und die Abstimmung pro Frankreich oder für den Status quo als separatistisch gebrandmarkt. Erst mit dem Näherrücken des Abstimmungstermins setzte ein Umdenkungsprozeß ein, und Mitte 1934 vollzog auch die KPD eine radikale Kehrtwendung: Sie erklärte sich für die Beibehaltung des Status quo und suchte nunmehr die unmittelbare Zusammenarbeit mit der Sozialdemokratie. Kurt wurde beauftragt, für die KPD diese Verhandlungen zu führen, die schwache KP-Organisation des Saargebiets zu verstärken und ihre Presse zu reorganisieren. Für ihn, der aus der Praxis einer anderthalbjährigen Untergrundarbeit kam, war, wie er später schrieb, die Eile verwunderlich, mit der jetzt plötzlich Fragen aufgeworfen und entschieden wurden, deren Lösung für die Arbeit im Reich schon wesentlich früher von zentraler Bedeutung gewesen wäre. Ihn stieß vor allem die Art und Weise der plötzlichen Kehrtwendung der KPD-Führung und die kampagnenhafte Behandlung des Problems einer – sicherlich notwendigen – Zusammenarbeit mit der Sozialdemokratie ab. Sehr bald erkannte er, daß die neue Taktik der KPD-Führung nur Moskau und der Komintern beweisen sollte, sie habe die neue Politik verstanden. Kurt war hingegen der Meinung, daß Initiativen zu einer generellen Neuorientierung der Arbeiterklasse zu ergreifen und nicht nur taktische Frontbegradigungen durchzuführen seien.

Seinem großen Engagement gelang es nicht nur, Organisation und Publizistik der Saar-KP durch den Einsatz reichsdeutscher Emigranten entscheidend zu verstärken, er erreichte auch binnen kürzester Frist ein Übereinkommen mit der saarländischen Sozialdemokratie über eine gemeinsame Kampagne für die Beibehaltung des Status quo, was zu einer fruchtbaren Zusammenarbeit der beiden Parteien führte. Auf Veranstaltungen quer übers Land traten sozialdemokratische und kommunistische Redner gemeinsam auf. Der übermächtigen, nationalsozialistisch dominierten »Deutschen Front«, zu der sich die für den Anschluß an Nazi-Deutschland eintretenden Parteien zusammengeschlossen hatten, konnte die Einheitsfront aus Sozialdemokraten und Kommunisten eine beeindruckende Zahl von Kundgebungen und Demonstrationen entgegensetzen. Bei der Abstimmung am 13. Januar 1935 erwies sich freilich das nationale Moment als durchschlagend: Über 90 Prozent der saarländischen Wahlbevölkerung votierten für den Anschluß an Deutschland. Dies hatte eine Massenflucht von Kommunisten und Sozialdemokraten vor allem nach Frankreich zur Folge. Dort trafen sie bei den Behörden und den Bruderparteien auf wenig Gegenliebe, Hilfe und Unterstützung, so daß viele Flüchtlinge ungeachtet der Verfolgungsdrohung schon relativ bald wieder zurückkehrten. Kurt, im Saarland untergetaucht, begann sofort nach der Abstimmung mit dem Aufbau einer illegalen Organisation. Bereits Ende Februar 1935 dirigierte ihn die KPD-Führung jedoch nach Prag. Dort traf er mit Ulbricht, Franz Dahlem sowie Adolf Rembte, Robert Stamm und Max Maddalena zusammen, die von einer Tagung des Zentralkomitees aus Moskau zurückkamen; Kurt war ausersehen, zusammen mit den drei Letztgenannten eine neue Inlandsleitung der KPD in Berlin aufzubauen. Er war dazu bereit, obwohl seine Tätigkeit in Berlin und im Saargebiet der Gestapo keineswegs verborgen geblieben war; nach wie vor waren für ihn die illegale Arbeit und die Organisation im Lande die Hauptsache. Unmittelbar vor der Abreise wurde er jedoch in Prag von der Polizei wegen falscher Papiere festgehalten und in die UdSSR abgeschoben; er fiel infolgedessen für die vorgesehene Aufgabe aus. Rembte, Stamm und Maddalena, die auf getrennten Wegen im Lauf der ersten Märzhälfte nach Berlin reisten, wurden bereits Ende März 1935 verhaftet. Daraufhin bestimmte das Politbüro, Kurt solle sich in Moskau an der Vorbereitung des VII. Weltkongresses der Kommunistischen Internationale beteiligen.

Im Vorfeld dieses Weltkongresses verschärften sich die Gegensätze innerhalb der KPD-Führung. War es bislang den einzelnen Kontrahenten vor allem um die Mehrung von Macht und Einfluß im Kampf um die Nachfolge Ernst Thälmanns gegangen, so standen jetzt zwei politische Konzeptionen gegeneinander. Während die Politbüromehrheit um Hermann Schubert, Fritz Schulte und Wilhelm Florin in der Saarkampagne und im 1934 begonnenen Volksfront-Experiment in Frankreich nur Ausnahmen von der nach wie vor bestehenden »sozialfaschistischen« Regel sah, hatten vor allem Walter Ulbricht und Wilhelm Pieck begriffen, daß auf dem bevorstehenden Kongreß der Kommunistischen Internationale ein grundlegender Kurswechsel vollzogen werden sollte, für den sich insbesondere Georgi Dimitroff stark machte – nach seinem fulminanten Auftreten im Reichstagsbrand-Prozeß einflußreichster Kominternfunktionär.

Das Spektakel des kommunistischen Weltgipfels, der Ende Juli 1935 in Moskau begann, beeindruckte Kurt, Delegierter mit beratender Stimme, politisch wie atmosphärisch außerordentlich. Nicht nur, daß er den großen russischen Dichter Maxim Gorkij kennenlernte und Lenins Witwe Nadeschda Krupskaja erlebte – auch die politische Richtung hatte sich verändert, und mit Dimitroffs Konzept einer breiten antifaschistischen Volksfrontpolitik für ganz Europa schien die kommunistische Bewegung erstmals Konsequenzen aus der Niederlage von 1933 zu ziehen. Daß die Komintern damit ihre weltrevolutionären Ziele nicht aufgab, sondern nur veränderte Rezepte vorschlug, war für den überzeugten Kommunisten Kurt kein Schönheitsfehler. In einem Redebeitrag hielt er sich an die ausgegebene Sprachregelung, die eine »taktische Neuorientierung« zugab und im übrigen die politisch-strategische Kontinuität betonte.

Bald danach fand im Oktober 1935 in Moskau die aus Tarnungsgründen so genannte »Brüsseler Konferenz« der KPD statt, die die neue Linie sanktionieren und eine neue Führung wählen sollte. Zu den 38 Delegierten, die meist aus der illegalen Arbeit in Deutschland kamen, gehörte auch Kurt. Er setzte sich in den neuntägigen Beratungen nachdrücklich für eine Politik der Volksfront und für ein Revirement an der Führungsspitze ein, vor allem für Walter Ulbricht, wenngleich er dessen parteipolitischen Ränkünen schon damals mit Vorbehalten gegenüberstand.

Am Ende konnte sich das Gespann Walter Ulbricht/Wilhelm Pieck durchsetzen, nicht zuletzt dank des Einsatzes von Kurt, der als Praktiker der illegalen Arbeit und aufgrund seiner Erfolge an der Saar bei Delegierten und Kominternführung hohes Ansehen genoß. Pieck, bis dahin nur nominell Thälmanns Stellvertreter, wurde auch formell Parteivorsitzender, und in dem neugewählten Zentralkomitee, in dem auch Kurt Aufnahme fand, waren die Exponenten des alten Kurses nicht mehr vertreten. Als Kandidat hatte Kurt jetzt auch Sitz im Politbüro des Zentralkomitees, und er gehörte vor allem der »operativen Leitung« an, die für die illegale Arbeit im Reich zuständig und damit in diesen Jahren das eigentliche Machtzentrum der KPD war.

Kurts nächste Aufgabe führte ihn nach Kopenhagen und Amsterdam, um die dortigen KPD-Abschnittsleitungen auf die neue Linie einzuschwören und sich über den Stand der illegalen Arbeit im Reich zu informieren. Das Ergebnis war deprimierend, und der Zustand vor allem der westdeutschen Parteiorganisationen desolat. Kurt erkannte, wie schwierig es sein würde, die von der Gestapo nahezu aufgeriebene illegale Partei neu zu formieren und eine politische Arbeit im Sinne der Volks- und Einheitsfrontbeschlüsse zu beginnen. Keinesfalls könne dies, so glaubte er, durch Kommando von oben und im Hauruck-Verfahren geschehen, zumal deutlich war, daß die sozialistischen Illegalen, obwohl zutiefst von der Notwendigkeit der Einheit der Arbeiterklasse überzeugt, aufgrund der voraufgegangenen Erfahrungen der KPD mit tiefem Mißtrauen gegenüberstanden. Kurt sah nur einen möglichen Weg: auf kurzschlüssige Propagandacoups verzichten, langsam und geduldig Kontakte suchen, sich nicht gegenseitig hineinreden oder betrügen, sondern im Kampf gegen den gemeinsamen Feind gute Kameradschaft halten und vertiefen. Mit dieser Konzeption geriet Kurt im Laufe des Jahres 1936 immer mehr in Gegensatz zu Ulbricht, der rasche und in der politischen Exilszene propagandistisch nutzbare Erfolge anstrebte.

Dieser Gegensatz wurde auch in Paris deutlich, wo Kurt sich seit Anfang 1936 hauptsächlich aufhielt. Hier war in der zweiten Jahreshälfte 1935 die Exilszene in Bewegung geraten. Im September hatte sich erstmals ein wachsender Kreis von prominenten Sozialdemokraten, Kommunisten, Angehörigen der linken Zwischengruppen, Liberalen, Vertretern der christlichen Konfessionen sowie von Schriftstellern und Publizisten im Pariser Hotel Lutetia getroffen, um über eine gemeinsame Haltung gegenüber der Hitler-Diktatur zu beraten. Initiator war Willi Münzenberg, Mitglied des Zentralkomitees der KPD und ehemals roter Pressezar in Berlin, der seinerseits in unmittelbarem Auftrag Georgi Dimitroffs handelte; diesem Kreis gehörten der Schriftsteller Heinrich Mann, der Journalist Egon Erwin Kisch, der Sozialdemokrat Rudolf Breitscheid, Max Braun von der Sozialdemokratischen Partei des Saarlands und weitere prominente Persönlichkeiten an. Im Februar 1936 wurde wiederum im Hotel Lutetia in einer eindrucksvollen Konferenz unter dem

Vorsitz Heinrich Manns ein »Ausschuß zur Vorbereitung einer deutschen Volksfront« gegründet. Ein erstes Ergebnis war die Herausgabe der gemeinsamen deutsch-französischen Pressekorrespondenz ›Deutsche Informationen‹. Kurt war neben Franz Dahlem an der Vorbereitung dieser Konferenz und an der weiteren Arbeit des Ausschusses beteiligt. Ihm kam es auch hier auf langfristig angelegte Arbeit und stetigen Aufbau vertrauensvoller Beziehungen an, zumal die volksfrontwilligen Sozialdemokraten in Paris nur als Individuen und nicht als Parteivertreter mitarbeiten konnten; die Sopade in Prag war nach ersten gescheiterten Verhandlungen mit Ulbricht und Dahlem im November 1935 nicht bereit, das Experiment »Deutsche Volksfront« zu wagen, sondern blieb aus guten Gründen in mißtrauischer Reserve. Ulbricht hingegen, der im Herbst 1936 mit der »Operativen Leitung« von Prag nach Paris übersiedelte und Kurt in den Verhandlungen des Volksfront-Ausschusses kurzerhand zur Seite drängte, verfolgte die entgegengesetzte Strategie: Er wollte die sozialdemokratischen Mitglieder des Ausschusses als Hebel benutzen, um Druck auf die Sopade auszuüben, und überdies den Kreis in ein »überparteiliches« Vollzugsorgan der kommunistischen Parteileitung verwandeln.

Die Spannungen zwischen Ulbricht und Kurt eskalierten nach Ausbruch des Spanischen Bürgerkriegs. Kurt war maßgeblich daran beteiligt, unter den deutschen Emigranten in Frankreich militärisch erfahrene Genossen zu rekrutieren, die in Spanien auf republikanischer Seite kämpfen sollten. Sie bildeten die »Centuria Thälmann«, die erste ausländische Militäreinheit in Spanien, noch bevor die Schaffung der »Internationalen Brigaden« beschlossen worden war. Kurt wollte selbst nach Spanien gehen und hatte vom Politbüro schon Reiseorder, als Ulbricht dies hintertrieb, um selbst an die Front fahren zu können. Ende 1936 kam es zum offenen Konflikt: Ulbricht erreichte, daß Kurt um die Jahreswende 1936/37 nach Moskau geschickt wurde, um sich dort für seine abweichenden Ansichten zu verantworten, wodurch er bis in die Kriegsjahre aus der Leitung ausgeschaltet wurde. Zuvor war er – neben der gesamten KPD-Prominenz von Pieck über Ulbricht bis zu Münzenberg und dem jungen Willy Brandt, Vertreter der »Sozialistischen Arbeiterpartei« (SAP) – Mitunterzeichner des großen überparteilichen Aufrufs für die deutsche Volksfront vom 21. Dezember 1936. Dies sollte allerdings eine der letzten gemeinsamen Aktionen der deutschen Volksfront-Bewegung in Paris sein, und es war gerade der intransigente Kurs Ulbrichts, der eine weitergehende Einigung unmöglich machte. Eine letzte Konferenz im März 1937 vermochte keine neuen Impulse mehr zu geben. Die Kunde von den Verhaftungswellen in der Sowjetunion und den Moskauer Prozessen sowie die ersten negativen Erfahrungen mit den Kommunisten in den Volksfrontregierungen in Spanien und Frankreich schreckten die nichtkommunistischen Vertreter der Bewegung ab. Die Chance einer Einigung der gesamten Opposition gegen Hitler war damit endgültig vertan.

Als Michel Ende 1938 aus Prag in Paris eintraf, war von Volksfront keine Rede mehr. Die innenpolitische Situation in Frankreich hatte sich gewandelt, der Wind blies den Emigranten nun ins Gesicht. Im Frühjahr 1938 war Léon Blums Volksfrontkoalition zerbrochen, und eine der ersten Maßnahmen der neuen bürgerlichen Regierung Daladier war eine wesentliche Verschärfung des Asylrechts. Auch die französischen Sozialisten waren im Jahr 1938, als fast alle Exilorganisations-Zentralen von Prag nach Paris verlegt wurden, weder in der Lage noch bereit, die deutschen Genossen in ähnlich uneigennütziger Form aufzunehmen und zu unterstützen, wie dies 1933/34 in der Tschechoslowakei geschehen war. Frankreichs Sozialisten steckten in der Krise, zumal der starke pazifistische Flügel mit seiner Losung »tout vaut mieux que la guerre« sich im Einklang mit einer breiten Strömung in der Bevölkerung wußte. Man wollte einen Krieg um beinahe jeden Preis vermeiden: Da wurden deutsche Emigranten, die mit dem Krieg rechneten oder gar zum Sturz der NS-Diktatur auf ihn setzten, rasch zu Störenfrieden.

Ende 1937 hatte auch in Paris die Debatte um die »Konzentration« eingesetzt, d.h. um die Einigung aller sozialdemokratisch-sozialistischen Exilgruppen. Auch die Sopade war »konzentrationswillig«; man war des unfruchtbaren Streits müde, zumal die Illegalen im Reich mit immer mehr Nachdruck die völlige Sinnlosigkeit solcher Streitereien betonten. Die Sopade traf jedoch im Frühjahr 1938 in Paris auf eine Reihe von Vertretungen der linken Zwischengruppen: Der »Landesverband deutscher Sozialdemokraten in Frankreich« unter Max Braun, in dem sich vor allem die »alte« Emigration, d.h. die Exilanten von 1933 bzw. 1935 (Saarabstimmung) sammelten, hielt deutlich Distanz zur Sopade und war stärker Volksfront- bzw. KP-freundlich eingestellt; in Paris saßen auch die Auslandsgruppe von Neu Beginnen, die SAP unter Paul Frölich und Jacob Walcher sowie die Exilgruppe des »Internationalen Sozialistischen Kampfbunds« (ISK) unter Willi Eichler. Dazu stieß 1938 die »Auslandsvertretung der österreichischen Sozialisten« (AVÖS) unter Joseph Buttinger (Gustav Richter), die insbesondere zu Neu Beginnen exzellente Beziehungen pflegte. Die österreichischen Sozialisten besaßen, da sie frisch vom Schauplatz des illegalen Kampfes gegen die austrofaschistische Diktatur kamen, hohe moralische Autorität; dazu kam das Renommee des »Februaraufstands« 1934. Sie hatten sich zwar gegen den Anschluß Österreichs an Hitler-Deutschland ausgesprochen, als traditionelle Befürworter der Einheit mit Deutschland aber nach dem Anschluß die Parole »Wiederherstellung Österreichs« als reaktionär verworfen; ihr Ziel bestand in einer Revolution in Österreich und Deutschland, die die Diktatur hinwegfegen und ein sozialistisches Großdeutschland schaffen würde – und so forderten sie in der Konzentrationsdebatte ein Kartell, das alle sozialistischen Exilorganisationen gleichberechtigt einschließen sollte.

Das war für die Sopade unannehmbar: In einem solchen Kartell, das auch die deutschen linken Zwischengruppen unterstützten, hätte sie sich einer erdrückenden linkssozialistischen Mehrheit gegenübergesehen, und es hätte auch bedeutet, ihren von der letzten SPD-Reichskonferenz abgeleiteten Mandats- und Treuhänderanspruch preiszugeben. Für sie kam nur eine Eingliederung der anderen Gruppen in die deutsche Sozialdemokratie unter Führung der Sopade in Betracht, was wiederum für jene nicht in Frage kam. Die »Konzentration« war damit in der ursprünglichen Form gescheitert. Die Gruppen links von der Sopade zogen rasch ihre Konsequenzen. Mitte September 1938 konstituierte sich die »Arbeitsgemeinschaft für sozialistische Inlandsarbeit« (AGSI), der neben Neu Beginnen die AVÖS, die SAP und die sozialdemokratische Gruppe Mulhouse/Elsaß um Emil Kirschmann und Max Moritz Hofmann aus dem »Landesverband deutscher Sozialdemokraten in Frankreich« angehörten. Wenig später schloß sich der ISK unter Willi Eichler an, 1939 folgten die »Freunde der sozialistischen Einheit Deutschlands« um Willi Münzenberg, der sich inzwischen wegen tiefgehender Differenzen zur Ulbricht-Linie von der KPD getrennt hatte.

Michel fand Ende 1938 in Paris die Verbindungen zur Sopade gelöst; er konnte nun auch nach außen hin offen für Neu Beginnen auftreten und spielte als »Reichsorganisationsleiter« bzw. als Leiter der Innenarbeit von Neu Beginnen bald eine maßgebliche Rolle auch in der AGSI. Die beteiligten Gruppen beschlossen, die Inlandsarbeit und das Berichtswesen der beteiligten Organisationen zu koordinieren. Hierin war Neu Beginnen ohne Zweifel dominierend: Es verfügte damals noch über weit mehr Inlandsverbindungen als alle anderen, obwohl die Zentralgruppe in Berlin seit Mitte der dreißiger Jahre zerschlagen war. Michel und seine Mitarbeiter waren 1938/39 jedoch noch immer von ungebrochenem revolutionärem Optimismus erfüllt: Man hatte ja stets eine lange Dauer der nationalsozialistischen Diktatur und die Wahrscheinlichkeit weiterer Siege des Faschismus über die Arbeiterbewegung prognostiziert. Es gab noch zahlreiche Gruppen, Verbindungen und Stützpunkte von Neu Beginnen in und um Deutschland; so konnte man weiterhin die Illusion einer funktionierenden Innenorganisation hegen. Freilich war dies – nur aus der Sicht des Exils verständlich – eine völlige Verkennung der Lage in Deutschland. Tatsächlich handelte es sich auch bei Neu Beginnen im Reich zu diesem Zeitpunkt nur noch um Einzelkontakte der Auslandsfunktionäre, die untereinander, nicht nur aus konspirativen Gründen, kaum noch in Verbindung standen. Die autosuggestive Fiktion einer funktionierenden Inlandsorganisation war nicht nur Ausdruck der exilpolitischen Legitimierungskrise, in der sich Neu Beginnen wie alle linkssozialistischen Gruppen befand – sie muß auch vor dem Hintergrund ihrer Lageeinschätzung begriffen werden. Hitler sei, dessen war man sich sicher, nur bei einer militärischen Niederlage zu stürzen; hierbei rechnete man – wie 1918/19 – mit einem Machtvakuum und einer Massenbewegung, die die im ganzen Reich verstreuten, geschulten und auf eine solche Situation vorbereiteten Kader zum revolutionären Endziel führen würden. Zudem war man – bei aller Kritik – überzeugt, schon im bloßen Vorhandensein der Sowjetunion, die sich unweigerlich in die Anti-Hitler-Koalition einreihen werde, ein Widerlager für eine sozialistische Revolution in Deutschland und Europa zu besitzen.

Des drohenden Krieges wegen gingen Michel und die meisten Angehörigen der Pariser Neu-Beginnen-Gruppe im Sommer 1939, unmittelbar vor Kriegsausbruch, nach London, wo schon lange ein Stützpunkt von Neu Beginnen bestand. Man glaubte, die Inlandsarbeit auch von dort aus fortsetzen und, da man über gute Kontakte zur Labour Party verfügte, die Sopade in Paris auf diesem Feld endgültig ausstechen zu können. Die ersten Kriegsmonate waren daher auch in London von exilpolitischen Querelen gekennzeichnet.

Wenige Tage vor Kriegsausbruch jedoch war etwas geschehen, was nicht nur sämtliche strategischen Überlegungen der Linkssozialisten obsolet machte und die Koordinaten der revolutionären Ziele zum erstenmal grundlegend zu verschieben begann, sondern darüber hinaus bei allen Sozialisten, welcher Fraktion oder Richtung sie angehörten und wie stark die Ablehnung sowjetischer Herrschaftspraktiken auch sein mochte, die Empfindung schmählichen Verrats hervorrief: Am 23. August 1939 wurde der Nichtangriffspakt zwischen Deutschland und der Sowjetunion, der »Hitler-Stalin-Pakt«, unterzeichnet. Für Michel und seine Genossen bedeutete dieser Schachzug der UdSSR mehr als nur die entscheidende Schwächung der erhofften Anti-Hitler-Koalition. Die Diktatur Stalins, die Moskauer Schauprozesse, die Rolle der Sowjetunion im Spanischen Bürgerkrieg und anderes mehr hatte man, wenn auch mit zusammengebissenen Zähnen, immer noch mit der Isolierung und Rückständigkeit der Sowjetunion entschuldigt. Der Hitler-Stalin-Pakt hingegen war endgültiger Verrat am Sozialismus; die Sowjetunion galt ihnen von da an nicht mehr als sozialistischer Staat. Dies sollte sich auch nicht ändern, als zwei Jahre später, nach dem Überfall auf die Sowjetunion, die große Anti-Hitler-Koalition doch noch zustandekam.

Trotz alledem hielten die deutschen Sozialisten weiterhin an der revolutionären Perspektive für Deutschland und Europa fest. Auch nach Kriegsausbruch konnte Neu Beginnen über das neutrale Ausland noch die Berichte weiterführen und sich als Bündnispartner der englischen Kriegführung fühlen. Dies änderte sich schlagartig im Frühjahr 1940, als Hitler nach Dänemark und Norwegen auch die heutigen Benelux-Staaten und schließlich Frankreich niederwarf und zum Sprung auf die britische Insel anzusetzen drohte. In der britischen Öffentlichkeit wuchs die Furcht vor einer Fünften Kolonne, und die deutschen Exilanten in Großbritannien, die vor Hitler geflohen waren, wurden im Mai und Juni 1940 als potentielle Agenten Hitlers interniert. Michel kam in ein Internierungslager auf der Isle of Man, viele andere wurden nach Kanada und Australien verschifft und konnten erst nach Monaten oder Jahren zurückkehren. Michel wurde jedoch schon zu einem ungewöhnlich frühen Zeitpunkt, Ende Juni 1940, wieder entlassen. Er hatte dies Richard Crossman, einem einflußreichen Politiker und Abgeordneten der Labour Party, zu verdanken, zu dem Neu Beginnen gute Kontakte besaß. Crossman, während des Kriegs maßgeblicher Mitarbeiter des Political Intelligence Department, dem u.a. ein Teil der britischen Rundfunkpropaganda gegen Deutschland anvertraut war, plante den Aufbau eines »Arbeitersenders«, der ein spezielles Programm für die deutsche Arbeiterschaft und die dort vermuteten sozialistischen Kader ausstrahlen sollte, und wollte sich der Mitarbeit Michels versichern. So entstand – der Name ist Programm – der »Sender der Europäischen Revolution«, der seine Arbeit im Herbst 1940 aufnahm. Die Sendungen wurden von einem kleinen Team verfaßt und zusammengestellt, für das Michel hervorragende Mitarbeiter hatte gewinnen können: Fritz Eberhard alias Hellmut von Rauschenplat vom ISK, Paul und Evelyn Anderson und später Richard Löwenthal von Neu Beginnen.

Der »Sender der Europäischen Revolution« war die einzige Propagandaeinrichtung auf britischem Boden, deren Politik – immerhin fast zwei Jahre – von deutschen Sozialisten nahezu unabhängig bestimmt werden konnte. Michel galt diese Rundfunkarbeit als direkte Fortsetzung seiner bisherigen »Innenarbeit«; sie war der – freilich höchst einseitige – Versuch, nun, nach Abbruch aller Verbindungen nach Deutschland, über den Äther mit den Genossen Kontakt aufzunehmen und sie auf den Tag der Revolution vorzubereiten. Diese Einseitigkeit war Michels besonderes Problem: Es gab keine Antwort, keinen Austausch, man erfuhr auch nicht, ob die Sendungen – was die Gestapo-Berichterstattung freilich belegt – in Deutschland überhaupt gehört wurden. Das Aus für den Sender kam im Frühsommer 1942: Die britische Rundfunkpropaganda war inzwischen vereinheitlicht und zentralisiert worden und akzeptierte die politische Unabhängigkeit des »Senders der Europäischen Revolution« nicht mehr. Als das Team sich weigerte, Sabotageaufrufe zu senden, wurde der Sender kurzerhand eingestellt.

Als Kurt Anfang 1937 nach Moskau zurückkehrte, war er, obwohl Zentralkomitee-Mitglied und Politbüro-Kandidat, aus der KPD-Führung ausgeschaltet. Das Politbüro war durch ein vierköpfiges Sekretariat ersetzt – unter Ulbrichts Leitung und ohne Kurt. Er wurde als deutscher Vertreter in das Mitteleuropäische Sekretariat der Komintern unter Palmiro Togliatti abgeschoben, unterrichtete an der Lenin-Schule und wohnte – wie die meisten Komintern-Funktionäre – im »Absteigequartier der Weltrevolution«, dem Hotel »Lux«. Das Parteiverfahren, dem er sich zu stellen hatte, bezog sich nicht auf aktuelle Abweichungen von der Parteilinie, sondern auf ungeklärte Vorfälle zu Beginn der Illegalität, wovon sich die Gruppe Pieck-Ulbricht wohl Belastungsmaterial gegen ehemalige Konkurrenten in der Parteiführung versprach. Dieses Verfahren, das sich bis ins Jahr 1938 hinzog, fiel in eine der dunkelsten Phasen Stalinscher Herrschaft in der Sowjetunion, die Zeit der Schauprozesse und der Säuberungen. Kurt und viele seiner Genossen in Moskau mußten erleben, wie Stalin, bewunderter Führer des »Vaterlands aller Werktätigen«, und seine unbarmherzig zugreifende Geheimpolizei auch die Reihen der deutschsprachigen Emigration lichteten, die teils auf der Flucht vor Hitler, teils schon Jahre früher als Idealisten zum Aufbau des Sozialismus in die Sowjetunion gegangen waren. Die Hatz auf angebliche Abweichler, Diversanten, Saboteure und Trotzkisten, die Schauprozesse und Todesurteile, nächtliche Verhaftungen, die Spitzel- und Denunziantenfurcht und häufiges spurloses Verschwinden von Genossen, mit denen man tags zuvor noch zusammengearbeitet hatte, schufen ein Klima des Entsetzens, der Unsicherheit und der Hysterie. Für Kurt, der sich nach wie vor bedingungslos mit der Sowjetunion identifizieren wollte, da sie allein die entscheidende Stütze im Kampf der internationalen Arbeiterklasse gegen Faschismus und Krieg zu sein schien, war die Art und Weise, in der Stalins Terrorapparat wütete, eine schmerzhafte Erfahrung und wohl eine erste Stufe politischer Besinnung und innerer Abkehr. Daß er selbst nicht in das Räderwerk der Säuberungen geriet, sondern mit einem nächtlichen Verhör in der Moskauer NKWD-Zentrale, der Lubjanka, davonkam, machte die Situation für ihn psychisch nicht leichter. Im Spätsommer 1938, als die Phase offenen Terrors sich ihrem Ende zuneigte, wurde auch die Untersuchung gegen Kurt eingestellt. Es war für ihn buchstäblich um Tod oder Leben gegangen, und neben Georgi Dimitroff war es vor allem Wilhelm Pieck, der ihn schützte – sicherlich nicht ganz uneigennützig: Auch Pieck mußte Kurts Kenntnis der Parteiinterna fürchten.

Die Moskauer Emigranten waren in dieser Zeit als Opfer wie Täter zugleich prädisponiert: Verinnerlichte Parteidisziplin, fast religiöse Hingabe an die welthistorische Mission der Arbeiterklasse und ihrer Partei und unbedingter Sowjetpatriotismus mit grenzenloser Stalinverehrung trugen dazu ebenso bei wie die Verfolgungsangst aufgrund der Schauprozesse, die Verhaftungspraxis des NKWD, die permanenten internen Kaderüberprüfungen und die parteiöffentlichen Rituale von Kritik und Selbstkritik. Überleben konnte nur, wer – wie der Hamster im Laufrad – die Maschine des Terrors mit ihrer mörderischen Verfolgungslogik selbst mit am Laufen hielt; wer nicht Opfer sein wollte, war zur Mittäterschaft, zur Beteiligung an dem wechselseitigen barbarischen Denunziationswesen gezwungen. Beschuldigungen konnten nur durch Gegenbeschuldigungen entkräftet werden, wobei man immer gewärtig sein mußte, daß sich Beschuldigungen gegen ihren Urheber selbst kehrten. Hier war der Apparat-Mann Kurt mit seinem perfekten Gedächtnis und seiner intimen Kenntnis des Parteiapparats im Vorteil, wobei er geschickt verstand, immer seine besondere Linientreue unter Beweis zu stellen. Er verfolgte auch hier die Taktik des geschulten kommunistischen Funktionärs, bei Verhören nur immer so viel zuzugeben, als der anderen Seite ohnehin bekannt war. Seine Charakteristiken von Genossen gegenüber Parteileitung und Kaderabteilung waren dabei zumeist auffällig sachlicher als die von tödlichen Beschuldigungen (»Trotzkisten«, »Verschwörer«) strotzenden Denunziationen, die andere führende KPD-Vertreter lieferten. Seine unausweichliche Mittäterschaft stellte Kurt vor schwere moralische Probleme, auch wenn er wissen mußte, daß die Frage, ob jemand beschuldigt bzw. öffentlich verurteilt wurde, in der Praxis der KPD-Leitung bzw. der »Logik« des NKWD nicht nach »Schuld« oder »Unschuld«, sondern allein unter dem Gesichtspunkt politischer Zweckmäßigkeit und hierarchischen Konkurrenzdenkens entschieden wurde und es somit als relativ unwichtig erscheinen mochte, ob und welche Vorwürfe man selbst gegen andere formulierte. Andererseits war er durch jahrelange Dressur und Verinnerlichung zum Parteisoldaten geworden, verpflichtet zu schonungsloser Kritik, Selbstkritik und Wahrheitsliebe gegenüber der Partei, deren »Generallinie« gegen »Abweichler« durchzusetzen war. Aus den Texten, die er in diesen Jahren veröffentlichte, läßt sich nicht ablesen, wie weit sein ideologischer Konformismus auf ohnmächtige Anpassung, vorsätzliches Spiel eines insgeheim Zweifelnden oder bruchlose Identifikation mit dem Stalinismus zurückging. Dies gilt auch für den Hitler-Stalin-Pakt, der ihn, wie er später schrieb, in eine tiefe persönliche Identitätskrise stürzte, den er aber zusammen mit Ulbricht in einer umfangreichen Stellungnahme als bestimmend für die neue Ausrichtung der Partei erklärte.

Dennoch war von nun an sein Bestreben mehr denn je darauf gerichtet, der bedrückenden Atmosphäre Moskaus zu entkommen und wieder an die »Front« der illegalen Arbeit in Deutschland zurückzukehren, für die 1939/40 wieder gewisse Spielräume gegeben schienen. Gelegenheit bot sich erst Anfang 1941. Im Laufe des Jahres 1940 hatte die KPD-Führung sich bemüht, eine neue »Reichsleitung« bzw. zentrale Inlandsleitung zu errichten – in der illusionären Hoffnung auf eine Legalisierung der KPD in Deutschland; die illegale Inlandsleitung sollte dann die erhoffte legale Parteiorganisation anleiten. Der Versuch wurde mit Hilfe des Apparats und der Verbindungen unternommen, die Karl Mewis als Chef der Abschnittsleitung Mitte von Stockholm aus aufgebaut hatte. Als sich aber zeigte, daß die Gestapo die Reste der noch bestehenden illegalen Parteizellen unterwandert und den Kurierdienst nach Stockholm unter Kontrolle gebracht hatte, wurde Kurt – noch immer Untergrund-Spezialist – beauftragt, in Stockholm den Fall Mewis zu klären und anschließend zum Aufbau einer neuen zentralen Inlandsleitung selbst nach Berlin zu gehen.

Als Kurt Ende Januar 1941 Moskau verließ, hatte er über die KPD zwar viel gelernt, aber eines noch nicht: welche Konsequenzen aus seinen Erfahrungen zu ziehen seien. Er wollte wieder direkt im Kampf stehen und hoffte, inmitten der großen Veränderungen, die der Krieg herbeiführen werde, könne im Lande selbst die verfahrene

Entwicklung der kommunistischen Bewegung korrigiert und mehr Unabhängigkeit und innere Demokratie der Arbeiterbewegung erreicht werden. Vom überzeugten Anhänger Stalins begann er sich mehr und mehr zu einem kritischen Kommunisten mit wachsenden Vorbehalten gegenüber der Dominanz Moskaus zu wandeln.

Die Untersuchung gegen Mewis, die Kurt in Stockholm sofort aufnahm, ergab, daß jener beim Einsatz von Vertrauensleuten im Reich und angesichts der erfolgreichen Infiltration von Kontaktstellen und Verbindungen durch die Gestapo dilettantisch und mit grober »Fahr- und Nachlässigkeit« gehandelt hatte. In einem Bericht an die KPD-Führung in Moskau forderte Kurt deshalb die Abberufung von Mewis aus seiner verantwortungsvollen Position. Man könne ihm nur die Chance geben, nach »drinnen«, d.h. nach Deutschland zu gehen. Dem Bericht folgten jedoch keine Konsequenzen, da der deutsch-sowjetische Kriegsbeginn alle Verbindungen unterbrochen hatte. Mewis besaß Verbündete bei der sowjetischen Botschaft in Stockholm und bei der schwedischen KP; daher konnte Kurt, illegal und ohne Papiere in Schweden, sich nicht gegen ihn durchsetzen. Doch dürfte die Tatsache, daß die Sowjetunion nun als Teil der großen Anti-Hitler-Koalition im Krieg mit Deutschland stand, seiner Bindung an Moskau wieder Auftrieb gegeben haben. Er konzentrierte sich auf seinen zweiten Auftrag, den Aufbau einer neuen Inlandsleitung, schickte zuverlässige Kuriere auf illegalen Wegen nach Berlin und nahm mit kommunistischen Widerstandsgruppen in Holland und Westdeutschland Verbindung auf. Kurz vor seiner eigenen Abreise traf Kurt sich mit der Frau eines von der schwedischen Polizei verhafteten deutschen Genossen, die ihm bei Übersetzungsarbeiten behilflich sein wollte – unvorsichtigerweise in ihrer Stockholmer Wohnung; hier wurde er im Februar 1942, gut ein Jahr nach seiner Ankunft in Stockholm, verhaftet.

Leichtsinn? Bewußtes Eingehen des Risikos? Vorsatz? Spielte Kurt sich gezielt in die Hände der schwedischen Polizei, um nicht nach Deutschland gehen zu müssen, wie sein Gegenspieler Mewis später behauptete? Kurt hätte wissen müssen, daß die schwedische Polizei die Wohnung eines soeben Verhafteten überwachen würde. Er hat diese Frage auch später offengelassen. Bei den Verhören durch die schwedische Geheimpolizei konnte Kurt Identität und Rolle nicht lange geheimhalten. Als Deutschem ohne Papiere, von der schwedischen Polizei, die ihn damit unter Druck setzte, als Gestapo-Agent verdächtigt, drohte ihm die Abschiebung nach Deutschland – in den sicheren Tod. Ansonsten verfolgte er geschickt die erlernte Aussagestrategie: jeweils soviel scheinbar bereitwillig

zugeben, als die Polizei ohnehin wußte, und ansonsten nur polizei-
bekannte Spitzenfunktionäre belasten, die sich nicht im polizeilichen Zugriffsbereich befanden. Das war jedoch vergeblich. Die Polizei konnte wenig später die schriftlichen Unterlagen Kurts beschlagnahmen. Weder der noch unbehelligte Mewis noch die Verantwortlichen der schwedischen KP hatten es für nötig gehalten,
diese Unterlagen rechtzeitig in Sicherheit zu bringen. Im April 1942
wurde Kurt wegen nachrichtendienstlicher Tätigkeit und anderer
Vergehen zu einem Jahr Gefängnis verurteilt, das Urteil in der Re-
visionsinstanz auf 18 Monate Zwangsarbeit erhöht, nicht zuletzt,
weil Kurt bei den Vernehmungen und vor Gericht – im Gegensatz
zu dem sechs Monate später ebenfalls verhafteten Mewis – nicht
ausgepackt, sondern seine Mitarbeiter und insbesondere die nach
Deutschland geschickten Genossen geschützt hatte. Nach Strafver-
büßung kam er in das Internierungslager Smedsbo, aus dem er erst
im Sommer 1944 entlassen werden sollte. Damals wußte er noch
nicht, daß sein alter Gegenspieler Ulbricht die Nachricht von seiner
Verhaftung und von angeblichen Aussagen, die Kurt gemacht habe,
flugs dazu benutzt hatte, sich des möglichen Rivalen zu entledigen.
Kurt war im Juni 1942 wegen »Verrats« aus der Partei ausgeschlossen worden.

In der Einzelhaft verfaßte er ein Manuskript ›Selbstbesinnung
und Selbstkritik‹, in dem der Prozeß politischen Umdenkens, der
Suche nach einer neuen politischen Identität zum ersten Mal manifest wird. Zwar bekannte Kurt sich nach wie vor zur Oktoberrevolution und zum Aufbau einer sozialistischen Gesellschaftsordnung,
doch sah er sich selbst nicht mehr als Vertreter einer bestimmten
parteipolitischen Richtung – obwohl er von seinem Ausschluß aus
der KPD noch nichts erfahren hatte. Er arbeitete in einer Textilfa-
brik in Boras, fühlte sich als »Kommunist im Niemandsland« und
wartete auf eine Entscheidung des Zentralkomitees in Moskau um
so dringlicher, als sein Widersacher Mewis, inzwischen Leiter der
kommunistischen Parteigruppe und inoffizieller Führer der deutschen kommunistischen Emigration in Schweden, alles daran setzte,
um Kurt, der für ihn eine erhebliche Bedrohung darstellte, zu diffa-
mieren. Kurts Versuche, sich mit Moskau in Verbindung zu setzen,
schlugen fehl bzw. wurden von der schwedischen KP hintertrieben.

Die Einstellung des »Senders der Europäischen Revolution« im
Frühsommer 1942 stürzte Michel in eine tiefe persönliche und politische Krise. Er hatte nicht nur seinen »Job« verloren und mußte
sich zeitweise mit Gelegenheitsarbeiten durchschlagen, er war vor
allem auch seiner politischen Aufgabe verlustig gegangen, konnte

nicht mehr »mit dem Gesicht nach Deutschland« arbeiten, auch wenn die Verbindung zuletzt nur noch über den Äther möglich gewesen war. Die Bedingungen für die deutsche politische Emigration in Großbritannien verschlechterten sich zudem ab 1942 erneut. Nach dem Stocken des deutschen Vormarsches vor Moskau und dem Kriegseintritt der USA schöpfte man in Großbritannien neuen Mut. Die deutschen Exilanten verloren ihren Stellenwert als mögliche Bündnispartner, der Krieg wurde – auch für große Teile der Labour Party – von einem antinationalsozialistischen zu einem antideutschen Krieg; dies fand seinen sichtbaren Ausdruck in der auf der Konferenz von Casablanca im Januar 1943 zum alliierten Kriegsziel erhobenen Forderung nach der bedingungslosen Kapitulation Deutschlands («Unconditional Surrender«). In der Folge wurde zwischen Deutschen und Nazis propagandistisch nicht mehr unterschieden, was insbesondere der konservative Politiker Robert Vansittart mit seiner These förderte, der Nationalsozialismus sei eine getreue Verkörperung des deutschen Volkscharakters – eine Folgerung, die das politische Exil in seinem Selbstverständnis wie in seinen Aktionsmöglichkeiten ins Mark traf.

Es waren die Auswirkungen des weiteren Kriegsverlaufs, die Michel, wie er später schrieb, nach seinem persönlich-psychologischen Tiefpunkt in der zweiten Jahreshälfte 1942 »wieder in volle Fahrt« brachten. Nach der Landung alliierter Truppen in Nordafrika im November 1942 und der Kapitulation der deutsch-italienischen Streitkräfte im Mai 1943 sahen sich Briten und Amerikaner zum ersten Mal mit mehreren Hunderttausend deutscher Kriegsgefangener konfrontiert, deren politisch-psychologische Betreuung zu organisieren war. Richard Crossman, seit Frühjahr 1943 im Allied Forces Headquarters in Algier damit befaßt, zog erneut Michel und eine Reihe seiner Genossen zur Mitarbeit heran. Zuvor übernahm Michel noch die Aufgabe, mehrere Tausend beschlagnahmter Privatbriefe von Soldaten des deutschen Afrikakorps und von deren Angehörigen durchzusehen und in politisch-psychologischer Hinsicht auszuwerten. Dies war – noch vor dem persönlichen Zusammentreffen mit deutschen Kriegsgefangenen in Nordafrika – nach Jahren der Isolierung ein erster Blick hinter die Kulissen des Dritten Reichs, und die Ergebnisse konnten nicht eben optimistisch stimmen. Michel wurde endgültig klar, daß keine revolutionäre Beseitigung des Regimes von innen heraus erfolgen und Deutschland bis zum bitteren Ende kämpfen werde, bis auch das ganze Volk am Ende sei – eine sehr bittere Erkenntnis, die »unsere letzten Hoffnungen hinwegspülte«.

Freilich zeigte sich ihm in diesen Briefen wie in der Begegnung mit den deutschen Kriegsgefangenen auch ein Hoffnungsschimmer, der sich in der Folgezeit, als auch den Kriegsgefangenen die Unabwendbarkeit der militärischen Niederlage Deutschlands klar wurde, noch verstärken sollte: Michel konstatierte, daß die nationalsozialistische Erziehung das selbständige Denken vieler junger Menschen keineswegs auszulöschen vermocht hatte, daß der Gegensatz zur NS-Diktatur, wenn auch im Augenblick noch kaum vorhanden, unvermeidlich sei, sobald die Tatsachen zu neuer Erkenntnis zwängen. Diese Jugend verstehe aber die Sprache von Weimar, die Sprache der alten Parteien nicht mehr. Sie habe lernen müssen, daß Vaterland und Partei identische Begriffe seien; der Nationalsozialismus sei für sie eine anerkannte und legale Macht, es bedürfe einer großen moralischen Stärke, um aus eigenem Erkennen die Irrtümer der Umwelt abzulegen. Doch sei es eben diese Generation, die das Gesicht Nachkriegsdeutschlands und damit auch der Sozialdemokratie prägen werde. Aufklärung, Erziehung, politische Bildungsarbeit – das war von da an die Richtschnur für Michels weiteres politisches Handeln.

Dieser Lern- und Erkenntnisprozeß ist typisch für Angehörige der linken Zwischengruppen im britischen Exil – Lernprozesse, bei denen die Erfahrung der pragmatisch-parlamentarischen, um Kompromiß und Interessenausgleich bemühten Politik der Labour Party als nicht-marxistischer Arbeiterpartei sicher eine wesentliche Rolle spielte. Voraussetzung für diese Lernprozesse war jedoch, daß das Koordinatensystem aus revolutionärer Perspektive und Analogiedenken gegenüber 1918/19 zugunsten realistischer Erkenntnis aufgegeben wurde.

Die Gründung der »Union deutscher sozialistischer Organisationen in Großbritannien« (»Londoner Union«) erfolgte vor allem aus praktischen Erwägungen; sie war ein Kartell aus Sopade, den linken Zwischengruppen, darunter auch Neu Beginnen, und der Landesgruppe deutscher Gewerkschafter in Großbritannien in London, dessen zukunftsweisende Bedeutung damals weder Michel noch den übrigen Beteiligten in seiner ganzen Tragweite bewußt gewesen sein dürfte. Dieser Zusammenschluß war nicht mehr und nicht weniger als die Wiedervereinigung des 1917 gespaltenen deutschen Sozialismus unter endgültiger Ausklammerung der Kommunisten, die seit dem Hitler-Stalin-Pakt als Agenten einer fremden und feindlichen Macht begriffen wurden. Nach Aufgabe der revolutionären Option durch die Linksgruppen, als klar geworden war, daß die militärische Niederlage Deutschlands nicht die verspätete Uraufführung des

1918/19 vergeblich geprobten Stückes einläuten, sondern ganz andere Formen und Konsequenzen haben werde, fand seit etwa 1942 im Rahmen der Londoner Union ein mehrjähriger intensiver Diskussions- und Selbstverständigungsprozeß statt, zu dem nun gerade die linken Gruppen – von veränderten Vorgaben aus – wesentliche Elemente beisteuern konnten.

Michel nahm an diesem Prozeß theoretisch-programmatischer Neubesinnung zunächst nur mittelbar teil. Er kehrte erst Mitte 1944 von Nordafrika nach London zurück und widmete sich intensiv der Betreuung und Unterrichtung deutscher Kriegsgefangener im Rahmen des britischen »Reeducation«-Programms; er war nicht nur Mitorganisator der Kriegsgefangenen-Sendungen der BBC, sondern auch Tutor und Lektor in dem für seine »Reeducation«-Ergebnisse bekannten Lager Ascot und vor allem Spiritus rector des Lagers Wilton Park, einer Art Kriegsgefangenen-Universität, die nach dem Krieg bestehenblieb und wesentliche Anstöße für den Prozeß deutsch-englischer Aussöhnung und europäischer Verständigung gab. Nach Kriegsende bemühte sich Michel sofort um die Rückkehr in seine bayerische Heimat, um dort seine politische Arbeit und vor allem die demokratische Bildungsarbeit fortzusetzen. Dies gelang ihm freilich erst im Frühjahr 1946.

Auch Kurt konnte erst 1946, im September, nach Deutschland zurückkehren. Fast zweieinhalb Jahre Haft und Internierung hatten zu einem intensiven Selbstbesinnungs- und Klärungsprozeß geführt. Ab Juni 1945 hatte Kurt als Archivarbeiter an der Universität Uppsala seine Freizeit zu intensiver Lektüre genutzt, wobei ihn besonders das 1943 in Schweden erschienene Buch des deutschen Sozialdemokraten und Emigranten Willy Strzelewicz ›Der Kampf um die Menschenrechte‹, das die Grundlagen eines deutschen Rechtsstaats nach Hitler zu konzipieren versuchte, stark beeindruckte, aber auch Schriften sogenannter Renegaten wie etwa Arthur Koestlers ›Sonnenfinsternis‹, die Kurt in seiner Kritik am Kommunismus bestärkten. Zu seinem Freundes- und Bekanntenkreis in Uppsala gehörten ehemalige Kommunisten, die von der KPD ausgeschlossen oder »abgehängt« worden waren, aber auch SAP-Emigranten wie Peter Blachstein und Irmgard und August Enderle; die SAP hatte sich schon im November 1944 mit der Exil-SPD in Schweden de facto organisatorisch vereinigt. Dieser Kreis bot die Gelegenheit zu intensiven Diskussionen über das Verhältnis von Kommunisten und Sozialdemokraten und die mögliche Rolle der SPD im Nachkriegsdeutschland. In dieser Zeit – von Mai bis Juli 1946 – verfaßte Kurt seine ›Notizen‹ – ein Manuskript von 200 Seiten, das seine politische Vergangenheit selbstkritisch offenlegte und mit KPD und Kommunismus brach. Es wurde erst Jahrzehnte später veröffentlicht.

Kurz nach seiner Rückkehr trat Kurt in Hamburg – von Kurt Schumacher unterstützt – in die SPD ein, in der er schon wegen seiner organisatorischen Erfahrung rasch aufsteigen konnte. 1949 wurden Kurt und Michel als sozialdemokratische Abgeordnete in den ersten Deutschen Bundestag gewählt.

»Kurt« und »Michel« sind noms de guerre, Decknamen, in Widerstand und Exil notwendig zum Schutz gegenüber der Gestapo. Hinter Michel verbirgt sich Waldemar von Knoeringen, nach dem Krieg langjähriger bayerischer SPD-Vorsitzender, Kurt bzw. vollständig Kurt Funk war Herbert Wehner, späterer, heute bereits legendärer SPD-Fraktionsvorsitzender im Deutschen Bundestag. Für keinen der beiden Remigranten war die Vergangenheit 1946 zu Ende. Knoeringen wurde mehrfach beschuldigt, er habe als Major in der britischen Armee gegen deutsche Soldaten gekämpft; daß er sich dagegen sogar vor Gericht zur Wehr setzen mußte, wirft ein bezeichnendes Licht auf die geistige Verfassung der Bundesrepublik in den ersten anderthalb Jahrzehnten ihrer Geschichte. Herbert Wehner war Angriffen von mehreren Seiten ausgesetzt. Zwar hatte eine interne KPD/SED-Untersuchung bereits 1945/46 ergeben, daß der Ausschluß wegen Parteiverrats im Jahr 1942 zu Unrecht erfolgt sei, doch angesichts der politischen Parteinahme Wehners nach 1945 hatte man keine Skrupel, die Behauptung weiterhin zu verbreiten, Wehner habe in Schweden Verrat geübt und Genossen ans Messer geliefert. Mehrfach wurden seitens der DDR geheimdienstliche Mordkomplotte gegen ihn ins Werk gesetzt, und immer wieder kam es zu Erpressungsversuchen. Aber Wehner erwies sich als nicht erpreßbar, auch nicht, als der KGB Mitte der sechziger Jahre dem DDR-Staatssicherheitsdienst seine Moskauer Kaderakte und weitere Unterlagen zur »Einleitung operativer Maßnahmen« übermittelte. Ebensowenig ließ Wehner sich durch eine jahrzehntelange Desinformationskampagne beirren, die ihn hinwiederum als »Spion Moskaus« diffamierte. Hinter ihr stand eine Allianz aus (ehemaligen) Kommunisten, führenden CDU/CSU-Vertretern, rechtskonservativen Publizisten, Unbelehrbaren aus der Zeit des Nationalsozialismus und von Sozialdemokraten, die sich als seine parteiinternen Kontrahenten sahen – oder als Leidtragende jener verletzenden Umgangsformen, die Wehner als Erbe seiner stalinistischen Vergangenheit und als Opfer erbarmungsloser Angriffe mitunter an den Tag legen konnte. Unlängst noch hat sich die Witwe Willy Brandts in

38

diese Allianz eingereiht, desgleichen jüngst der ehemalige Geheimdienstchef der DDR Markus »Fridrichowitsch« Wolf.

Bei aller Gegensätzlichkeit in Wesen und Biographie bestimmten beide – Waldemar von Knoeringen wie Herbert Wehner – maßgeblich die Entwicklung der Sozialdemokratie nach 1945. Wehner gilt inzwischen neben Konrad Adenauer, dessen eigentlicher Gegenspieler er war, als zentrale politische Figur der Geschichte der Bundesrepublik Deutschland. Wehner wie Knoeringen spielten beide – nicht zuletzt aufgrund ihrer Erfahrungen in Widerstand und Exil – eine wesentliche Rolle bei der Entwicklung der SPD zur modernen pluralistischen Volkspartei, die im Godesberger Programm ihren ersten Ausdruck fand. 1958 wurden beide zu stellvertretenden Parteivorsitzenden unter Erich Ollenhauer gewählt.

Beide konnten nie zu einem guten oder auch nur problemlosen Verhältnis zueinander finden; der demokratiebegeisterte Visionär Knoeringen mißtraute dem Exkommunisten Wehner, und der Organisations- und Apparat-Mann Wehner betrachtete den »Sterngucker« Knoeringen als ewig jugendbewegten Romantiker, der über hochfliegenden Reformideen die »Machtfrage« übersehe. Dennoch stehen beide als politische Leitfiguren – in unterschiedlich wechselndem Kräfteverhältnis, aber doch gemeinsam – sowohl für das Scheitern der sozialistischen Utopie wie für sozialdemokratische Reformpolitik unter den Auspizien von Aufklärung und Vernunft.

I. Das Ende der Weimarer Republik, die NS-Machtübernahme und die Anfangsjahre des NS-Regimes (1930-1936)

1. Weimar – ein erschöpftes politisches Modell?

Die Geschichtsschreibung der ersten deutschen Republik ist geprägt von der Katastrophe ihres Scheiterns 1933. Der Machtwechsel war eine Zäsur, soweit es den Umschlag von der demokratischen zur diktatorischen Herrschaftsform betraf; hinsichtlich Mentalitäten und politischer Psychologie ist allerdings fraglich, inwieweit hier tatsächlich ein tiefer Einschnitt vorlag. Die Geschichte der »unvollendeten Demokratie« von Weimar wird zumeist unter dem Aspekt ihrer Vorbelastungen und Schwächen geschrieben; die Leistungen der Weimarer Republik, des ersten Versuchs, in Deutschland – wenn auch unter denkbar widrigen Umständen – eine Demokratie zu realisieren, werden dabei im allgemeinen nicht angemessen gewürdigt. Die Chancen der ersten deutschen Demokratie zwischen Kaiserreich und nationalsozialistischer Diktatur »waren von Anfang an gering, doch war die Weimarer Republik nicht zwangsläufig zum Scheitern verurteilt«[1].

Die »wilhelminische Gesellschaft« und die Krise der Weimarer Republik

Bei den Wahlen zur deutschen Nationalversammlung 1919 hatte die deutsche Bevölkerung mit großer Mehrheit für Frieden und politische wie wirtschaftliche Reformen gestimmt – gegen die Restauration der alten Ordnung, aber auch gegen die Etablierung der Revolution: Die Parteien der sogenannten »Weimarer Koalition« (SPD, DDP und Zentrum), also die bisher gemeinhin als »Reichsfeinde« verfemten Sozialdemokraten, Linksliberalen und der politische Katholizismus, hatten mehr als drei Viertel der abgegebenen Stimmen erhalten. Die ersten Wahlen in den deutschen Einzelstaaten brachten nahezu überall ähnliche Ergebnisse; vor allem in Preußen stand diese Koalition auf einer stabilen Grundlage und blieb bis Juli 1932 bestehen. Auf Reichsebene hatte die »Weimarer Koalition« ihre Mehrheit allerdings schon bei den ersten Reichstagswahlen von 1920 wieder eingebüßt – man könnte überspitzt formulieren, die Weimarer Republik sei von der Bevölkerung bereits zu

[1] Möller, Weimar, S. 8.

diesem Zeitpunkt aufgegeben worden. Von da an war eine Mehrheitsregierung nur in Form einer großen Koalition unter Einschluß der rechtsliberalen DVP bzw. ab 1924 in Form einer Rechtskoalition vom Zentrum bis hin zur monarchistischen DNVP möglich. Im März 1930 zerbrach die letzte parlamentarisch legitimierte Regierung der Weimarer Republik, die große Koalition unter dem sozialdemokratischen Reichskanzler Hermann Müller. Seither regierten vom Reichspräsidenten ernannte Präsidial- und Notverordnungskabinette ohne parlamentarische Mehrheit. Die eigentliche »Staatskrise der Weimarer Republik« begann also nicht Ende 1932 oder Anfang 1933, sondern weit früher mit der großen Wirtschaftskrise ab Ende der zwanziger Jahre, und sie fand ihren sichtbaren Ausdruck in den vom Parlament nicht legitimierten Präsidialkabinetten: Das letzte war die am 30. Januar 1933 ernannte Regierung Hitler.

Die Vorbelastungen der »ersten deutschen Demokratie« waren mannigfach. An erster Stelle stehen zweifellos die deutsche Niederlage im Weltkrieg sowie das Friedensdiktat von Versailles, für die im allgemeinen Bewußtsein (Stichworte »Dolchstoß« und »Schmachfriede«) weithin das neue politisch-gesellschaftliche System verantwortlich gemacht wurde; dies bot einem vor allem in Krisenzeiten »extremen Nationalismus«[2], wesentliches Potential für die Sammlungsbewegung des Nationalsozialismus, den nötigen Entfaltungsraum. Die »wilhelminische Gesellschaft«[3] mit ihren spezifischen, auf Verspätung und Form der deutschen Nationswerdung zurückgehenden Widersprüchen und Verkrustungen war durch die Revolution von 1918/19 keineswegs grundlegend verändert worden; im Gegenteil, der Schock der Revolution, speziell das gescheiterte Räteexperiment in München, hatten diese Strukturen noch verfestigt. Eine Chance, die Vertreter des alten Regimes in Militär, Justiz und Beamtenschaft und allgemein in der Wertebestimmungs- und Meinungsführerschaft der Gesellschaft zugunsten neuer demokratischer Eliten auszuwechseln, hatte – abgesehen davon, daß es solche kaum gab – bei Strafe des Bürgerkriegs nie bestanden. Für Sozialisierungsforderungen im wirtschaftlichen Bereich, die in den Anfangsjahren der Weimarer Republik durchaus diskutiert wurden, galt das gleiche, und als besonders verhängnisvoll sollte sich erweisen, daß politische wie wirtschaftliche Macht des

[2] M. Rainer Lepsius, Extremer Nationalismus. Strukturbedingungen vor der nationalsozialistischen Machtergreifung. Stuttgart 1966.
[3] Hinsichtlich Süddeutschlands ist hier zu differenzieren: Großdeutsche und antipreußische Traditionen bis ins Jahr 1848 zurück waren hier noch lebendig, was an den grundsätzlichen Frontstellungen allerdings wenig änderte.

ostelbischen Großgrundbesitzes nicht angetastet wurden. Auch an Schulen und Universitäten blieb die Vorherrschaft der Repräsentanten des alten Systems ungebrochen: Die »wilhelminische Gesellschaft«, durch die Kriegsfolgen nur zeitweise verunsichert und in ihrer grundsätzlichen Konsistenz letztlich sogar bestätigt, gewann rasch die Meinungsführerschaft in einer Staatsform wieder, die nicht die ihre war.

Dies bleibt allerdings zu differenzieren. Der Weltkrieg hatte auch innerhalb des politischen Konservatismus zu tiefen Umbrüchen geführt. Eine wilhelminische Restauration wünschte vor allem die ältere Generation; die Jüngeren, geprägt durch das Fronterlebnis und die »kathartische Wirkung« der »Stahlgewitter«, hatten hingegen den Glauben an die traditionelle Ordnung weitgehend verloren. Kulturpessimismus und antibürgerliche Affekte (»Krieger« statt »Krämer«) führten zu Wertvorstellungen, die als ahistorische Stereotypen hinter die Französische Revolution, ja zum Teil bis ins frühe Mittelalter zurückverweisen – ein paradoxer geistesgeschichtlicher Rückgriff, der sich, betrachtet man das Gesamtspektrum des europäischen Konservatismus in der Zwischenkriegszeit, in dieser Form nur in Deutschland findet. Man träumte von einer konfliktfreien »ständischen« Gemeinschaftsordnung durch einen autoritären Staat, in dem zwischen Volk und Führung keine partikularen und »egoistischen« Interessen von Parteien, Gewerkschaften und Wirtschaftsverbänden stehen dürften. Dies war das Credo der »bürgerlichen« Jugendbewegung und prägte die verschiedenen Spielarten jungkonservativen Denkens in der Weimarer Republik – die »Konservative Revolution«, die freilich keineswegs eine organisatorische oder auch nur geistig-politische Einheit bildete; diese bewußt »elitäre« Bewegung war in sich wohl noch stärker fragmentiert als die – zahlenmäßig freilich weit bedeutendere – Arbeiterbewegung der Weimarer Republik.

Die Republik von Weimar scheiterte vor allem daran, daß sie als erstes Modell einer deutschen Demokratie nicht über das Medium einer demokratisch strukturierten Gesellschaft verfügte, die in der Lage gewesen wäre, gesellschaftliche und wirtschaftliche Konflikte über Interessenausgleich und parlamentarischen Kompromiß zu lösen oder ihre Lösung zumindest anzugehen. Die Gesellschaft bestand aus vielfältigen regionalen und sozialen Teilkulturen bzw. sozialkulturellen Milieus – hier sind vor allem die agrarkonservative Führungskaste des preußisch-deutschen Kaiserreichs und sein Militäradel zu nennen –, gegen die sich zunächst das bürgerlich-liberale, nach der Reichsgründung auch das katholische und das proletarisch-sozialistische »Lager« formiert hatten; sie existierten isoliert und blieben auch in der Zeit von Weimar durch unterschiedliche soziale Formierungs- und Umfeldbedingungen, Verhaltensnormen, Wertvorstellungen und Weltanschauungen getrennt. Hier liegt die Ursache der charakteristischen »Versäulung« des deutschen Parteiensystems in der Weimarer Republik:[4] Die Parteien stellten daher primär weltanschauliche Richtungs- und bestimmten sozialen Gruppen und Schichten verpflichtete Interessenlager dar; »Volksparteien« in modernem Sinn waren höchstens das freilich überwiegend katholische »Zentrum« und, mutatis mutandis, die NSDAP.[5] Auch bei der politisch nicht gebundenen Intelligenz – ob völkisch- bzw. ständisch-national oder republikanisch-links gesinnt – fand die Weimarer Demokratie keinen Rückhalt. Der Bogen spannt sich von Oswald Spengler oder Martin Heidegger, Edgar Jung und Carl Schmitt bis Kurt Tucholsky.[6]

Gemeinsam war der deutschen Intelligenz wie dem Gros der Gesellschaft in der Weimarer Zeit, vor allem in Zeiten krisenhafter Zuspitzung, die grundsätzliche Ablehnung der modernen, pluralistisch-parlamentarisch verfaßten Demokratie und insbesondere ihres politischen Stils, der weithin nur als »Parteiengezänk« begriffen wurde. Geistesgeschichtlich mag hinter dieser Ablehnung eine im vielbeschworenen »deutschen Sonderweg« wurzelnde Angst vor der Moderne stehen: Angst vor der modernen und hochkomplexen Massengesellschaft mit ihrer Überformung von Technik und Industrie, ihrer Eigengesetzlichkeit und ihren Anforderungen an Mobilität, Qualifikation und Selbstorganisation, Angst vor dem Zerfall der tradierten Ideen- und Klassenordnung mit ihren klaren Über- und Unterordnungsverhältnissen. Der Konservatismus glaubte, mit dem Rückgriff auf ständische Organisationsmuster dieser modernen Massengesellschaft steuern zu können, die politische Linke formulierte ihre Transmoderne-Vision im Sinne einer rückwärtsgewandten egalitären Sozialutopie, die an die Stelle der modernen Klassen- bzw. Massengesellschaft treten und Gegenwart wie Zukunft lenk- und planbar machen sollte.

---

[4] M. Rainer Lepsius, Parteiensystem und Sozialstruktur. Zum Problem der Demokratisierung der deutschen Gesellschaft. In: Gerhard A. Ritter (Hrsg.), Deutsche Parteien vor 1918. Köln 1973, S. 56-80.

[5] Zur Charakteristik der Weimarer Parteien vgl. insbesondere Möller, Weimar.

[6] Vgl. Antonia Grunenberg, Antifaschismus – ein deutscher Mythos. Reinbek 1993; als Beispiele werden hier Spenglers Schrift ›Preußentum und Sozialismus‹ sowie Tucholskys bekanntes ›Lied vom Kompromiß‹ angeführt.

Zu dieser sozialpsychologischen Gemengelage, Ergebnis einer »Modernisierungs«- wie einer »Modernitätskrise«[7], trat – in den unterschiedlichen Lagern verschieden stark – eine antiwestliche Frontstellung. In den westeuropäischen Staaten und den USA sah man jene westliche Massendemokratie und Massengesellschaft verwirklicht, die man fürchtete und auf die man, vor allem im Fall »Amerika«, mit tradierter und unverhohlener intellektueller Überheblichkeit herabsah. Man wird dieser Denkfigur auch und gerade im Widerstand gegen den Nationalsozialismus oft begegnen; sie war verbunden mit einem unterschiedlich stark imperial verbrämten, ganz selbstverständlichen Bewußtsein von einer »festlandzentrischen« Sonderrolle Deutschlands als Brücke zwischen Ost und West.

Die Arbeiterbewegung – Alternative ohne Perspektive

Wesentliche Vorbelastung des parlamentarischen Systems von Weimar, die mit zu seinem Scheitern im Verlauf der Weltwirtschaftskrise führte, war die Spaltung der deutschen Arbeiterbewegung in Sozialdemokraten und Kommunisten am Ende des Ersten Weltkriegs. Ursprünglich Ergebnis unterschiedlicher Haltungen der Arbeiterbewegung gegenüber dem Krieg, hatten sich die Gegensätze in den zwanziger Jahren vertieft, wobei KPD wie SPD sich als wahre Erben und Vollender der im Krieg zerbrochenen Arbeiterbewegung darstellten.

Die SPD fühlte sich der Tradition praktischer und pragmatischer Reformpolitik der Sozialdemokratie seit 1890 verpflichtet und hoffte, damit die von ihr wesentlich mitgeprägte »bürgerliche« Republik von Weimar in eine sozialistische Demokratie zu transformieren. Unter den Bedingungen dieser Jahre war freilich für Reformschritte in Richtung sozialer Demokratie und gesellschaftlicher wie wirtschaftlicher Emanzipation der Arbeiterschaft kein Spielraum vorhanden. Der Widerspruch zwischen sozialreformerischem Anspruch und fehlender Möglichkeit seiner Einlösung spitzte sich im Verlauf der Weltwirtschaftskrise ab 1929 immer mehr zu. Die SPD tolerierte aus Sorge um den Bestand der Republik und zur Abwehr der Republikfeinde von links und rechts die parlamentarisch nicht legitimierten Präsidialkabinette als »kleineres Übel« und nahm sogar schwerwiegende soziale Demontagen in Kauf. Diese von Verantwor-

[7] Thomas Nipperdey, Probleme der Modernisierung in Deutschland. In: Nipperdey, Nachdenken über die deutsche Geschichte. Essays. München 1986.

tungsbewußtsein bestimmte Politik dankte ihr niemand, schon gar nicht der eigene linke Flügel und das Gros der jungen, aktivistischen Mitglieder aus dem Umkreis der Sozialistischen Arbeiterjugend (SAJ), des »Reichsbanners« und der Arbeitersportbewegung: Deren Enttäuschung darüber, daß die Revolution von 1918/19 »nur« die bürgerliche Republik gebracht hatte, verhinderte auch auf dieser Seite weithin eine positive Identifikation mit dem Staat von Weimar.

Die KPD, hervorgegangen aus dem kriegsgegnerischen Flügel der Arbeiterbewegung nach 1914, berief sich auf die radikale Tradition des deutschen Sozialismus und verstand sich als revolutionäre Vorhut der Arbeiterklasse. Ziel war die Beseitigung der bürgerlichen Republik nach sowjetrussischem Muster und die Errichtung der »Diktatur des Proletariats« in einem »Rätedeutschland«. Als Sektion der Kommunistischen Internationale war sie – vor allem aufgrund des ständigen Legitimierungsdrucks gegenüber der siegreichen Russischen Revolution – zunehmend abhängig von der Komintern-Führung bzw. der Kommunistischen Partei der Sowjetunion und wurde so über weite Strecken nolens volens zu einem Instrument russischer Interessenpolitik.

Ende der zwanziger Jahre, nicht zufällig zusammenfallend mit dem Beginn der Weltwirtschaftskrise, leitete die KPD-Führung auf Druck der Komintern die »ultralinke« Wende in der Politik der Partei ein; sie setzte damit die von der Komintern-Führung im außenpolitischen Interesse der Sowjetunion entwickelte Theorie der zwei feindlichen »Lager«, des kommunistisch-sowjetrussischen einerseits und des imperialistisch-faschistischen andererseits, gewissermaßen innenpolitisch um. Den »objektiv« allein von der KPD vertretenen Massen der Werktätigen stünden ihre unterschiedslos faschistischen Feinde gegenüber: der »Zentrumsfaschismus«, der »Brüning-Faschismus«, der »Papen-Faschismus« – und nicht zuletzt der »Sozialfaschismus«[8] der SPD. Die KPD begriff von da an die Sozialdemokraten als »Steigbügelhalter« der Bourgeoisie, als »Hauptfeind«, dem vor allen bürgerlichen und rechten Parteien der erste Angriffsstoß gelten müsse. Diese politische Strategie, die aufgrund des Zustroms verzweifelter und durch die Weltwirtschaftskrise politisch radikalisierter Arbeitsloser vordergründig sogar von Erfolg begleitet schien,

[8] Begriff und Strategie gingen zurück auf Stalin, der bereits 1924 die Sozialdemokratie als den – nur sozialfaschistischen – Zwillingsbruder des Faschismus bezeichnet hatte. Siehe dazu Siegfried Bahne, »Sozialfaschismus« in Deutschland. Zur Geschichte eines politischen Begriffs. In: IRSH 10 (1965), S. 211-245; Hermann Weber, Hauptfeind Sozialdemokratie. Strategie und Taktik der KPD 1929-1933. Düsseldorf 1982.

hatte freilich angesichts des aufkommenden Nationalsozialismus verheerende Folgen – verhinderte sie doch, wirksamer noch als die Berührungsängste des sozialdemokratischen Partei-Establishments gegenüber der KPD, gemeinsame Abwehrmaßnahmen der Arbeiterbewegung. Psychologisch verbargen sich hinter der Sozialfaschismus-Strategie eschatologische Kurzschlüssigkeit und das Bedürfnis, den Ärger über allzu zögerliche Erfolge des eigenen revolutionären Konzepts durch Haß auf die »reformistischen Verräter« abzureagieren. Sie entsprach aber auch der spezifischen »Lagermentalität« einer Partei aus – zumindest ab 1929/30 – Langzeit-Arbeitslosen, die sich als Angehörige eines feindlich abgeschotteten Lagers, ja, als Gegengesellschaft begriffen.

Solche Mentalität und Taktik machten den Graben innerhalb der Arbeiterbewegung im entscheidenden Moment unüberbrückbar. Das zeigte sich bereits im Sommer 1931, als sich die KPD am Volksentscheid gegen die sozialdemokratische Regierung Otto Braun in Preußen beteiligte und zumindest indirekt ein Bündnis mit den Nationalsozialisten und anderen rechten Gegnern der Republik einging; es wurde erneut im November 1932 deutlich, als die KPD gemeinsam mit Goebbels den Berliner Verkehrsarbeiter-Streik inszenierte. Die passive Hinnahme des »Preußenschlags« (Eingreifen der Reichsregierung und Absetzung der verfassungsgemäßen sozialdemokratischen Regierung Otto Braun in Preußen am 20. Juli 1932) durch die Arbeiterbewegung war nicht zuletzt Folge und Ausdruck dieses tiefgreifenden Gegensatzes zwischen Kommunisten und Sozialdemokraten. Ob geschlossener Widerstand seitens der Arbeiterbewegung nach dem Vorbild des Kapp-Putsches die Entwicklung in andere Bahnen hätte lenken können, ist eine sowohl unter Zeitgenossen wie in der späteren historischen Literatur vielfach diskutierte Frage. In jedem Falle markiert der »Preußenschlag« den Anfang vom Ende der Weimarer Republik.

Entwicklung der Mitgliedschaft und innerorganisatorische Situation der beiden Arbeiterparteien weisen bei allen Unterschieden im Detail deutliche strukturelle Gemeinsamkeiten auf. Ab Ende der zwanziger Jahre stiegen die Mitgliederzahlen beider Parteien (SPD 1926: rund 800 000, KPD 1929: rund 100 000) deutlich an. Bei der SPD stagnierten sie während der Weltwirtschaftskrise bei etwas über einer Million, während sie bei der KPD in eben diesem Zeitraum bis auf über 300 000 emporschnellten. Freilich wurde bei beiden Parteien die Schere zwischen nominellen und beitragszahlenden Mitgliedern immer größer. Insbesondere bei der KPD herrschte eine so hohe Fluktuation, daß die nominellen Zuwächse von den realen

Verlusten mitunter übertroffen wurden. Dazu kam, daß die Sozialfaschismus-Strategie der KPD auch das bisher einheitliche organisatorische Umfeld der Arbeiterbewegung, die Gewerkschaften und das integrationsfördernde Arbeitervereinswesen mit seinen zahllosen Sport-, Kultur-, Freizeit- und Selbsthilfe-Vereinen, immer mehr paralysierte. Als kommunistisches Gegenstück zu den »Freien Gewerkschaften« und der »Internationalen Arbeiterhilfe« gründete die KPD die »Revolutionäre Gewerkschaftsopposition« (RGO) und die »Internationale Rote Hilfe« (IRH). »Rotfrontkämpferbund« bzw. »Kampfbund gegen den Faschismus« standen als paramilitärische Saal- und Kundgebungsschutz-Organisationen gegen das »Reichsbanner Schwarz-Rot-Gold« bzw. die »Eiserne Front« aus Sozialdemokraten, Freien Gewerkschaften und einigen kleineren republikanischen Parteien. Auch in den Arbeitervereinen versuchte die KPD mit unterschiedlichem Erfolg eigene kommunistische Fraktionen abzuspalten und kommunistische Gegenvereine ins Leben zu rufen.

Zersplitterung und organisatorische Schwächung der Arbeiterbewegung hatten in den letzten Jahren der Weimarer Republik jedoch noch über den Gegensatz zwischen Sozialdemokraten und Kommunisten hinaus weiter Platz gegriffen. Aus Protest gegen die aus ihrer Sicht realitätsfremde und auf abstruse Feindbilder fixierte Politik der beiden großen Arbeiterparteien, die insbesondere den Charakter und die Gefahr des Nationalsozialismus unterschätzten, hatten sich ab Mitte und vor allem ab Ende der zwanziger Jahre innerhalb von KPD und SPD oppositionelle Fraktionen gebildet, die sich zumeist nach einiger Zeit abspalteten und als eigene Parteien und Gruppen auftraten.[9]

Bei der KPD ist neben den schon frühzeitig separierten linksoppositionell-trotzkistischen Gruppierungen vor allem die sogenannte »rechte« Opposition anzuführen, die sich unter dem Signum »KPD-Opposition« (KPD-O oder KPO) als eigene Partei formierte und sich als neues revolutionäres Gravitationszentrum auch für die in Opposition zur Politik der Parteiführung stehenden Teile der SPD begriff. Auf sozialdemokratisch-sozialistischer Seite war es in erster Linie die 1931 gegründete »Sozialistische Arbeiterpartei Deutschlands« (SAPD/SAP), die sich als Kristallisationskern für eine erneuerte revolutionäre Arbeiterbewegung verstand und eine Einheitsfront gegen den erstarkenden Nationalsozialismus zu schaffen suchte. Seit 1925 bestand die kleine, aber geschlossene Gruppe des »Internationalen Sozialistischen Kampfbundes« (ISK) unter Leonard

---

[9] Zur Vorgeschichte der »linken Zwischengruppen« siehe auch weiter unten, S. 282ff.

Nelson und später Willi Eichler. Im Rhein-Ruhr-Gebiet, in Norddeutschland (Berlin, Hamburg) und in Sachsen formierten sich die »Roten Kämpfer« um Arthur Goldstein, Alexander Schwab, Karl Schröder, Bernhard Reichenbach und andere, die sowohl die reformistische wie die bolschewistische Ideologie ablehnten und die Errichtung einer Rätedemokratie auf antiparlamentarischem Wege anstrebten. Als markante Gruppe ist die »Leninistische Organisation« (LO oder Org.) unter Walter Loewenheim zu nennen, die nach 1933 unter dem Namen »Neu Beginnen« bekannt wurde. Zur Überwindung der Spaltung der Arbeiterklasse hatte Loewenheim etwa seit 1929 unter strengster Konspiration und strikter Orientierung an Leninschen Organisationsprinzipien seine doppelt illegale Gruppe aus enttäuschten und oppositionellen Mitgliedern von KPD und SPD unter Einschluß auch von Parteigängern anderer linker Zwischengruppen aufzubauen begonnen. Ziel waren Infiltration und langfristig Eroberung der Leitungen der Arbeiterparteien auf konspirativem Wege, um die Voraussetzungen für eine von Neu-Beginnen-Kadern geleitete revolutionäre Einheitspartei zu schaffen.

Aus einem anderen Strang der Arbeiterbewegung stammt die anarcho-syndikalistische »Freie Arbeiter-Union Deutschlands« (FAUD); auch sie war im Widerstand gegen den Nationalsozialismus aktiv, ihre Geschichte reicht bis ins Jahr 1919 zurück.

Organisatorischer Umfang und politische Bedeutung dieser linken Zwischengruppen blieben in der Weimarer Republik marginal. Eine gewisse Massenbasis erreichte nur die SAP. Aufgrund ihres vielfach hohen intellektuellen Niveaus, der anspruchsvollen Kaderschulung sowie ihrer realistischen Einschätzung der nationalsozialistischen Gefahr, die zu frühzeitiger Vorbereitung auf die Tätigkeit im Untergrund führte, spielten sie jedoch im Widerstand gegen den Nationalsozialismus wie auch im politischen Exil eine bedeutende Rolle.

Zur allgemeinen Zersplitterung der Arbeiterbewegung kam hinzu, daß sie im Verlauf der Weltwirtschaftskrise an ihren Rändern ausfranste und zerfaserte. In der Provinz und in jenen Regionen, wo die Arbeiterbewegung keine fest eingewurzelte Tradition besaß, lösten sich in den frühen dreißiger Jahren ganze Ortsgruppen der Arbeiterparteien auf oder bestanden nur noch auf dem Papier. Wirtschaftliche Not aufgrund langjähriger Arbeitslosigkeit, Mut- und Perspektivlosigkeit veranlaßten viele Parteigänger vor allem der SPD zu Resignation und politischer Passivität, und die Unzufriedenheit mit der lauen Politik der Parteiführung führte vielfach, wenn nicht zum Übertritt zur Konkurrenzpartei oder zum Engagement in einer der radikaleren Zwischengruppen, so doch zur Beschränkung auf den eigenen Lebenskreis und die Sicherung privaten Überlebens.

2. Die nationalsozialistische Machtübernahme

Am 30. Januar 1933 ernannte Reichspräsident Hindenburg Adolf Hitler zum Reichskanzler. Für die konservativ-bürgerliche Gesellschaft in ihren alten und neuen Spielformen bedeutete dies, selbst wenn man sich von Hitler und seiner »plebejischen« Entourage distanzierte, daß nun die langerwartete Chance bestand, die als wirklichkeits- und wesensfremd empfundene erste deutsche Demokratie zugunsten gewohnter traditionaler Ordnungs- und Herrschaftsprinzipien zu überwinden. Die Parteien der Arbeiterbewegung hingegen traf Hitlers Machtübernahme unerwartet und unvorbereitet: Sah man doch die nationalsozialistische Bewegung angesichts der deutlichen Stimmeneinbußen der NSDAP bei den Novemberwahlen des Jahres 1932 auf dem absteigenden Ast. Selbst nach der »Machtergreifung« schien die Gefahr noch keineswegs bedrohlich. Weil die DNVP im neuen Kabinett die meisten Minister stellte, hielt man Hitler zunächst für eine Marionette Hugenbergs. Zudem hoffte man, bei den alsbald für den 5. März angesetzten Reichstagswahlen den ganzen Spuk mit dem Stimmzettel vom Tisch zu wischen.

Die alten Eliten – erfüllte Erwartungen?

Der Prozeß der nationalsozialistischen Machtübernahme reicht im Grunde weit in die Geschichte der Weimarer Republik zurück. Der Versuch eines Staatsstreichs war 1923 gescheitert, diese Technik der »Machtergreifung« hatte sich als untauglich erwiesen. Der Plan, über ein betontes Bekenntnis zu republikanischer Pseudo-Legalität die Mehrheit der Wähler zu erreichen, hatte ab 1930 bemerkenswerte Erfolge gezeitigt, erschien aber nach den Novemberwahlen 1932 im Grunde ebenfalls fehlgeschlagen. Erfolg versprach sich Hitler danach nur noch vom Bündnis mit den traditionellen, aus der Kaiserzeit überkommenen Machteliten; sie allein schienen ihm zur Macht verhelfen zu können. Dieser Versuch, wenn auch länger schon und gewissermaßen parallel betrieben, war in der Krisensituation um die Jahreswende 1932/33 unerwartet rasch erfolgreich. Den alten Eliten der preußisch-deutschen Gesellschaft war im Prozeß der zunehmenden sozialökonomischen Modernisierung Deutschlands seit Beginn der Industrialisierung ihre gesellschaftliche Basis zunehmend entglitten, und sie hofften, sie im Bündnis mit Hitler ebenso wiedergewinnen zu können wie die im Versailler Friedensvertrag verlorengegangene nationale Vormachtstellung des Reichs in Europa.[10]

Dies galt vor allem für den größeren Teil der nachmaligen Gegner Hitlers aus der Opposition der »alten Eliten« – von Ludwig Beck, der Mitte März 1933 in Hitlers Machtübernahme den »erste[n] große[n] Lichtblick seit 1918« sah, über Ulrich von Hassell, der schon 1932 in Hitler den Hoffnungsträger »für das leidenschaftliche Verlangen und gleichzeitig die unbedingte Notwendigkeit« erblickte, »Deutschland endlich volle Gleichberechtigung zu geben«, bis hin zu Fritz-Dietlof Graf von der Schulenburg aus der jüngeren Generation und bereits 1932 NSDAP-Mitglied, für den in Idee und Bewegung des Nationalsozialismus das alte Preußen wiederzuerstehen schien: In der »Trinität von Heer, Beamtentum und Partei«, wobei letztere dem Gemeinwesen neue Kräfte urtümlicher Volksenergie zuführe, könne der nationalsozialistische Führerstaat den alten preußischen Geist wiedererwecken. Auch Henning von Tresckow, später wohl der entschiedenste Hitlergegner in den Reihen der militärischen Opposition, hatte in den frühen dreißiger Jahren der NSDAP nahegestanden und versucht, das Offizierskorps seines Regiments nationalsozialistisch zu beeinflussen. Von Hitlers Machtübernahme begeistert, stellte für ihn vor allem der »Tag von Potsdam«, die pompöse Eröffnung des neuen Reichstags in der Potsdamer Garnisonskirche mit dem Händedruck zwischen Hindenburg und Hitler, die »Geburtsstunde eines neuen Deutschland« dar.[11]

Hitler und die NSDAP erreichten allerdings trotz offener Unterstützung bei demokratischen Wahlen niemals die absolute Mehrheit der Wahlberechtigten oder auch nur der abgegebenen gültigen Stimmen. Selbst bei den Reichstagswahlen vom 5. März 1933, ihrem besten Ergebnis, kam die NSDAP – bei außerordentlich hoher Wahlbeteiligung von knapp 90 Prozent – lediglich auf 43,9 Pro-

---

[10] Die konkreten Schritte des Übereinkommens, das sich zwischen Hitler und den alten Machteliten, vor allem der »Kamarilla« um Reichspräsident von Hindenburg, im Lauf des Jahres 1932 einstellte – weit wichtiger als die immer wieder beschworene Unterstützung der Hitler-Bewegung durch die Groß- und Schwerindustrie –, ist einfühlsam beschrieben bei Broszat, Die Machtergreifung, S. 94-156.

[11] Müller, General Ludwig Beck, S. 339; Hammersen, Politisches Denken im deutschen Widerstand, S. 62; Ulrich Heinemann, Fritz Dietlof Graf von der Schulenburg. Das Problem von Kooperation und Opposition und der Entschluß zum Widerstand gegen das Hitler-Regime. In: Schmädeke und Steinbach, Widerstand, S. 417 ff.; Karl Otmar Freiherr von Aretin, Henning von Tresckow. In: Lill und Oberreuter, 20. Juli, S. 425 f.

zent, obwohl sie einerseits in den Wochen vor der Wahl ihre Propaganda in der Öffentlichkeit zur dominanten Größe hatte machen können, da sie nahezu uneingeschränkt über die staatlichen Medienpotentiale verfügte, und andererseits über das Reichs- und preußische Innenministerium praktisch die Exekutive kontrollierte. Diese Macht hatte sie im Wahlkampf ebenso genutzt wie die zusätzlichen Eingriffsmöglichkeiten, die ihr in der Woche vor der Wahl die Reichstagsbrandverordnung bot.

Das Wahlergebnis machte auch nach dem 5. März 1933 wieder eine Koalition mit den Deutschnationalen notwendig. Diese Regierungskonstellation, durch die Hitler in die »wilhelminische Gesellschaft« einbezogen und von ihren Repräsentanten gezähmt erschien, bildete freilich ein wirksames Vehikel, das vielen, die dem Nationalsozialismus bislang mit »gehemmter Sympathie«[12] gegenübergestanden hatten, den allzu »plebejischen« Charakter von NSDAP und SA übersehen half und eine Identifizierung mit dem neuen System erlaubte. Die absolute Mehrheit, die Hitler am 5. März 1933 noch verfehlt hatte, wäre ihm bei jeder nachfolgenden Wahl, auf die er sich unter normalen Spielregeln freilich nicht mehr einließ, sicher gewesen. Die innen- und außen- sowie die wirtschaftspolitischen Erfolge des Nationalsozialismus sollten seine Akzeptanz auch in vielen jener Gruppen und Schichten der deutschen Bevölkerung entscheidend verstärken, die ihn 1933 aus unterschiedlichen weltanschaulichen und sozialpsychologischen Gründen abgelehnt, gegen ihn gestimmt oder gar nicht abgestimmt hatten. Die historische Frage ist legitim, wogegen die alten Eliten, Konservative »alten« wie »neuen Stils«, zu Beginn der NS-Diktatur hätten opponieren sollen; abgesehen davon, daß der politische Konservatismus in einer mehr oder minder antidemokratischen bzw. antipluralistischen Zielsetzung mit dem neuen System weithin einig war, wiegte er sich in der Illusion, den Nationalsozialismus für die eigenen Ziele in Anspruch nehmen zu können. Der Sturz des Weimarer Systems schien irreversibel, die »Nation« befand sich im Aufwind; gegen Illegalisierung und Unterdrückung der Arbeiterbewegung, insbesondere der KPD, konnten von dieser Seite des politischen Spektrums keine Einwendungen erwartet werden, entsprachen sie doch nicht nur weltanschaulichen Grundüberzeugungen, sondern auch dem Wunsch nach einer Beseitigung des verhaßten »Parteiwesens«, das für sie eines der Hauptdefizite der Weimarer Demokratie dargestellt hatte.

[12] Fritz Stern, Der Nationalsozialismus als Versuchung. In: Ottfried Hofius (Hrsg.), Reflexionen finsterer Zeit. Tübingen 1984, S. 1-59, hier S. 26.

Gleichschaltung wie Selbstauflösung der übrigen Parteien im Sommer 1933 wurden infolgedessen begrüßt und als definitive Beseitigung überlebter Politikformen betrachtet. Gleiches galt für die Zerschlagung der Gewerkschaften Anfang Mai 1933 und ihre »Aufhebung« in der nationalsozialistischen Arbeitsfront. Das »Ermächtigungsgesetz« vom März 1933 lag ebenso in der Logik vom »starken Staat« wie das Gesetz zur Wiederherstellung des Berufsbeamtentums, um Juden und Sozialdemokraten aus dem Staatsapparat auszuschalten, wenngleich viele Vertreter der nationalkonservativen Eliten jeweils »ihren« Sozialdemokraten oder Juden kannten, auf den sie das Gesetz nicht angewendet wissen wollten. Neben der politischen Frontstellung gegen die Arbeiterbewegung war ein gemäßigter bis mehr oder minder rigider Antisemitismus von jeher ein prägendes Kennzeichen jener »wilhelminischen Gesellschaft« – auch der meisten jener ihrer Vertreter, die später im nationalkonservativen Widerstand eine aktive Rolle spielen sollten.[13] Man besaß nicht das Vorwissen um Auschwitz. Die Maßnahmen des NS-Staates gegen »Kulturbolschewismus« und »zersetzende Literatur« entsprachen ebenso einem Grundbedürfnis dieser deutschen Teil-Gesellschaft, und die brutale und über weite Strecken illegale Machtdurchsetzung des Regimes im Frühjahr 1933 bis hin zur »Nacht der langen Messer« am 30. Juni 1934 manifestierte sich in ihrem Bewußtsein überwiegend als vereinzelte revolutionäre Exzesse und Turbulenzen. Das prompte demonstrative Bemühen der Regierung um ein gutes Verhältnis zu den beiden großen Kirchen ließ Hitler in seiner Rede zum Ermächtigungsgesetz zusagen, die Kirche wieder zu einem Fundament des Staatslebens zu machen, und dies war für die katholische Kirche der Anstoß, die zahlreichen Verbote und Warnungen seit 1930, in denen die Unvereinbarkeit von Nationalsozialismus und kirchlicher Lehre erklärt worden war, zurückzuziehen und den Gläubigen den Weg zur NSDAP freizugeben; das Reichskonkordat am 20. Juli 1933[14] war dann der erste große außenpolitische Erfolg Hitlers und seine internationale Anerkennung. Die evangelische Kirche, ganz überwiegend preußisch- bzw. deutschnational-konservativ geprägt, beobachtete die Beseitigung der parlamentarischen Demokratie und den Aufbau eines autoritären Einparteienregimes zunächst mit unverhohlener Sympathie, und ihre »nationale Aus-

---

[13] Vgl. dazu Christof Dipper, Der deutsche Widerstand und die Juden. In: GG 9 (1983), S. 349-380; paradigmatisch dazu John C.G. Röhl, Wilhelm II.: »Das Beste wäre Gas«. In: Die Zeit, 25.11.1994.

[14] Text u.a. bei Ludwig Volk, Das Reichskonkordat vom 20. Juli 1933. Mainz 1972, S. 234-244.

richtung« fand in den alten gesellschaftlichen Eliten entsprechenden Beifall, obgleich es mit dem Kirchenkampf – ebenso wie auf katholischer Seite anläßlich des staatlichen Vorgehens gegen katholische Vereine – alsbald deutliche Mißtöne gab.

1933 und danach herrschte zwischen dem Nationalsozialismus und den alten Eliten, wo nicht Identität, so doch Parallelität der Interessen in grundsätzlichen sozial- und nationalpolitischen Zielsetzungen, wobei zu berücksichtigen ist, daß der Nationalsozialismus in den frühen dreißiger Jahren mit seiner unklaren sozialrevolutionären SA-Komponente sich auch konservativen Zeitgenossen als in sich durchaus widersprüchliches Gebilde darstellte. Doch erschien subjektiv meist jeweils jener Bestandteil des Gesamtkomplexes Nationalsozialismus als zukunftsweisende Dominante, der mit der eigenen politischen Ausrichtung harmonierte, während zuwiderlaufende Aspekte als vernachlässigbare und vorübergehende Irritationen interpretiert wurden.

Zum Zeitpunkt der Machtübernahme fanden sich bei den alten Eliten infolgedessen kaum grundsätzliche Gegner Hitlers und des Nationalsozialismus. Ausnahmen bilden u.a. Helmuth James Graf von Moltke, der spätere General Friedrich Olbricht, der Theologe Dietrich Bonhoeffer sowie der hochkonservative und preußisch-monarchistisch eingestellte pommersche Gutsbesitzer Ewald von Kleist-Schmenzin, der in der Weimarer Zeit sowohl den Parlamentarismus und die »Systempolitiker« wie die Nationalsozialisten kompromißlos bekämpft hatte. Kleist-Schmenzin weigerte sich auch 1933 noch beharrlich, die Hakenkreuzflagge zu hissen oder einen Pfennig für die Parteikasse der NSDAP zu spenden; er wurde deshalb mit vielfältigen Schikanen traktiert und gehörte zu denen, die anläßlich des »Röhm-Putschs« am 30. Juni 1934 ermordet werden sollten.[15] Auch andere Konservative der jüngeren Generation wie Adam von Trott zu Solz sind hier zu nennen; bei ihm mag der starke angelsächsische Erfahrungshintergrund in seiner Biographie – ebenso wie bei Moltke – den späteren Entschluß zu aktivem Widerstand begünstigt haben. Beide wurden – von gelegentlichen regimekritischen Äußerungen abgesehen – erst im Zusammenhang mit dem Ausbruch des Zweiten Weltkriegs im Widerstand aktiv. Gleiches gilt für Karl Ludwig Freiherr von und zu Guttenberg, Herausgeber der

[15] Er entkam diesem Schicksal nur durch rechtzeitige Flucht und konnte sich in der Wohnung von Ernst Niekisch verbergen; während der Sudetenkrise im Sommer 1938 flog er im Auftrag Ludwig Becks und anderer oppositioneller Militärführer nach London und versuchte, hohe britische Politiker zu einer möglichst unnachgiebigen Haltung gegenüber Hitlers Forderungen zu veranlassen. Er geriet später in das Räderwerk der Verfolgungen nach dem 20. Juli 1944 und wurde im April 1945 hingerichtet.

›Weißen Blätter‹, der dem katholisch-bayerisch-monarchistischen Kontext zuzurechnen ist. Die ›Weißen Blätter‹ mit dem programmatischen Untertitel ›Monatsschrift für Geschichte, Tradition und Staat‹ waren nicht auf dem üblichen Vertriebsweg erhältlich, übten aber auf abgehobenem elitär-kulturellem Niveau durchaus leise Kritik am NS-Staat, und in ihr publizierten auch einzelne Vertreter des (späteren) bürgerlich-konservativen Widerstands wie Ulrich von Hassell und Klaus Bonhoeffer. Zum aktiven Widerstand gegen das Regime stieß Guttenberg freilich erst, als die politisch-militärische Katastrophe des Reichs nicht mehr abzuwenden war. Auch der Kreis um Hans von Dohnanyi und seine Schwäger Klaus und Dietrich Bonhoeffer[16] sowie der Chef der Heeresleitung Generaloberst Kurt von Hammerstein-Equord, wegen seiner Loyalität gegenüber der Republik der »rote General« genannt, gehörten zu den Hitlergegnern der ersten Stunde. Letzterer wollte im Januar 1933 die Reichswehr gegen die Nationalsozialisten einsetzen, was Hindenburg aber verbot; um die Jahreswende 1933/34 wurde er durch den in Hitlers Augen zuverlässigeren Artilleriegeneral Werner von Fritsch ersetzt.

Die Arbeiterbewegung: Der Weg in den Untergrund

Die KPD hatte schon vor Hitlers Ernennung der Frage, ob nun von Papen, General von Schleicher oder Hitler Reichskanzler seien, keinerlei grundsätzliche Bedeutung beigemessen. Zwischen ihnen gebe es lediglich vernachlässigbare »Unterschiede der einen oder der anderen Methode« des Kampfes gegen das Proletariat; auch nach den Novemberwahlen des Jahres 1932 hatte die KPD den Kampf gegen den »Hauptfeind Sozialdemokratie« unvermindert fortgesetzt und Vorschläge von sozialdemokratischer Seite sowie dringliche Aufforderungen der linken Zwischengruppen zur Bildung einer Abwehr-Einheitsfront scharf zurückgewiesen. Zwar schlug die KPD-Führung am 31. Januar 1933 – also buchstäblich fünf Minuten nach zwölf – per Aufruf erstmals anstatt der ständig propagierten »Einheitsfront von unten« ein Abwehrbündnis auch zwischen den

---

[16] Vgl. dazu Christoph Strohm, Der Widerstandskreis um Dietrich Bonhoeffer und Hans von Dohnanyi. Seine Voraussetzungen zur Zeit der Machtergreifung. In: Schmädeke und Steinbach, Widerstand, S.295-313. Dieser durch vielerlei verwandtschaftliche und freundschaftliche Bindungen strukturierte Personenkreis, dem u.a. auch der Staatsrechtler Gerhard Leibholz und Justus Delbrück angehörten, stand der Republik auch in der Krise der frühen dreißiger Jahre rückhaltlos bejahend gegenüber; Klaus Bonhoeffer verfügte darüber hinaus über enge Beziehungen zu dem 1945 hingerichteten sozialdemokratischen Politiker Ernst von Harnack.

Führungen der verschiedenen Arbeiter-Organisationen gegen den Nationalsozialismus vor, doch setzte sich die alte Einstellung alsbald wieder durch. Schon am 7. Februar 1933 verkündete Ernst Thälmann auf einer Geheimsitzung des Zentralkomitees und führender Bezirksfunktionäre im Sporthaus Ziegenhals bei Berlin, der 30. Januar 1933 sei keineswegs eine Niederlage des Proletariats, sondern im Gegenteil der Beginn einer neuen und höheren Phase des Kampfes gegen den Faschismus; die KPD müsse nur »selbstkritisch« eingestehen, der Einfluß der SPD- und ADGB-Führer auf die Massen sei nicht »in dem erforderlichen Maße zu liquidieren« gewesen.[17]

Die SPD, die ebenfalls die Bedeutung der Ernennung Hitlers zum Reichskanzler weithin unterschätzte und die neue Regierung nur als Konzentration »reaktionärer großkapitalistischer und großagrarischer Kräfte« betrachtete, setzte nach dem 30. Januar 1933 ihre abwartende legalistische Politik fort. Aktivismus und Abwehrbereitschaft der Parteibasis und der in den Jugendorganisationen und dem Reichsbanner zahlreich vertretenen Kräfte konnten zudem nach Auflösung des Reichstags am 1. Februar und Ausschreibung von Neuwahlen für den 5. März in die gewohnten Bahnen des Wahlkampfs gelenkt werden. Freilich zeigte sich schon in den ersten Wahlkampfwochen, daß der Wind inzwischen rauher blies: Die Parteien der Arbeiterbewegung wurden durch zahllose lokale Versammlungsverbote und kurzfristige Suspendierungen ihrer Presseorgane von seiten der Obrigkeit massiv behindert.

In der Nacht von Rosenmontag auf Faschingsdienstag, am 27./28. Februar 1933, trat ein Ereignis ein, das die Kräfteverhältnisse endgültig zugunsten der Nationalsozialisten wendete. Wie die Zeitungen am Morgen des Faschingsdienstags meldeten, war in Berlin der Reichstag in Brand gesetzt worden – ein Fanal, das zunächst wohl als grausiger Faschingsscherz erscheinen mochte. Hitler schrieb die Brandstiftung sofort den Kommunisten zu, für weite Teile der Öffentlichkeit in der hektischen Atmosphäre jener Wochen durchaus glaubhaft, während es für Arbeiterbewegung und politische Linke aufgrund der folgenden Ereignisse sonnenklar schien, daß die »Nazis« selbst den Reichstag in Brand gesteckt haben mußten, um einen Vorwand für die Verfolgung der Kommunisten zu besitzen.[18] Die NS-Führung nutzte umgehend die gebotene Chance:

---

[17] Duhnke, Die KPD von 1933 bis 1945, S. 102 f.
[18] Vgl. dazu im einzelnen Fritz Tobias, Der Reichstagsbrand. Legende und Wirklichkeit. Rastatt 1962, sowie Hans Mommsen, Der Reichstagsbrand und seine politischen Folgen. In: VfZ 12 (1964), S. 351-413; Uwe Backes u. a., Reichstagsbrand – Aufklärung einer historischen Legende. München 1986.

Die »Verordnung zum Schutz von Volk und Staat« vom 28. Februar 1933, das »Grundgesetz des Dritten Reichs«[19], bot die Grundlage für die systematische Verfolgung und Ausschaltung zunächst der KPD, deren Ende als legale Partei damit schon eine Woche vor den Reichstagswahlen vom 5. März 1933 gekommen war – auch wenn sie sich an diesen Wahlen selbst noch beteiligen konnte. In Berlin wurden während der Brandnacht und in den Tagen darauf mehrere Hundert kommunistischer Funktionäre verhaftet, im gesamten Reichsgebiet waren es mehrere Tausend.[20] Nach der Reichstagswahl und der NS-Machtübernahme in den Ländern, die mit dem staatsstreichartig vorgenommenen Sturz der Regierung Held in Bayern am 9. März 1933 abgeschlossen war, begann der Verfolgungsapparat auch im übrigen Reichsgebiet auf vollen Touren zu laufen.

Die Reichstagsbrand-Verordnung war, wie aus der Präambel ersichtlich, zunächst vor allem gegen die KPD, deren Funktionäre und Mandatare gerichtet. Der Kreis der zu Verhaftenden wurde alsbald weiter gezogen. Noch vor der Reichstagswahl hatte Göring als preußischer Ministerpräsident und Innenminister die Durchführung der Verordnung auch gegen jene angeordnet, die mit den Kommunisten zusammenarbeiteten und ihre Ziele, auch nur mittelbar, unterstützten. Das zielte vor allem auf die Funktionäre des Reichsbanners. In Bayern wurden sofort nach dem nationalsozialistischen Staatsstreich vom 9. März 1933 die »Reichsbannerführer« durch innenministeriellen Erlaß ausdrücklich in den Kreis der zu Verhaftenden einbezogen. Dazu kam, daß SA und SS zur Hilfspolizei erklärt und alle Polizeidoppelposten paritätisch mit Polizeibeamten und SA- bzw. SS-Leuten besetzt wurden; vordringliches Interesse der letzteren war häufig, sich ortsbekannter Vertreter der Arbeiterbewegung, gleichviel welcher Funktion und Organisationszugehörigkeit, zu bemächtigen, um alte Rechnungen aus der »Kampfzeit« zu begleichen. In den Wochen und Monaten nach Reichstagsbrand bzw. Reichstagswahl und endgültiger Gleichschaltung der Länder wurden Tausende von Kommunisten, Reichsbannerführern, SPD-Funktionären sowie weitere

[19] So Helmut Krausnick, Stationen der Gleichschaltung. In: Der Weg in die Diktatur 1918 bis 1933. München 1962, S. 183. Die »Reichstagsbrand-Verordnung« setzte sämtliche Artikel der Reichsverfassung, die die persönliche Freiheit und das Recht der freien Meinungsäußerung garantierten, bis auf weiteres außer Kraft, räumte der Reichsregierung die Wahrnehmung der Befugnisse der obersten Länderbehörden »zur Wiederherstellung der öffentlichen Sicherheit und Ordnung« ein und drohte für eine Reihe von Delikten die Todesstrafe an, die nach bis dahin geltendem Recht mit Zuchthaus bestraft wurden.

[20] Die in der Literatur bisher überlieferten wesentlich höheren Zahlen halten einer Nachprüfung nicht stand; vgl. dazu Tuchel, Konzentrationslager, S. 96 ff.

»Gegner«: Angehörige der »Systemparteien«, des Stahlhelms und anderer nicht-nationalsozialistischer Wehrverbände sowie Journalisten verhaftet. Zum Teil erfolgten die Festnahmen nach vorbereiteten Listen, die aus den politischen Abteilungen der Polizeiverwaltungen der Länder stammten, zum Teil waren sie Ergebnis lokaler Racheakte oder von Polizeirazzien in den Arbeitervierteln der Groß- und Industriestädte. Polizei und Hilfspolizei riegelten dabei ganze Straßenzüge und Wohnblock-Komplexe meist in den frühen Morgenstunden ab und durchkämmten Häuser und Wohnungen nach gesuchten Personen, illegaler Literatur und Waffen. Kommunistische Funktionäre und Reichsbannerführer, soweit auf Verhaftungslisten vermerkt, bekannt oder durch Spitzel bzw. Nachbarn denunziert, wurden in »Schutzhaft« genommen, in Polizeigefängnisse und sonstige Haftanstalten verbracht, u.a. auch in sogenannte »wilde« Konzentrationslager, die allerdings zumeist rasch von den »ordentlichen« Konzentrationslagern abgelöst wurden – nach dem Vorbild des schon seit dem 20. März 1933 bestehenden »Musterlagers« Dachau.

Als der neue Reichstag am 23. März 1933 erstmals zusammentrat, um das »Ermächtigungsgesetz« zu verabschieden, war von 81 gewählten kommunistischen Abgeordneten keiner anwesend; von den 120 SPD-Abgeordneten konnten nur noch 94 erscheinen, 26 waren in Haft oder wegen drohender Verhaftung im Exil. So stimmte die SPD, wenn auch reduziert, als einzige Partei geschlossen gegen dieses Gesetz. Formal noch in den Parlamenten und Kommunalvertretungen präsent, in Wirklichkeit aber paralysiert und ohnmächtig, glich die SPD-Parteiorganisation einer Pyramide, deren Basis unter ihrer Spitze wie Brei zerfloß. Die Tage der legalen Existenz der SPD waren bereits gezählt: Am 2. Mai 1933 wurden die Freien Gewerkschaften aufgelöst, am 10. Mai das Parteivermögen der SPD, soweit nicht ins Ausland gerettet, beschlagnahmt, und am 22. Juni 1933 folgte die Zwangsauflösung.

Der Weg in den Untergrund verlief nach den reichsweiten Massenverhaftungen im Frühjahr 1933 unter für die einzelnen Parteien und Gruppierungen der Arbeiterbewegung recht verschiedenen Bedingungen. Gemeinsam war SPD wie KPD vor allem die Überzeugung, daß dem neuen Regime trotz seiner Exekutivgewalt kein langes Leben beschieden sein werde, und daß es deshalb nur darum gehen könne, die Massen agitatorisch aufzurütteln und doch noch zur Aktion zu bewegen. Nur wenige Gruppen – vor allem »Neu Beginnen« – gingen aufgrund ihrer Faschismus-Analyse damals schon von einer langen Dauer der NS-Diktatur aus und kamen zu anderen Schlußfolgerungen. KPD wie SPD waren politisch-organisatorisch nicht oder nur unzureichend auf ein Fortbestehen im Untergrund vorbereitet, obwohl die KPD seit Beginn der Weltwirtschaftskrise die »planmäßige Umstellung« auf die Illegalität unentwegt propagiert hatte. Dies lag nicht zuletzt daran, daß man mangels Erfahrungen zu einer realistischen Einschätzung des Ausmaßes wie der Qualität moderner polizeistaatlicher Verfolgungs- und Repressionsmöglichkeiten nicht fähig war – man träumte immer noch von dem in der Retrospektive amüsanten Katz- und Maus-Spiel mit der »tumben Polizei« während der Jahre des Sozialistengesetzes. Die Verhaftungen trafen insbesondere die KPD rasch und unerwartet. Ihr Führer Ernst Thälmann fiel der Polizei infolge Verrats schon Anfang März in die Hände. Die Zugriffe der Polizei auf die verschiedenen Parteiebenen waren dabei ganz unterschiedlich. Im Frühjahr 1933 wurden von den gut fünf Dutzend Mitgliedern des Zentralkomitees der KPD nur zehn verhaftet, von den 81 am 5. März 1933 gewählten KPD-Reichstagsabgeordneten rund ein Drittel: Für die Spitzenfunktionäre waren offensichtlich in stärkerem Maße sichere Quartiere und Möglichkeiten des Untertauchens vorbereitet worden. Auf der nächsttieferen Ebene der Hierarchie war die Situation weit ungünstiger: Etwa die Hälfte der Leiter der 22 KPD-Parteibezirke fiel der Polizei in die Hände, laut Gestapo waren Anfang Juni 1933 17 der 22 Bezirksleiter in Haft. Anfang Juni räumte Fritz Heckert, deutscher Vertreter beim Exekutivkomitee der Komintern (EKKI), unumwunden ein, daß der zügellose Terror die Mehrheit der Arbeiterklasse und selbst einzelne Gliederungen der KPD überraschend getroffen und die KPD in den ersten Märzwochen wesentlicher Teile des mittleren Funktionärskörpers beraubt habe.[21]

Die SPD ihrerseits traf schon ihres politischen Selbstverständnisses wegen weder vor noch unmittelbar nach dem 30. Januar 1933 umfassende Maßnahmen zur Weiterarbeit unter illegalen Bedingungen. Auf die Provokation »Hitler« reagierte sie aus Tradition mit einem streng legalistischen Bekenntnis zu Staat und Verfassung; sie sah sich als wahre Hüterin republikanischer Legalität, die nur mit streng verfassungsgemäßen Mitteln verteidigt werden dürfe. Damit verstellte sie sich selbst den Weg zum Einsatz jener Mittel, über die sie als Massenorganisation zur Abwehr des Nationalsozialismus verfügt hätte – freilich wohl mehr aus Fatalismus denn aus realistischer Einsicht in ihre Aussichtslosigkeit.

Die linken Zwischengruppen hatten sich frühzeitig und effektiv auf die erwartete Illegalität vorbereitet und blieben im allgemeinen

---

[21] Zitiert nach Herlemann, Emigration als Kampfposten, S. 23.

von der Welle der Massenverhaftungen im Frühjahr 1933 verschont. Ihr relativ kleiner Umfang von zumeist nur wenigen Hundert aktiven Mitgliedern begünstigte sie dabei; selbst die SAP, die als einzige Gruppierung einen gewissen Massencharakter besaß (Anfang 1933: über 17 000 Mitglieder), wurde von den umfassenden Verhaftungen im Frühjahr 1933 kaum berührt. Daß die linken Zwischengruppen sich ganz überwiegend als Eliteorganisationen aus hochqualifizierten Kadern darstellten, die aus der Weimarer Zeit über entsprechende politische Erfahrung und Schulung verfügten, kam hinzu. Aufgrund ihres geringen Umfangs, ihres meist relativ späten Entstehungsdatums und ihres häufig schon vor 1933 konspirativ getarnten Auftretens waren sie kaum polizeibekannt. (Nur die KPO, mit Anfang 1933 rund 3 000 Mitgliedern zweitstärkste der linken Zwischengruppen, verlor durch die Frühjahrsverhaftungen rund ein Fünftel ihres Mitgliederstamms.) Ihre konspirativen Schutzmaßnahmen, wenn auch unterschiedlich konzipiert und ungleich stringent durchgeführt, beruhten auf einem nur scheinbar unkomplizierten System von Fünfer- bzw. Dreiergruppen als Organisationsbasis. Jeweils nur ein Gruppenmitglied sollte, um die Gefahr von Einbrüchen der Gestapo zu reduzieren, Kontakt zu einer benachbarten Fünfer- oder Dreier-Gruppe bzw. zur nächsthöheren Organisationsebene besitzen – ein System, das schon deshalb nicht sicher funktionieren konnte, weil sich gerade die aktiven Mitglieder der Arbeiterbewegung aus gemeinsamer politischer Arbeit in der Weimarer Republik auch über künstlich aufgebaute konspirative Gruppengrenzen hinweg nur zu gut persönlich kannten. Organisationsarchive und Mitgliederlisten wurden vernichtet, ins Ausland verlagert oder unter besonderen Sicherheitsvorkehrungen versteckt, konspirative Wohnungen besorgt, falsche Papiere oder ihre Herstellung vorbereitet, unsichtbare Tinten verwendet, Geheimcodes entwickelt und Kuriersysteme aufgebaut. Manche Gruppen, wie die SAP, der ISK oder die FAUD, lösten sich sogar noch vor ihrem Verbot formell auf, um polizeiliche Überwachung und Verfolgung zu unterlaufen. Fast alle Gruppen bauten ebenso wie die beiden »großen« Arbeiterparteien Auslandsstützpunkte oder Leitungsgremien im Ausland auf, um die illegale Arbeit von außen unterstützen zu können. Entsprechend ihrem Charakter als elitäre Kaderorganisationen hatten die linken Zwischengruppen schon vor 1933 auf Mitgliederwerbung in breitem Maßstab, auf expansives Auftreten mit massenhafter Flugblatt- oder Literaturverteilung und ähnliche Aktionsformen verzichtet und das Schwergewicht auf interne Schulung und Kontakte sowie die Bewahrung von Zusammenhalt gelegt. Dem lag nicht nur die realistischere Einschätzung der Verfolgungskapazität des NS-Regimes und ihrer Konsequenzen für die Arbeiterbewegung zugrunde, sondern auch eine anders geartete und fundiertere Faschismus-Analyse: Die am meisten stringente und analytisch adäquate Interpretation lieferte in dieser Hinsicht die Gruppe »Neu Beginnen«.

Der Verfolgungsapparat

Um Aktionsgelände und Spielräume des Widerstands genauer abzustecken, ist ein Blick auf die Politische Polizei und deren Funktion und Entwicklung innerhalb des nationalsozialistischen Staates vonnöten. In der Weimarer Republik waren polizeiliche Angelegenheiten allein der Kompetenz der Länder zugeordnet. Die Aufgaben der Politischen Polizei lagen bei Spezialabteilungen der Landeskriminalpolizeiämter bzw. der Polizeipräsidien der Großstädte. Allerdings hatte sich die entsprechende Abteilung I A der Berliner Polizeibehörde schon vor 1933 auf informellem Wege – ohne verfassungsmäßige Absicherung – zu einer Art politisch-polizeilicher Nachrichtenzentrale für das ganze Reich entwickelt. Die politischen Polizeistellen der Länder waren damals nur Abteilungen der allgemeinen Polizei; sie unterstanden im Rahmen der Polizeiverwaltung den zuständigen Polizeikommandeuren oder -präsidenten und damit der Aufsicht und Weisung der Länder-Innenminister bzw. ihren nachgeordneten Dienststellen (Ober- bzw. Regierungspräsidenten). Die Entwicklung der Politischen Polizei im NS-Staat zu einem weitgehend verselbständigten und nicht an Rechtsnormen gebundenen, nach und nach mit der SS verschmolzenen und so gewissermaßen »entstaatlichten« Organ der Führergewalt begann unmittelbar nach der Machtübernahme, unabhängig voneinander, in Preußen und Bayern.

Ende April 1933 wurde in Preußen das Geheime Staatspolizeiamt (Gestapa) als zentrale Landespolizeibehörde für alle politisch-polizeilichen Angelegenheiten gegründet. Ende November 1933 wurde die Geheime Staatspolizei (Gestapo) durch Gesetz selbständiger Zweig der inneren Verwaltung, und die bisher vom preußischen Innenminister wahrgenommenen Aufsichts- und Weisungsbefugnisse über die Politische Polizei gingen auf das Gestapa über, das seinerseits dem Ministerpräsidenten (Göring) unmittelbar unterstellt war. Die in den Regierungsbezirken als nachgeordnete Exekutivstellen des Gestapa errichteten Staatspolizeistellen, zumeist die ehemaligen politisch-polizeilichen Abteilungen, wurden im Frühjahr 1934 der Kompetenz der Regierungspräsidenten entzogen und zu selbständigen Behörden der Geheimen Staatspolizei unter alleiniger Weisungsbefugnis des Gestapa bestellt. Damit war die Gestapo in Preußen in allen ihren Teilen aus dem Zusammenhang der inneren Verwaltung herausgelöst.

In Bayern erfolgte am 9. März 1933 die Ernennung des Reichsführers SS (RFSS) Heinrich Himmler zum Polizeipräsidenten in München und des Leiters des »Sicherheitsdienstes RFSS«, Reinhard Heydrich, zum Chef des politischen Referats (Abteilung VI). Eine Woche später wurde Himmler in seiner Funktion als Präsident der Polizeidirektion München politischer Referent beim bayerischen Innenministerium und Chef der »Bayerischen Politischen Polizei«. Am 1. April 1933 übernahm er dann die für ihn im bayerischen Innenministerium geschaffene Stelle des »Politischen Polizeikommandeurs Bayerns«. Wie in Preußen war damit auch in Bayern die Politische Polizei aus dem Zusammenhang der allgemeinen Polizei herausgelöst und als Sonderbehörde installiert worden.

Die weitere Zentralisierung der Politischen Polizei auf Reichsebene vollzog sich in Form eines längeren Prozesses, zunächst informell und keineswegs per Führerbefehl. Während des Winters 1933/34 gelang es Himmler von Bayern aus, in den meisten deutschen Ländern Chef der Politischen Polizei zu werden. Vorläufiger Abschluß war seine Ernennung zum stellvertretenden Chef und Inspekteur der Preußischen Geheimen Staatspolizei am 20. April 1934. Den ersten Schritt zur einheitlichen und zentralisierten Gestapo bildete also die Herauslösung der Politischen Polizeien aus den Länderverwaltungen und ihr Status als einer allein Himmler unterstellten polizeilichen Sonderbehörde; Himmler wurde damit oberster Chef der Politischen Polizei auf Reichsebene, zunächst freilich nur de facto und in Form einer Personalunion. In den darauffolgenden Jahren kam es – wiederum zunächst eher auf informellem Wege – zu einer wachsenden Zusammenarbeit und Vereinheitlichung der Politischen Polizeien auf Reichsebene, so daß die Gestapo-Gesetze des Jahres 1936 weit eher einen bereits abgelaufenen Prozeß sanktionierten, als daß sie ihn eingeleitet hätten. Am 17. Juni 1936 wurde Himmler durch Führererlaß mit dem neu geschaffenen Amt des Chefs der deutschen Polizei betraut und somit das Parteiamt des RFSS mit dem staatlichen Amt eines obersten Polizeibefehlshabers institutionell verbunden. Dieser Erlaß gilt als der »wichtigste Schritt auf dem Wege der Umwandlung der deutschen Polizei in ein Instrument der Führergewalt«.[22] Er erreichte eine Zentralisierung der gesamten

[22] Buchheim, Die SS als Herrschaftsinstrument, S. 49.

deutschen Polizei, ihre – wie es damals hieß – »Verreichlichung« –, wobei das in der Weimarer Zeit gültige Verhältnis von allgemeiner und Politischer Polizei umgekehrt wurde: Jetzt war nicht mehr die Politische Polizei eine Abteilung der allgemeinen Polizeiverwaltung, sondern die allgemeine Polizei ein untergeordnetes Organ der Politischen Polizei. Andererseits beschleunigte dieser Schritt die bereits vorher einsetzende Verklammerung von SS und Polizei, was immer mehr auf die endgültige Herauslösung der Polizei aus der staatlichen Verwaltung hinauslief. Zwar war Himmler formell dem Reichsinnenminister unterstellt, doch konnte er schon im Lauf des Jahres 1937 de facto seine vollständige institutionelle Autonomie in allen Polizeiangelegenheiten durchsetzen; mit der Ernennung Himmlers zum Reichsinnenminister im August 1943 war dieser Prozeß definitiv abgeschlossen. Jetzt war auch die allgemeine staatliche Verwaltung nur mehr eine Abteilung der Politischen Polizei.

Schon kurz nach seiner Ernennung zum »RFSS und Chef der deutschen Polizei« nahm Himmler eine grundlegende Reorganisation der Polizei vor. Sie wurde unterteilt in »Sicherheitspolizei« (Sipo) und »Ordnungspolizei« (Orpo); die Sipo war dem SS-Gruppenführer Heydrich, die Orpo dem General der Polizei Kurt Daluege unterstellt. Während die Orpo die Schutzpolizei, die Gendarmerie und die Gemeindepolizei umfaßte, bestand die Sipo aus der Gestapo unter dem inzwischen reichsweit zuständigen Gestapa und der Kriminalpolizei unter dem Preußischen Landeskriminalpolizeiamt (ab Juli 1937 Reichskriminalpolizeiamt). Im September 1939 kam es mit der Bildung des Reichssicherheitshauptamtes (RSHA) auch zur institutionellen Verbindung der Sipo mit dem Sicherheitsdienst (SD) der SS. Das RSHA markierte den Schlußstein im Prozeß der Entstaatlichung der Gestapo und der Kriminalpolizei, deren Wirksamkeit sich – verstärkt durch die Kriegsauswirkungen im Inneren – jeglicher administrativen und juristischen Kontrolle entzog. Die Gestapo konnte im »höheren Interesse« Folter, Erpressung und sonstige kriminelle Mittel einsetzen, ohne an juristische Beschränkungen gebunden zu sein, und daß dies auch in großem Ausmaß geschah, ist aus zahlreichen Gerichtsverfahren der Nachkriegszeit bekannt.

Es ist allerdings deutlich zu unterscheiden zwischen einer noch »normalen« Phase vor dem Krieg und auch noch in den ersten beiden Kriegsjahren und einer Phase ab 1941, in der das Gewaltpotential des NS-Regimes immer unkontrollierter eskalierte und zuvor noch vorhandene individuelle Hemmschwellen wegfielen. Es lassen sich – je nach personellem Aufbau und Amtschef – Unterschiede zwischen einzelnen Staatspolizei- bzw. Gestapoleitstellen hinsichtlich Grad und Intensität von Verfolgungsmaßnahmen feststellen. Während z.B. die spätere Staatspolizeistelle Nürnberg, deren Beamte sich großteils aus der Nürnberger SA der »Kampfzeit« rekrutierten, schon frühzeitig für üble Quälereien und Todesfälle von Häftlingen durch Folter bekannt ist, scheint die Zentrale der Bayerischen Politischen Polizei, die spätere Gestapoleitstelle München, bis weit in den Krieg hinein mit klassischen und mehr oder minder korrekten Verhörmethoden gearbeitet zu haben. Insgesamt ergeben diese Verfahren freilich das Bild, daß »die Brutalität der Gestapo schon vor 1939 in ihrem vollen Ausmaß deutlich war und in den Kriegsjahren derart zunahm, daß bis 1945 die Gestapo-Beamten de facto als Richter, Geschworene und Henker« in einer Person auftraten.[23] Solche Beobachtungen hängen mit speziellen personellen Konstellationen zusammen, die für die Gestapo vornehmlich in ihrer Anfangszeit prägend waren. Himmler und vor allem Heydrich, der als Organisationsleiter den personellen Aufbau der Politischen Polizei wesentlich bestimmt hatte, kam es dabei und bei der Rekrutierung und Schulung von Polizeibeamten für die Gestapo offenkundig weniger auf langjährige Zugehörigkeit zur NSDAP und lupenreine nationalsozialistische Gesinnung an als vielmehr – eine »anständige nationale Einstellung« vorausgesetzt – auf politisch-polizeiliche Erfahrung und fachliche Kompetenz. Das zeigt sich deutlich bei der Schaffung der Bayerischen Politischen Polizei 1933/34, deren maßgebliche Beamte fast ausnahmslos aus dem praktischen Polizeidienst in der Weimarer Republik, insbesondere aus dem Münchener Polizeipräsidium kamen und vor 1933 bayerisch-katholisch (BVP) oder deutschnational und keineswegs nationalsozialistisch eingestellt gewesen waren, ja, sich der NSDAP in den zurückliegenden Jahren zum Teil sogar politisch-polizeilich gewidmet und bestimmte ihrer Aktivitäten verfolgt hatten.[24] Bekanntester Fall ist der 1900 geborene Heinrich Müller (»Gestapo-Müller«), vor 1933 Sachbearbeiter für die kommunistische Bewegung in der Abteilung VI der Polizeidirektion München, »ein gut qualifizierter Beamter der Weimarer Republik«, wie ihn ehemalige Kollegen charakterisieren, später Chef der Gestapo, Generalleutnant der Polizei und SS-Gruppenführer; sein Aufnahmeantrag in die NSDAP wurde von der Gauleitung München-Oberbayern wegen Müllers Nähe zur ehemaligen BVP

[23] Robert Gellately, Allwissend und allgegenwärtig? Entstehung, Funktion und Wandel des Gestapo-Mythos. In: Paul und Mallmann, Gestapo, S.47-70.
[24] Vgl. dazu für den Sonderfall Österreich Franz Weisz, Personell vor allem ein »ständestaatlicher« Polizeikörper. Die Gestapo in Österreich. In: Paul und Mallmann, Gestapo, S. 439-462.

und seiner Rolle als Polizeibeamter in der »Systemzeit« bis 1939 mit Entrüstung abgelehnt.[25]

Die Beamten der Gestapo waren aufgrund solchen beruflichen Werdegangs den kommunistischen und sozialdemokratischen Illegalen, die sie verfolgten, an politisch-polizeilicher Erfahrung, konspirativem Geschick und an Übung in der Verhörpraxis so überlegen, daß sich verschärfte Verhörmethoden häufig von selbst erübrigten. Hier gingen polizeilicher Professionalismus, wertkonservative und staatsbejahende Grundhaltung und vielfach unkritische Autoritätshörigkeit eine verhängnisvolle Verbindung ein, die die eigentliche Voraussetzung für die rasche und bruchlose Verwandlung der Politischen Polizei der Weimarer Zeit in ein rechtsfrei agierendes Organ der Führergewalt war. Ein besonders wirksames und in großem Umfang eingesetztes Mittel zur Ausschaltung von Widerstandsgruppen der Arbeiterbewegung war ihre Unterwanderung durch Spitzel und agents provocateurs; dies ging manchmal – etwa im Fall des kommunistischen Widerstands in München und Südbayern in den Jahren 1934 bis 1936[26] – so weit, daß die Gestapo über Spitzel an höchster Stelle kommunistische Bezirksorganisationen nicht nur zerschlagen, sondern sie vorher selbst aufbauen, über Jahre hinweg an langer Leine führen, sie zum Teil selbst mit an anderer Stelle beschlagnahmtem illegalem Material beliefern und, über Grad und Ausmaß ihrer Entwicklung genauestens informiert, den Zeitpunkt des Zugriffs allein von Nützlichkeitserwägungen hinsichtlich weiterer Fahndung abhängig machen konnte – oder davon, wann auch der letzte potentielle Illegale sich in den Netzen des von der Gestapo gesteuerten illegalen Apparats verfangen hatte. Man geht in der Einschätzung wohl nicht fehl, daß ab Mitte der dreißiger Jahre in vielen illegalen Gruppen an leitender oder doch maßgeblicher Stelle ein oder mehrere Spitzel der Gestapo agierten.

Den Mythos einer omnipräsenten und allmächtigen Gestapo hat man hier durchaus gezielt zur Einschüchterung der innenpolitischen Gegner propagiert. Hauptwaffen waren das Heer der Zuträger und eine Flut von Denunziationen – für viele »Volksgenossen« offensichtlich eine Art Volkssport. Der »Nimbus der Allmacht« der

---

[25] Aronson, Heydrich, S. 94 ff., 106 ff. u. passim. Zu Müller vgl. Andreas Seeger, Vom bayerischen »Systembeamten« zum Chef der Gestapo. Zur Person und Tätigkeit Heinrich Müllers (1900-1945). In: Paul und Mallmann, Gestapo, S. 255-267. Am 31. Mai 1939 wurde Müller trotz der weiter negativen Stellungnahmen aus München in die NSDAP aufgenommen und zum »Blutordensträger« honoris causa ernannt.

[26] Vgl. dazu weiter unten, S. 82f., sowie Mehringer, KPD in Bayern, S. 148 ff. u. passim.

Gestapo ist jedoch, wie sich aus internen Dokumenten ergibt, nicht gerechtfertigt – im Gegenteil, die zuständigen Beamten klagten über Personalmangel und unzureichende materielle Ausstattung. »Leerlauf und Überperfektionierung« – z.B. die geforderte Anlage immer neuer Parallelkarteien zur Erfassung von Staatsfeinden unter unterschiedlichen Gesichtspunkten, die permanente Abgabe »politischer Beurteilungen«, das Verfassen von Lage- und Stimmungsberichten für die vorgesetzten Stellen und last but not least die Verarbeitung der massenhaften Denunziationen – »bestimmten den Büroalltag der Gestapo und erschwerten selbst aktuelle Fahndungen«.[27] Die neuere Forschung macht zu Recht darauf aufmerksam, daß die Erfolge der Gestapo nicht so sehr auf umfassende Überwachung als vielmehr auf die Denunziationsflut einer »sich selbst überwachenden Gesellschaft« zurückzuführen sei; schon angesichts ihrer geringen personellen Stärke (1938 insgesamt etwa 6 000, 1944 rund 32 000 Beamte, davon jeweils nur etwa die Hälfte im Außendienst, und im Krieg zuständig für das gesamte besetzte Europa) seien anders ihre Erfolge nicht zu erklären.[28] Dabei ist allerdings zu berücksichtigen, daß die Gestapo nicht in einer »offenen«, sondern in einer »gleichgeschalteten« Gesellschaft agierte – einer Gesellschaft, deren Angehörige meist mehrfach in unterschiedlichen Verbänden organisiert und dort von Funktionären kontrolliert waren, die politisches »Fehlverhalten«, soweit es die eigenen Ahndungskompetenzen überstieg, völlig selbstverständlich der Gestapo meldeten. Über das private Denunziationswesen hinaus war die »amtliche« Denunziation im Dritten Reich üblich und selbstverständlich. Die »sich selbst überwachende Gesellschaft« war infolgedessen weithin nicht Objekt, sondern Komplize der staatspolizeilichen Verfolgung, und die Gestapo stellte weniger ein Machtmittel zur Überwachung und Unterdrückung der Mehrheit dar; primär war sie Instrument zu Verfolgung, Ausgrenzung und schließlicher Vernichtung politisch, sozial und rassisch-hygienepolitisch definierter Minderheiten.

Daß die Bedeutung der Denunziationsflut für die Erfolge der »Dunkelmänner in den schwarzen Ledermänteln« von der früheren Forschung unterschätzt wurde, kann nicht heißen, daß die Gestapo die »Gegner« des Nationalsozialismus nicht gezielt oder nur passivunspezifisch überwacht und verfolgt hätte. Zu Spitzel- und Denunziationswesen und brutaler Gewalt, mit der die spektakulären Erfolge der Gestapo häufig erklärt werden, kommen spezifische Struktur

[27] Peukert, Die KPD im Widerstand, S. 116-120.
[28] Gellately, Gestapo und die deutsche Gesellschaft.

und Arbeitsweisen vor allem der illegalen KPD-Organisationen, die der Gestapo-Taktik des Überwachens, Eindringens und »Aufrollens« von »gegnerischen« Organisationen nach oben und nach unten außerordentlich entgegenkam. Die Erfolge der Gestapo sind also auch und nicht zuletzt auf die spezifischen Milieubedingungen des kommunistischen Widerstands zurückzuführen.[29]

3. Widerstand in den Anfangsjahren des NS-Regimes (1933-1936)

Sozialdemokraten

Illegalisierung und Selbstauflösung der SPD in der ersten Jahreshälfte 1933 und vor allem der Schock der Auflösung der Freien Gewerkschaften am 2. Mai 1933 veranlaßten den Parteivorstand der SPD, wenig später sechs seiner zwanzig Mitglieder zur Bildung einer Zentrale jenseits der deutschen Grenzen ins Ausland zu schicken. Schon zuvor waren ein bis zwei Millionen Reichsmark aus dem Parteivermögen ins Ausland transferiert worden, die als finanzielle Grundlage dienen konnten. Angesichts der Presseverbote schien eine solche Auslandsvertretung notwendig, »damit man zur Unterstützung des Kampfes im Innern Schriften publizieren und notfalls für die Partei sprechen könne«, wenn die SPD-Führung in Deutsch-

---

[29] Kritisch zu dieser These Klaus Michael Mallmann, Die V-Leute der Gestapo. In: Paul und Mallmann, Gestapo, S. 268-287, hier S. 275-279; Mallmann weist zu Recht darauf hin, daß das Wirken von Spitzeln in illegalen oder »gegnerischen« Organisationen kein kommunistisches Spezifikum gewesen sei, und führt eine Reihe von Beispielen für Spitzel in sozialdemokratischen Organisationen, der katholischen Kirche und »innerhalb der in Deutschland verbliebene[n] jüdische[n] Bevölkerung« an, die allerdings alle bereits aus der Literatur bekannt sind – so die schulbuchmäßige »Aufrollung« der »Sozialistischen Front« Hannover im Jahr 1936 durch einen Gestapospitzel (vgl. dazu weiter unten, S. 75), das Wirken von katholischen Geistlichen in der Diözese Aachen (vgl. dazu Klaus Fettweis, Zwischen Herr und Herrlichkeit. Zur Mentalitätsfrage im Dritten Reich an Beispielen aus der Rheinprovinz. Aachen 1989, S. 152), die Zerschlagung der jüdisch-kommunistischen Widerstandsgruppe Baum in Berlin 1942 (vgl. dazu Walter A. Schmidt, Damit Deutschland lebe. Ein Quellenwerk über den deutschen antifaschistischen Widerstandskampf 1933-1945. Berlin (-Ost) 1958, S. 375 ff., sowie weiter unten, S. 169) oder die V-Frau Mathilde Baierl im sozialdemokratischen Kurierapparat an der bayerisch-tschechoslowakischen Grenze (vgl. dazu Elke Fröhlich, Eine Verräterin? In: Bayern in der NS-Zeit, Bd. VI, S. 182-190). Diese Argumentation Mallmanns übersieht freilich die deutlich unterschiedliche quantitative Dimension, die sich nicht zuletzt daraus erklärt, daß die Politische Polizei schon in der Weimarer Republik die KPD systematisch und in großem Stil mit V-Leuten durchsetzt hatte und so häufig bereits an der Quelle der Informationen saß.

land, mit deren Fortbestand man damals durchaus noch rechnete, dazu nicht länger in der Lage sein sollte.[30] Der Exilparteivorstand, die »Sopade«, richtete im Frühsommer 1933, noch vor dem endgültigen Parteiverbot, seinen Sitz in Prag ein[31], vor allem weil die geographische Lage der Tschechoslowakei, deren westlicher Teil ins deutsche Reichsgebiet hineinragte, über Bayern, Sachsen und Schlesien auf kurzen Wegen Verbindungen zu alten Zentren der Sozialdemokratie erlaubte. Dazu kamen das günstige Umfeld des sudetendeutschen Sprachgebiets in Böhmen sowie die umfangreiche Unterstützung, die der SPD von der DSAP als der deutschen Schwesterpartei in der ČSR auf allen Gebieten gewährt wurde. Die Sopade errichtete ab Herbst 1933 rings um das Deutsche Reich, möglichst nahe an den Grenzen, sogenannte Grenzsekretariate, die von – wenn auch bescheiden – besoldeten Funktionären, den Grenzsekretären, geleitet wurden. Dies waren meist ehemalige Funktionäre aus den Regionen, für die sie nun zuständig waren; sie verfügten deshalb über Kenntnisse ihres Gebiets und seiner Verhältnisse sowie über persönliche Bekanntschaften und Verbindungen, die sie für die Arbeit nutzen konnten. Sie sollten als Bindeglied und Vermittler zwischen dem Parteivorstand im Exil und den illegalen Gruppen und weiterhin aktiven Parteimitgliedern im Reich fungieren. Ihre Aufgabe bestand also nicht nur in der Herstellung von Kontakten zu Genossen in Deutschland, in der Unterstützung sich formierender lokaler Widerstandsgruppen und im Schmuggel illegaler Literatur ins Reich, sondern wesentlich auch in der Rückvermittlung des Nachrichtenflusses. Die Sopade verpflichtete sie zu möglichst detaillierter Information über die wirtschaftliche, soziale und politische Situation ihres Bezirks, über die allgemeine Stimmung, die Lage der Arbeiterschaft in den Betrieben, über Streiks, Arbeitsverweigerungen, Terror, Mißwirtschaft und Korruption, über Vorgänge in Verwaltung und Justiz sowie in den »gegnerischen«, d.h. den nationalsozialistischen Organisationen. Sie werteten lokale Zeitungen aus, interviewten Touristen und stellten Berichte zusammen, die sie von

[30] Edinger, Sozialdemokratie und Nationalsozialismus, S. 24 f. Diese Konzeption orientierte sich nur allzu deutlich an dem Modell des sozialistischen Auslandszentrums während der Bismarckschen Sozialistengesetze, das bei der Redaktion der damaligen Parteizeitung ›Sozialdemokrat‹ in Hottingen bei Zürich gelegen hatte.
[31] Die hauptamtlichen und besoldeten Mitglieder der Sopade waren der ehemalige Parteivorsitzende Otto Wels, sein Stellvertreter Hans Vogel aus Nürnberg, Friedrich Stampfer, ehemaliger ›Vorwärts‹-Chefredakteur, Paul Hertz, einer der führenden Vertreter des linken Parteiflügels, Erich Ollenhauer, seit 1928 Vorsitzender der Sozialistischen Arbeiterjugend Deutschlands (SAJ), und der Parteikassier Siegmund Crummenerl.

ihren Vertrauensleuten vor Ort erhalten hatten und die bis in kleinste Details wie Lebensmittelpreise u.ä. gingen.

Das Kondensat dieser Berichte mit allgemeinen Übersichten und Abhandlungen zu speziellen Fragen wurde von Erich Rinner in den von 1934 bis 1940 regelmäßig erscheinenden umfänglichen Deutschland-Berichten der Sopade veröffentlicht – des grünen Papiers wegen, auf dem sie vervielfältigt wurden, auch »Grüne Berichte« genannt. Sie waren Teil jener »Offensive der Wahrheit«, mit der die Sopade die Weltöffentlichkeit über die tatsächlichen Verhältnisse in Deutschland aufklären zu können hoffte. Für den Schmuggel illegalen Schrifttums nach Deutschland setzten die Sopade bzw. die Grenzsekretäre wandernde Arbeiter, Touristen, ausländische Sozialisten, Bahnbeamte und Mitropa-Kellner in grenzüberschreitenden Zügen, Wintersportler, im Grenzgebiet ansässige Arbeiter, Beeren- und Pilzsammler ein. Neben dem ›Neuen Vorwärts‹, der sich bald zum Organ der Sopade für die Emigranten und für die breite Öffentlichkeit entwickelte, erschienen ab Herbst 1933, zunächst als illegale Kleinausgabe des ›Neuen Vorwärts‹, ab 1934 als selbständige Zeitung im Miniaturformat die ›Sozialistische Aktion‹ sowie die theoretische ›Zeitschrift für Sozialismus‹ und mehrere Nachrichtendienste; vor allem wurden für den Schmuggel nach Deutschland in großer Zahl Miniaturflugblätter, Klebezettel und Tarnbroschüren hergestellt.[32] In großer Menge wurde die im Januar 1934 veröffentlichte Plattform der Sopade, das ›Prager Manifest‹, über die Grenzen geschmuggelt. Hierin versuchte die Sopade, revolutionäre Konsequenzen aus der Niederlage der Sozialdemokratie gegen Hitler zu ziehen sowie eine programmatische Grundlage für eine Zusammenarbeit der revolutionären Arbeiterbewegung und eine Verständigung mit den Illegalen im Reich und den linken Zwischengruppen herzustellen. Dies gelang keineswegs durchgängig – aus mehreren Ursachen, die sich ergänzten und wechselseitig verstärkten. Sie machen auch einen wesentlichen typologischen Unterschied im Widerstandsverhalten von Kommunisten und Sozialdemokraten deutlich. Der Parteivorstand der SPD besaß – ungeachtet einer häufig beklagten organisationsautoritären Praxis – wegen der grundsätzlich demokratischen Struktur der Partei im Bewußtsein und politischen Selbstgefühl der Mitglieder niemals jene unbeschränkte und nicht

---

[32] Laut einem Rechenschaftsbericht der Sopade waren bis Mitte 1936 80 Nummern der ›Sozialistischen Aktion‹ mit über 1,2 Millionen, Broschüren mit über 70 000 und Flugblätter, Hand- und Klebezettel mit über 1,5 Millionen Exemplaren Auflage nach Deutschland geschmuggelt worden (zitiert nach Mehringer, Die bayerische Sozialdemokratie, S. 353).

diskutierbare Autorität, wie sie, begründet auf die Formaldisziplin des demokratischen Zentralismus, das Zentralkomitee der KPD bei den organisierten Kommunisten genoß. Auf Autorität wie Disziplin konnte die kommunistische Parteiführung bzw. die Inlands- und Auslandsleitung auch in der Illegalität bei der aktiven Migliedschaft weiterhin zählen, trotz oder vielleicht gerade wegen der Niederlage von 1933. Die Sopade hingegen war für die Mehrzahl der zu illegaler Arbeit bereiten Sozialdemokraten weit ab vom Schuß, wenn man sie nicht gar von jugendbewegt-linkssozialistischen Standpunkten aus nur als Kopie des alten Parteivorstands begriff. Kritiklose Unterordnung wurde abgelehnt und auch die Unterstützung durch Literatur durchaus kritisch gesehen; gerade die jungen, aktivistischen Illegalen aus Reichsbanner und Arbeiterjugend- und Arbeitersportbewegung sahen im Exilparteivorstand in Prag keineswegs die allein maßgebende Kommandozentrale für den illegalen Kampf – als die er sich auch selbst niemals begriff. Die revolutionäre Beseitigung des Regimes konnte ihrem Verständnis nach nur das Werk einer neuen, im Feuer des illegalen Kampfes gestählten sozialistischen Arbeiterpartei sein, deren Führung nicht bei einigen durch die Weimarer Politik diskreditierten Politikern irgendwo im Ausland liegen dürfe, sondern sich im Inland selbst bilden müsse. Dies entsprach weithin den programmatischen Konzeptionen der linken Zwischengruppen und vor allem Neu Beginnens, und nicht zuletzt diese unter den sozialistischen Illegalen vorherrschende Stimmung erklärt die große Resonanz der Programmschrift ›Neu Beginnen‹ über die eigenen Reihen hinaus im sozialistischen Untergrund wie im Exil: Die jungen, aktivistischen Illegalen jener Jahre waren mental fast durchweg »Neu Beginner«, selbst wenn sie mit dieser Organisation keine Fühlung hatten.

Von sozialdemokratischer Seite wurde der illusionäre Versuch, die Organisation »in die Illegalität zu überführen« bzw. im Untergrund abbildgetreu wieder aufzubauen, nicht unternommen und konnte gar nicht unternommen werden. Die Sozialdemokratie zerfiel 1933 in drei bzw. vier große Gruppen: Viele Mitglieder resignierten und zogen sich aus der aktiven Politik ins private Überleben zurück, wobei sie freilich politische Gesinnung und Weltanschauung zu bewahren suchten und gerade innerhalb der Schutzräume des sozialdemokratischen Milieus in Arbeitervorstädten und -siedlungen, im Vereins-, Nachbarschafts- und Arbeitsleben lockere Verbindungen zu ehemaligen Genossen aufrechterhielten. Eine weitere Gruppe bildeten ehemals hauptamtliche Partei-, Gewerkschafts- und Genossenschaftsfunktionäre, die zu ihren langjährigen Kollegen, zum Teil auch überregional, lockere Kontaktnetze aufrechterhielten – im Bedarfsfall, wie das Beispiel des 20. Juli 1944 zeigt, zumindest punktuell rasch aktivierbar. Eine dritte bestand aus den sozialistischen Illegalen im engeren Sinn, die zu den eigentlichen Trägern der sozialistischen Untergrundarbeit nach 1933 wurden. Zur vierten Gruppe zählen schließlich die emigrierten Funktionäre, die im benachbarten Ausland Unterstützungsorgane für die Illegalen im Reich aufbauten.

Diese Einteilung ist freilich zu grob gerastert, als daß sie die lokalen Misch- und Zwischenformen im Laufe der Entwicklung adäquat erfassen könnte. Da in der SPD auch im Untergrund keine Zentralisierungsbestrebungen bestanden, waren auch die lokalen Parteisektionen, Neben- und Unterorganisationen und die verbotenen bzw. gleichgeschalteten Arbeitervereine zunächst ganz auf sich selbst gestellt. Eine häufige Reaktion auf die neuen Umstände bestand in den meist unmittelbar und spontan unternommenen Versuchen der Aktivisten solcher Gruppen, sich nach der polizeilichen Auflösung ihrer Organisationen einfach weiter zu treffen und das gewohnte Vereinsleben, notdürftig getarnt, wie bisher zu pflegen. Diese Versuche waren freilich nur allzuhäufig von naiver Unterschätzung des politischen Gegners und seiner Überwachungsmöglichkeiten und von fehlender Erfahrung in konspirativer Arbeit gekennzeichnet. Hier sind auch die lokal und strukturell ganz unterschiedlichen Versuche einzuordnen, der drohenden Gleichschaltung und Auflösung durch Abtauchen in verwandte bürgerliche Vereine oder durch Neugründung mit ganz unpolitischen Bezeichnungen und Programmen zu entgehen. Solche Formen des Überlebens finden sich auch innerhalb der sozialökonomischen Interessenverbände, die – aus sozialdemokratischer Initiative entstanden – sich selbst nur noch zum Teil als »sozialdemokratisch« in parteipolitischem Sinn begriffen. Dies gilt für das Konsumvereinswesen und die sonstigen Selbsthilfevereine, Genossenschaften und Unterstützungskassen – Einrichtungen zur Verbesserung der materiellen Lage der Arbeiterbevölkerung, die sich professionalisiert und von ursprünglichen ideologisch-politischen Zielen gelöst hatten. Je mehr Verbands- und Vereinszwecke solcher Organisationen »unpolitisch« geworden waren, um so leichter konnten ihre Mitglieder und Funktionäre auch in gleichgeschalteten oder von den Nationalsozialisten vereinnahmten Parallel- und Nachfolgeorganisationen untertauchen oder sich neu aufnehmen lassen; häufig wurden hier auch ehemalige Arbeitervereinsfunktionäre, weil qualifiziertes nationalsozialistisches Personal nach der Machtübernahme knapp war, mit ihrer Erfahrung im Vereinswesen als willkommene Verstärkung betrachtet, soweit sie sich vor 1933 nicht anti-nationalsozialistisch exponiert hatten und sich – zumindest nach außen hin – im Auftreten »gleichschalten« ließen bzw. »nationale Gesinnung« zur Schau trugen. So ist auch die bedeutende, meist informelle Rolle zu sehen, die viele ehemalige freigewerkschaftliche Betriebsräte und Vertrauensleute trotz der gewählten NS-Vertrauensräte weiterhin in den Betrieben spielten und die von den Betriebsleitungen toleriert werden mußte.

Die Präsenz von Vertretern der alten Arbeiterbewegung in NS-Nachfolgeorganisationen besaß zweifellos für das Weiterleben sozialistischer Bewußtseinstraditionen – wie auch immer vermengt mit nationalsozialistischen Volkssport-, Volksbildungs- und Volksfürsorge-Ideen – eine nicht unwesentliche Bedeutung. Es ist im allgemeinen und vielfach auch im konkreten Einzelfall schwer zu entscheiden, wie stark und wie lange hier die Bewahrung einer über individuelle Reservatio mentalis hinausgehenden, sich politisch definierenden Widerstandshaltung möglich war. Doch bildete vielfach schon die bloße Bewahrung des alten »Stallgeruchs« ein Vehikel für den Transport von sozialdemokratischen Auffassungen und Traditionen im Verlauf der NS-Diktatur. Dies gilt auch für jene Kommunikationsformen des sozialdemokratischen Milieus, die es in Form von Stammtischen, mehr oder minder losen Diskussionszirkeln, Abhörgemeinschaften, Cliquen und Freundeskreisen offensichtlich in Fülle gab und die sicher nur zum Teil aktenkundig geworden oder als Erinnerung überliefert sind; dies gilt auch für Läden und Gaststätten, die von ehemaligen Sozialdemokraten betrieben wurden und deren alte sozialdemokratische Kundschaft sich hier weiterhin ein Stelldichein geben durfte. Wenigstens eine Zeitlang konnte man sich hier ohne Furcht vor Denunziation dem NS-System und einzelnen seiner Repräsentanten gegenüber kritisch auslassen oder über die Zeitläufe räsonnieren und sich, falls unsichere Kunden anwesend waren, mit einem Augenzwinkern verständigen, daß es besser sei, über das Wetter zu reden. Auf eine weitere Erscheinung machen die Gestapo-Berichte immer wieder aufmerksam: Das Bedürfnis, die Kommunikation mit Gleichgesinnten aufrechtzuerhalten, veranlaßte viele aus Gefängnis oder Konzentrationslager entlassene Sozialdemokraten, die ihrer politischer Stigmatisierung wegen keine Arbeit in ihrem erlernten Beruf mehr fanden, Wandergewerbsscheine und Hausierer-Genehmigungen zu beantragen oder als Handlungsreisende und Vertreter zu arbeiten – häufig genug eine Möglichkeit, unauffällig den Kontakt zu ehemaligen Genossen aufrechtzuerhalten.

Die Resistenzkraft dieses sozialdemokratischen Milieus ließ freilich deutlich nach, als Mitte der dreißiger Jahre Vollbeschäftigung und zunehmende Arbeitszeitanforderungen weniger Zeit für die vorher auch durch Arbeitslosigkeit und Kurzarbeit beförderten Männerzusammenkünfte im heimischen Stadtviertel ließen; die Auswirkungen des Krieges – Einberufung der wehrfähigen Männer, kriegsbedingte Bevölkerungsverschiebungen etc. – beeinträchtigte dies noch mehr. Die oppositionelle Haltung weiterbestehender Gesinnungsgemeinschaften reduzierte sich vielfach auf den Meinungs- und Erinnerungsaustausch an Rentner- und Invaliden-Stammtischen. Lockerer und ohne konspirative Absprachen bestehender Zusammenhalt unter Kollegen sozialdemokratischer und kommunistischer Couleur auf innerbetrieblicher Ebene scheint es unter den nicht zum Kriegsdienst eingezogenen Facharbeitern vieler Betriebe auch während des Kriegs noch gegeben zu haben. Die Substanz des Widerstandsverhaltens solcher Gruppen aus dem »Milieu« bestand in erster Linie mehr instinktiv denn bewußt in dem Bestreben, im Kontakt mit ehemaligen Gesinnungsgenossen die traditionellen politisch-moralischen Normen zu bewahren und – gewissermaßen passiv – den über Generationen hinweg eingeübten Zusammenhalt trotz Zerstörung der organisatorischen Struktur aufrechtzuerhalten. Diese Kommunikation war wirksamer Ersatz für die verlorene Organisation und unentbehrlich für das Fortleben oppositionellen Bewußtseins und jener Nichtverführbarkeit, die für viele Sozialdemokraten in der NS-Zeit charakteristisch waren.

Widerstandsgruppen klassischen Zuschnitts im Bereich der ehemaligen Sozialdemokratie, die aufgrund von Flugblatt- und Zeitungsverteilung, eigener propagandistischer Aktionen, polizeilicher Verfolgung und spektakulärer Gerichtsverfahren schon damals einer interessierten Öffentlichkeit bekannt wurden, bildeten in diesem umfangreichen und differenzierten Substrat von Opposition, Nonkonformismus, Anpassungsverweigerung und partieller bis ostentativer Interessen- und Bewußtseinswahrung gewissermaßen die Spitze des Eisbergs. Grundsätzlich gab es zwei Typen mit zahlreichen Zwischenformen: einmal »latente« Widerstandsgruppen, die erst der Kontakt mit anderen Widerstandskreisen oder dem Exil, der Sopade bzw. ihren Grenzsekretariaten, und die Literaturbelieferung aktivierte, zum anderen jene Gruppen, die konspiratorisch besser und längerfristig vorbereitet aus eigenem Antrieb und mit eigener Kraft gegen den Nationalsozialismus propagandistisch aktiv wurden.

Dem ersten Typus entsprach der Großteil der illegalen Zirkel, die mit der Sopade bzw. den Grenzsekretariaten in Verbindung kamen und durch die Literaturbelieferung erst den Schritt von der selbstgenügsamen Zirkelexistenz zu Wirksamkeit nach außen vollzogen –

verglichen mit zeitgleichen KPD-Gruppen freilich anders geartet und in ihrer Vorgehensweise gewissermaßen »personalschonender«. Die geographischen Schwerpunkte dieser Gruppen, die zumeist erst im Herbst 1933 oder im Frühjahr 1934, also nach der Fühlungnahme mit den sozialdemokratischen Grenzsekretariaten, entstanden, lagen neben Berlin als dem Schnittpunkt von Kontakten in den Industrierevieren Oberschlesiens, Sachsens, des Rhein-, Main- und Neckarraums, im Ruhrgebiet und am Niederrhein sowie an der Waterkant, d.h. in Bremen und Hamburg, und in den großen Hafenstädten der Ostseeküste; auch in den süddeutschen Großstädten Nürnberg, München, Augsburg und Stuttgart bildeten sich, ausgehend von den Grenzsekretariaten in Mies, Eger, Neuern und St. Gallen, derartige Organisationen, die sich alsbald auf der Grundlage alter Parteifreundschaften auf die mittelgroßen Städte und die industrialisierten Regionen der umliegenden ehemaligen Parteibezirke ausdehnten. Besonders typische Beispiele für solche Organisations- und Literaturverteilungsnetze sind etwa Nürnberg mit dem Raum Franken-Oberpfalz und das Gebiet Ruhr-Niederrhein. In diesen typisch sozialdemokratischen Widerstandskreisen waren vor allem die Basismilitanten der alten Partei vertreten; gleichviel, ob sie auf Anstoß von außen, Einzelinitiativen von innen oder in Kombination beider Möglichkeiten entstanden waren – eigentliches Element ihres Gruppenlebens bildete die vorsichtige Verbreitung der Sopade-Literatur, die primär an zuverlässige Genossen verteilt und nicht nach außen gestreut wurde; die ebenfalls von der Sopade gelieferten zahllosen Flug- und Klebezettel nahmen demgegenüber einen deutlich geringeren Stellenwert ein. Es ging primär um Bewußtseinswahrung und Information im eigenen Kreis und nicht um selbstmörderische Agitation nach außen; wie einer der Aktivisten des Untergrunds rückblickend treffend formulierte, »sollte ja keine Volksbewegung daraus werden, sondern Rückgratstärke für Leute, die in der Sache fest waren«.[33]

---

[33] Zitiert nach Ludwig Eiber, Arbeiter unter der NS-Herrschaft. Textil- und Porzellanarbeiter im nordöstlichen Oberfranken 1933-1939. München 1979, S. 134. Ein besonders deutliches Beispiel für diese spezifisch sozialdemokratische Vorgehensweise bietet Duisburg. Die dortige Brotfabrik Urania befand sich ab Herbst 1933 im Besitz und unter der Leitung des ehemaligen Sozialdemokraten August Kordass und wurde zum Kern und zur Zentrale der sozialdemokratischen Untergrundorganisationen in Duisburg und Umgebung; die Brot-Ausfahrer, sämtlich gestandene Sozialdemokraten, transportierten auf ihren Fahrten unauffällig illegale Schriften und lieferten sie an zuverlässige Genossen. Erst Mitte 1935 gelang es der Gestapo, diese Organisation zu zerschlagen (Bludau, Gestapo geheim!, S. 26 ff.).

Für den zweiten Typus sozialdemokratischer Widerstandsgruppen ist die »Sozialistische Front« (SF) Hannover, deren Wurzeln bis ins Jahr 1932 zurückreichen, wohl das ausgeprägteste Beispiel. In Hannover, wo wegen der Stärke des linken Flügels die örtliche Parteileitung entsprechende Vorbereitungen auf die Illegalität akzeptieren mußte, hatte in den Monaten nach dem »Preußenschlag« der Redakteur der sozialdemokratischen Zeitung ›Volkswille‹ Werner Blumenberg begonnen, zuverlässige und geeignete Genossen durch Schulung auf die Arbeit unter illegalen Bedingungen vorzubereiten. Sie gehörten zu jenem linken Parteiflügel, der die strikte Legalitätspolitik der sozialdemokratischen Parteiführung nicht mehr zu tolerieren bereit war; meist stammten sie aus den sozialistischen Jugendorganisationen der Arbeitervorstädte, dem »Jungbanner«, der Jugendorganisation des Reichsbanners. Als theoretische Basis diente die von Blumenberg im Mai 1933 verfaßte ›14-Seiten-Schrift‹; hier waren Gedanken und Motive der sozialistischen Illegalen in Deutschland, die wenig später ihre umfassende Ausformulierung in Walter Loewenheims Programmschrift ›Neu Beginnen!‹ finden sollten, leitmotivisch vorweggenommen: harsche Kritik an den Führungen aller Arbeiterparteien vor 1933 sowie die Forderung, die Spaltung der Arbeiterklasse auf revolutionärem Weg durch den Aufbau einer neuen, revolutionären Einheitspartei der Arbeiterklasse, deren Führung sich im Lande und nicht im Ausland bilden müsse, zu überwinden; ferner die Betonung der Stabilität der NS-Diktatur, die einen langwierigen Kampf gegen Hitler und den Verzicht auf kurzlebige Massenaktionen sowie den Aufbau von Kaderorganisationen erforderten.[34] Obwohl Verbindungen zum sozialistischen Exil und zur Sopade in Prag bestanden, hielt die rasch wachsende Organisation im Raum Hannover doch deutliche Distanz zu Prag, was sich auch in der Selbstbezeichnung »Sozialistische Front« artikulierte. Die SF gab in den Jahren 1934 bis 1936 die häufig und regelmäßig erscheinenden, auf Wachsmatrize getippten und abgezogenen ›Sozialistischen Blätter‹ heraus, die vornehmlich der internen Information dienten und nur in geringem Ausmaß nach außen verbreitet wurden. Ihre Auflagenhöhe lag, Erinnerungen und zuverlässigen Schätzungen zufolge, wohl um die 1 000 Exemplare, und sie erreichten einen Leserkreis, dessen Umfang 2 000 bis 2 500 Personen betragen haben dürfte. Vorwiegend in Fünfergruppen aufgebaut, umfaßte die Sozia-

---

[34] Vgl. den zeitgenössischen Bericht des Leiters der Sozialistischen Front, Werner Blumenberg: Erfahrungen in der illegalen Arbeit, aus dem Jahr 1936, abgedruckt bei Erich Matthias, Der Untergang der Sozialdemokratie 1933. In: VfZ 4 (1956), S. 201-226.

listische Front Mitte der dreißiger Jahre rund 1 000 Mitglieder, und selbst gelegentliche Verhaftungen durch die Gestapo sprengten die Organisation zunächst nicht, da die konspirativen Vorsichtsmaßregeln griffen und die Verhafteten in den Verhören zumeist standhaft blieben. Solche Zahlen dürfen nicht mißverstanden werden: Eine Organisation wie die Sozialistische Front läßt sich graphisch am ehesten in Form von konzentrischen Kreisen darstellen, die von innen nach außen an Zahl zu- und an aktiver Mitarbeit und Bewußtheit abnehmen; viele Verbindungen liefen nicht auf den hierarchisierten Bahnen einer konspirativ abgeschotteten Kaderorganisation, sondern über milieuspezifische Kontakte. Dennoch ist die hinter solchen Zahlen stehende organisatorische Leistung erstaunlich. Sie ging aus von der planerischen Aktivität und Umsicht einer kleinen Gruppe oder eines Mannes, traf als Medium auf einen starken, schon vor 1933 dem Weimarer System wie der eigenen Parteiführung gegenüber oppositionell eingestellten linken Flügel und wurde möglich durch das breite und dichte, durchstrukturierte sozialdemokratische Milieu. Der große Schlag traf die Sozialistische Front erst im Spätsommer 1936 – bezeichnenderweise bei dem Versuch, mit illegalen sozialistischen Gruppen in anderen Städten Verbindung aufzunehmen, und aufgrund der Aktivitäten eines Spitzels, mit dem es der Gestapo gelungen war, an die Spitze der Sozialistischen Front heranzukommen. Bis September 1937 wurden rund 300 Mitglieder verhaftet und etwa 250 verurteilt. Gleichwohl gelang es der Gestapo nicht, den gesamten beteiligten Personenkreis zu fassen, und so arbeiteten Teile der Sozialistischen Front, erheblich reduziert, bis in den Krieg hinein weiter.

Ähnlich strukturierte, wenn auch bei weitem nicht so große Gruppen, teils mit, teils ohne Verbindungen zum sozialdemokratischen Exil und in Aufbau wie Bewußtsein den Untergrundorganisationen der linken Zwischengruppen nicht unähnlich, gab es in einer Reihe von Großstädten und Regionen; hier sei exemplarisch die Gruppe Winzen in Dortmund angeführt, die sich als relativ esoterischer und exklusiver Diskussionszirkel bis zum Sommer 1940 halten konnte; zu nennen sind auch die in die Ausgangsphase der Weimarer Republik zurückreichenden illegalen sozialdemokratischen Organisationen in Magdeburg, die erst Anfang 1939 von der Gestapo aufgerollt wurden, die »Kampfstaffeln« in Leipzig, die als kleine Zellen weiterarbeiteten und trotz verschiedener Verhaftungen bis weit in die zweite Hälfte der dreißiger Jahre hinein überdauern konnten, sowie schließlich die »Rechberg-Gruppe« in Südwestdeutschland, die im Oktober 1934 von der Gestapo zerschlagen wurde. Je länger solche Gruppen sich strikt abschotteten und die konspirativen Vorsichtsmaßregeln untereinander beachteten, desto länger konnten sie sich im allgemeinen halten – desto geringer war jedoch ihre Breitenwirkung. Der Versuch, nach außen hin wirksam zu werden, zog fast ausnahmslos den Einbruch der Gestapo nach sich.

Zu einer Zusammenarbeit sozialdemokratischer Gruppen mit kommunistischen Organisationen kam es nur in Ausnahmefällen, die in der Widerstandsliteratur parteikommunistischer Couleur freilich hochstilisiert wurden, um an ihrem Beispiel zwischen »guten« und »schlechten« sozialdemokratischen Widerständlern zu unterscheiden. Daß die Spaltung der Arbeiterklasse als scheinbar wesentliche Ursache für den Sieg des Nationalsozialismus zu überwinden sei, war auch für diese sozialdemokratischen Militanten ein Leitmotiv ihrer Tätigkeit. Dennoch kam eine solche Einheit unter dem Dach der Weimarer KPD nicht in Frage. Zu schwer wog die Erbitterung über die Sozialfaschismus-Taktik der KPD ab 1929, und zu deutlich hatte man die Gefahren vor Augen, die sich aus einer Zusammenarbeit mit kommunistischen Widerstandsgruppen bei deren selbstmörderisch-offensiver Taktik und nicht seltener Durchdringung mit Spitzeln ergeben mußten. Als die taktische Wendung der KPD auf dem VII. Weltkongreß der Komintern zur Volks- und Einheitsfront beschlossen war, gab es im Untergrund – mangels Masse – weder auf sozialdemokratischer noch auf kommunistischer Seite noch viel zu vereinigen, und es erscheint sehr fraglich, ob die Bereitschaft dazu selbst bei längerem Bestehen des Massenwiderstands größer gewesen wäre. Die Äußerung einer Kontaktperson aus dem Umkreis der ehemaligen sozialdemokratischen Widerstandsorganisation in Nürnberg von Anfang 1936, die der nordbayerische Grenzsekretär Hans Dill an die Sopade berichtete, scheint hierfür bezeichnend: »Man muß ja bloß das Menschenmaterial kennen – wer will denn mit denen [den Kommunisten] eine Einheitsfront machen!«[35] Eine Ausnahme in dieser Hinsicht bildete lediglich die »Volksfront-« bzw. »Zehn-Punkte-Gruppe« um Otto Brass und Hermann Brill in Berlin.

Wegen eher defensiver Aktionsformen in milieuspezifischen Handlungsräumen kam die Gestapo den sozialdemokratisch orientierten Gruppen zunächst viel langsamer auf die Spur als den Organisationen des kommunistischen Untergrunds. In den Lageberichten der Gestapo auf regionaler Ebene finden sich vor allem 1933/34

---

[35] Zitiert nach Mehringer, Die bayerische Sozialdemokratie, S. 373.

zahlreiche Belege dafür, daß die Polizei das Vorhandensein solcher Untergrundgruppen zwar registrierte, über ihre Zusammensetzung und Arbeitsweise jedoch kaum informiert war. Das Jahr 1935 überlebte freilich kaum eine der Gruppen dieses Typs. Sie fielen nahezu ausnahmslos der engmaschiger gewordenen Überwachung zum Opfer, und ihre Mitglieder wurden bis 1937 vom Volksgerichtshof und den für Hochverrat zuständigen Oberlandesgerichten abgeurteilt, zum Teil in Mammutprozessen mit Dutzenden und Hunderten von Angeklagten.

Kommunisten

Der Bericht der Bayerischen Politischen Polizei vom 25. Mai 1933 über »Die kommunistische Bewegung seit dem 9. III. 1933« konnte – zu diesem Zeitpunkt mit einigem Recht – feststellen, daß die »nationale Erhebung am 9. III. [...] die kommunistische Partei Bayerns mit all ihren Nebenorganisationen« mit einer »von ihr nicht erwarteten Wucht getroffen habe« – so, »als habe diese Partei aufgehört zu existieren«. Auf dem »flachen Lande« sei dies »selbst heute noch besonders augenfällig«[36]. Auch wenn solche staatspolizeilichen Feststellungen zeigen, mit welch verheerenden Folgen die Massenverhaftungen vom Frühjahr 1933 die Organisation der KPD dezimiert hatten, darf man sie insgesamt nur bedingt verallgemeinern. Richtig ist, daß in Regionen mit für die KPD ungünstigen Implantations- und Wachstumsbedingungen – das »flache Land«, d.h. die bäuerlich-landwirtschaftlich, aber auch großagrarisch geprägten Regionen, sowie kleine und mittelgroße Städte mit geringem Industrialisierungsgrad – die Parteiorganisationen fast überall schon im Frühjahr 1933 definitiv zerschlagen waren und sich in der Illegalität nicht wieder reorganisieren konnten. Zu differenzieren ist hier nur anhand konfessioneller Scheidelinien: Im Unterschichten-Protestpotential katholischer Agrarregionen und Kleinstädte fand die KPD im allgemeinen stärker und länger Rückhalt als in den entsprechenden Regionen im protestantischen Norden.

In Groß-Berlin und in den industriellen Ballungsgebieten West-, Nord- und Mitteldeutschlands hingegen, wo die KPD seit jeher ihre stärksten Bastionen besessen hatte, konnten die kommunistischen Organisationen, wo nicht aufrechterhalten, binnen kurzem wiederhergestellt werden, wenn sie auch durch die Gestapo immer wieder zerschlagen wurden; auch die Verbindungen zur Zentrale, der Lan-

[36] BayHStA MA 106 312.

desleitung in Berlin, blieben, von kurzfristigen Unterbrechungen abgesehen, weithin bestehen. Dies heißt freilich nicht, daß die Selbsteinschätzung der KPD-Führung, es sei der KPD als »einer Partei von 300 000 Mitgliedern und sechs Millionen Wählern, mit 35 Tageszeitungen, gelungen [...], die Organisation als Massenorganisation in die Illegalität zu überführen«, und »trotz der Massenverhaftungen und Verfolgungen ihrer Funktionäre« sei »die Organisation der Partei intakt« geblieben[37], auch nur einigermaßen der Realität entspräche. Bezeichnend dafür ist ein in verschiedenen zeitgenössischen Prozeßunterlagen vorhandenes, nur leicht verschlüsseltes Schreiben der Inlandsleitung vom 21. Juli 1933[38], aus dem deutlich wird, daß die Parteileitung sich noch zu diesem Zeitpunkt nicht in der Lage sah, in Berlin eintreffende Funktionäre der Bezirksorganisationen zu kontaktieren und unterzubringen. Zu entlegeneren Bezirken – z.B. Nordbayern und Südbayern – war die Verbindung der Landesleitung in Berlin zunächst abgebrochen und konnte erst in der zweiten Jahreshälfte 1933 mühsam wiederaufgebaut werden. Das heißt nicht, daß es in München oder Nürnberg und Augsburg nicht zur Reorganisation der KPD oder zu Aktionen und Agitation im Untergrund gekommen wäre. Auch hier formierten sich parallel zu den Verhaftungswellen im Frühjahr 1933 autonome kommunistische Organisationen, die die Verbindungen in den Stadtteilen und zu den umliegenden Orten wieder aufbauten, aus eigener Kraft zum Teil spektakuläre Propagandaaktionen durchführten und in erstaunlichem Umfang illegale Schriften herstellten und verteilten. Die »Anleitung« des Widerstands lag zunächst bei den untergetauchten Politbüromitgliedern Ulbricht, Schubert, Schulte und John Schehr, die im Mai 1933 auch formell als Landesleitung (Inlandsleitung) eingesetzt wurden, während Pieck, Dahlem und Florin in Paris die Auslandsleitung bildeten. Die Konkurrenzkämpfe innerhalb der KPD-Spitze aus den Monaten vor der NS-

[37] Bericht der Delegation der KPD auf dem XIII. EKKI-Plenum (Dezember 1933), erstattet vom Genossen Wilhelm Pieck. In: Der Faschismus in Deutschland. Moskau-Leningrad 1934, S. 147. Pieck führte bei dieser Gelegenheit u.a. auch aus, die KPD suche »bei der Durchsetzung [... ihrer] revolutionären Massenpolitik [... das] Nachhinken hinter der spontan wachsenden Unzufriedenheit der Massen und [... die] Unterschätzung der objektiven Bedingungen der beschleunigten Revolutionierung der Lage« zu vermeiden (ebd., S. 117).

[38] »Mitteilung des Hauptbüros: *An alle Baubüros – Sehr dringend.* Das Hauptbüro kann bis auf weiteres keinen Besuch von Vertretern der einzelnen Baubüros sowie der Reisenden empfangen. Unbedingt vorher Benachrichtigung abwarten. Außerordentlich schlechte Geschäftslage. Hochachtungsvoll! Hauptbüro-Bauleitung« (zitiert nach Herlemann, Emigration als Kampfposten, S. 24).

Machtübernahme wurden – der illegalen Arbeit wenig förder-
lich – fortgeführt, ja verstärkten sich. Bis Mitte 1934 oblag die praktische Arbeit der Landesleitung vorwiegend dem Technischen Sekretär des Politbüros Herbert Wehner alias Kurt Funk und seinen
Mitarbeitern, die nicht durchweg als Landesleitung anerkannt wurden.[39] Im Lauf des Sommers und Herbstes 1933 flohen alle Polit-
büromitglieder ins Ausland – bis auf Schehr, der Mitte November
1933 verhaftet wurde, angeblich unter Mitwirkung desselben hochrangigen KPD-Funktionärs, der schon bei der Festnahme Thälmanns die Hand im Spiel gehabt hatte. Eine neugebildete Landesleitung, bestehend aus den Bezirksfunktionären Karl Ferlemann, Johannes Fladung und Lambert Horn, fiel der Gestapo ebenfalls
schon im November 1933 in die Hände, noch bevor sie ihre Arbeit
wirklich aufnehmen konnte; im Sommer und Herbst 1933 wurden
zentrale Untergrund-Einrichtungen der KPD ausgehoben.[40] Weitere
Mitglieder der Landesleitung waren Otto Wahls, der im Frühsommer 1934 Herbert Wehner ablöste, sowie Paul Merker. Erneute Versuche zur Bildung einer funktionierenden Landesleitung folgten im
Frühjahr 1935 mit den Bezirksfunktionären Adolf Rembte und
Robert Stamm sowie dem RGI-Funktionär Max Maddalena; sie
wurden jedoch schon zwei Wochen nach ihrer Einreise verhaftet.
Dies war der – vorerst – letzte Versuch der KPD-Führung, eine zentrale Inlandsleitung in Berlin aufzubauen.

Die Pariser Auslandsleitung der KPD sorgte seit Sommer 1933
für die Herausgabe des Zentralorgans ›Die Rote Fahne‹ und anderer

---

[39] Zu ihnen gehörten – zu unterschiedlichen Zeiten – neben zwei in der illegalen Arbeit
besonders erfahrenen polnischen Kommunisten (Stanislaw Hubermann und Aleksan-
der Fornalski) der Absolvent der Lenin-Schule in Moskau Wilhelm Kox als Reichs-
techniker (d.h. Sicherheitsbeauftragter), Paul Bertz und Siegfried Rädel. Allgemein dazu Duhnke, Die KPD von 1933 bis 1945, S. 110 ff.; Herlemann, Emigration als
Kampfposten, S. 39.

[40] »Am schlimmsten traf die Partei die Entdeckung eines Teils der ›Paßfälscher-Zentrale‹,
die Tausende falscher Pässe für die Komintern, die GPU und viele kommunistische
Parteien hergestellt hatte. Sie befand sich noch nach der nationalsozialistischen Machtergreifung in Deutschland und wurde endlich ausgerechnet im Fuß des großen Tele-
skops der Berlin-Treptower Sternwarte gefunden, wo ein alter Kommunist Dienst tat
[...] Dadurch kam die Gestapo auf die Fährte wichtiger Parteiführer im Reich [... Der
Parteiarchivar] Rudolf Schwarz fiel ihr mit dem gesamten Parteiarchiv in die Hände,
das die Dossiers Tausender Parteifunktionäre enthielt. Unter den Verhafteten befanden
sich die Apparat-Leiter für Zersetzung der Reichswehr, der NSDAP, der Polizei und
andere. Im Herbst 1933 fiel dann die gesamte Berliner Bezirksleitung der KPD [...] in
die Hände der Gestapo. Der Reichsleiter der Roten Gewerkschaftsopposition, Roman
Chwalek, sowie der Reichsleiter der Münzenbergschen ›Internationalen Roten Hilfe‹
wurden im September 1933 verhaftet.« (Duhnke, Die KPD von 1933 bis 1945, S.
113).

Literatur und baute dafür ein System von Grenzstellen rings um das Reich auf[41], die den Transport illegaler Literatur nach Deutschland organisieren, den Grenzübertritt von Flüchtlingen und Kurieren sichern und den Zustrom emigrierter Parteimitglieder in den verschiedenen Asylländern erfassen sollten. Nach Ausschaltung der letzten Inlandsleitung im Frühjahr 1935 sowie der Änderung der taktischen Grundsatzvorgaben auf dem VII. Weltkongreß der Komintern im Sommer und der »Brüsseler« Konferenz im Oktober 1935 setzte die KPD auf Dezentralisierung und wertete die Grenzstützpunkte zu sogenannten Abschnittsleitungen auf, über die die Anleitung der künftigen illegalen Arbeit laufen sollte.

Auf der »Brüsseler« Konferenz gab Wilhelm Pieck die katastrophalen Ergebnisse der bisherigen Inlandspolitik bekannt: Von 422 registrierten leitenden Funktionären (Mitgliedern des Zentralkomitees, der Bezirksleitungen und Leitungen der Massenorganisationen) waren bis zu diesem Zeitpunkt 219 verhaftet, 14 ermordet, 125 emigriert und etwa 10 Prozent aus der KPD ausgeschieden; nur etwa ein Drittel befand sich noch in Freiheit – meist im Ausland.[42] Nicht erfaßt hatte Pieck hierbei die kommunistischen Funktionäre auf den

[41] Grenzstelle (Abschnittsleitung) Reichenberg, später Prag, für Berlin, Brandenburg, Halle-Merseburg, Magdeburg, Schlesien, Sachsen, Thüringen/Abschnittsleitung Basel, später Zürich, für Baden, Bayern, Württemberg/Abschnittsleitung Saarbrücken, später Saarlouis, für Hessen-Frankfurt, Mittelrhein, Niederrhein/Abschnittsleitung Amsterdam für Niedersachsen, Oldenburg, Ruhrgebiet/Abschnittsleitung Kopenhagen für Bremen, Danzig, Hamburg, Mecklenburg, Ostpreußen, Pommern, Schleswig-Holstein.

[42] Die Brüsseler Konferenz der KPD. Frankfurt a. M. 1975, S. 131. »Zu den Ermordeten gehörten die Mitglieder bzw. Kandidaten des Zentralkomitees Friedrich Lux, Alfred Noll, John Schehr und Franz Stenzer, die Mitarbeiter im ZK Eugen Schönhaar, Rudolf Schwarz und Georg Stolt, die Mitglieder von Bezirksleitungen Walter Albrecht, Willi Dolgner, Fritz Dressel, Karl Giersiepen, Sepp Götz, Georg Link und Paul Suhr, die Reichstags- bzw. Landtagsmitglieder Michael Blöth, Albert Funk, Johann Gerdes, Helene Glatzer, Christian Heuck, Albert Janka, Franziska Kessel, Walter Schütz, Karl Schulz und Erich Steinfurth, die Funktionäre von Massenorganisationen Erich Baron, Rudolf Claus und Ernst Putz. In Haft befanden sich zu diesem Zeitpunkt u.a. die Mitglieder und Kandidaten des Zentralkomitees Ernst Thälmann, Karl Fischer, Fritz Große, Ernst Grube, Walter Kassner, Albert Kuntz, Albert Schettkat, Walter Stoecker, die Mitglieder der Inlandsleitung Karl Ferlemann und Lambert Horn, die Mitglieder der Landesleitung Max Maddalena, Adolf Rembte und Robert Stamm, die Mitarbeiter des Zentralkomitees Theodor Neubauer, Ernst Schneller und Georg Handke, die Mitglieder von Bezirksleitungen Bernhard Bästlein, Fritz Bischoff, Jakob Boulanger, Albert Buchmann, Johannes Eggert, Karl Enders, Otto Gießelmann, Rudolf Hennig, Franz Jacob, Walter Krämer, Max Lademann, Max Opitz, Otto Pauli, Anton Saefkow, Augustin Sandtner, Martin Schwantes, Fritz Selbmann, Eugen Wiedmaier, die Reichstags- bzw. Landtagsmitglieder Etkar André, Gustav Bruhn, Helene Fleischer, Albert Kayser, Georg Schumann und Matthias Thesen.« (Klaus Mammach, Widerstand 1933-1939. Geschichte der deutschen antifaschistischen Widerstandsbewegung im Inland und in der Emigration. Köln 1984, S. 57).

unteren Organisationsebenen (Verhaftete und Ermordete), deren Zahl in die Zehntausende ging. Bei den unentwegten Versuchen der Reorganisation von Bezirksleitungen, die prompt von der Gestapo zerschlagen wurden – so in Baden achtmal –, ebenso der Leitungen von Stadt-, Stadtteil- und Ortsorganisationen erschöpften sich die personellen Ressourcen der KPD zusehends. Das Grundmotiv dieser selbstmörderischen Politik war die bei den Funktionären und der Masse der Mitglieder nach wie vor vorherrschende Überzeugung, man befinde sich bereits in der letzten Phase vor der unausweichlichen proletarischen Revolution, und die Illegalisierung der KPD sei nur ein taktisches Zurückweichen vor dem endgültigen Sieg. Daher auch der Versuch, die Partei nach dem Abebben der ersten Terror- und Verfolgungswelle als konspirative Massenorganisation fortzuführen. Der Glaube an die unmittelbar bevorstehende revolutionäre Krise führte bei den KPD-Aktivisten in den Großstädten und Industrierevieren zu einer »konspiratorische[n] Betriebsamkeit [...], in deren Hektik und Selbstvergessenheit das Verständnis für eine Proportion zwischen Aufwand und Resultat unterging«.[43]

Die KPD konzentrierte daher ihre Kräfte auf eine möglichst abbildgetreue Rekonstruktion ihrer Organisation im Untergrund – mit nur geringfügigen konspirativen Veränderungen; gerade jetzt hielt man in noch stärkerem Maß Kontrolle und Anleitung von oben nach unten durch einen zentralisierten Apparat für unerläßlich. Das Hauptproblem bestand darin, »zwar Initiative von unten her zu erwecken, jedoch die Kontrolle von oben nicht aus der Hand zu geben«.[44] Das Prinzip territorialer Aufteilung und hierarchischer Untergliederung behielt, wenn auch mit praxisbedingten Modifikationen, für die ersten Jahre des Widerstands grundsätzlich seine Gültigkeit, und auch das Instrukteursystem sollte nur den Informationsfluß und die Anleitung von oben nach unten beschleunigen.

1933 und 1934 gedachte die KPD jedoch auch die »Massenorganisationen«, d.h. die kommunistischen Nebenorganisationen, im Untergrund fortzuführen. Vor allem die kommunistische Sondergewerkschaft RGO (Revolutionäre Gewerkschaftsopposition) sollte ihre Arbeit, da die KPD ihre ultralinke Taktik zunächst ja nicht änderte, weiter fortsetzen; auch die Internationale Arbeiterhilfe, die Rote Hilfe und die kommunistischen Sportorganisationen sollten selbständig weiterarbeiten. Besondere Bedeutung gewann dabei der

[43] Klotzbach, Gegen den Nationalsozialismus. Widerstand und Verfolgung in Dortmund, S. 158.
[44] Duhnke, Die KPD von 1933 bis 1945, S. 116.

Kommunistische Jugendverband (KJVD), dessen – der Polizei zunächst meist wenig bekannte – Aktivisten sich durch Einsatz und Opfermut auszeichneten und deshalb zu einem wichtigen Reservoir kommunistischen Widerstands wurden. Trennung und parallele Organisation des Widerstandes von KPD und kommunistischen Nebenorganisationen ließen sich nur dort über längere Zeit aufrechterhalten, wo die KPD schon vor 1933 über Einfluß und Anhang verfügt hatte. Aber auch hier waren spätestens Mitte der dreißiger Jahre durch Verhaftungen und wachsende Isolierung der Kommunisten die personellen Reserven für den Widerstand so klein geworden, daß sich die kommunistischen Nebenorganisationen nicht mehr aufrechterhalten ließen. Ab diesem Zeitpunkt – unterschiedlich je nach Region und Verfolgungsintensität – wurden alle Kommunisten in Parteigruppen zusammengefaßt.

Die illegale KPD der Jahre 1933 bis 1935 konnte als hierarchisch aufgebaute Organisation mit mehrfach verschränkten Verbindungen und parallelen Leitungssystemen bis zum Zeitpunkt der nahezu vollständigen Erosion verhaftete Funktionäre rasch durch den Rückgriff auf parallele Kanäle ersetzen und zerrissene Verbindungen wiederherstellen. Diese Struktur bot andererseits den Verfolgern günstige Bedingungen, über Denunziation, Spitzel, gezielten V-Mann-Einsatz und systematische Beobachtung in die Organisationsnetze einzubrechen und sie nach unten wie nach oben aufzurollen. Prägnantes Beispiel für die zum Teil hochgradig professionalisierte geheimpolizeiliche Arbeitsweise der Gestapo bildet die Entwicklung des kommunistischen Untergrunds in München und Südbayern und im Raum Nürnberg. 1934 bis 1936 wurden die illegalen KPD-Gruppen über einen Spitzel an oberster Stelle, den V-Mann »Theo« (recte Max Troll), durch die Gestapo nicht nur bespitzelt, sondern unter Kontrolle aufgebaut und an langer Leine geführt. »Theo« stand in regelmäßiger Verbindung zu Hans Beimler, dem Verantwortlichen in der für Bayern zuständigen Grenzorganisation in der Schweiz (später Abschnittsleitung Basel bzw. Zürich); da er ihn häufig besuchte, besaß er »natürlich eine vollständige Liste aller Mittelsmänner in Süddeutschland von Karlsruhe bis Passau« und arbeitete »ständig darauf hin, seine persönliche Stellung zu erweitern. [...] Alles sollte *nur* durch ihn gehen«.[45]

---

[45] Antonia Stern, Hans Beimler – Dachau-Madrid. Ein Dokument unserer Zeit. Unveröffentl. MS. IISG Amsterdam. Anhang: Der Fall »Theo«, S. a – w, hier S. a. Antonia Stern war die Lebensgefährtin Hans Beimlers im Exil, bis er Ende 1936 als Politkommissar der »Centuria Thälmann« bei der Verteidigung von Madrid unter nach wie vor ungeklärten Umständen getötet wurde.

Er gab nicht nur die umfassenden Informationen, über die er aufgrund seiner Spitzenstellung im kommunistischen Untergrund verfügte, der Gestapo weiter. Er war darüber hinaus eifriger Organisator von illegalen Gruppen und bewies bei der Herstellung von Verbindungen, der Werbung neuer Mitarbeiter und der Bildung neuer Gruppen, die er zum Teil mit illegaler Literatur aus Gestapo-Beständen belieferte, beachtliche Effizienz. Da auch die gesamte Organisation des Literaturtransports aus der Schweiz über »Theo« lief, der zwischen Frühjahr 1935 und Herbst 1936 mindestens ein dutzendmal selbst dorthin reiste, war die Gestapo in München darüber hinaus auch in der Lage, fast beliebig zu bestimmen, welche illegale Literatur wo und in welchem Umfang zur Verbreitung gelangen sollte. Dank ihres Spitzels »Theo« an zentraler Stelle überblickte sie auch die kommunistischen Gruppen in Südbayern und Nürnberg – mit anderen Worten, sie konnte in diesem Raum nach Belieben Gruppen sich bilden und entwickeln lassen, an langer Leine führen und mit dem endgültigen Zugriff abwarten, bis auch der letzte potentielle Illegale sich in den Fängen des von dem Spitzel »Theo« gesteuerten Apparats verfangen hatte. Die Einschätzung von kommunistischen Zeugen in der späteren Spruchkammerverhandlung, »Theo« habe ab Anfang 1935 bei nahezu allen Verhaftungen von Kommunisten in München und im südbayerischen Raum seine Hand im Spiel gehabt und auf sein Konto gingen Hunderte von Verhaftungen, Tausende von Jahren Straf- und Lagerhaft und Dutzende von Toten, die in der Haft umgekommen seien, scheint unter diesen Umständen nicht einmal zu hoch gegriffen.[46]

Die Partei verlor auf diese Weise »permanent an Substanz [...], während die Form gewahrt blieb. Nur unter dem einseitigen Blickwinkel von oben nach unten konnte die formelle Reorganisation die Verluste an Kadern und Mitgliedern aufwiegen, und auch dies nur, solange das Reservoir an einsatzbereiten Mitgliedern noch nicht erschöpft war. Während die Partei an der Basis bereits auf Kader aus dem ›fünften Glied‹ zurückgreifen mußte, spiegelte sich dieser Erosionsprozeß auf der abgehobenen Leitungsebene nur als formales Organisationsproblem«.[47]

---

[46] »Theo« beschränkte seine Aktivitäten keineswegs nur auf kommunistische Organisationen: Auch die Ausschaltung der illegalen SAPD-Organisation sowie des monarchistischen Harnier-Kreises in München (siehe dazu weiter unten, S. 142ff.) geht auf das Wirken dieses agent provocateur zurück. Insgesamt dazu vgl.: Der Fall »Theo«. Zur Phänotypologie des Spitzelwesens im kommunistischen Untergrund. In: Mehringer, KPD in Bayern, S. 148-159.
[47] Peukert, Die KPD im Widerstand, S. 137.

»Widerstand« bedeutete für die KPD in diesen Jahren vor allem Aufrechterhaltung bzw. Reorganisation der Partei und – trotz aller Risiken – offensives Auftreten nach außen über Flugblätter, Mauerinschriften und möglichst massenhafte Verteilung illegaler Literatur. Die Aktivitäten beschränkten sich daher einerseits auf die Kassierung und Weiterleitung von Mitgliedsbeiträgen, zum anderen auf Herstellung und Transport illegaler Literatur, die die eigenen Vorstellungen verbreiten und die Bevölkerung gegen Hitler mobilisieren sollte. Noch im Herbst 1933 sollen – eine staunenswerte Leistung – rund 60 000 Mitglieder, also rund ein Fünftel der Mitglieder von Anfang 1933, von der Beitragskassierung erfaßt worden sein, wobei im Widerspruch zu den Regeln strikter Konspiration zum Teil sogar noch Beitragsmarken zur Quittierung ausgegeben wurden, und noch 1935 soll die Beitragserfassung durchgängig bei etwa 10 Prozent gelegen haben.[48] Die Menge des bis zu diesem Zeitpunkt in Deutschland verteilten illegalen Schrifttums läßt sich nur in Dutzenden und Hunderten von Tonnen quantifizieren.

Man kann natürlich auch eine Gegenrechnung aufstellen. Diese und weitere Zahlen belegen sicherlich eindrucksvoll den Umfang des kommunistischen Widerstands – auch die Verfolgung bietet hierfür ein deutliches Indiz, und laut offiziösen, insgesamt wohl zu hoch gegriffenen Zahlen der DDR-Historie war rund die Hälfte der 300 000 KPD-Mitglieder von 1933 während der NS-Herrschaft von Verfolgungen betroffen. Unterstellt man, daß diese 150 000 ehemaligen KPD-Mitglieder tatsächlich im Widerstand aktiv waren, so stand ihnen eine etwa gleich große Gruppe gegenüber, die sich – aus welchen Gründen auch immer – nicht beteiligte. Die 150 000 Aktiven operierten in einer Bevölkerung von 60 bis 70 Millionen, die sicherlich, zumal in den Anfangsjahren, nicht gänzlich nationalsozialistisch geworden waren, sich aber den neuen Gegebenheiten angepaßt oder sich mit dem neuen Regime arrangiert hatten. Dies galt auch und gerade für die Arbeiterbevölkerung, zumal Mitte der dreißiger Jahre die drückenden Verhältnisse der Massenarbeitslosigkeit verschwunden und Vollbeschäftigung und alsbald, zumindest auf der Facharbeiterebene, sogar ausgesprochener Arbeitskräftemangel herrschte – ein Faktor, der ab 1935 mindestens ebenso zur Erschöpfung des Reservoirs von Kräften für die Fortführung der illegalen Arbeit beitrug wie die Verhaftungen. Verstärkt durch illusionäre Taktik und das Verharren in den »Lager«-Grenzen isolierte sich die

[48] Ebd., S. 140; Hermann Weber, Die KPD in der Illegalität. In: Löwenthal und von zur Mühlen, Widerstand und Verweigerung, S. 86.

KPD immer stärker gegenüber der deutschen Gesellschaft und auch innerhalb der Arbeiterbevölkerung.

Die linken Zwischengruppen

Die linken Zwischengruppen an den Rändern der beiden großen Arbeiterparteien spielten im Widerstand eine bedeutendere Rolle als es ihrem zahlenmäßigen Anteil an der Arbeiterbewegung entsprochen hätte. Dies lag, wie schon angeführt, vor allem an ihrer Struktur als hochqualifizierte Kadergruppen, an ihrer frühzeitigen Schulung in illegalen Techniken und an der Tatsache, daß sie – verglichen mit der KPD – zunächst noch wenig polizeibekannt waren und infolgedessen noch nicht im Zentrum polizeilicher Beobachtung gestanden hatten. Überdies schätzten sie Dauer und Verfolgungskapazität des NS-Staats im allgemeinen realistischer ein als KPD und SPD, so daß ihre politische Wirksamkeit weniger auf spektakuläre Aktionen und Literaturverteilung, sondern mehr auf möglichst unversehrten Erhalt der Organisation bis zum Moment der mittelfristig erwarteten revolutionären Krise des Regimes ausgerichtet war.

Sozialistische Arbeiterpartei (Deutschlands) (SAP[D]): Die SAP, zahlenmäßig die bedeutendste der linken Zwischengruppen, hatte ihre Schwerpunkte in Berlin und in Mitteldeutschland (Dresden und die Lausitz sowie Zeitz, Magdeburg und Erfurt), verfügte jedoch darüber hinaus über Bezirksorganisationen und Großstadt-Stützpunkte in Schlesien (Breslau), Norddeutschland (Hamburg und Pommern/Stettin), Süd- und Südwestdeutschland (München und Mannheim), im Rhein-Ruhr-Gebiet (Köln) sowie in Frankfurt am Main; die letztgenannte Gruppe spielte insofern eine besondere Rolle, als sie als Anlaufstelle für verfolgte Parteimitglieder galt, die von hier aus ins noch sichere Saargebiet geschleust wurden. Auf dem Dresdener Parteitag vom 11./12. März 1933 wurde eine neue Parteileitung gewählt, aus der sich die erste illegale Reichsleitung der SAP (Max Köhler, Walter Fabian und Klaus Zweiling) sowie die Leitung für den parallel bestehenden Sozialistischen Jugendverband Deutschlands (Edith Baumann, Gustav Seeger und Karl Baier) bildeten. Erstere war zunächst identisch mit der Leitung des Bezirks Berlin. Die Umstellung in den übrigen Bezirksorganisationen nahmen in Dresden anwesende Parteitagsdelegierte aus den jeweiligen Bezirken vor. Die illegale Reichs- oder Inlandsleitung bestand in wechselnder Zusammensetzung (bedingt durch einzelne Festnahmen bzw. die Emigration bedrohter Mitglieder) bis Ende 1934. Neben Walter Fabian, der ihr durchgängig angehörte und führender Vertreter der SAP in dieser Phase der Illegalität war, gehörten zu unterschiedlichen Zeiten auch noch Erna Halbe, Joseph Lang, Ruth Fabian, Fritz Vogel und Eugen Brehm dazu. Sie alle mußten Mitte der dreißiger Jahre emigrieren und stießen zumeist zur SAP-Auslandszentrale, die zunächst von Prag, ab Sommer 1933 von Paris aus die illegalen SAP-Gruppen zu unterstützen und zu koordinieren suchte. Ihre führenden Vertreter waren Jacob Walcher und Paul Frölich. Nach Kriegsausbruch teilte sich die SAP-Emigration auf Großbritannien, die USA und Schweden auf.

Ab Mitte der dreißiger Jahre wurden die 4 000 bis 5 000 Illegalen, die nach einer – sicherlich zu hoch gegriffenen – internen Lageeinschätzung[49] noch als SAP-Mitglieder im Reich arbeiteten, von der Auslandszentrale bzw. von den Nachbarländern aus betreut.[50] Zu größeren Verhaftungsaktionen kam es erst Ende 1934. In Hamburg wurden etwa 50 und im Rhein-Ruhr-Gebiet etwas mehr als 50 SAP-Illegale verhaftet, die Organisationen in Schlesien und Sachsen fielen Ende 1935/Anfang 1936 umfangreichen Verhaftungsaktionen zum Opfer, und 1936 wurde auch die Gruppe in Frankfurt durch Festnahmen geschwächt. Die Einbrüche der Gestapo in die illegalen Organisationen der SAP waren Folge von Versuchen, mit illegalen Gruppen der KPD oder mit anderen linken Zwischengruppen zusammenzuarbeiten; offene Bündnispolitik wurde hier wie andernorts zum Verhängnis.

Kommunistische Partei (Deutschlands)/Opposition (KP[D]O): Die KPO, Anfang 1933 noch ungefähr 3 000 Mitglieder stark, hatte Ende 1932/Anfang 1933 die Umstellung auf die Illegalität beschlossen; am Tag nach dem Reichstagsbrand wurde die Führungsspitze umgebildet. Jeweils drei führende Funktionäre bildeten die Inlandsleitung, das »Berliner Komitee« (BK), und die Auslandsleitung (Auslandskomitee – AK) unter Heinrich Brandler und August Thalheimer; das Auslandskomitee konstituierte sich Anfang März 1933 in Straßburg, druckte dort ab Mai 1933 die Exilausgabe der KPO-Zeitschrift ›Gegen den Strom‹ und wurde wenig später nach Paris verlegt. Nach Kriegsausbruch übersiedelte das Auslandskomitee nach

---

[49] Foitzik, Zwischen den Fronten, S. 50.
[50] So lebte etwa Willy Brandt, seit 1933 im norwegischen Exil, von Frühsommer bis Ende 1936 als Student getarnt in Berlin, um die dort noch bestehende illegale SAP-Gruppe zu reorganisieren; vgl. dazu u.a. auch Willy Brandts Erinnerungen: Links und frei. Mein Weg 1930-1950. Hamburg 1982.

Stockholm. Das Berliner Komitee bestand noch bis Februar 1937; seine Leiter waren bis Mai 1933 Heinz Tittel, bis 1934 Erich Hausen, bis 1935 Karl Bräuning, bis Mitte 1936 Fritz Wiest und schließlich Theo Gabbey.[51] Die Bezirksorganisation im Reichsmaßstab wurde beibehalten, allerdings möglichst strikt nach dem Prinzip der Dreier- bzw. Fünfergruppen umstrukturiert. Leitungen sollen weiterhin gewählt worden sein, und illegale Bezirkskonferenzen im Inland sind bis in das Jahr 1935 hinein belegt.[52]

Der Schwerpunkt der früheren legalen Organisation hatte in Berlin und in Mitteldeutschland gelegen, daneben hatten bedeutende Gruppen in Hamburg, Frankfurt, Stuttgart und Breslau sowie im Rhein-Ruhr-Gebiet bestanden. Das Berliner Komitee unterhielt Verbindungen zu Gruppen in Thüringen, Sachsen, Ostpreußen, Württemberg, Bayern und Bremen. Die KPO war jedoch – insofern eine Ausnahme unter den linken Zwischengruppen – bereits von den Massenverhaftungen im Frühjahr und Sommer 1933 relativ stark betroffen, da viele KPO-Funktionäre aufgrund ihrer KPD-Vergangenheit polizeibekannt waren und die Gestapo zunächst generell zwischen KPD und KPO kaum zu unterscheiden vermochte; zum anderen verfolgte die KPO auch in der Illegalität zunächst noch aktive Zusammenarbeit mit anderen illegalen Organisationen der Arbeiterbewegung, was das Eindringen von Gestapoagenten er-

[51] Foitzik, Zwischen den Fronten, S. 60; umfängliche biographische Informationen zu den Funktionären der KPO finden sich bei Bergmann, Gegen den Strom.
[52] Wie schwierig die konkreten Aufgaben und die reale Situation der Illegalen unter den Bedingungen des Dritten Reichs sich darstellten, nicht nur für die KPO, wird aus einem Bericht von Hans Tittel deutlich: »Die ersten Tage in der Illegalität waren ausgefüllt mit der Suche nach illegalen Wohnquartieren. Das war umso schwerer, als alle bekannten KPO-Genossen [...] ebenfalls gefährdet waren. [...] Einen festen Sitz gab es für die Reichsleitung [d.h. das BK] nicht. Wir trafen uns je nach Verabredung alle zwei Tage in den verschiedensten Lokalen, Warenhäusern oder Wohnungen. Schließlich bekam Robert Siewert [der Organisationsleiter bzw. Techniker des BK] eine Berufsarbeit als Maler und Ausbesserer für leerstehende Wohnungen, und in diesen Arbeitsstätten [...] konnten wir fast täglich unsere politische Arbeit durchführen. [...] Die Hauptaufgabe des BK bestand in jener Zeit darin, daß die abgebrochenen Verbindungen zu den Bezirken und Ortsgruppen wieder neu geschaffen werden mußten. Das geschah dadurch, daß wir in die verschiedenen Bezirke fuhren. So bearbeitete Robert Siewert den Chemnitzer Bezirk und Fritz Wiest den Bezirk Württemberg. Ich hatte die Aufgabe, die Verbindung nach Thüringen – Gera, Greiz, Weimar, Erfurt – herzustellen. [...] Das neugebildete BK hatte keine materielle, geldliche Grundlage. Wir konnten uns weder als Arbeitslose noch als Wohlfahrtsempfänger registrieren lassen. Die Verbindung mit den Bezirken im Reich war langwierig, und in den ersten Monaten der Illegalität war es unmöglich, von den Genossen im Reich Geld zur Arbeit des BK zu bekommen. Wir halfen uns die erste Zeit mit den wenigen Mitteln, die wir selbst besaßen und die dann Robert Siewert durch seine Berufsarbeit als ›Wiederinstandsetzer‹ von Wohnungen bekam.« Zitiert nach Foitzik, Zwischen den Fronten, S. 61 f.

leichterte. Insgesamt verlor die KPO im Frühjahr und Sommer 1933 um die 600 aktive Mitglieder. 1934 und 1935 wurden die KPO-Gruppen von weiteren Verhaftungswellen erfaßt; 1936 soll die Organisation noch 1 200 Mitglieder umfaßt haben. Intakte Gruppen bestanden in einer Reihe von Städten, so in Berlin, Hamburg, Kiel, Königsberg, Breslau, Chemnitz, Dresden, Leipzig, Jena, Stuttgart, Offenbach, Frankfurt am Main sowie im Rhein-Ruhr-Gebiet.

»Neu Beginnen«: Die »Leninistische Organisation« (Org.) bzw. (ab 1933/34) »Neu Beginnen« konzentrierte sich vor allem auf Berlin, verfügte aber über Verbindungen im Studenten- und Intellektuellenmilieu von Frankfurt und anderen deutschen Städten; belegt sind Kontaktnetze in Mannheim, Düsseldorf, Breslau, vermutlich in Thüringen und möglicherweise auch in München. Freilich können diese Verbindungslinien nicht im Sinne normaler Mitgliedschaften wie etwa bei SPD oder KPD angesehen werden. Kern der »Org.« war eine hochentwickelte und in mehrfacher Hinsicht konspirativ arbeitende Organisation von vermutlich nicht mehr denn 150 Kadern, häufig – ganz im Sinne der von ihr verfolgten Infiltrationsstrategie – nach außen hin Funktionäre anderer Arbeiterorganisationen oder organisatorisch nicht gebundene Informanten aus den politischen und wirtschaftlichen Eliten, die in sensiblen Bereichen wirksam waren.[53] An ihrer Spitze stand eine »Kreis« genannte Zentrale, der zunächst die Brüder Walter und Ernst Loewenheim, Eberhard und Wolfgang Wiskow (letzterer ein früherer Reichswehroffizier und Mitarbeiter des Militärapparats der KPD) sowie Walter Dupré und Franz Schleiter angehörten. Ende 1932 stießen dazu noch Richard Löwenthal sowie der ehemalige KPD-Funktionär Karl Frank, der das Auslandsbüro von »Neu Beginnen« in Prag aufbaute und leitete. Um diese relativ kleine Kaderorganisation gruppierte sich eine »Peripherie« aus Sympathisanten, Informanten, individuell Geworbenen und Mitarbeitenden oder aus der Schulung der »Org.« Hervorgegangenen, die nach glaubhaften Angaben die »Org.« 1933/34 auf etwa 500 Aktivisten anwachsen ließ; zu diesem Zeitpunkt lockerte sich die ursprüngliche scharfe Trennung von Kaderorganisation und Peripherie, die ja ebenfalls aus hochqualifizierten Kadern bestand. Dazu kamen Einzel- und Gruppenkontakte im ge-

[53] So z.B. Alfred Sohn-Rethel, der als Assistent von Max Hahn, dem Geschäftsführer des Mitteleuropäischen Wirtschaftstags in Berlin tätig war. Zur Kontroverse um die Rolle Sohn-Rethels im NS-System vgl. Carl Freytag, Linkes Profilierungselend und linke Streitkultur. Zu einer Attacke auf Alfred Sohn-Rethel. In: Freibeuter 44 (1990), S. 14 – 23.

werkschaftlichen und im kirchlichen Bereich sowie aufgrund der »Provinzarbeit«, d.h. der Rekrutierungs- und Kontaktbemühungen der »Org.« in anderen Städten des Reichs. Belegt sind einflußversprechende Verbindungen zu illegalen Gewerkschaftsgruppen in Breslau, Bremen, Kiel, Köln, Düsseldorf und Essen; sowohl Hans Gottfurcht, Mitglied der Berliner Zentralleitung der illegalen Angestellten-Gewerkschaften, wie Hans Jahn, Angehöriger der sogenannten »illegalen Reichsleitung« der Gewerkschaften, der vor allem in Hannover, Leipzig und in Süddeutschland illegale Eisenbahnergruppen aufgebaut hatte, standen bis zu ihrer Emigration in enger, freilich keineswegs immer konfliktfreier Verbindung zur »Org./Neu Beginnen«. Der ehemalige Berliner KPD-Funktionär Werner Peuke, der 1933 unabhängig vom KPD-Apparat vor allem im Zentrum und im Südosten der Reichshauptstadt illegale Gewerkschafter-Gruppen aufgebaut hatte, stieß spätestens im Frühjahr 1934 zu »Neu Beginnen« und spielte dort alsbald eine zentrale Rolle. In Berlin bestanden bereits 1933 gute Kontakte zu der annähernd 100 Mitglieder starken Gruppe der Religiösen Sozialisten, deren maßgeblicher Vertreter Erich Kürschner, evangelischer Gefängnispfarrer in Berlin-Tegel, in die Kaderorganisation aufgenommen wurde. Auch Ossip K. Flechtheim in Düsseldorf war wohl schon vor 1933 Mitglied der Provinzgruppe der »Org.«, deren Ausbau und Weiterentwicklung ab 1933 vor allem bei Eberhard Wiskow sowie seinen Mitarbeiterinnen Edith Schumann und Vera Franke lagen.

Angesichts dieses Ausgangstableaus, das damals relativ günstig erscheinen mochte, reagierte die »Org.« auf Zerschlagung und Gleichschaltung der Gewerkschaften, die massive Verfolgung der KPD und den Zerfall der SPD mit den »Pfingstthesen« von 1933. Sie begriff sich als »selbständige Klassenorganisation« mit der Aufgabe, in den Betrieben als der natürlichen Organisationsform der Arbeiterklasse aus den Restgruppen der alten Arbeiterbewegung Stützpunkte für die illegale Arbeit zu schaffen, und erklärte sich zur »einzigen antifaschistischen Organisation schlechthin«. Noch deutlicher meldete »Org./Neu Beginnen« den Anspruch auf die Führung der Arbeiterbewegung in der Illegalität in der von Walter Loewenheim unter dem Pseudonym Miles im September 1933 im Graphia-Verlag der Sopade in Karlsbad veröffentlichten Programmschrift ›Neu Beginnen‹[54] an, die deshalb so durchschlagenden Erfolg hatte, weil sie die

---

[54] Miles (d.i. Walter Loewenheim), Neu Beginnen! Faschismus oder Sozialismus. Als Diskussionsgrundlage der Sozialisten Deutschlands. Karlsbad (Graphia-Verlag, Oktober) 1933, neu erschienen in: Kurt Klotzbach (Hrsg.), Drei Schriften aus dem Exil. Berlin 1974.

politischen Vorstellungen und die Stimmung der sozialistischen Illegalen in Reich und Emigration genau auf den Punkt zu bringen schien. Daß die Sopade – auf Druck der Sozialistischen Arbeiter-Internationale (SAI) – diesen schärfsten Angriff auf die reformistische Politik des alten SPD-Parteivorstands in der Weimarer Zeit, auf dessen Mandat sie sich schließlich stützte und als dessen Treuhänder sie sich begriff, in ihrem eigenen Verlag veröffentlichte, gehört zu den Treppenwitzen der Widerstandsgeschichte; das Faktum selbst bezeugt jedoch den Legitimationsdruck, unter dem sich die Sopade damals befand. Gleichzeitig markiert dies den Beginn eines langjährigen, bis in den Krieg hinein währenden Ringens zwischen der Sopade, die Macht und Mandat verteidigte, und der Organisation »Neu Beginnen«, die als selbständige Vertreterin des sozialistischen Untergrunds im Reich anerkannt werden wollte. Verschärft wurde diese Auseinandersetzung durch die Tatsache, daß sich die drei sozialdemokratischen Grenzsekretäre Waldemar von Knoeringen, Erwin Schoettle und Franz Bögler insgeheim »Neu Beginnen« angeschlossen hatten. Knoeringen avancierte später sogar zum Verantwortlichen für die gesamte Inlandsarbeit der Gruppe und brachte ein Netz von rund einem Dutzend illegaler Gruppen in Südbayern bei »Neu Beginnen« ein. Bedeutsam ebenso, daß Paul Hertz, ein Mitglied der Sopade, selbst zum inneren Kreis der Auslandsorganisation von »Neu Beginnen« gehörte. Während dieses Ringen alsbald zugunsten der Sopade entschieden wurde, blieben die Gegensätze bis in den Krieg hinein virulent. Nicht zuletzt anhand der Frage des Verhältnisses zur Sopade brach innerhalb der Gruppe »Neu Beginnen« allerdings ein Konflikt aus, bei dem sich vor allem der alte »Kreis« um Walter Loewenheim auf der einen und das Auslandsbüro sowie Teile der inländischen Kaderorganisation auf der anderen Seite gegenüberstanden – oder, wenn man sehr vereinfacht: die alte Leninistische Organisation gegen die neue Gruppe »Neu Beginnen«. Eine detaillierte Rekonstruktion dieses Konflikts, die wegen fehlender Dokumente und bis heute gegensätzlicher Beurteilungen der wenigen noch lebenden Beteiligten ohnehin sehr schwierig wäre, soll hier nicht versucht werden.[55] Grundsätzlich ging es darum, wie die Chancen und Perspektiven der illegalen Arbeit einzuschätzen seien, wobei die Gruppe um Walter Loewenheim eine grundsätzlich defensiv-defätistische, die Gruppe um Karl Frank eine stärker offen-

---

[55] Vgl. dazu Foitzik, Zwischen den Fronten, S. 78 ff., sowie neuerdings Walter Loewenheim, Geschichte der Org. (Neu Beginnen). Eine zeitgenössische Analyse. Herausgegeben von Jan Foitzik. Berlin 1995, insbesondere S. 185 ff.

siv-aktivistische Haltung einnahm. Im Sommer 1935 endeten die Spannungen jedenfalls mit Absetzung der bisherigen Zentrale und Bildung einer neuen Reichsleitung durch Karl Frank, Richard Löwenthal und Werner Peuke.

Nicht zuletzt auf diese Leitungskrise ist zurückzuführen, daß es der Gestapo gelang, die Inlandsorganisation von »Neu Beginnen« zu unterwandern und große Teile der Organisation im Herbst 1935 durch Festnahmen auszuschalten. Im Frühjahr 1936 kam es zu weiteren Verhaftungen, freilich konnte die Gestapo den Betroffenen wegen der vorsichtigen Arbeitsweise der Gruppe relativ wenig nachweisen. Auch Werner Peuke wurde bei der Rückkehr von einem Besuch in Prag im April 1936 nur wegen eines unzureichenden Passes festgenommen und als früheres KPD-Mitglied in ein Konzentrationslager eingewiesen. Von der Verhaftung verschont gebliebene Kader, vor allem Fritz Erler und Hans Braun, beide inzwischen in der Inlandsleitung von »Neu Beginnen«, setzten die Arbeit fort und versuchten vorsichtig, neue Kontakte zu knüpfen.

Internationaler Sozialistischer Kampfbund (ISK): Der ISK hatte unter der unumstrittenen Führung Willi Eichlers schon frühzeitig mit den Vorbereitungen auf die Illegalität begonnen und sich im März 1933 formell aufgelöst, um den Aufbau einer illegalen Organisation vorantreiben zu können. Die bestehenden ISK-Gruppen sollten in einem künftigen Fünfergruppen-System die Funktion des Organisationskerns übernehmen. Nach der Emigration Eichlers im November 1933 war Hellmut von Rauschenplat (Fritz Eberhard) »Reichsleiter« der illegalen Organisation – bis zu seiner eigenen Emigration Ende 1937. Eichler errichtete eine Auslandsleitung in Paris, die ab Mai 1934 die ›Sozialistische Warte‹ herausgab und mit der Inlandsorganisation eng zusammenarbeitete. Innerhalb des ISK – das verdient besonders festgehalten zu werden – kam es zwischen Inlands- und Auslandsorganisation nicht zu den ansonsten unausweichlichen Kompetenzstreitigkeiten, die ihren Grund wesentlich in dem auseinanderdriftenden Erfahrungshintergrund hatten. Im Frühjahr 1938 wurde Eichler aus Frankreich ausgewiesen und verlegte die Exilzentrale zunächst nach Luxemburg und im Januar 1939 nach London.

Nach zwei Jahren vorsichtiger und zielgerichteter Aufbauarbeit umfaßte die illegale Organisation des ISK sechs Bezirkseinheiten: den Bezirk »Ost« unter der Leitung von Julius Philippson (ab Anfang 1936 Heinrich Breves) mit Gruppen in Berlin, Jena, Weimar, Magdeburg, Eisenach, Leipzig, Görlitz, Dresden, Erfurt und Bres-

lau, den Bezirk »Nord« (Hamburg und Bremen) unter Erna Mros
bzw. Walter Brandt (ab 1936/37 Alexander Dehms), den Bezirk
»Mitte« (Gruppen in Hannover, Braunschweig, Göttingen, Kassel
und Eschwege) unter Willy Rieloff, den Bezirk »West« (Köln, Essen
und Bochum) unter der Leitung von Wilhelm Heidorn und Hans
Dohrenbusch, das Rhein-Main-Gebiet (Frankfurt., Offenbach,
Mainz, Worms) unter Ludwig Gehm sowie den Bezirk »Süd«
unter Hans Lehnert und Ludwig Koch, zu dem Gruppen in München, Augsburg, Stuttgart und Bobingen zählten. Wichtigste Zentren der illegalen Arbeit waren fünf im Besitz von ISK-Mitglie-
dern befindliche vegetarische Gaststätten in Köln, Berlin, Frankfurt
und Hamburg sowie ein Brotgeschäft in Hannover, die als unauffällige Stützpunkte zu Schriftenherstellung bzw. -verteilung auch
Möglichkeiten für Zusammenkünfte boten und mit ihren Gewinnen darüber hinaus den Finanzbedarf der Organisation weitgehend
deckten. Ab Oktober 1933 erschienen regelmäßig die ›Neuen Politischen Briefe‹, nach Eichlers Decknamen auch ›Reinhart-Briefe‹ genannt; sie wurden auf Zigarettenpapier im Din-A5-Format gedruckt
und ab März 1934 monatlich aus dem Ausland eingeschmuggelt. Verzicht auf Eigenpropaganda, hoher Informationswert und betont sachlicher Stil waren ihr Markenzeichen. Unmittelbares Ziel war der Aufbau von illegalen Gruppen einer Unabhängigen Sozialistischen Ge-
werkschaft (USG) als Peripherie um die ISK-Kader.

Auch nach Übergang zu breiter gestreuter Agitation im Rahmen
illegaler Betriebs- und Gewerkschaftsarbeit blieb die Gruppe bis
1936 unentdeckt, obwohl Verteilung und Versand der ›Reinhart-
Briefe‹ und geschickte Propaganda-Aktionen[56] die Gestapo zu ener-
gischen Ermittlungsaktionen veranlaßten. Bei der eher zufälligen
Verhaftung von zwölf ISK-Parteigängern in Berlin im Juni 1935
wurde weder der Polizei noch später dem Gericht die Zugehörigkeit
der Angeklagten zu einer übergreifenden Organisation klar, und
auch der Einbruch der Gestapo in die Gruppen von Göttingen,
Hannoversch-Münden und Kassel im Oktober 1935, dem die gesamte Göttinger Organisation zum Opfer fiel, brachte ob geschickter Tarnung und mutiger Haltung der Inhaftierten keinen Hinweis
auf Verbindungen zu anderen Städten.

[56] So hatten ISK-Aktivisten kurz vor Eröffnung eines Reichsautobahnabschnitts bei
Frankfurt a. M. auf die Fahrbahnen mit chemisch präparierter Spezialfarbe antifaschi-
stische Parolen aufgetragen, die die Verantwortlichen trotz aller Bemühungen nicht
mehr rechtzeitig entfernen konnten. Außerdem hatte man durch Beschädigung der
Kabel mehrere Lautsprecher für die Eröffnungsansprache Hitlers außer Betrieb gesetzt
(Link, ISK, S. 201 f.).

Die »Roten Kämpfer«: Die »Roten Kämpfer« hatten sich seit Mitte 1932 zielstrebig auf die Illegalität vorbereitet. Sie umfaßten 1933 eine Reihe von Gruppen in Berlin, Sachsen und im Rhein-Ruhrgebiet mit rund 400 Mitgliedern unter einer Reichsleitung in Berlin, der Arthur Goldstein, Karl Schröder, Alexander Schwab und Kurt Stechert angehörten. Eine weitere einflußreiche Persönlichkeit war Bernhard Reichenbach. Im Herbst 1934 wurden Georg Eitelsberg und Georg Lindner in die Reichsleitung kooptiert, nachdem Goldstein, Reichenbach und Stechert emigriert waren. Neben der Reichsleitung bestand ein Apparat zur Herstellung und zum Vertrieb der in zweimonatigem Rhythmus erscheinenden illegalen Zeitschrift ›Der Rote Kämpfer‹ (im Frühjahr 1936 in ›Der Arbeiterkommunist‹ umbenannt). Weitere Gruppen bestanden in Westdeutschland (Düsseldorf, Essen, Köln, Schwelm, Wattenscheid) unter Kurt Suchan (bis 1935, dann Johann Blazyczak und Fritz Riwotzki), in Stuttgart, Karlsruhe, Frankfurt und Frankenthal-Ludwigshafen unter Ludwig Kohl sowie in Sachsen (Dresden, Chemnitz, Meißen) und Norddeutschland (Hamburg, Bremen). Die »Roten Kämpfer« waren eher ein Debattierzirkel im Untergrund mit geheimbündlerischer Organisation. Bewußter Verzicht auf expansive Aktivität bot wirksamen Schutz vor polizeilicher Verfolgung, und bis 1936 konnten die Roten Kämpfer unentdeckt und ohne größere Verluste im gesteckten Rahmen illegal arbeiten.

Der »Rote Stoßtrupp«: Der »Rote Stoßtrupp« in Berlin, in mancher Hinsicht mit der »Sozialistischen Front« Hannover vergleichbar, entstand Ende 1932 als Reaktion auf die drohende NS-Machtübernahme auf Initiative des jungen Journalisten und Historikers Rudolf Küstermeier sowie von Franz Hering und Curt Bley, zu denen wenig später der Berliner SPD-Funktionär Willi Strinz sowie Willi Schwarz und Karl Zinn stießen. Um diesen Kern formierte sich in kurzer Zeit ein umfangreicher Kreis junger Aktivisten aus Sozialistischer Arbeiterjugend, Jungsozialisten, Sozialistischer Studentenschaft und SPD. Die Gruppe bereitete sich geschickt und zielbewußt auf die Illegalität vor, sorgte für Druck und Verbreitung von Schriften sowie für unauffällige Quartiere. Anfang April 1933 erschien die erste Nummer der Zeitung ›Der Rote Stoßtrupp‹, auf Wachsmatrizen geschrieben und vervielfältigt, die in den folgenden Monaten alle ein bis zwei Wochen veröffentlicht, in Berlin verteilt und ins Reichsgebiet verschickt wurde. Da die Gruppe über gut funktionierende Verbindungen und Informationskanäle verfügte, erwies sich die Zeitung immer als bestens informiert. Der »Rote Stoßtrupp« umfaßte als Organisation bald ganz Berlin, baute seine Einheiten nach dem Fünfergruppen-Prinzip auf und besaß persönliche Beziehungen zu anderen deutschen Städten: so in die Pfalz, wo in Pirmasens, Zweibrücken, Kaiserslautern und Ludwigshafen Gruppen aufgebaut wurden, nach Kassel, Sachsen (Halle und Leipzig) sowie Breslau und Stettin. Zur Sopade gab es Kontakte, es kam aber nicht zur Zusammenarbeit, da man sich mit Mißtrauen und Vorbehalten gegenüberstand. Verbindungen bestanden weiterhin zu Zirkeln der SAP, der KPO, zu Trotzkisten und sogar zu Otto Straßers »Schwarzer Front«. Die relative Offenheit des »Roten Stoßtrupps« gegenüber anderen illegalen Kreisen dürfte das Eindringen der Gestapo erleichtert und sein »Aus« herbeigeführt haben. Ende 1933 wurde die Organisation mit über 200 Festnahmen aufgerollt.

Trotzkisten: Die trotzkistische Bewegung in Deutschland bestand 1933 aus zwei von Trotzki selbst als gleichberechtigt anerkannten Gruppen mit Hauptstützpunkt Berlin, beide als »Linke Opposition der KPD/Bolschewiki-Leninisten« bezeichnet und nur nach den Zentralorganen ›Der Kommunist‹ bzw. ›Die Permanente Revolution‹ zu unterscheiden. Führende Vertreter der ersten Gruppierung waren zunächst der Österreicher Kurt Landau[57] (bis zur Emigration nach Paris im März 1933, wo er ein Auslandszentrum aufbaute), dann Hans Schwalbach, Erich Rätzke und Reinhold Schädlich. Die aus der »ultralinken« »Weddinger Opposition« der KPD hervorgegangene, rund 40 Personen starke Organisation, nach ihrem illegalen Organ auch »Gruppe Funke« genannt, konzentrierte sich auf Berliner Betriebe; im März 1934 schlug die Gestapo zu und verhaftete ungefähr 170 Mitglieder und Sympathisanten, unter ihnen Henry Jacoby, der in der illegalen Arbeit eine zentrale Rolle gespielt hatte. Die zweite trotzkistische Gruppe konzentrierte sich auf Betriebsarbeit über Berlin hinaus, die Führung lag zunächst – nach der Emigration von Anton Grylewicz im März 1933 – bei Erwin Ackerknecht, der ebenfalls im Frühsommer 1933 zum Aufbau eines Auslandskomitees nach Paris emigrierte. In diesen Monaten wuchs die

---

[57] Zu Kurt Landau liegt eine umfangreiche und quellengesättigte Biographie vor, die nicht nur den Lebensweg Landaus, sondern auch die Geschichte des österreichischen und deutschen Linkskommunismus und Trotzkismus in der Zeit vor 1933, im Pariser Exil und im Spanischen Bürgerkrieg abdeckt: Hans Schafranek, Das kurze Leben des Kurt Landau. Ein österreichischer Kommunist als Opfer der stalinistischen Geheimpolizei. Wien 1988.

Gruppe durch den Zustrom unzufriedener KPD-Mitglieder auf rund 1 000 »Mitglieder« an, eine Zahl, die sich jedoch rasch wieder reduzierte. Zur Reichsleitung, die sich in der Illegalität wiederum in zwei Gruppierungen spaltete, gehörten u.a. Joachim Unger und Walter Nettelbeck. Die Organisation besaß neben Berlin Gruppen in Hamburg, Sachsen (Magdeburg, Halberstadt, Leipzig, Dresden), Westdeutschland (Gelsenkirchen, Neuß, Solingen, Essen, Köln), in Mainz, Frankfurt und München sowie in der bis 1939 unter Völkerbundsverwaltung stehenden Freien Stadt Danzig. Alle Gruppen, die insgesamt wohl über rund 200 Kader verfügten, wurden zwischen 1934 und 1936 zerschlagen.

Die besondere Tragik der trotzkistischen Gruppen bestand darin, daß sie wegen der Frontstellungen in der Arbeiterbewegung schon vor 1933 vom Abwehr-Apparat der KPD observiert und geheimdienstlich attackiert worden waren. Das Abwehr-Archiv der KPD fiel im Dezember 1933 der Gestapo in die Hände; es bot die Grundlage für eine langfristige Beobachtung über Jahre hinweg und führte zur gründlichen Ausschaltung der trotzkistischen Gruppen. Die Zahl der Verhafteten betrug insgesamt mehrere Hundert.

Anarchosyndikalisten: Auch die »Freie Arbeiter-Union Deutschlands« (FAUD), deren anarchosyndikalistische Tradition bis in die Zeit vor dem Ersten Weltkrieg zurückreicht, hatte sich Mitte Februar 1933 formell aufgelöst. »Reichsleiter« der illegalen Organisation war zunächst Gerhard Wartenberg, ab Mai 1933 Emil Zehner in Erfurt mit seinen Mitarbeitern Karolus Heber und Johannes Zühlke. Rasch kristallisierten sich im Untergrund vier regionale Zentren der FAUD heraus: Berlin, Mittel-, West- und Südwestdeutschland. Im Rhein-Ruhr-Gebiet entstand ein weitverzweigtes Netz mit zahlreichen lokalen Schwerpunkten unter der Führung von Julius Nolden, der ab Sommer 1933 mit der Führung in Erfurt Verbindung hielt; eine weitere Organisation, die im Sommer 1934 die Herstellung und Verbreitung einer hektographierten Monatszeitung ›Fanal. Revolutionäre Sozialistische Monatsblätter‹ begann, bildete sich im Raum Mannheim, Ludwigshafen, Darmstadt, Frankfurt und Offenbach. Auch in Sachsen und Thüringen (Leipzig, Bitterfeld, Gotha, Erfurt, Chemnitz, Greiz, Plauen, Dresden) formierte sich eine FAUD-Organisation unter Ferdinand Götze (bis zu seiner Emigration Ende 1934) und anschließend unter Richard Thiede. Weitere Zentren anarchistischer und anarchosyndikalistischer Untergrundtätigkeit bildeten sich in Hamburg, Stettin, Königsberg, Breslau und Ratibor. Obwohl der Gestapo im Jahr 1935 kleinere Einbrüche

in Süd- und in Westdeutschland gelangen, blieb die Inlandsorganisation der FAUD zunächst intakt, wobei sich die Außenaktivitäten
ab Mitte der dreißiger Jahre deutlich reduzierten.

Gewerkschaften

Unter »gewerkschaftlichem Widerstand« – dies vorab zur Begriffs-
klärung – werden hier lediglich die Versuche verstanden, die 1933
zerschlagenen Gewerkschaften im Untergrund aufrechtzuerhalten
oder wiederaufzubauen, nicht jedoch die zahlreichen und immer
wieder überlieferten individuellen oder kollektiven Aktionen von
Arbeitern, um ihre materielle Lage zu verbessern. Die Führung des
»Allgemeinen Deutschen Gewerkschaftsbunds« (ADGB) unter
Theodor Leipart hatte sich im April 1933 vergeblich bemüht,
durch Anpassung und offizielle Trennung von der SPD das Überleben als Organisation zu sichern. Am 19. April 1933 empfahl der
ADGB die Beteiligung an den staatlichen Maifeiern, nachdem der
1. Mai zum »Tag der nationalen Arbeit« und zum gesetzlichen Fei-
ertag erklärt worden war. Bereits am 2. Mai wurden aber in einer
schlagartigen Aktion reichsweit die Gewerkschaftshäuser besetzt,
das Vermögen der Gewerkschaften beschlagnahmt und die führenden Funktionäre verhaftet. Tags darauf unterstellten sich auch die
übrigen Richtungsgewerkschaften (die Christlichen und die Hirsch-
Dunckerschen Gewerkschaftsverbände) dem »Aktionskomitee zum
Schutze der deutschen Arbeit«; sie wurden im Laufe des Jahres 1933
»gleichgeschaltet« und in die »Deutsche Arbeitsfront« (DAF) einge-
gliedert. Zahlreiche Gewerkschaftsgruppen, vor allem Jugendgruppen, versuchten daraufhin – ähnlich wie Gruppen aus dem Umkreis
der SPD – zunächst einen Zusammenhalt auf informeller, persönlicher Ebene aufrechtzuerhalten. Eine hohe Zahl reihte sich in der
folgenden Zeit in Widerstandsgruppierungen parteipolitischer Provenienz ein.

   Bereits 1933 formierte sich um Heinrich Schliestedt, Hermann
Schlimme, Bernhard Göring, Fritz Husemann, Heinrich Hansen,
Alwin Brandes, Hans Gottfurcht und andere Spitzenvertreter ehemaliger Einzelgewerkschaften ein Kreis führender Funktionäre, zu
dem später, nach seiner Entlassung aus dem Konzentrationslager,
auch Wilhelm Leuschner stieß; die Bezeichnung »Illegale Reichsleitung der Gewerkschaften« scheint allerdings ein reines »Phantas-
ma« und bloße »Fiktion« zu sein: Richtig ist wohl nur, daß man
hier wie in anderen ähnlichen Kreisen versuchte, Informationen
über die Situation in den Betrieben zu sammeln und – vor allem

auch über das Ausland – zu verbreiten sowie Verbindung zwischen gewerkschaftlichen Widerstandsgruppen im Reich und den Gruppen im Ausland, die sich um exilierte Gewerkschaftsvertreter bildeten, aber auch zu ausländischen Gewerkschaften und Gewerkschaftsverbänden wie etwa dem »Internationalen Gewerkschaftsbund« (IGB) oder der »Internationalen Transportarbeiter-Föderation« (ITF) zu halten und zu intensivieren; vor allem wollte man sich Gedanken machen und Vorbereitungen treffen für die »Zeit danach«. Widerstand von Gewerkschaftern – das war auch »Wartestand«.[58]

Nach Auflösung und Zerschlagung der gewerkschaftlichen Einzelverbände sind zahlreiche Versuche überliefert, in der Illegalität über regionale Vertrauensleute die gewerkschaftliche Organisation in embryonalem Zustand zu bewahren und so weit wiederaufzubauen, daß zumindest ein regional übergreifendes Netz von Einzelpersonen bestand, über die man vorsichtig aus dem Ausland eingeschmuggeltes illegales Schrifttum weitergeben konnte. Initiatoren bei den Transportarbeitern und Eisenbahnern waren – unterstützt von der ITF in Amsterdam unter Edo Fimmen – ab Ende 1933 Hans Jahn, Sekretär der Organisationsabteilung und Mitglied im Hauptvorstand des »Einheitsverbands der Eisenbahner Deutschlands«, Wilhelm Voß, früherer Leiter der Seeleute-Gruppe im »Gesamtverband der Arbeitnehmer der öffentlichen Betriebe und des Personen- und Warenverkehrs«, sowie Adolf Kummernuss. Es gelang in den folgenden Monaten, lokale Vertrauensleute zu gewinnen; regionale Initiativen, wie die in Mitteldeutschland um den ehemaligen Reichsbahnsekretär Max Kellner und den vormaligen Bezirksleiter des »Einheitsverbands« Hans Molt in Süddeutschland, kamen hinzu, ebenso Gruppen unter den Seeleuten und Rheinschiffern. Im April 1935 organisierte die Internationale Transportarbeiter-Föderation eine Konferenz in Roskilde/Dänemark, zu der immerhin 31 Teilnehmer aus Deutschland angereist waren. Im Gefolge dieser Konferenz konnte die Gestapo allerdings zu einem ersten großen Schlag ausholen und verhaftete die illegale Führung des »Gesamtverbands« fast vollständig; Hans Jahn floh nach Holland und setzte seine Arbeit von dort aus mit dem Aufbau einer umfangreichen Eisenbahner-Organisation in Westdeutschland fort, die erst 1937 zerschlagen wurde. 1937/38 wurden auch die Gruppen in

[58] Michael Schneider, Gewerkschaftlicher Widerstand 1933-1945. In: Steinberg und Tuchel, Widerstand, S. 144-152, hier S. 145; zur »illegalen Reichsleitung« vgl. allgemein Beier, Die illegale Reichsleitung; Buschak, »Arbeit im engsten Zirkel«, S. 207 ff.

Süd- und in Mitteldeutschland ausgehoben, und die organisierte Arbeit unter den Seeleuten und Rheinschiffern erschöpfte sich, von Einzelkontakten abgesehen, spätestens im Jahr 1939.

Ein ähnlicher illegaler Verbund ehemaliger Funktionäre und Vertrauensleute aus dem ehemaligen »Deutschen Metallarbeiterverband« (DMV) bildete sich ab Ende 1933 im Raum Berlin, Sachsen und Thüringen vor allem auf Initiative des ehemaligen DMV-Sekretärs Heinrich Schliestedt[59], der vor drohender Verhaftung im Sommer 1934 in die Tschechoslowakei floh und von dort aus weiterarbeitete. Diese illegale Organisation der Metallarbeiter, die zumindest in Berlin noch intensivere Kontakte zu den Betrieben besaß, wurde Anfang 1936 von der Gestapo aufgerollt. Auch Fritz Husemann, letzter Vorsitzender des »Verbands der Bergbauindustriearbeiter« (BAV), unternahm in gleichem Stile Sammlungsversuche. Er wurde im März 1935 verhaftet und ein Jahr später im Konzentrationslager Börgermoor ermordet. Im Oktober 1935 wandte sich der emigrierte BAV-Funktionär Franz Vogt »im Namen der illegalen Bergarbeiter« mit der Bitte um finanzielle Unterstützung an die Bergarbeiter-Internationale; er scheint vor allem Verbindung zu illegalen Bergarbeiter-Gruppen im Ruhrgebiet besessen zu haben. Seine Initiative führte im Mai 1936 zu einer Konferenz deutscher Bergleute in Paris, an der illegale Vertrauensleute aus dem Saar- und dem Ruhrgebiet, aus Sachsen und Schlesien teilnahmen; es bildete sich ein »Arbeitsausschuß freigewerkschaftlicher Bergarbeiter« in den Niederlanden, dem Franz Vogt (Sopade), Wilhelm Knöchel (KPD), Richard Kirn und Hans Mugrauer (Revolutionäre Sozialisten) angehörten. Die Betreuung illegaler Bergarbeiterzellen im Ruhrgebiet endete erst mit dem Einmarsch deutscher Truppen im Frühjahr 1940. Ähnliche freigewerkschaftliche Netze gab es im Umkreis des ehemaligen »Verbands der Nahrungsmittel- und Getränkearbeiter« auf Initiative des früheren stellvertretenden Vorsitzenden Alfred Fitz – er wurde erst Ende 1938 verhaftet –, ferner unter Angehörigen des »Zentralverbands der Hotel-, Restaurant- und Caféangestellten« um den vormaligen Vorsitzenden Fritz Saar sowie des »Deutschen Textilarbeiterverbands« (DTV) um den ehemaligen DTV-Geschäftsführer Ernst Lucke mit Schwerpunkt Berlin, Sachsen und Thüringen, aus dem »Zentralverband der Angestellten« (ZdA) um Hans Gottfurcht und Bernhard Göring (Schwerpunkte Frankfurt und Düsseldorf) sowie aus weiteren kleineren Gewerkschaftsverbänden.

[59] Zu nennen sind hier auch Alwin Brandes, Max Urich, Richard Teichgräber, Hans Böckler und Walter Freitag.

Das Schema der illegalen Arbeit war überall ähnlich: Man versuchte, ein möglichst dichtes und flächendeckendes Kontaktnetz aus ehemaligen freigewerkschaftlichen Vertrauensleuten aufzubauen, versicherte sich der Unterstützung der entsprechenden internationalen Gewerkschaftsverbände und verteilte aus dem Ausland eingeschmuggelte oder selbst hergestellte Schriften. Alle diese Reorganisationsversuche wurden ab 1935 zerschlagen. Da die Kontaktnetze naturgemäß regional weit zu knüpfen waren, versuchten manche führende Gewerkschafter, die nicht in ihrem angestammten Beruf weiterarbeiten konnten, ihre Reisetätigkeit als Handelsvertreter für sich und für diese besondere Form politischer Arbeit zu nutzen. So reisten z.B. Bernhard Göring als Zigarrenhändler und Hans Gottfurcht als Versicherungsvertreter quer durch Deutschland und konnten so Kontakte knüpfen und Verbindungen wahren. Auch im Transportwesen fanden sich hierfür günstige Bedingungen, und so ist es nur natürlich, daß der Anteil der Eisenbahner unter Hans Jahn und der Transportarbeiter unter Adolf Kummernuss an dieser Form illegaler Arbeit überdurchschnittlich hoch war, zumal diese, ebenso wie Gruppen der Seeleute und Flußschiffer, Unterstützung durch die ITF fanden.

Heinrich Schliestedt bemühte sich nach seiner Flucht in die Tschechoslowakei im Oktober 1934 besonders darum, die Unterstützung der internationalen Gewerkschaftsverbände für die illegalen Gewerkschaftergruppen in Deutschland zu mobilisieren sowie einen sowohl von den Illegalen in Deutschland wie von den Gewerkschaften im Ausland anerkannten und legitimierten Ansprechpartner, d.h. eine Auslandsvertretung der illegalen Gewerkschaften, zu schaffen. Im Juli 1935 konnte er in Reichenberg eine Konferenz organisieren, an der neben internationalen und deutschen Gewerkschaftern – darunter Fritz Tarnow vom Holzarbeiterverband – vier illegale Delegierte aus dem Reich teilnahmen, deren Namen nicht überliefert sind.[60] Auf der Konferenz wurde u.a. die Gründung einer »Auslandsvertretung der deutschen Gewerkschaften« (ADG) in Komotau, dem Wohnort Schliestedts, beschlossen, die nach einigem Zögern vom IGB anerkannt wurde. Ihre Verbindungen ins Reich erschöpften sich jedoch zusehends, so daß die ADG, die sich selbst als Auslandsarm der »Illegalen Reichsleitung« sah, bald nur mehr

<hr />

[60] Angesichts dieser Tatsache ist die in der Literatur verschiedentlich kolportierte Behauptung, »Vertreter aller in Deutschland aktiven Gewerkschaften« hätten an der Konferenz teilgenommen (so Gerhard Beier, Die illegale Reichsleitung der Gewerkschaften 1933-1945. Köln 1981, S. 45) schlicht unzutreffend; vgl. dazu Buschak, »Arbeit im kleinsten Zirkel«, S. 177 ff.

eine Exilvertretung darstellte. Es gelang ihr allerdings, im Laufe des Jahres 1937 Landesvertretungen der deutschen Gewerkschaften in Frankreich, Belgien, Luxemburg, den Niederlanden, Großbritannien, Schweden und in Argentinien aus emigrierten deutschen Gewerkschaftern ins Leben zu rufen. 1938 wurde die ADG zu Fritz Tarnow nach Kopenhagen verlegt, Schliestedt kam im April 1938 bei einem Flugzeugabsturz ums Leben.

Während auf unterer, lokaler bzw. regionaler Ebene Gruppen agierten, die ähnlich den Widerstandsgruppen aus KPD und SPD zum Teil aktive Aufklärung und Propaganda betrieben – am bekanntesten sind wohl die gewerkschaftlichen Zirkel von Textil- und Metallarbeitern im Raum Wuppertal, die mehrere Hundert Mitglieder umfaßten und von der Gestapo Anfang 1935 zerschlagen wurden –, beschränkten sich die Kontaktkreise der Spitzenfunktionäre darauf, Verbindungen zu wahren und Konzepte für die Zeit nach Hitler zu diskutieren. Vor allem um Wilhelm Leuschner und die »illegale Reichsleitung« der Gewerkschaften bildete sich im Lauf der Jahre ein breites Netz ehemals frei- und christgewerkschaftlicher (Jakob Kaiser u.a.) Funktionäre und Vertrauensleute.[61] Während des Kriegs sollte sich die gewerkschaftliche Emigration dann in Schweden und Großbritannien konzentrieren. Die »Landesgruppe deutscher Gewerkschafter in England« war als Teil der »Union deutscher sozialistischer Organisationen in Großbritannien« maßgeblich – hier sind vor allem Walter Auerbach, Hans Gottfurcht, Wilhelm Heidorn, Hans Jahn und Ludwig Rosenberg zu nennen – an dem programmatischen Diskussionsprozeß beteiligt; hier wurden Pläne für eine neue deutsche Gewerkschaftsbewegung nach dem Krieg entwickelt, die beträchtlichen Einfluß auf den Wiederaufbau der Gewerkschaften als Einheitsgewerkschaft nach 1945 gewinnen sollten.

Katholische Arbeiterbewegung

Einem ganz anderen Widerstandstypus entsprechen Aktionen und Opposition der Katholischen Arbeiterbewegung. Deren Ursprung geht zurück auf den Kölner Domvikar und »Gesellenvater« Adolf Kolping um die Mitte des vergangenen Jahrhunderts, ihr wohl be-

---

[61] Es konnte im Krieg in das Gesamtspektrum des 20. Juli eingebracht werden: Die ›Kaltenbrunner-Berichte‹ legen vom Umfang dieses Netzes ein eindrucksvolles Zeugnis ab. Zum Verhältnis der Arbeiterbewegung zum Aufstandsversuch des 20. Juli 1944 siehe allgemein auch Hans Mommsen, Der 20. Juli und die Arbeiterbewegung. Berlin 1985.

kanntester Repräsentant war der Mainzer Bischof Wilhelm Emmanuel von Ketteler (1811-1877). 1933 zählte sie als Gesellen- und Arbeiterbewegung mehrere hunderttausend Mitglieder in unterschiedlichen Verbänden (Arbeiter- und Knappenvereine, Christliche Gewerkschaften). Über den Reichsarbeiterbeirat des Zentrums, dem Politiker wie Adam Stegerwald, Jakob Kaiser und Karl Katzer angehörten, war sie politisch dieser Partei zugeordnet. Schwerpunkte der Katholischen Arbeiterbewegung bildeten Westdeutschland (vor allem Köln), das Saargebiet und Süddeutschland (Augsburg, München). An ihrer Gegnerschaft zum Nationalsozialismus hatte die Katholische Arbeiterbewegung in der Weimarer Republik nie einen Zweifel gelassen, und sowohl in den Arbeitervereinen (schon 1923) wie in den Kolping-Gesellenvereinen gab es Unvereinbarkeitsbeschlüsse hinsichtlich einer gleichzeitigen Mitgliedschaft in der NSDAP. 1933 war sie nach Ausschaltung der Freien und der Christlichen Gewerkschaften besonders heftigem Druck der NS-Organe ausgesetzt, da jene die katholischen Arbeitervereine möglichst noch vor Abschluß des Reichskonkordats mit dem Vatikan (22. Juli 1933) auflösen und in die Deutsche Arbeitsfront (DAF) eingliedern wollten. Dieser Versuch mißlang, die im Konkordat ausgehandelte Bestandsgarantie wurde freilich in der folgenden Zeit immer weiter ausgehöhlt. 1934 wurde die Doppelmitgliedschaft in DAF und konfessionellen Arbeitervereinen verboten, was wegen drohender Sanktionen hinsichtlich des Arbeitsplatzes zu deutlichem Mitgliederschwund innerhalb der katholischen Gesellen- und Arbeitervereine führte; man ließ konfessionell geprägte Vereinigungen schließlich nur noch als rein kirchlich-religiöse Vereine zu. Als dann auch die katholische Verbandspresse verboten bzw. entpolitisiert worden war, wurden Verbindungen zwischen den noch bestehenden Gruppen der Katholischen Arbeiterbewegung immer schwieriger.

Zentrum des Widerstands der katholischen Arbeitervereine war ab 1933 der Kölner Ketteler-Kreis, dessen Ketteler-Haus Sitz der westdeutschen Verbandsführung war, mit dem Verbandsvorsitzenden Otto Müller, dem Verbandssekretär Bernhard Letterhaus, Joseph Joos und Nikolaus Groß. Bei ihnen lag auch die eigentliche politische Führung der Katholischen Arbeiterbewegung, während die Kolping-Gesellenvereine, traumatisiert von der gewaltsamen Sprengung ihres Gesellentags in München im Juni 1933 durch die SA, einen Anpassungskurs versuchten, der sich freilich nicht auszahlte. Durch die 1935 in ›Ketteler-Wacht‹ umbenannte Verbandszeitung (ehemals ›Westdeutsche Arbeiterzeitung‹), die 1938 allerdings verboten wurde, durch Vortrags- und Schulungstätigkeit gelang es in den folgenden Jahren, die Verbandstätigkeit getarnt weiterzuführen. Im Ketteler-Haus fanden ab Mitte der dreißiger Jahre Zusammenkünfte christlicher Gewerkschafter und Zentrumspolitiker wie Jakob Kaiser statt, über Pater Alfred Delp bestanden später Verbindungen zu den Berliner Widerstandskreisen im Umkreis des 20. Juli 1944.

Weitere Schwerpunkte des Widerstands der Katholischen Arbeiterbewegung, die ähnlich strukturiert waren und der Gestapo nur schwer Ansatzpunkte für massive Verfolgung boten, bestanden im Saargebiet, in Schwaben (Augsburg) um den ehemaligen katholischen Arbeitersekretär Hans Adlhoch und in München. Jakob Kaiser, 1933 Landesgeschäftsführer der Christlichen Gewerkschaften in Westfalen, hatte am 3. Mai 1933 seine Unterschrift unter das faktische Auflösungsdiktat der Christlichen Gewerkschaften verweigert und arbeitete anschließend als eine Art Treuhänder der aufgelösten Organisationen, um die Anerkennung von Versorgungsansprüchen entlassener Gewerkschaftsmitglieder gegenüber den Behörden durchzusetzen. Sein Berliner Büro wurde ein Zentrum oppositioneller Kontakte; hier traf Kaiser Wilhelm Leuschner, der 1934 aus der Konzentrationslager-Haft entlassen worden war, Max Habermann vom Deutschen Handlungsgehilfenverband und den katholischen Rechtsanwalt Josef Wirmer. Die Kontakte zwischen Berlin und dem Ketteler-Haus in Köln intensivierten sich in der Folgezeit, vor allem, seit Letterhaus als Hauptmann im Oberkommando der Wehrmacht ab 1942 im Amt Ausland/Abwehr tätig war. In den Listen Goerdelers für eine deutsche Regierung nach dem Sturz Hitlers finden sich Letterhaus als Minister für Wiederaufbau und Wirmer als Justizminister.

Die »Zeugen Jehovas«

Eine Sonderrolle unter den Gegnern Hitlers spielte die aus den USA stammende christliche Sekte »Internationale Bibelforscher-Vereinigung« (IBV), bekannt auch als »Ernste Bibelforscher« – so ihre Bezeichnung in den nationalsozialistischen Prozeßakten – bzw. als »Zeugen Jehovas«. Der Prozentsatz ihrer während des Dritten Reichs inhaftierten und ermordeten Mitglieder liegt (im Verhältnis zur Gesamtmitgliederzahl) höher als bei jeder anderen Gruppe; ebenso bedeutsam ihre Fähigkeit zu illegalem Zusammenhalt, begünstigt durch den Sektencharakter ihrer Glaubensgemeinschaft, und die hohe Beteiligung von Frauen an der legalen wie illegalen Arbeit.

1874 in Pennsylvania (USA) als Abspaltung von den Adventisten entstanden, hatte die Sekte etwa ab 1900 auch in Europa, und hier nicht zuletzt in Deutschland, Fuß fassen können. Ihre Lehre, auf strikter Bibelgläubigkeit insbesondere hinsichtlich des Alten Testaments beruhend, entsprach mit ihrer konkreten chiliastischen Heilserwartung vom unmittelbaren Bevorstehen der Rückkunft Christi und des geweissagten »Tausendjährigen Reichs Zion« strukturell und individualpsychologisch durchaus den emotionalen Hoffnungen der politischen Arbeiterbewegung auf das »sozialistische Millenium«; dies mag die nicht unbeträchtlichen Rekrutierungserfolge erklären, die die Sekte bis Anfang der dreißiger Jahre in der deutschen Arbeiter- und Kleinbürger-Bevölkerung verbuchen konnte. Sozialgeschichtlich, strukturell und phänomenologisch ist ihre Haltung gegenüber dem Herrschafts- und Durchsetzungsanspruch des NS-Regimes dem Widerstand der Arbeiterbewegung in weiterem Sinne zuzurechnen. Ihre Mitglieder waren wesentlich Männer und Frauen aus der Arbeiterschaft, Dienstboten, kleine Angestellte, also Arbeiter und Kleinbürger, wogegen höhere soziale Schichten kaum vertreten waren. 1933 umfaßten die Zeugen Jehovas in Deutschland 25 000 bis 30 000 Mitglieder in mehreren hundert »Versammlungen« (Ortsgruppen); Zentrum war Dresden – die Bibelforscher-Gemeinde dieser Stadt war stärker noch als die Zentralgruppe in New York. Ab 1923 verfügte die Vereinigung in Magdeburg über ein mit modernsten Mitteln ausgestattetes Druck- und Verlagshaus, in dem ihre Traktate und Zeitschriften, insbesondere ihr Hauptorgan ›Der Wachtturm‹ hergestellt wurden. Schon in der Weimarer Republik waren die Zeugen Jehovas Anfeindungen von völkisch-nationaler wie von kirchlicher und ersten juristischen Maßnahmen von staatlicher Seite ausgesetzt. Ansatzpunkte boten die Eigenbezeichnung »international« und die »Zion«- und »Israel«-Mythologie vom »auserwählten Volk«; auch die grundsätzliche Verweigerung des Kriegsdienstes und aller staatlichen Vorschriften, die sie in Widerspruch zu einem auf wörtlicher Auslegung beruhenden Bibelverständnis sahen, prädestinierte zu staatlicher Verfolgung. Für die Nationalsozialisten waren die Zeugen Jehovas eine ausländische, projüdische und pazifistische Gesellschaft, und obwohl die IBV 1933 versuchte, sich den neuen Bedingungen anzupassen und sich für strikt unpolitisch und antikommunistisch erklärte, kam es alsbald zu scharfen Konflikten mit den Machtorganen. Schon im Frühjahr 1933 erfolgten massive Verfolgungen, Beschlagnahmen, Publikations-, Werbe- und Organisationsverbote. Trotzdem sahen sich die deutschen Behörden zur Rücksichtnahme auf das »amerikanische Vermögen« der Bibelforscher-Gesellschaft genötigt. Amerikanische Interventionen und internationale Proteste – so eine Massenversendung von Protesttelegrammen an die Reichsregierung im Herbst 1934 von außerhalb – legten der NS-Obrigkeit zunächst ein behutsames und elastisches Vorgehen nahe, so daß die Zeugen Jehovas, von Publikations- und Versammlungsverboten abgesehen, vorerst eine halblegale Existenz führen konnten.

Dennoch stellte sich die Gesellschaft schon 1933 – äußerst erfolgreich – auf eine illegale Existenz um, übernahm dabei Methoden der Arbeiterbewegung und entwickelte sie weiter. Man kam in zahlreichen Kleingruppen regelmäßig und in privatem Rahmen zur Lektüre der Bibel und des ›Wachtturm‹ zusammen, der teils aus dem Ausland – zunächst aus der Tschechoslowakei – in großer Zahl eingeschmuggelt, teils innerhalb Deutschlands weiter vervielfältigt wurde. Auch die konstitutive Werbetätigkeit von Haustür zu Haustür konnte in größerem Stil fortgesetzt werden, was sicherlich dadurch befördert wurde, daß die jeweiligen Ansprechpartner – im Gegensatz zu kommunistischen oder sozialistischen Agitationsversuchen – sich über die »staatsgefährdende« Tätigkeit der Werber, denen sie begegneten, vielfach nicht im klaren gewesen sein dürften. Der Konflikt zwischen Staat und Zeugen Jehovas verschärfte sich mit der Wiedereinführung der allgemeinen Wehrpflicht (März 1935): Nach dem formellen Verbot der Organisation am 1. April 1935 und ersten Festnahmeaktionen gegen führende Vertreter im Mai 1935 kam es zu Massenverhaftungen und zu Konzentrationslager-Haft Hunderter von Zeugen Jehovas; darüber hinaus setzte ein ganzes Bündel von Repressionsmaßnahmen ein, die ihre Entrechtung und die Vernichtung ihrer wirtschaftlichen Existenz zum Ziele hatten und von Entlassungen und Tätigkeitsverboten, Ruhegeldentzug und sonstigen Vermögensnachteilen bis hin zur Aberkennung des Sorgerechts für die eigenen Kinder reichten.

Nach der Verhaftung der bisherigen Führung übernahm Fritz Winkler, Versicherungsangestellter und bisher »Bezirksdiener« von Berlin, die Leitung der nunmehr illegalen Organisation; er teilte das Reichsgebiet in dreizehn Bezirke auf und setzte neue »Bezirksdiener« ein – u.a. Konrad Franke (Bezirk Baden-Pfalz), Hermann Schlömer (Schleswig-Holstein) und Otto Lehmann (Bayern). Winkler traf sich in kurzem Abstand regelmäßig mit den neuen »Bezirksdienern« zu Besprechungen, die aus Tarnungsgründen auf gemeinsamen Fahrten in der Reichsbahn stattfanden. Winkler und seine Gesprächspartner besaßen Netz- bzw. Bezirkskarten der Reichsbahn, und die jeweils wechselnden Termine und Strecken teilte Winkler kurz vor Fahrtantritt verschlüsselt mit. Für die Verbindung zum »Europäischen Zentralbüro« der IBV in Bern und zu der Zentrale nach New York konnte Winkler offensichtlich das amerikanische Generalkonsulat in Berlin nutzen. Um die bei polizeibekannten Bibelforschern bestehende Postüberwachung zu umgehen, wurden die Schriften der IBV aus dem Ausland an polizeilich unbekannte Gesinnungsgenossen gesandt, die sie dann auf organisierten Wegen weitergaben; man arbeitete mit Techniken wie festen Kurierdiensten, der Einrichtung »toter« Briefkästen und der Benutzung von Decknamen. Der Schmuggel von IBV-Schriften aus Bern oder aus Prag, den vor allem August Fehst, »Bezirksdiener« von Westschlesien-Sachsen organisierte, lief über das Riesengebirge. Die bis dahin wahllose Kontaktaufnahme und Kolportagetechnik wurde zunehmend durch gezieltere und sicherere Verfahren ersetzt. Obwohl die Werbeerfolge der Organisation unter den Bedingungen von Verfolgung und Illegalität, insgesamt gesehen, zurückgingen, scheinen die Zeugen Jehovas zu dieser Zeit auch deutliche Rekrutierungserfolge innerhalb von enttäuschten ehemaligen Mitgliedern der politischen Arbeiterbewegung erzielt zu haben.[62]

Im Juni 1936 wurde ein »Sonderkommando« der Gestapo gegen die »geheime Bibelforscher-Vereinigung« aufgestellt; ihm gelang in den Monaten August und September 1936 die Verhaftung von Fritz Winkler und weiterer führender Mitglieder sowie zahlreicher regionaler Führungskräfte – u.a. des »Bezirksdieners« für Schleswig-Holstein, Georg Bär, von Johann Kölbl und Josef Zissler, die den bayerischen Bezirk leiteten, und des »Bezirksdieners« für Pfalz-Baden Konrad Franke. Einer anschließenden Verhaftungswelle fielen über die Hälfte der »Bezirksdiener« und weit über 1 000 Mitglieder zum Opfer. Anlaß für den Schlag der Gestapo war ein für September 1936 in Luzern vorbereiteter internationaler Kongreß, auf dem zahlreiche von den lokalen Leitern gesammelte Berichte über Glaubensunterdrückung, Verfolgung und Mißhandlungen zur Sprache kommen sollten, die über den Danziger IBV-Funktionär Wilhelm Ruhnau[63] nach Luzern gelangt waren. Rund 300 deutsche Zeugen Jehovas nahmen – trotz verschärfter Grenzüberwachung – an dem Kongreß teil. Im Dezember 1936 bewies die Organisation der Zeugen Jehovas ihre trotz der Verhaftungen ungebrochene Schlagkraft: Wohl 200 000 Exemplare der auf dem Luzerner Kongreß verabschiedeten Protestresolution, die zur Solidarität aufrief, waren nach Deutschland geschmuggelt und reichsweit auf die Bibelforscher-

---

[62] Vgl. dazu ›Deutschland-Berichte‹ der Sopade, Bd. 3, S. 922 f.
[63] Ruhnau wurde wenige Wochen später in Danzig verhaftet, in offenem Verstoß gegen die Verfassung der Freien Stadt Danzig heimlich an die reichsdeutschen Verfolgungsbehörden ausgeliefert und ist verschollen.

Gruppen verteilt worden, die sie in neutrale Umschläge steckten, in großem Stil per Post versandten und am 12. Dezember 1936 zwischen 17.00 und 19.00 Uhr schlagartig im ganzen Reichsgebiet in Hausbriefkästen und unter Türmatten steckten, in Hauseingängen oder Telefonzellen deponierten – ein Propagandacoup, wie ihn keine andere illegale Gruppe in solcher Größenordnung zustandegebracht hat. Der Gestapo – von der Aktion völlig überrascht – gelangen zunächst auch kaum Verhaftungen von Verteilern.

In Luzern waren der Leipziger Kapellmeister Erich Frost zum neuen »Reichsdiener« und als sein präsumtiver Nachfolger im Falle einer Verhaftung der Bochumer Schlosser Heinrich Dietschi bestimmt worden; eine weitere maßgebliche Führungspersönlichkeit war Heinrich Dwenger aus Magdeburg. Frost nahm nach den Massenverhaftungen im Herbst 1936 eine wiederum am Vorbild der illegalen politischen Arbeiterbewegung orientierte Umstrukturierung der Organisation vor. Jeder Bezirk wurde hierarchisch in Unterbezirke, Hauptgruppen, Gruppen, Untergruppen und Zellen gegliedert, die Zellen bestanden in der Regel aus drei bis sechs Personen, und nur der »Zellendiener« hatte zum nächsthöheren »Untergruppen-« bzw. »Gruppendiener« Kontakt. Die nach der Flugblattverteilung vom 12. Dezember 1936 verstärkten Fahndungs- und Überwachungsmaßnahmen der Gestapo führten allerdings bereits im Frühjahr 1937 zu neuen Festnahmen, denen neben einer Reihe von »Bezirksdienern« auch der »Reichsdiener« Erich Frost zum Opfer fiel. Sein Nachfolger Heinrich Dietschi reorganisierte die Bezirkseinteilung unter Beibehaltung der bisherigen Grundstruktur erneut, und zum ersten Mal gelangten dabei Frauen in führende Positionen innerhalb der illegalen Organisation. So Auguste Schneider als »Bezirksdienerin« für den Bezirk Baden-Saar-Pfalz, Frieda Christiansen (Schleswig-Holstein) und Elfriede Löhr (Bayern). Trotz der Verluste durch die Verhaftungen vom Frühjahr 1937 gelang eine erneute propagandistische Großaktion, vergleichbar der von Dezember 1936. Auf Veranlassung Dietschis stellte das Berner Büro der IBV einen »Offenen Brief« zusammen, in dem gegen die Verfolgungspraktiken der Gestapo und die Zustände in Gefängnissen und Konzentrationslagern protestiert wurde – zum Teil unter Nennung von Namen der an Folterungen und Tötungen beteiligten Gestapobeamten. Es gelang zwar nicht, die in Bern gedruckten 200 000 Exemplare dieses »Offenen Briefs« über die Grenze zu schmuggeln, wohl aber die Druckplatten. Auf einer Schnellpresse in Lemgo (Lippe) wurden knapp 70 000 Exemplare des doppelseitigen engbeschriebenen Flugblatts im Din-A-3-Format gedruckt und am Sonntag, dem

20. Juni 1937, zwischen 12.00 und 13.00 Uhr wiederum zeitgleich in vielen Orten Deutschlands verteilt bzw. mit der Post verschickt. Die Gestapo – von dieser Verteilungsaktion ebenso überrascht wie im Dezember 1936 – intensivierte ihre Fahndungen; im August 1937 setzte eine erneute Verhaftungsaktion ein, der nicht nur Heinrich Dietschi, sondern auch die meisten Bezirksfunktionäre anheimfielen, so daß zahlreiche IBV-Organisationen in den größeren Städten »aufgerollt« wurden. Diese Festnahmeaktion brach der reichsweiten illegalen Organisation der Zeugen Jehovas das Rückgrat; ein überregionales Gefüge bestand seit September 1937 nicht mehr – wohl aber gab es vielerorts noch kleine Gruppen, die sich allerdings auf sich selbst zurückziehen und auf vorsichtige gemeinsame Bibellektüre beschränken mußten.

Nationalrevolutionäre/Bündische Jugend

Die »Nationalrevolutionäre«, Teil des Spektrums der »Konservativen Revolution« und meist aus der bündischen Jugend und/oder den Freikorps nach dem Ersten Weltkrieg hervorgegangen, besaßen keine einheitliche Organisation; sie zerfielen in eine Vielzahl von Zirkeln und Grüppchen, die sich zumeist um diverse Zeitschriften formierten, innerhalb der großen Parteien und Verbände aber völlig einflußlos blieben. Auch die »Schwarze Front« Otto Straßers, eine »linke« Abspaltung von der NSDAP, ist in weiterem Sinne diesem Spektrum zuzurechnen. Neben der »Schwarzen Front« war in den ersten Jahren des NS-Regimes aus diesem Lager auch der Kreis um Ernst Niekisch und die Zeitschrift ›Widerstand‹ gegen den Nationalsozialismus aktiv.

Die »Schwarze Front«: Otto Straßer, jüngerer Bruder Gregor Straßers, hatte 1930 die NSDAP verlassen und die »Kampfgemeinschaft Revolutionärer Nationalsozialisten« (KGRNS) gegründet, um dem »wahren Nationalsozialismus«, einer Mischung radikal-nationalistischer und völkisch-antisemitischer Vorstellungen mit stark antikapitalistischer und antiwestlicher Stoßrichtung, zum Sieg zu verhelfen. Die 1931 gegründete »Schwarze Front« war geplant als Dachverband nationalrevolutionärer und nationalbolschewistischer Gruppen; neben der KGRNS erhielt sie vor allem Zulauf aus der SA-Abspaltung um Walter Stennes, aus der Landvolkbewegung und einer Reihe rechter Gruppen und Sekten, ohne daß es Straßer geglückt wäre, die Schwarze Front, wie erhofft, in eine Massenbewegung umzuwandeln – sie umfaßte nie mehr als einige tausend

Mitglieder. Dennoch wurde sie vom NS-System mit besonderer Härte verfolgt, sah man hier doch Abtrünnige bzw. Konkurrenten aus dem eigenen völkischen Lager. Die Organisation wurde bereits im Februar 1933 verboten, ein Großteil ihrer führenden Funktionäre verhaftet. Otto Straßer wich nach Wien und wenig später nach Prag aus; die Auslandszentrale der Schwarzen Front bemühte sich, über Tarn- und Kleinschriften, die Zeitung ›Die Schwarze Front‹ (Mai 1934 bis Juni 1937) sowie einen Kurzwellensender die wenigen Hundert der im Reich noch verbliebenen Anhänger zum Widerstand zu motivieren und versuchte sich in Attentatsplänen gegen Hitler, die aber nie zur Ausführung gelangten. Bis 1935/36 gelang es der Gestapo, die illegalen Gruppen der Schwarzen Front in Berlin, Köln, Essen, Breslau, Nürnberg und München auszuheben, meist auf dem erprobten Weg der Unterwanderung mit Spitzeln und Agents provocateurs. Auslandsbüros in Saarbrücken (Fritz Hauch) und Kopenhagen (Richard Schapke) blieben bis zur Einbeziehung des Saarlands bzw. Dänemarks in den deutschen Machtbereich bestehen. Otto Straßer mußte die Zentrale der Schwarzen Front im Frühjahr 1938 auflösen und landete auf abenteuerlichen Wegen schließlich 1940 in Kanada. Im deutschsprachigen Exil in Lateinamerika spielten Vertreter der Frei-Deutschland-Bewegung Otto Straßers während des Krieges eine gewisse Rolle. 1945 löste Straßer die Schwarze Front offiziell auf.

Der Niekisch-Kreis: Ernst Niekisch stammte ursprünglich aus der sozialistischen Bewegung; als Gründer und Vorsitzender des Augsburger Arbeiter- und Soldatenrats war er im Februar 1919 zum Vorsitzenden des Zentralrats der Arbeiter-, Bauern- und Soldatenräte Bayerns gewählt worden, saß als USPD- und SPD-Abgeordneter im Bayerischen Landtag, arbeitete Mitte der zwanziger Jahre nach seiner Übersiedlung nach Berlin im Hofgeismar-Kreis der Jungsozialisten mit und gründete 1926 die Zeitschrift ›Widerstand‹, die innerhalb des nationalrevolutionären Spektrums erheblichen Einfluß gewann. Sein politisches Konzept bestand in der Entwicklung von »Widerstand« in drei Richtungen: Widerstand gegen das »System von Versailles«, das Deutschland der Ausbeutung durch den kapitalistischen Westen unterwerfe, Widerstand gegen den internationalistischen Kommunismus und Widerstand gegen den Nationalsozialismus als der prowestlichen »gegenreformatorischen« Unterstützungsbewegung der Bourgeoisie. Der Kreis um die Zeitschrift ›Widerstand‹ – mit einer Auflage von mehreren Tausend Anfang der dreißiger Jahre – stammte vor allem aus dem Umkreis des »Bundes

Oberland« und verfügte 1933 über Ortsgruppen im ganzen Reichsgebiet, wobei die Gruppe in Nürnberg mit 150 bis 200 aktiven Mitgliedern bei weitem die stärkste war. In der Endphase von Weimar
kam es – im Rahmen der »Aufbruch-Arbeitskreise« der KPD – zu
Kontakten und zu punktueller Zusammenarbeit mit Kommunisten.
Die Zeitschrift ›Widerstand‹ konnte, obwohl sie weiterhin deutliche, wenn auch geschickt verdeckte und verklausulierte Kritik am
Nationalsozialismus übte, noch bis Dezember 1934 erscheinen. Die
Aktiven, für die die Zeitschrift den Bezugspunkt gebildet hatte, setzten, als Stammtischgesellschaften u.ä. getarnt, ihre Zusammenkünfte weiter fort und führten Schulungen und sogar militärische Übun-
gen durch; auch Attentatspläne gegen Hitler scheinen immer wieder
diskutiert worden zu sein. Mit Joseph Drexel, dem Führer des
Nürnberger Kreises, stand Niekisch in ständiger Verbindung.

Die Gruppe in Nürnberg wurde jedoch vermutlich schon ab Mitte 1935 von der Gestapo überwacht, der es bald gelang, einen Spitzel einzuschleusen. Im März 1937 griff sie zu, verhaftete den Nürnberger »Widerstands«-Kreis und konnte über ihn nahezu die gesamte Bewegung im Reich aufrollen, zu der neben Nürnberg und Berlin
noch Gruppen in München, Bamberg, Bayreuth, Breslau, Jena,
Halle, Dortmund, Frankfurt und Hamburg gehörten. Ernst Niekisch wurde zu lebenslänglichem Zuchthaus, weitere Vertreter der
»Widerstands«-Bewegung zu mehrjährigen Zuchthaus- und Gefängnisstrafen verurteilt.

Bündische Jugend: Der Organisationsgrad der deutschen Jugend war
schon in der Weimarer Zeit hoch. 1926 soll jeder zweite männliche
und jede vierte weibliche Jugendliche Mitglied in einem Jugendverband gewesen sein, der Reichsausschuß der deutschen Jugendverbände, dem keineswegs alle Jugendorganisationen angehörten, umfaßte
76 Jugendverbände und repräsentierte knapp viereinhalb Millionen
Jugendliche unter 21 Jahren. Die Mehrzahl waren Mitglieder in
Sportorganisationen und konfessionellen Verbänden. Die Organisationen der bündischen Jugend im engeren Sinne waren demgegenüber zahlenmäßig weniger umfassend, repräsentierten aber – nicht
nur dem eigenen Selbstverständnis nach – die eigentliche »Jugendbewegung«.[64] Der NS-Staat löste die Organisationen der Arbeiter-

[64] Mitgliederstand der großen Jugendverbände 1932:
  Sportjugendverbände   ca. 2 000 000
  Katholische Jugendverbände   ca. 1 000 000
  Evangelische Jugendverbände   ca.   600 000
  Gewerkschaftsjugend   ca.   400 000

Jugendbewegung bereits in den ersten Monaten auf, zum Teil noch vor den Arbeiterparteien selbst; ihre illegalen Nachfolgeorganisationen fielen meist im Zusammenhang mit der Zerschlagung der Parteigruppen der Gestapo zum Opfer. Gegen die konfessionellen Jugendorganisationen führte das Regime in den folgenden Jahren einen zähen Kleinkrieg um die Durchsetzung des Monopols der HJ als Staatsjugend-Organisation[65], wobei sich insbesondere die katholischen Jugendverbände als sperrigster Gegner erwiesen.[66]

Das Gesetz über die Hitlerjugend vom 1. Dezember 1936 proklamierte zwar, daß diese die gesamte deutsche Jugend erfassen solle, dieser Anspruch konnte aber erst durch die beiden Durchführungsverordnungen zum HJ-Gesetz vom 25. März 1939 angegangen und erst während des Kriegs wirklich durchgesetzt werden. Nunmehr mußten alle Jugendlichen ihrer »Jugenddienstpflicht« in HJ und BDM nachkommen und konnten bei Weigerungen oder Versäumnissen belangt werden.

Große Teile der bündischen Jugendbewegung unternahmen den Versuch einer »systemkonformen Selbstbehauptung«. Ende März 1933 schlossen sich die wichtigsten Organisationen und Gruppen der bündischen Jugend zum »Großdeutschen Bund« unter Vizead-

Sozialistische Arbeiterjugend	ca.	90 000
Kommunistischer Jugendverband	ca.	55 000
Bündische Jugendorganisationen	ca.	70 000

(nach Hellfeld und Klönne, Betrogene Generation, S. 17).

[65] Das evangelische Jugendwerk verlor seine Selbständigkeit bereits Ende 1933 durch einen »Vertrag« des »Reichsbischofs« Ludwig Müller mit der HJ-Führung; trotz heftiger Proteste waren die evangelischen Jugendgruppen damit in die HJ zwangseingegliedert, in der Folge konnte evangelische Jugendarbeit nur in reduzierter Form als Gemeinde-Jugendarbeit fortgeführt werden, bis 1938 und endgültig 1940 die sogenannten Bibelfreizeiten der evangelischen Kirche verboten und die protestantische Jugendpresse wegen »kriegsbedingten Papiermangels« eingestellt wurde. Die katholischen Jugendorganisationen hatten durch das Reichskonkordat eine Atempause gewonnen, doch wurde ihr Spielraum in der Folgezeit immer weiter eingeengt: Die Auseinandersetzung darüber, welche Aktivitäten der Jugendorganisationen in den Bereich der erlaubten religiösen Jugendarbeit fielen und welche zu den – den Kirchen verbotenen – allgemeinen jugendpflegerischen Tätigkeiten gehörten, zog sich über Jahre hin. Zwei Erlasse im Jahr 1935 verboten den katholischen Jugendorganisationen jede nichtkirchliche Betätigung, ihre Presse wurde ab 1936 stark eingeschränkt, und zwischen Herbst 1937 und Frühjahr 1939 kam es zu den endgültigen Verboten der katholischen Jugendverbände.

[66] Im Februar 1936 benutzte die Gestapo zeitweilige Kontakte zwischen einigen katholischen Sturmscharführern um den Kaplan Josef Rossaint und Vertretern des illegalen KJVD als Anlaß für einen Schlag gegen die Zentrale der katholischen Jugendarbeit in Düsseldorf: 57 Laienführer und Seelsorger der katholischen Jugendverbände, darunter der Generalpräses Ludwig Wolker, wurden verhaftet, das »Jugendhaus« zeitweilig geschlossen. Rossaint und andere Angeklagte wurden 1937 in einem »Volksfront-Prozeß« vor dem VGH verurteilt.

miral Adolf von Trotha zusammen, der die korporative Eingliederung in die HJ und in die nationalsozialistische Bewegung zur Erhaltung des bündischen Lebensraums propagierte. Der Großdeutsche Bund wurde freilich, ebenso wie weitere Bünde, bereits im Juni 1933 verboten – die HJ ließ sich nicht auf korporative Überführungen auf Reichsebene ein, lediglich individuelle Beitritte waren möglich; auf lokaler Ebene kam es allerdings durchaus – zumindest de facto – zu geschlossenen Übertritten. Auch eine Reihe von Bünden wie die »Deutsche Jungenschaft vom 1.11.« (d.j. 1.11) unter Eberhard Koebel, genannt »tusk« (1933 etwa 300 Mitglieder stark), oder der »Nerother Wandervogel« versuchten einen ähnlichen Weg. Sie forderten ihre Mitglieder und Anhänger zum Beitritt in HJ und Jungvolk auf, waren jedoch zugleich bestrebt, innerhalb der nationalsozialistischen Jugendorganisationen im Sinne einer bündischen Kulturelite zu wirken. Solche Versuche scheiterten jedoch rasch. Koebel wurde Anfang 1934 verhaftet, emigrierte wenig später und versuchte vom Ausland aus die alten Kontakte aufrechtzuerhalten, ebenso wie die »bündischen Nationalrevolutionäre« Karl Otto Paetel in Paris sowie Theo Hespers und Hans Ebeling in den Niederlanden.[67] Der »Halbjude« Helmut Hirsch, ein nach Prag emigrierter Student aus Stuttgart, der aus der d.j. 1.11 stammte, bereitete 1936 im Auftrag oder in Zusammenarbeit mit der Schwarzen Front Otto Straßers einen Bombenanschlag auf das Reichsparteitagsgelände in Nürnberg bzw. gegen Hitler oder den Nürnberger Gauleiter Julius Streicher vor, wurde allerdings schon im Vorfeld verhaftet und 1937 hingerichtet.

Die HJ, vor 1933 eine zahlenmäßig nicht allzu umfassende und weniger bündisch geprägte als vielmehr auf den politischen Kampf ausgerichtete Jugendorganisation (Anfang 1933: 107 000 Mitglieder), konnte den rapiden zahlenmäßigen Zuwachs ab 1933 nur dadurch auffangen, daß es ihr gelang, zahlreiche Führungspersönlichkeiten der bündischen Jugend auf unterer und mittlerer Ebene zu integrieren.[68] Dies wurde jedoch durchaus auch als Gefahr gesehen,

---

[67] Paetel gab in Paris die ›Schriften der jungen Nation‹ heraus, Ebeling und Hespers versuchten vor allem, von Holland aus Jugendgruppen im Rheinland weiter zu beeinflussen und anzuleiten. 1937 bis 1940 gaben sie die Zeitschrift ›Kameradschaft‹ heraus, die nach Deutschland geschmuggelt wurde, und gründeten 1937 in Brüssel die Exilorganisation der »Deutschen Jugendfront«; man sah die NS-Diktatur unausweichlich auf einen Krieg zusteuern und propagierte es als Pflicht der Jugendopposition, in einem solchen Fall für eine militärische Niederlage zu arbeiten. Hespers wurde nach Besetzung der Niederlande von der Gestapo gefaßt und 1943 vom Volksgerichtshof zum Tod verurteilt.

[68] Insbesondere galt dies für den BDM und die »Jungmädel«-Organisation, die de facto erst nach 1933 aufgebaut wurden.

und so war es nur folgerichtig, daß in den Jahren 1934 und 1935 von seiten der HJ-Führung umfassende Bemühungen zur Säuberung von HJ und Jungvolk von spezifisch »bündischen« Elementen durchgeführt wurden.

Die alten Eliten

In der Forschung wird der Widerstand von Militärs, staatlichen Funktionsträgern und Repräsentanten der großbürgerlichen Gesellschaft im allgemeinen als »bürgerlich-nationalkonservativer Widerstand« bezeichnet. Dieser Begriff ist zu eng: Der Gruppe, die hinter dem Staatsstreichversuch des 20. Juli 1944 stand – hinsichtlich seiner Machtmittel zweifellos der einzig erfolgversprechende Versuch zur Beseitigung Hitlers und der NS-Diktatur – gehörte eine nicht geringe Zahl von Sozialdemokraten, (katholischen) Gewerkschaftern und Vertretern des liberalen Bürgertums an, die sich keineswegs als »nationalkonservativ« verstanden. Sie waren allerdings ebenfalls vom Reichsgedanken geprägt und sahen durchaus die Erhaltung der erreichten nationalen Einheit als wesentlich für ein Deutschland nach Hitler an. Das »Bündnis« zwischen Repräsentanten so unterschiedlicher Eliten wie Julius Leber und Wilhelm Leuschner, beide führende Vertreter nicht so sehr der Arbeiter«bewegung« als des Weimarer SPD-Establishments, und den nationalkonservativen Goerdeler und Beck und anderer war erst im Widerstand gegen eine totalitäre Diktatur möglich und nicht selten vermittelt durch gemeinsame Erfahrungen und ein gemeinsames Lebensgefühl aus Fronterlebnis und Jugendbewegung. Der »nationalkonservative Widerstand« stellte sich darüber hinaus, vor allem in den Anfangsjahren der NS-Herrschaft, vorwiegend als Konkurrent um die Teilhabe an der Macht und weniger als Versuch einer radikalen Alternative zu Hitler dar. Hier sei infolgedessen der Begriff des »Widerstands der alten Eliten« verwendet, zu denen auch sozialdemokratische Beteiligte an dem späteren Umsturzversuch des 20. Juli 1944 gerechnet werden können.

Das Militär, der Jung-Kreis und die Röhm-Krise: Oppositionelle der ersten Stunde wie Kleist-Schmenzin, Trott zu Solz, Moltke oder Guttenberg wurden bereits angeführt, waren aber eher die Ausnahme. Widerstand der alten Eliten formierte sich im allgemeinen erst in Zusammenhang mit Vorbereitung, Ausbruch und Verlauf des Zweiten Weltkriegs, und die Repräsentanten dieses Widerstands, die als »Gruppe« ja erst retrospektiv definiert wurden, waren in der Regel Vertreter des Staats- und Militärapparats, die ursprünglich die nationalsozialistische Politik – in wesentlichen Aspekten zumindest – gutgeheißen, sich mit ihr identifiziert und somit dem NS-Staat zunächst loyal gegenübergestanden hatten. Es gab aber Sonderwege zur Opposition auch in der Konsolidierungsphase des Regimes. Hitler hatte es unmittelbar nach der nationalsozialistischen Machtübernahme geschickt verstanden, die unbezweifelbaren Sympathien vor allem unter den jüngeren Offizieren zu nutzen und die starken Reserven gegenüber dem Nationalsozialismus im hohen Offizierskorps weitgehend zu neutralisieren. Dies war einmal durch den Staatsakt von Potsdam gelungen, zum anderen durch die Rede, mit der Hitler am 3. Februar 1933 den militärischen Befehlshabern seine innen- und außenpolitischen Absichten mit bemerkenswerter Klarheit dargelegt hatte. Die in ihr enthaltenen »Lebensraum«- und »Germanisierungs«-Pläne scheinen keineswegs abgeschreckt zu haben, zumal sie nicht nur aus Hitlers ›Mein Kampf‹ bereits bekannt waren, sondern auch mit den Theorien der »Geopolitiker« konform gingen. Wichtiger waren den Militärs die Revision von Versailles, die »Ausrottung« des Marxismus und die Aufrechterhaltung des »unpolitischen und überparteilichen Charakters« der Reichswehr gegenüber der SA.

Im Frühjahr 1934 nahm die Entwicklung indes einen Verlauf, der in den Augen vieler Offiziere die Reichswehr existenziell berührte. Der Ruf der SA nach Fortführung der nationalsozialistischen »Revolution« bzw. einer »zweiten Revolution« und der von SA-Stabschef Ernst Röhm verfolgte Plan, das Millionenheer der SA in eine bewaffnete Volksarmee umzuwandeln, schienen den Reichskanzler Hitler, der sich dem widersetzte, geradezu zum Schutzherren der Reichswehr zu machen. In diese Phase politischer Hochspannung – die Taktik der »Einrahmung« und »Zähmung« Hitlers durch die deutschnationale Ministerriege war deutlich gescheitert – fällt der Versuch der weitverzweigten konservativ-monarchistischen Gruppe um Vizekanzler von Papen, die Wiederherstellung geordneter Rechts- und Staatsverhältnisse zu erreichen. Man wollte dazu den erwarteten Putschversuch der SA-Führung nutzen und gegen sie und die Alleinherrschaft Hitlers die noch eigenständigen Institutionen wie Reichspräsident und Reichswehrführung mobilisieren. Signal sollte eine von Papens engem Mitarbeiter Edgar Jung[69] entworfe-

---

[69] Der betont christlich-protestantische Publizist Edgar Jung vertrat die Position einer deutschen, christlichen und konservativen Revolution, die sich gegen die westlichen Traditionen der Aufklärung und der Französischen Revolution und den »Irrweg Europas seit 200 Jahren«, wandte. Ziel sei die Wiederherstellung der guten, gottgewollten Ordnung, in der der einzelne seinen Platz habe im organischen Gefüge der Gemeinschaft. Vgl. dazu Sontheimer, Antidemokratisches Denken in der Weimarer Republik, S. 120.

ne Rede des Vizekanzlers am 17. Juni 1934 in Marburg sein; die Initiatoren hatten den sensationellen Text, der sich gegen den »Staatstotalismus« und gegen die »Vorherrschaft einer einzigen Partei« wandte, bereits vorab der in- und ausländischen Presse zugestellt. Das von Goebbels sofort erlassene Verbreitungsverbot blieb deshalb wirkungslos. Dennoch verfehlte die Rede die erhoffte Signalwirkung.

Der Versuch, den Reichspräsidenten Hindenburg gegen Hitler zu mobilisieren, scheiterte wesentlich auch daran, daß Hindenburg aus Alters- und Krankheitsgründen kaum noch handlungsfähig war. Papen war zudem nicht willens, die ihm zugedachte Rolle zu übernehmen. Das Echo der Marburger Rede war jedoch für Hitler sehr wohl das Zeichen, nicht mehr zuzuwarten und sich mit einem Befreiungsschlag nicht nur des SA-Stabschefs und der ihm ergebenen SA-Führer, sondern auch einer Reihe von ehemaligen, gegenwärtigen und potentiellen Gegnern aus dem bürgerlich-konservativen und katholischen Lager zu entledigen. Zu den rund 100 Personen, die der vom Sicherheitsdienst der SS von langer Hand vorbereiteten Mordaktion zum Opfer fielen[70], gehörten neben dem Verfasser der Marburger Rede auch Papens Pressereferent Herbert von Bose sowie der vormalige Reichskanzler Schleicher, der mitsamt seiner Frau in seiner Privatwohnung erschossen wurde, ferner der frühere Chef des Ministeramts im Wehrministerium, Generalmajor Ferdinand von Bredow, und der katholische Publizist und Redakteur Fritz Gerlich sowie der Vorsitzende der »Katholischen Aktion« in Berlin, Erich Klausener.

Widerstand? Oder Machtkonkurrenz innerhalb der inzwischen eindeutig von Hitler dominierten Herrschaftskoalition? Die Antwort erscheint von nachrangiger Bedeutung, weil Widerstand in einer Diktatur primär unter dem Gesichtspunkt der Verfolgung durch das Regime und erst sekundär hinsichtlich der subjektiven Absichten und Ziele der Verfolgten definiert werden muß. Die Reichswehrführung hatte den Konflikt mit der SA selbst mit angeheizt. Nach Hitlers blitzartigem Zugreifen, an dessen Vorbereitung Fritsch als Chef der Heeresleitung und Beck als Chef des Truppenamtes nicht unerheblich beteiligt waren, hatte sich die Reichswehr von vornherein jeder Möglichkeit begeben, den Konflikt ihrerseits zu steuern. Die Genugtuung über die Ausschaltung der SA als eines unmittelbaren Konkurrenten überwog weithin das Entsetzen über

---

[70] Vgl. dazu Otto Gritschneder, »Der Führer hat Sie zum Tode verurteilt...«. Hitlers »Röhm-Putsch«-Morde vor Gericht. München 1993.

das Ausmaß der Mordaktion. Selbst die kriegsgerichtliche Untersuchung des Todes der Generäle Schleicher und Bredow, die mehrere hohe Offiziere forderten, unterblieb auf Betreiben des Ministers Blomberg. Eine Aktion der Reichswehr hätte sich jetzt unmittelbar gegen Hitler gerichtet, zumal das Kabinett bereits am 3. Juli die in den Tagen zuvor erfolgten Maßnahmen als »Staatsnotwehr« für »rechtens« erklärt hatte. Zudem folgten wenig später, Anfang August 1934, der Tod Hindenburgs und die Vereidigung der gesamten Reichswehr auf den neuen Oberbefehlshaber Hitler.

Ungeachtet dessen waren die Generalitäten durch den »Röhm-Putsch« zum ersten Mal ganz unmittelbar »vor die Entscheidung zwischen Gehorsam und Mitverantwortung, zwischen Befehl und Gewissen« gestellt.[71] Das Erlebnis und die Eindrücke dieser Massenmordaktion markierten für eine Reihe von Offizieren den Beginn der innerlichen Entfremdung vom NS-System und waren nicht selten Auslöser einer Bereitschaft zum Widerstand. Das ist überliefert von Offizieren der Abwehrabteilung des Reichswehrministeriums, die aufgrund ihres Dienstes genaueren Einblick in die Vorgehensweise von SD und SS besaßen und sich zudem durch die expansiven Tendenzen des SD-Chefs Heydrich in ihrem Arbeitsbereich bedroht fühlten; speziell gilt dies für den späteren General Hans Oster, der »von nun an vollends zum Widerstand überging und durch gesammelte Informationen hohe Offiziere unermüdlich über die Gefahr des Nationalsozialismus für Volk und Wehrmacht aufzuklären suchte«[72], aber auch für Tresckow, Halder und andere; selbst von Erwin Rommel, der erst sehr viel später zum Kreis des Widerstands stieß, ist ein Ausspruch von November 1934 überliefert, man hätte bei diesem Anlaß »mit der ganzen Blase aufräumen« sollen.[73] Hier wird als Spezifikum des Widerstands der alten Eliten jahrelange »Latenz« sichtbar; sie findet sich ebenso bei dem liberalen »Widerstands«-Kreis um Hans Robinsohn und Ernst Strassmann und mutatis mutandis auch bei der Teilopposition der Kirchen – und besonders ausgeprägt bei dem Kreis um den 20. Juli 1944.

[71] Krausnick, Zum militärischen Widerstand gegen Hitler 1933-1938, S. 324.
[72] Krausnick, Vorgeschichte und Beginn des militärischen Widerstands gegen Hitler, S. 242 f. Oster sprach noch in den Gestapoverhören nach dem 20. Juli 1944 von der »scharfen Opposition, ja Erbitterung«, die die Ereignisse um den »Röhm-Putsch« im Offizierskorps hervorgerufen hätten, und sah hier die erste Gelegenheit, die »Methoden einer Räuberbande im Keim zu ersticken« (Romedio Graf von Thun-Hohenstein, Hans Oster. In: Lill und Oberreuter, 20. Juli, S. 332).
[73] Krausnick, Vorgeschichte und Beginn des militärischen Widerstands gegen Hitler, S. 242 f. u. 336 f.; Lill und Oberreuter, 20. Juli, S. 332 f. u. 426.

Die Forschung unterscheidet bisher drei Haupttypen von Widerstand: den kommunistisch-sozialistischen Widerstand des proletarischen Milieus in den Anfangsjahren der NS-Herrschaft, die partielle Resistenz vor allem kirchlich gebundener Volksschichten in den Jahren 1935 bis 1941 und die Fundamentalopposition konservativer Eliten ab 1938.[74] Diese Typologie ist jedoch zu grob gerastert, um unterschiedliche Reaktionen und Widerständigkeiten verschiedener Gruppen in der deutschen Gesellschaft zu unterschiedlichen Zeitpunkten der NS-Herrschaft präzise zu erfassen. Zumindest zu Beginn – und das setzt sich mehr oder minder stringent bis 1945 fort – waren Widerstand und Opposition seitens der alten Eliten keine festgefügte Bewegung illegaler politischer Organisationen, sondern vielmehr, auch bei beginnender Fundamentalopposition, gesellschaftliche, freundschaftliche oder verwandtschaftliche und dienstliche Beziehungen, Verbindungen innerhalb der etablierten bürgerlichen Gesellschaft, die eine bestimmte, freilich nur zum Teil wirksame Resistenz gegenüber den NS-»Emporkömmlingen« und dem immer deutlicher werdenden Mafia-Charakter des Regimes mit sich brachten. Diese Verbindungen und zumindest partiell konspirativen Absprachemöglichkeiten auf individueller Ebene gründeten vor allem auf gemeinsamer Zugehörigkeit zum gesellschaftlichen »juste milieu« der »oberen Zehntausend«, auf gemeinsamen Ausbildungs- und Dienstzeiten in Militär oder staatlicher Verwaltung u.ä. Insofern weist dieser Typus von Widerstand bzw. der Herausbildung von Widerstandsverhalten durchaus Ähnlichkeiten auf mit dem sozialdemokratischen »Milieuwiderstand«, wenn auch auf anderer gesellschaftlicher Stufenleiter.

Liberale – der Robinsohn-Strassmann-Kreis: Der politische Liberalismus von Weimar hat im Gefüge des Dritten Reichs keine Spuren hinterlassen – bis auf eine, allerdings gewichtige Ausnahme. Im Mai 1934, also in der politischen Umbruchsituation, die in der Röhm-Krise kulminierte, begründeten der Textilkaufmann Hans Robinsohn, der Berliner Landgerichtsrat Ernst Strassmann und der stellungslose Berliner Journalist Oskar Stark einen politischen Gesprächszirkel. Der Begriff »Gruppe« ist wohl noch zu hoch gegriffen, da der Kreis zunächst nur aus diesen drei Personen bestand. Robinsohn und Strassmann, beide Jahrgang 1897 und beide mit jüdischem Hintergrund – Hans Robinsohn stammte aus einer assimi-

---

[74] Martin Broszat, Zur Sozialgeschichte des deutschen Widerstands. In: VfZ 34(1986), S. 293-305.

lierten Hamburger Kaufmannsfamilie, Ernst Strassmann war von seinem jüdischen Stiefvater, Arzt und Sanitätsrat, adoptiert worden –, hatten nach dem Ersten Weltkrieg zu den Gründern der linksliberalen Jungdemokraten gehört und Ämter in der DDP bekleidet; Oskar Stark (Jahrgang 1890) hatte als Redakteur bekannter liberaler Zeitungen gearbeitet, bis er im März 1933 aus politischen Gründen entlassen worden war. Er schied Ende 1935 aus der Gruppe aus, da er Redaktionsmitglied der ›Frankfurter Zeitung‹ wurde. Aufgrund alter Verbindungen und Freundschaften erweiterte sich dieser liberal-demokratische und durchweg der Republik von Weimar verpflichtete oppositionelle Kreis im Lauf des Jahres 1934 rasch und überregional. Politisch-programmatische Grundlage der Gruppe bildete eine umfängliche Denkschrift Robinsohns vom Frühjahr 1933[75], in der er den Nationalsozialismus von liberaldemokratischen Positionen aus einer scharfen Kritik unterzog und die Neufundamentierung liberaldemokratischen Gedankenguts gerade unter den Bedingungen der NS-Herrschaft zu einer dringenden geistig-politischen Aufgabe erklärte. In den folgenden Jahren knüpfte die Gruppe Kontakte zu Mitgliedern der DDP und der Deutschen Staatspartei, aber auch zu Sozialdemokraten in norddeutschen Städten, insbesondere in Hamburg, wo sich eine starke liberale Gruppe bildete, deren Mitglieder in verschiedenen Geselligkeits- und Freizeitvereinen sowie mit Freimaurern zusammenarbeiteten. Später weiteten sich diese Verbindungen aus – so etwa zu einer Gruppe in Greifswald um Hans Lachmund und einer Gruppe in Bamberg um Thomas Dehler, zu dem Rechtsanwalt und späteren sozialdemokratischen Staatssekretär im bayerischen Justizministerium Fritz Koch und nach Österreich. In den ersten Jahren ihrer Existenz entwickelte die Gruppe ein liberaldemokratisches Grundsatzprogramm, das leider nicht erhalten ist, dessen Grundzüge sich jedoch aus Briefen und Berichten erschließen lassen. Zwar wurde die Wiederherstellung des Rechts- und Verfassungsstaats gefordert, doch sollte keine Neuauflage von Weimar entstehen. Es war auch hier – für Liberale immerhin erstaunlich, aber wiederum deutlicher Ausdruck der gesellschaftlichen Grundstimmung nach dem Scheitern der Weimarer Republik – eine starke Regierung geplant, um häufige Regierungskrisen und Kabinettswechsel zu vermeiden, mit einer Art »Erziehungsdiktatur« in der Form, daß die politische Gleichberechtigung

---

[75] Die Denkschrift ›Der Nationalsozialismus‹ findet sich im Nachlaß Robinsohn im Bundesarchiv Koblenz; sie ist auszugsweise abgedruckt bei Sassin, Liberale im Widerstand, S. 257-275.

der Staatsbürger erst in gewissen Lernschritten und über »Erziehungszölle« wiederherzustellen sei; sogar die Wiederherstellung der Gleichberechtigung der Juden sollte nur schrittweise und jeweils auf Initiative der Bürger erfolgen. Die wirtschaftspolitische Konzeption verlangte die Beendigung der Autarkiepolitik und die Rückkehr auf den Weltmarkt und war mit einer starken sozialen Komponente versehen; ferner forderte man die Einbindung Deutschlands in eine europäische Föderation, was bei gegenseitigem Minderheitenschutz den Verzicht auf Hitlers Annexionen ermöglichen sollte.

Um die Jahreswende 1937/38[76] kam es über den ehemaligen Berliner Bürgermeister Fritz Elsas (DDP bzw. DStP) zum Kontakt mit dem vormaligen Leipziger Oberbürgermeister Carl Goerdeler, aus dem sich rasch eine enge Zusammenarbeit entwickelte; die organisatorischen Verbindungen der Robinsohn-Strassmann-Gruppe – dies sei hier vorweggenommen – sollten damit in den noch losen Zusammenhang der Opposition der alten Eliten einfließen; zu Leber und Leuschner und über Haubach zum »Kreisauer Kreis« bestanden ab Kriegsbeginn engere Verbindungen, ebenso – über Hans von Dohnanyi – zur militärischen Opposition. Robinsohn war freilich bereits Ende 1938, nach der »Reichskristallnacht«, emigriert, und Strassmann seitdem allein führender Kopf dieser spezifischen Richtung bürgerlichen Widerstands; er wurde im August 1942 verhaftet. Die lokalen Gruppen, die aus dem Robinsohn-Strassmann-Kreis entstanden waren, arbeiteten jedoch weiter und waren, so in Berlin, in die Vorbereitung des Aufstandsversuchs vom 20. Juli 1944 zumindest weitläufig einbezogen. Fritz Elsas, von Goerdeler neben Theodor Heuss als zweiter prominenter Liberaldemokrat für einen führenden Regierungsposten nach dem Sturz Hitlers vorgesehen, wurde im Januar 1945 im Konzentrationslager Sachsenhausen erschossen; er ist der einzige Blutzeuge der Robinsohn-Strassmann-Gruppe.

Die Kirchen zwischen Kooperation und Teilwiderstand: Bei der evangelischen wie bei der katholischen Kirche waren Widerstandsmöglichkeiten wegen der spezifischen weltanschaulichen Traditionen

[76] Es bestand offenbar keine Verbindung zwischen der Robinsohn-Strassmann-Gruppe und der liberalen Exilorganisation »Deutsche Freiheitspartei« um Carl Spiecker, die 1937/38 die mit Unterstützung Willi Münzenbergs in Paris hergestellten ›Deutschen Freiheitsbriefe‹ ins Reich schmuggelte und per Post versandte. Ihre Verteilerorganisation wurde 1938 von der Gestapo zerschlagen (vgl. dazu Beatrix Bouvier, Die deutsche Freiheitspartei. Ein Beitrag zur Geschichte der Opposition gegen den Nationalsozialismus. Diss.phil.masch. Frankfurt a. M. 1972).

und politischen Befangenheiten sowie ihrer grundsätzlichen Bejahung des »neuen Staates« begrenzt. Beide unterschieden – teils aus politischer Übung, teils aufgrund eigener Verpflichtung (Reichskonkordat) – zwischen dem Bereich des Staates und jenem der Kirche, in den man sich wechselseitig nicht einzumischen habe. Zu Widerspruch und Widerstand kam es daher auch angesichts von Verfolgung und Repression von Juden und politischen »Gegnern« nur da, wo der Staat kirchliche Autonomie antastete.

Bei der evangelischen Kirche wird dies am Komplex Reichskirchenpläne und Deutsche Christen deutlich. Analog zu den Vereinheitlichungs- und Zentralisierungstendenzen des Staates nach der »Verreichlichung« strebten die Leitungen der 28 evangelischen Landeskirchen eine »Reichskirche« mit einem »Reichsbischof« an der Spitze an. Hitler versuchte seinerseits, einen Mann seines Vertrauens, den Wehrkreispfarrer Ludwig Müller, als seinen »Bevollmächtigten« durchzusetzen. Die Mehrheit der Landeskirchenführer entschied sich aber für den bekannten Betheler Pfarrer Friedrich von Bodelschwingh, der nach seiner Wahl im Mai 1933 jedoch – demonstrativ – weder von Hitler noch von Hindenburg empfangen und akzeptiert wurde. Als die Kirche wenig später auch den Posten des obersten Repräsentanten der altpreußischen Kirchenleitung mit einem Mann ihres Vertrauens besetzte, reagierte der Staat mit einer Machtdemonstration und setzte für die evangelischen Kirchen Preußens einen Staatskommissar ein. Die Weigerung der Kirchenführer, mit diesem zusammenzuarbeiten, führte immerhin – nach Vermittlung Hindenburgs – zur Rücknahme dieser Bestallung, doch trat im Gegenzug auch Bodelschwingh zurück. Bei den daraufhin staatlicherseits oktroyierten Kirchenwahlen am 23. Juli 1933 setzten sich fast überall mit Mehrheiten von durchschnittlich 70 Prozent die Deutschen Christen durch, eine keineswegs homogene Sammelbewegung innerhalb der evangelischen Kirchen, die ein nationalkirchliches, völkisch orientiertes Christentum anstrebte. Dieses Wahlergebnis führte in der Konsequenz zur Ablösung der alten konsistorialen Kirchenleitungen und zu ihrer Übernahme durch junge deutschchristliche Bischöfe, deren Autorität umstritten blieb. Ende 1934 gab es nur noch drei Landesbischöfe, die nicht durch Vertreter der Deutschen Christen ersetzt waren, nämlich die Bischöfe Hans Meiser in München, Theophil Wurm in Stuttgart und August Marahrens in Hannover.[77] Anfang September 1933 fand in Berlin die

[77] Die von ihnen geführten Landeskirchen hießen infolgedessen »intakte Kirchen« im Gegensatz zu den »zerstörten Kirchen«, in denen zwei Kirchenleitungen bestanden, nämlich das »offizielle« deutschchristliche Bischofsregiment und daneben eine freie

sogenannte »Braune Synode« statt (die Mehrzahl der Delegierten war in NS-Uniform erschienen), die den Ausschluß von nichtarischen Pfarrern beschloß – trotz Widerspruchs einer starken Opposition, die unter Protest den Sitzungssaal verließ. Nun verbreitete Martin Niemöller[78], ein enger Mitarbeiter Bodelschwinghs, einen Aufruf, in dem er an die evangelischen Pfarrer appellierte, sich auf der Grundlage der Bibel und der reformatorischen Bekenntnisschriften gegen die Pläne der Deutschen Christen in einem »Notbund« zusammenzuschließen; es verstoße gegen das Glaubensbekenntnis, innerhalb der Kirche einen Unterschied zwischen Juden und Nichtjuden zu treffen. Dieser Aufruf erzielte großes Echo, bis Ende 1933 hatten sich rund 6 000 Pfarrer (mehr als ein Drittel aller evangelischen Geistlichen) Niemöller angeschlossen, der bald zu einer zentralen Figur des Kirchenkampfes und der »Bekennenden Kirche« wurde.

Diese »Bekennende Kirche«, die sich aus den »Bruderräten« der Freien Synoden und den »intakten« Landeskirchen formierte und sich im Mai 1934 auf der Bekenntnissynode in Wuppertal-Barmen ihre theologische und organisatorische Basis gab, verstand ihr Agieren keineswegs als Widerstand gegen den nationalsozialistischen Staat, sondern, wie die von dieser Synode verabschiedete, von Karl Barth entworfene »Barmer Erklärung« deutlich zeigt, zum einen als rein innerkirchlichen Widerstand gegen das Kirchenregime der Deutschen Christen; zum anderen war sie gegen eine staatliche Einmischung in innerkirchliche Angelegenheiten gerichtet, und dies war nolens volens ein Politikum. Zwei weitere Synoden (Oktober 1934 in Berlin-Dahlem und Juni 1935 in Augsburg) konnten allerdings eine Spaltung der Bekennenden Kirche in zwei große Flügel, die »Gemäßigten« unter Führung der »intakten Kirchen« und die »Radikalen« unter der sogenannten (II.) »Vorläufigen Kirchenleitung«, nicht verhindern, zu der es Anfang 1936 wegen der Zusammenarbeit der ersteren mit dem kurz zuvor eingesetzten Reichskirchenminister Hanns Kerrl kam. Der Reichsbruderrat, der dies

bruderrätliche Kirchenleitung: In den »zerstörten Kirchen« hatten sich im Widerstand gegen die Deutschen Christen »Pfarrerbruderschaften« gebildet, die sich vor allem auf Initiative von Pfarrer Martin Niemöller zu einem »Pfarrernotbund« unter Leitung eines Bruderrats zusammenschlossen. Die Entscheidung, welchem Kirchenregiment man sich unterstellte, lag bei den einzelnen Pfarrern bzw. Gemeinden.

[78] Niemöller, während des Ersten Weltkriegs erfolgreicher U-Boot-Kapitän, studierte anschließend Theologie und wurde 1924 Pfarrer; 1933 erhielt er die Gemeinde Berlin-Dahlem. Aufgrund seines Hintergrunds war er 1933 weder ein Anhänger der Weimarer Republik noch ein grundsätzlicher Gegner des Nationalsozialismus. Vgl. dazu Jürgen Schmidt, Martin Niemöller im Kirchenkampf. Hamburg 1971.

mehrheitlich ablehnte, wurde erst durch die immer härter werdende Auseinandersetzung mit dem Staat in eine politische Dimension des Widerstands gedrängt.

Am 4. Juni 1936 übergab die »radikale« Bekennende Kirche in der Reichskanzlei eine Denkschrift an den »Führer und Reichskanzler«, die sowohl die nationalsozialistische Ideologie wie die politische Herrschaftspraxis des NS-Regimes unmittelbar angriff. Sie verurteilte den »Judenhaß«, wandte sich gegen Wahlfälschungen bei der Reichstagswahl vom März 1936 und prangerte das Fortbestehen von Konzentrationslagern an und die Tatsache, daß Maßnahmen der Gestapo richterlicher Nachprüfung entzogen seien.[79] Dies war keineswegs als gezielte Kampfansage gegen den NS-Staat gedacht, erwies sich aber doch als eine Form kirchlichen Widerstands, der sich auf das Wächteramt der Kirche auch gegenüber staatlicher Ideologie und Praxis berief. Die Denkschrift, die vertraulich bleiben sollte, um Hitler eine persönliche Antwort zu ermöglichen, wurde jedoch in gezielter Indiskretion im Juli 1936 in der ausländischen Presse veröffentlicht. Das Regime reagierte mit massiven Verhaftungen; der Bürochef der Vorläufigen Leitung, Friedrich Weißler, durch seine jüdische Herkunft besonders bedroht, wurde ein halbes Jahr später im Konzentrationslager Sachsenhausen ermordet. Auch Martin Niemöller wurde (Mitte 1937) verhaftet und in langjährige Konzentrationslager-Haft verbracht. Die Kirchenleitung zog sich in einer Kanzelabkündigung, die in einer Auflage von rund einer Million verbreitet wurde, zwar wieder weitgehend auf die eigentlich kirchliche Problematik zurück, betonte aber nichtsdestoweniger, Christen seien schuldig »zu widerstehen, wenn von ihnen verlangt wird, was wider das Evangelium ist«[80]. Vereinzelt gab es freilich auch Repräsentanten der Bekennenden Kirche wie Dietrich Bonhoeffer, die von Anfang an für das Recht und die Pflicht zum Widerstand seitens der Kirche eintraten. Bereits in den ersten Monaten der NS-Herrschaft hatte er Thesen zur notwendigen Haltung der Kirche in der Judenfrage entworfen und dabei betont, es sei eine »unbedingte« Verpflichtung der Kirche, nicht nur die Opfer unter dem Rad zu verbinden, sondern »dem Rad selbst in die Speichen zu fallen«.[81]

---

[79] Veröffentlicht in Martin Greschat (Hrsg.), Zwischen Widerspruch und Widerstand. Texte zur Denkschrift der Bekennenden Kirche an Hitler (1936). München 1987.

[80] Ebd., S. 194.

[81] Dietrich Bonhoeffer, Die Kirche vor der Judenfrage. In: Eberhard Bethge (Hrsg.), Dietrich Bonhoeffer. Gesammelte Schriften, Bd. 1. München 1965, S. 48; allgemein Eberhard Bethge, Dietrich Bonhoeffer. München 1968.

Auch für die katholische Kirche ging es primär darum, die innerkirchliche Autonomie, die ihr das Reichskonkordat von Juli 1933 garantierte, gegenüber staatlichen Eingriffen zu wahren; dies bedeutete im Gegenzug, daß sie selbst dem Staat und staatlichen Aufgaben gegenüber neutral blieb. Folge war, daß sie 1933 und in der Folgezeit zur Repression gegenüber Sozialdemokraten und Kommunisten und zu den Konzentrationslagern ebenso schwieg wie zu den staatlichen Verfolgungs- und Ausgrenzungsmaßnahmen gegenüber Juden – einschließlich der Nürnberger Gesetze. Sie schwieg auch zu der staatlichen Mordaktion in Zusammenhang mit dem »Röhm-Putsch«[82], bei der mit dem Vorsitzenden der »Katholischen Aktion« in Berlin Erich Klausener und dem Redakteur der Münchener katholischen Zeitschrift ›Der gerade Weg‹ Fritz Gerlich auch führende Katholiken ermordet worden waren. Trotz dieser politisch betont neutralen Grundhaltung auch der katholischen Kirche ergab sich dennoch eine Reihe von Konfliktfeldern im Bereich des katholischen Verbandswesens, für den die Kirche mit dem Konkordat eine vorerst kaum anfechtbare Rechtsgrundlage erhalten hatte. Zu Konflikten kam es besonders im Zusammenhang mit den katholischen Jugendorganisationen, die sich gegen den wachsenden Monopol- und Vereinnahmungsanspruch der HJ zur Wehr setzten. Ein weiteres wesentliches Konfliktfeld ergab sich da, wo staatliche Maßnahmen bestimmte katholische Grundwerte bzw. die christliche Weltanschauung zu bedrohen schienen. Als im Juli 1933 das »Gesetz zur Verhütung erbkranken Nachwuchses« die Sterilisierung bestimmter Personengruppen vorschrieb, untersagte die Kirche ihren Gläubigen, sich sterilisieren zu lassen oder andere dafür vorzuschlagen. In ihrem Hirtenwort zur Volksabstimmung und Reichstagswahl am 12. November 1933 verbanden die bayerischen Bischöfe ihr Lob für die »kraftvollen Bemühungen des Führers«, friedlich die Gleichberechtigung des deutschen Volkes wiederherzustellen und ihm »die Greuel des Bolschewismus« zu ersparen, mit deutlichen Worten über die »Belastungen des katholischen Gewissens« wegen Entheiligung des Sonntags und staatlicher Maßnahmen gegen katholische Vereine und die Bekenntnisschule. Auch katholische Bischöfe wandten sich immer wieder gegen das »Neuheidentum«, d.h. den Versuch der Schaffung einer Pseudoreligion angeblich nordischen oder germanischen Ursprungs, und als Alfred Rosenberg, Verfasser

---

[82] Demgegenüber forderten emigrierte Katholiken aus der Schweiz energisch, daß die Kirche hier ihre Stimme erheben müsse; vgl. Stefan Kirchmann (d.i. Waldemar Gurian), St. Ambrosius und die deutschen Bischöfe. Luzern 1934.

des ›Mythus des 20. Jahrhunderts‹, im Januar 1934 zum »Beauftragten des Führers für die Überwachung der gesamten geistigen und
weltanschaulichen Schulung und Erziehung der NSDAP« ernannt
wurde, stand zwei Wochen später das schon seit Jahren verkaufte
Buch auf dem Index.

Trotz der inhärenten Schwäche des katholischen Widerstands um
die Mitte der dreißiger Jahre bezeugen nicht zuletzt die Gestapo-Berichte, daß das Regime stets mit latenter oder offener Opposition
von dieser Seite rechnete. Nach der Saarabstimmung Anfang 1935,
für die man insbesondere auch die Unterstützung der katholischen
Kirche zu benötigen geglaubt hatte, verschärften sich die Gegensätze
zusehends. Der Staat ging gegen katholische Jugendorganisationen
und Presseorgane vor und versuchte vor allem, Einzelfälle von finan-
ziellen und sexuellen Unregelmäßigkeiten seitens katholischer
Geistlicher zu einer allgemeinen antikatholischen Kampagne zu
nutzen. Allerdings waren auch die Konflikte der katholischen Kirche mit dem NS-Staat, will man begrifflich säuberlich trennen,
nicht Widerstand, sondern Selbstbehauptung, freilich in einem
nach eigenem Anspruch »totalen« bzw. »totalitären Staat«, der solche Selbstbehauptungsversuche als direkten Widerstand empfand.
Auch hier gab es einzelne Stimmen, die – zumindest in ihrer Wort-
wahl – die bewußte Selbstbeschränkung der Kirche auf ihren eigenen Raum transzendierten. Der Münsteraner Bischof Clemens August Graf von Galen formulierte auf einer Priester- und Laienkonfe-
renz seines Bistums, die Kirche habe gegenüber dem Liberalismus,
der die Freiheit des Individuums und der Menschheit von jeder Bindung verkünde, stets das in Gott gegründete Recht der Autorität
verteidigt. »Wenn aber wirkliche oder angemaßte Autorität ihre
Macht und ihren Einfluß mißbraucht, um Wahrheit und Gerechtigkeit und die Freiheit der Kirche zu beeinträchtigen, so werden wir
mit der Kirche auf Seiten der Freiheit stehen.«[83]

4. »Mit dem Gesicht nach Deutschland«: Deutsche Emigration vor
   dem Krieg

Die deutschsprachige Emigration nach 1933 umfaßt rund eine halbe Million Vertriebener und Flüchtlinge; die Mehrheit verließ den

---

[83] Zitiert nach Hürten, Katholische Kirche und Widerstand. In: Steinbach und Tuchel,
Widerstand, S. 187 f.

Herrschaftsbereich des NS-Staats aufgrund seiner antijüdischen Politik, die im Krieg in der »Endlösung der Judenfrage«, d.h. im Versuch der physischen Vernichtung des deutschen und europäischen Judentums, kulminierte. Die Zahl derjenigen, deren Fluchtmotiv 1933 bis 1939 wesentlich in ihrer aktiven Regimegegnerschaft begründet lag, wird auf rund 30 000 geschätzt, wobei viele dieser politischen Gegner auch wegen ihrer Abstammung Verfolgung zu gewärtigen hatten.

Parteien und Gruppen der Arbeiterbewegung hatten sich bereits im Frühjahr 1933 genötigt gesehen, ihren Aktionsraum angesichts der wachsenden Einengung politisch-publizistischer Arbeitsmöglichkeiten im Reich durch Stützpunkte in den Nachbarländern zu erweitern. Von Sommer 1933 an kam es zur Massenflucht von Mitgliedern und Funktionären, von Politikern, Publizisten und Literaten, die sich vor 1933 als NS-Gegner exponiert und die Rache der Nationalsozialisten zu fürchten hatten, sowie zur Ausreise gefährdeter Spitzenfunktionäre. Die Auslandsstützpunkte nahmen rasch den Charakter von Parteivorständen im Exil an. Diese »Partei-Emigration« erhielt in den folgenden Jahren stetigen Zuwachs durch geflüchtete Mitglieder der Widerstandsgruppen im Reich. Die Arbeiterbewegung stellte quantitativ zweifelsohne den Löwenanteil der politischen Emigration – zu ihr gehörten jedoch auch Liberale, Christlich-Soziale, Nationalkonservative, Monarchisten und andere – zum Teil höchst prominente – Vertreter bürgerlicher Politik[84] sowie Bündische, linke Nationalisten und Nationalrevolutionäre bis hin zu vormaligen NSDAP-Mitgliedern[85], ebenso eine Reihe von Würdenträgern der christlichen Kirchen, die im Falle ihrer Gefährdung aus politischen und/oder rassischen Gründen von ihren Oberen gezielt ins Ausland versetzt oder vermittelt wurden, und von theologischen Hochschullehrern.

Nach Angaben des Hohen Flüchtlingskommissars des Völkerbundes waren Ende 1935 neben 40 000 bis 45 000 Flüchtlingen aus rassischen Gründen 6 000 bis 8 000 Kommunisten, 5 000 bis 6 000 Sozialdemokraten und etwa 5 000 Pazifisten, Katholiken und nach Partei oder Rasse nicht näher bestimmbare Personen emigriert. Vier größere Schübe erweiterten das Gesamtspektrum der deutschspra-

---

[84] Darunter so bekannte Personen wie Heinrich Brüning und Joseph Wirth, Reichskanzler in der Weimarer Republik, Gottfried Reinhold Treviranus und Erich Koch-Weser, ehemalige Minister in Weimarer Kabinetten, oder Hermann Rauschning, letzter Senatspräsident von Danzig.
[85] U.a. Otto Straßer, der Bruder Gregor Straßers, und der ehemalige Hitler-Vertraute Ernst («Putzi») von Hanfstaengl.

chigen politischen Emigration in den Jahren 1934 bis 1938: Nach dem 12. Februar 1934 (Schutzbundaufstand gegen das Dollfuß-Regime) flohen aus Österreich – meist in die Tschechoslowakei – mehrere tausend Aktivisten der Arbeiterparteien und der Freien Gewerkschaften, um sich der Verfolgung durch die austrofaschistische Diktatur zu entziehen. Anfang 1935 (Saarabstimmung) stießen rund 4 000 Saarflüchtlinge zur deutschen politischen Emigration; sie stammten zu nicht unerheblichem Teil aus der Arbeiterbewegung und waren schon 1933 aus Deutschland geflohen, um in der damals unter Völkerbundsverwaltung stehenden Saar eine vorübergehende Heimat zu finden. Für sie bedeutete der Anschluß der Saar an das Deutsche Reich die erneute »Flucht vor Hitler«; Fluchtziel war vor allem Frankreich. 1938 schließlich kam es nach dem Anschluß Österreichs (März) und der Besetzung des Sudetengebiets (Oktober) zu zwei weiteren großen Emigrationswellen. Zur ersten gehörte auch eine große Gruppe von Anhängern der ständestaatlichen Diktatur in Österreich, also Christlich-Soziale, Legitimisten und andere Vertreter des bürgerlich-konservativen politischen Spektrums; die Tatsache, daß die österreichische politische Emigration neben Sozialdemokraten und Kommunisten aus einem dritten, wenn auch quantitativ kleineren Lager bestand, trug nicht unerheblich zu der auffallenden Zersplitterung des österreichischen Exils bei. Die sudetendeutsche politische Emigration umfaßte 4 000 bis 5 000 Sozialdemokraten und rund 1 500 Kommunisten; ihre Schwerpunkte lagen vor allem in Großbritannien und in Schweden. Bis kurz vor Kriegsausbruch hatten noch einmal rund 30 000 Personen Deutschland, Österreich und das Sudetengebiet aus politischen Gründen verlassen.

Die wichtigsten Aufnahmeländer des politischen Exils waren bis 1938 bzw. 1939/40 die Tschechoslowakei und Frankreich. Die Exilvorstände und Auslandsvertretungen der SPD, der KPD und linker Gruppen hatten ihren Sitz überwiegend in der Tschechoslowakei und in Paris. 1938 wurde Frankreich kurzfristig zum alleinigen Schwerpunkt der deutschsprachigen politischen Emigration, bevor dieser sich nach Kriegsausbruch nach Großbritannien, nach Schweden und in die USA verlagerte.

Unter den Exilländern war das republikanische Spanien von eigenem Charakter. Im Bürgerkrieg gegen Franco engagierten sich ab 1936 mehrere Tausend deutschsprachiger Emigranten, überwiegend Kommunisten und Linkssozialisten, auf republikanischer Seite in den Internationalen Brigaden, von deren etwa 5 000 deutschen und österreichischen Angehörigen wohl an die 2 000 im Bürgerkrieg fielen. Dieser Einsatz entsprach nicht nur den politischen Idealen der Arbeiterbewegung, für die der Spanische Bürgerkrieg als Stellvertreterkrieg und erste Etappe in der weltumspannenden Auseinandersetzung zwischen Faschismus und Sozialismus galt, sondern auch den materiellen und logistischen Bedürfnissen vor allem der kommunistischen Exilorganisationen – bot sich doch hier die Möglichkeit, eine hohe Zahl ihrer einfachen Mitglieder aus den auf Dauer demoralisierenden Asylantenunterkünften und Emigrantenkollektiven der Exilländer abzuziehen und militärisch wie propagandistisch nutzbringend einzusetzen. Eine geringe Rolle als Asylland spielte die Sowjetunion, ungeachtet ihrer Verfassung, die allen Ausländern, wenn sie als Angehörige der »revolutionären Befreiungsbewegung« verfolgt wurden, Asyl zu gewähren versprach. Von mehreren hundert Aktivisten des österreichischen Republikanischen Schutzbunds und etwa 200 kommunistischen Familien aus der Tschechoslowakei abgesehen, denen die UdSSR 1934 bzw. 1938/39 demonstrativ Asyl gewährte, fanden in der Sowjetunion ganz überwiegend nur Vertreter des Funktionärskörpers von KPD und KPÖ Zuflucht. Die österreichischen Schutzbündler gerieten überdies ebenso wie zahlreiche deutsche und österreichische Kommunisten in der zweiten Hälfte der dreißiger Jahre in großer Zahl in das Räderwerk der Stalinschen Säuberungen.[86] Die Schweiz war für politische Emigranten vor allem als Transitland von Bedeutung. Dies lag an der rigiden Unterbindung jedweder politischen Betätigung von Emigranten durch die Schweizer Behörden, so daß der Anteil des parteipolitischen Exils nur einige hundert Personen umfaßte.

Die politischen Emigranten lebten vor allem in der Vorkriegsphase ganz überwiegend »mit dem Gesicht nach Deutschland«[87]: Neben

---

[86] Auf die umfangreiche (auto-)biographische Literatur zu diesem Thema kann hier nur allgemein verwiesen werden. Den neuesten Forschungsstand repräsentieren Hermann Weber, »Weiße Flecken« in der Geschichte. Die KPD-Opfer der Stalinschen Säuberungen und ihre Rehabilitierung. 2. Aufl. Frankfurt a. M. 1990; Hans Schafranek, Zwischen NKWD und Gestapo. Die Auslieferung deutscher und österreichischer Antifaschisten aus der Sowjetunion an Nazideutschland 1937-1941. Frankfurt a. M. 1990; Hans Schafranek, Die Betrogenen. Österreicher als Opfer stalinistischen Terrors in der Sowjetunion. Wien 1991; die vom ehemaligen Institut für Geschichte der Arbeiterbewegung Berlin herausgegebene Sammlung der Biographien von 1136 deutschen Stalin-Opfern läßt hinsichtlich der Dichte der biographischen Dokumentation einige Wünsche offen (In den Fängen des NKWD. Deutsche Opfer des stalinistischen Terrors in der UdSSR. Berlin 1991).

[87] So der Titel, unter dem Friedrich Stampfers Erinnerungen postum veröffentlicht wurden: Mit dem Gesicht nach Deutschland. Eine Dokumentation über die sozialdemokratische Emigration. Hrsg. von Erich Matthias, bearb. von Werner Link. Düsseldorf 1968.

der Unterstützung der Illegalen im Reich sahen die Auslandsorganisationen der Arbeiterparteien sowie der linken Zwischengruppen, ebenso emigrierte Persönlichkeiten aus anderen Bereichen des politischen Spektrums, ihre wichtigste Aufgabe in umfassender Information des Auslands über den repressiven, fortschrittsfeindlichen und verbrecherischen Charakter der Hitlerherrschaft – in einer »Offensive der Wahrheit«, die realistisch gesehen die Interessen des NS-Regimes weit mehr tangierte als die zumeist recht hilflosen Versuche zur Unterstützung des innerdeutschen Widerstands; dies zeigen nicht zuletzt die intensiven Abwehrmaßnahmen, die das Dritte Reich gegen diese Form des publizistischen Kampfes ergriff. »Weit über 400 Zeitungen, Zeitschriften, Nachrichtendienste, Rundbriefe und Bulletins konnten bisher allein für die reichsdeutsche Emigration namhaft gemacht werden. Die wichtigsten Periodika, oftmals Fortsetzungen der ehemaligen Parteiorgane oder angesehener politisch-kultureller Zeitschriften, erreichten neben einem deutschsprachigen Publikum in den Nachbarländern auch Politiker, Behörden und Redaktionen des Auslands. Pressedienste, Verlautbarungen, Rednerauftritte, die Beiträge emigrierter Journalisten in Presse und Rundfunk der Asylländer, Bücher prominenter Politiker und Autoren sowie Erlebnisberichte von Verfolgten kamen hinzu.«[88]

Bei den programmatisch-theoretischen Überlegungen und internen Diskussionen des politischen Exils stand naturgemäß zunächst die Frage nach den Ursachen und Hintergründen der Niederlage durch den Nationalsozialismus im Vordergrund. Betrachtete man in der kommunistischen Bewegung den Sieg Hitlers als den letzten notwendigen Schritt zur finalen Krise des bürgerlich-kapitalistischen Systems mit zwangsläufig folgender proletarischer Revolution, so führte die Niederlage von 1933 auf sozialdemokratisch-sozialistischer Seite zunächst zu einer harschen Selbstkritik an den politischen Strategien seit 1914 und zu einer unterschiedlich lange anhaltenden Radikalismus-Renaissance. Man wollte eine zukünftige Wirtschafts-, Innen-, Sozial- und Kulturpolitik grundlegend revolutionär verändern und war vorweg bestrebt, die allseits beklagte Spaltung der Arbeiterklasse, in der man illusionärerweise den alleinigen Grund der Niederlage sah, mit der Durchsetzung des Führungsanspruchs der jeweils eigenen Gruppierung überwinden.

[88] Hartmut Mehringer und Werner Röder, Gegner, Widerstand, Emigration. In: Martin Broszat und Norbert Frei (Hrsg.), Ploetz – Das Dritte Reich. Freiburg i.Br., Würzburg 1983, S. 180 f.

Auf die vielschichtigen Friktionen und fraktionellen Auseinandersetzungen innerhalb des politischen Exils kann in dem hier gesteckten Rahmen nicht eingegangen werden. Versuche zu einer Zusammenfassung der politischen Emigration als Gesamtrepräsentation des »anderen Deutschland« über alle parteipolitischen und weltanschaulichen Trennungslinien hinweg wurden Mitte der dreißiger Jahre mit dem Experiment einer deutschen Volksfront von prominenten Emigranten vor allem in Frankreich mit zunächst großem Enthusiasmus angegangen, scheiterten aber alsbald vornehmlich an der Intransigenz der kommunistischen sowie am hellsichtigen Mißtrauen der sozialdemokratischen Seite, die klar erkannte, daß »Volksfront« für die KPD-Führung niemals mehr bedeutete als ein taktisches Manöver zur Unterordnung der politischen Emigration unter den hinter rhetorischen Nebelschwaden und demokratischen Absichtserklärungen kaum verhüllten kommunistischen Führungsanspruch.

II. Die Entfaltung des Regimes: Widerstand auf kleiner Flamme (1936-1941)

1. Die Arbeiterbewegung und ihr Umfeld

Kommunisten, Sozialisten, linke Zwischengruppen

Die Regenerationskraft der kommunistischen und der sozialdemokratischen Parteigefolgschaft hatte es zunächst erlaubt, die durch permanente Verhaftungen gerissenen Lücken immer wieder zu schließen und zerschlagene illegale Gruppen, ausgehend von neuen Organisationskernen, zu ersetzen: Sie war Mitte der dreißiger Jahre weitgehend erschöpft. Allein 1936 und 1937 wurden rund 20 000 Kommunisten verhaftet, und die Gestapo-Lageberichte melden ab Anfang 1936 übereinstimmend den starken Rückgang der kommunistischen Flugblattpropaganda, wenngleich die Gestapo – schon zur Rechtfertigung der eigenen Arbeit – nur selten versäumte, auf die weiterhin bestehende Gefahr hinzuweisen. Den Abschluß der »Massenillegalität« kennnzeichneten die letzten Mammutprozesse gegen Sozialdemokraten, Kommunisten und Gewerkschafter in Berlin und im Rhein-Ruhr-Gebiet in den Jahren 1936 und 1937. Auch die Zahlen der verhafteten Kommunisten gingen kontinuierlich zurück – so von rund 8 000 im Jahr 1937 auf knapp 4 000 im Jahr 1938. Die Gründe dafür liegen freilich nicht allein in der Ausdünnung der sozialdemokratischen und kommunistischen Milieus in den Großstädten und Industrieregionen oder gar in erhöhter Vorsicht oder – bei den Kommunisten – einem veränderten und weniger blindlings-offensiven Vorgehen. Entscheidend war vor allem, daß sich das Regime ab Mitte des Jahrzehnts mit Beseitigung der Arbeitslosigkeit[1] und Erreichen der Vollbeschäftigung sowie mit manifesten außenpolitischen Erfolgen – von der Rückgliederung des Saarlands bis zu den Blitzkriegseroberungen des ersten Kriegsjahrs – auf dem Höhepunkt seiner Popularität befand. Hitler konnte sich in diesen Jahren – und das schloß einen nicht kleinen Teil der ehemaligen Arbeiterbewegung mit ein – der emphatischen Zustim-

---

[1] Zwischen dem Rückgang der Arbeitslosigkeit und dem Abflauen des Massenwiderstands der Arbeiterbewegung besteht – über die Überwachungs- und Verhaftungserfolge der Gestapo hinaus – ein ursächlicher Konnex: Im Grunde hatten nur Arbeitslose über die entsprechende Freizeit zu Erfüllung der höchst zeitaufwendigen Erfordernisse illegaler Arbeit verfügt.

mung einer übergroßen Mehrheit der deutschen Bevölkerung sicher sein. Das Jahr 1936 markiert in mehrfacher Hinsicht einen Einschnitt. Sozialdemokratische Widerstandsgruppen vom Typus der ersten Jahre existierten kaum noch, Widerstand reduzierte sich auf die vorsichtige Aufrechterhaltung persönlicher Beziehungen zu Bekannten und politisch Gleichgesinnten, ein Verhalten, dem gleichwohl bemerkenswerte Tragfähigkeit attestiert werden muß.

Auch die KPD hatte nun im Reich längst nicht mehr die personelle Basis für illegale Massenorganisationen. Die auf der »Brüsseler« Konferenz Ende 1935 vorgenommene taktische Umorientierung auf Einheits- und Volksfront war den im Inland verbliebenen Kadern nur schwer zu vermitteln. Seit der Zerschlagung der letzten Inlandsleitung im Frühjahr 1935 wurde der kommunistische Widerstand vom benachbarten Ausland aus »angeleitet«; zwar sah jeder Kundige, daß die Illegalen dringend einer Atempause bedurften, doch hatte die KPD schon auf dieser Konferenz das ambitiöse Anliegen formuliert, sofort den »neue[n] Weg zum Sturz der Hitlerdiktatur« einzuschlagen.[2] Radikale Konsequenzen aus dieser Situation zog etwa der im Dezember 1935 neu eingesetzte Abschnittsleiter West in Amsterdam, Paul Bertz, der auf der »Brüsseler« Konferenz vom Kandidaten zum Vollmitglied des Zentralkomitees der KPD aufgerückt war. Er löste den innerdeutschen Abwehrapparat in seinem Gebiet bis auf einige Abteilungen auf, und die Instrukteure, die bisher in dem Gebiet, das sie zu betreuen hatten, auch wohnten und damit erhöhter Gefahr der Entdeckung ausgesetzt waren, wurden ins Ausland abberufen; sie sollten sich auf Kurzbesuche in Deutschland beschränken, und statt die widerwilligen Genossen zum Wiederaufbau komplexer Gebietsorganisationen zu drängen, sollten sie sich auf einzelne Informationskontakte beschränken und den Mitgliedern die Aufrechterhaltung von unverdächtigen Verbindungen zu Nachbarn, Arbeitskollegen oder Vereinskameraden empfehlen. Lediglich in Berlin war man weiterhin bemüht, eine umfassende Gebietsorganisation auf die Beine zu stellen, was nicht zuletzt dazu beitrug, daß im Laufe des Jahres 1936 über 1 000 Berliner Kommunisten verhaftet wurden. Die gängigen Angaben der DDR-Historie, es habe in den Jahren bis zum Kriegsausbruch in nahezu allen Großstädten und Industrieregionen funktionierende und propagandistisch aktive Betriebsgruppen und Gebietsorganisationen gegeben[3],

---

[2] Peukert, Die KPD im Widerstand, S. 252.
[3] Vgl. etwa Klaus Mammach, Widerstand 1933-1939. Geschichte der deutschen antifaschistischen Widerstandsbewegung im Inland und in der Emigration. Köln 1984, S. 162 ff.

sind mit gebührender Skepsis zu betrachten; zweifellos gab es Instrukteurskontakte auf verschiedenen Ebenen zu Residuen kommunistischer Milieus in allen diesen Städten und Regionen, doch funktionierende illegale Organisationen im Stil der ersten Jahre des NS-Regimes existierten nicht mehr.

Nach weitgehender Ausschaltung des kommunistischen und des sozialdemokratischen Widerstands konnte sich die Gestapo intensiv der Ausschaltung der Kaderorganisationen der linken Zwischengruppen widmen. Die SAP verfügte Anfang 1937, zum Zeitpunkt der »Kattowitzer« Konferenz[4], noch über drei funktionierende Gebietseinheiten in Berlin, Mannheim und Norddeutschland (Hamburg), deren Bestehen bis 1939 belegt ist. Auch wenn sie alle der Gestapo zum Opfer fielen, bestanden zweifelsohne kleine Organisationsreste bis in den Krieg hinein oder sogar bis Kriegsende. Die KPO, deren Inlandsleitung bis Ende 1936 existierte und die über weitgestreute Verbindungen zu lokalen Gruppen verfügte, wurde Anfang 1937 durch eine massive Verhaftungswelle erfaßt und weitgehend aufgerollt; jedoch sollen lokale KPO-Gruppen noch nach Stalingrad aktiv gewesen sein.

Die Berliner Organisation von »Neu Beginnen« wurde nach dem Gestapo-Einbruch 1935/36 von einem Dreierkopf mit Fritz Erler, Hans Braun und Kurt Schmidt vorsichtig wieder aufgebaut; zu ihnen stießen 1937 noch Erich Kürschner und Oskar Umrath. Zum gleichen Zeitpunkt konnten sie durch Vermittlung der Auslandsleitung enge Verbindung zu der »Gruppe Deutsche Volksfront/Zehn-Punkte-Gruppe« um Otto Brass und Hermann Brill aufnehmen, die sich im Frühjahr 1935 in Berlin um ältere SPD-, KPD- und Gewerkschaftsfunktionäre, Reichs- und Landtagsabgeordnete gebildet hatte; ihr Zehn-Punkte-Programm forderte vor allem die Einheit der Arbeiterbewegung und sei – so DDR-Untersuchungen – im Laufe des Jahres 1936 auch mit führenden KPD-Vertretern in Berlin (Elli Schmidt) abgestimmt worden. Die Gruppe wurde in der Folgezeit wesentlich von der Neu-Beginnen-Auslandsgruppe betreut, so daß sie mit einiger Berechtigung zum Organisationszusammenhang von »Neu Beginnen« gezählt werden kann; sie spielte als legitimatorischer Bezugspunkt eine nicht unwesentliche Rolle in der Einheits- und Volksfrontdebatte des Exils. Mit der Zerschlagung der

[4] Diese Konferenz fand im Januar 1937 tatsächlich in Mährisch-Ostrau statt und führte zu einer Spaltung der SAP; eine oppositionelle Gruppe um Walter Fabian und Erwin Ackerknecht kritisierte scharf den weiterhin Volksfront- und UdSSR-freundlichen Kurs der SAP-Leitung, wurde daraufhin ausgeschlossen und formierte sich in der bis 1939 bestehenden Gruppe »Neuer Weg«.

Zehn-Punkte-Gruppe im Herbst 1938 wurden auch die Neu Beginner Fritz Erler, Kurt Schmidt, Erich Kürschner und Oskar Umrath verhaftet. Damit war die letzte Gruppe ausgeschaltet, die in Berlin in unmittelbarem Zusammenhang mit der alten »Leninistischen Organisation« Loewenheims gestanden hatte. Die Auslandsorganisation verfügte noch über Einzelkontakte in allen Regionen Deutschlands sowie über die von Waldemar von Knoeringen betreute Neu-Beginnen-Organisation der »Revolutionären Sozialisten« in Süddeutschland um Josef (Bebo) Wager (Augsburg) und Hermann Frieb (München), die weiterhin unentdeckt blieb und sich ab 1938 auf Österreich – Salzburg, Tirol, Wien (Johann Otto Haas) – ausweiten konnte.

Die Zerschlagung des ISK bzw. der von ihm aufgebauten USG-Gruppen begann im Dezember 1936 in Hamburg. Hinweise auf einen organisatorischen Zusammenhang im Reichsmaßstab führten zur Einrichtung eines eigenen Gestapo-Kommandos, dem es im August 1937 gelang, den ISK-Funktionär Julius Philippson festzunehmen. Ende 1937/Anfang 1938 erfolgten daraufhin über 100 Verhaftungen im gesamten Reichsgebiet, und im Spätsommer 1938 wurden auch die bislang noch intakten süddeutschen Gruppen des ISK ausgeschaltet. Einzelne Organisationskerne im Rhein-Ruhr-Gebiet konnten den Krieg überdauern und bei Kriegsende noch eine gewisse Rolle spielen.

Bei Ermittlungen gegen die KPD war die Gestapo 1936 zufällig auf die bislang unbekannte Organisation »Rote Kämpfer« gestoßen; bis Frühsommer 1937 wurden insgesamt 150 Gruppenmitglieder festgenommen und die Organisation damit nahezu vollständig zerschlagen.

Das Netz der »Freien Arbeiter-Union Deutschlands (Anarcho-Syndikalisten)« (FAUD) war wegen deutlicher Reduzierung der illegalen Tätigkeit zunächst noch intakt geblieben. Vor allem nach Ausbruch des Spanischen Bürgerkriegs intensivierte sich jedoch die Fahndung der Gestapo, die Attentate mit politischer Signalwirkung befürchtete. Im Frühjahr 1937 konnte sie die FAUD definitiv aufrollen, allein in Westdeutschland wurden über 100 Aktivisten verhaftet, in Leipzig etwa 40 und in Berlin 25.

Damit waren auch die linken Zwischengruppen bis auf Organisationsreste aus der Widerstandsszene ausgeschaltet. Die hohe Akzeptanz des NS-Regimes brachte 1938 und 1939 bis zum Kriegsausbruch die illegalen Aktivitäten der Arbeiterbewegung insgesamt fast völlig zum Erliegen.

Die offenkundige Erfolglosigkeit der seit 1935 verfolgten Volksfrontlinie zwang die KPD-Führung ein Jahr vor Kriegsausbruch zu einer erneuten taktischen Umorientierung. Auf der »Berner« Konferenz der KPD Anfang 1939 in der Nähe von Paris – eigentlich eine erweiterte Sitzung des Zentralkomitees, an der die Verantwortlichen für die Abschnittsleitungen und zwei Funktionäre aus dem Inland beteiligt waren –, proklamierte die Parteiführung wieder die »Schaffung einer einheitlichen Führung des Widerstandes der Massen« und forderte die rasche Bildung von »illegalen selbständigen Leitungen in den Betrieben, Orten« und größeren Gebieten. »Möglichst viele Instrukteure wurden ins Land gesandt, die die brachliegenden Kräfte mobilisieren sollten. Die Abschnittsleitungen erhielten Verstärkung aus den Reihen der Spanienkämpfer, die der Internierung in französischen Lagern nach Ende des Bürgerkriegs hatten entgehen können.« Auch die verschiedenen Leitungen sollten ihre illegale Einreise nach Deutschland vorbereiten.[5] Statt »Volksfront« wurde wieder die »Aktionseinheit der werktätigen Massen« propagiert, die durch Sozialdemokraten und Sozialisten hintertrieben werde, sowie die Taktik der »Einheitsfront von unten«: In praxi war dies allerdings wenig mehr denn eine Einheitsfront der KPD »mit sich selbst«.[6]

Auch der Kriegsausbruch am 1. September 1939 änderte nichts am Bild des scheinbar trockengelegten Sumpfes des kommunistischen Untergrunds, zumal der eine Woche zuvor abgeschlossene Hitler-Stalin-Pakt auch für die KPD einen Schock bedeutete. Alle authentischen und nicht im nachhinein geschönten Erinnerungsberichte Beteiligter machen dies deutlich[7] und belegen den Grad an Verwirrung, den die Verkehrung aller bisherigen Frontstellungen mit sich brachte. In den folgenden Monaten setzte sich die Hinnahme des Pakts auf der Basis der Affirmation stalinistischer »Realpolitik« unter den kommunistischen Kadern allerdings weitgehend durch, verstärkt noch durch freilich grundlose Spekulationen über einen größeren legalen Spielraum der Partei und eine Amnestie kommunistischer Gefangener durch den NS-Staat. Die Tatsache, daß an Hitlers 50. Geburtstag im April 1939 und nach dem Hitler-Stalin-Pakt tatsächlich eine größere Anzahl wichtiger kommunistischer Funktionäre aus der Haft entlassen worden war[8], schien dies zu belegen.

[5] Herlemann, Auf verlorenem Posten, S. 18 f.
[6] Duhnke, Die KPD von 1933 bis 1945, S. 314 f.
[7] Vgl. dazu Peukert, Die KPD im Widerstand, S. 329; Hans Albert Walter, Das Pariser KPD-Sekretariat, der deutsch-sowjetische Nichtangriffsvertrag und die Internierung deutscher Emigranten in Frankreich zu Beginn des Zweiten Weltkriegs. In: VfZ 36 (1988), S. 483-528.
[8] Unter ihnen Anton Saefkow, Franz Jacob, Bernhard Bästlein, Theodor Neubauer und Georg Schumann, die späteren Führer größerer kommunistischer Gebietsorganisationen in Berlin, Nord- und Mitteldeutschland; vgl. auch Duhnke, Die KPD von 1933 bis 1945, S. 458.

Nachdem die KPD-Auslandsleitung in Paris im September 1939 durch Internierung ihrer Führer (u.a. Franz Dahlem, Paul Merker, Siegfried Rädel) ausgeschaltet war, fiel die »Anleitung« des innerdeutschen Widerstands wieder in die Zuständigkeit des Politbüros in Moskau, das in den Jahren zuvor über keinerlei direkte Auslandskontakte mehr verfügt hatte. Ende Dezember 1939 wurde eine »Politische Plattform der KPD« verabschiedet, in der Folgezeit wichtigste politisch-organisatorische Orientierung des Zentralkomitees — was die wirklichen Verhältnisse in Deutschland betraf, allerdings von kaum zu überbietender Realitätsferne. Implizit wurde nicht nur die Sozialfaschismus-Taktik neu aufgelegt, sondern auch die sinnvolle Idee der Dezentralisierung der illegalen Arbeit aufgegeben. Kein Geringerer als Dimitroff bezeichnete die Bildung einer operativen Leitung in Deutschland als erstrangige Aufgabe, für die die Partei alle Anstrengungen unternehmen müsse. Der Aufbau einer zentralen Leitung für ganz Deutschland, einer einheitlichen Leitung der Berliner Organisation und die Neubildung von Bezirksleitungen in den übrigen Gebieten wurden daraufhin als nächste Ziele festgelegt. Den ersten Versuch dazu unternahm der Zentralkomitee-Instrukteur Willi Gall, der im August 1939 illegal von Skandinavien nach Berlin eingereist und dort vom Kriegsausbruch überrascht worden war. Er versuchte vor allem, im Sinne der »Berner« Konferenz die »Betriebsarbeit« zu verstärken, und es gelang ihm, zu einer Reihe von Berliner Betrieben informelle Verbindungen aufzubauen, Berichte ins Ausland zu schleusen und illegale Druckschriften in Umlauf zu bringen. Nach viermonatiger Tätigkeit wurde er verhaftet und im Januar 1941 zum Tode verurteilt. Ein weiterer zentraler Instrukteur, Arthur Emmerlich, der im Sommer 1940 ebenfalls von Skandinavien aus nach Berlin eingereist war, konnte sich bis Mai 1941 halten. Vom Aufbau einer »zentralen operativen Leitung für ganz Deutschland« kann jedoch keine Rede sein. Sie war, »wenn überhaupt existent, ob ihrer Kurzlebigkeit und stellenweisen Unterwanderung durch die Gestapo ohne jede Bedeutung für eine etwaige zusammenfassende Gestaltung des kommunistischen Widerstands in Berlin oder gar im Deutschen Reich«[9].

In den ersten zwei Kriegsjahren sank die Widerstandstätigkeit der KPD auf ihren Tiefpunkt.[10] Dennoch verfügte das Zentralkomitee

---

[9] Herlemann, Auf verlorenem Posten, S. 33; ebd. S. 170–180 die von Emmerlich verbreiteten illegalen Druckschriften.

[10] Die Zahl der von der Gestapo registrierten kommunistischen Flugblätter im Altreich schwankte 1938 monatlich noch um 1 000 Exemplare, sank im Dezember 1939 auf 277 und im April 1940 auf 82, um auf diesem Niveau zu verharren (BA, R 58/719,

in Moskau – hoffend auf leichtere Arbeitsbedingungen nach Pakt-abschluß – im Dezember 1939 die Auflösung der Abschnittsleitungen im Ausland; die Funktionäre sollten zurück ins Reich. Im Westen war dies Wilhelm Knöchel, der 1940 von Amsterdam aus umsichtig seine Einreise nach Deutschland vorbereitete, während das Zentralkomitee-Mitglied Karl Mewis mit Hilfe Herbert Wehners, Heinrich Wiatreks und Arthur Illners von Dänemark aus die Bildung eines Sekretariats in Berlin vorbereiten sollte. Der Skandinavienfeldzug im April 1940 mit der Besetzung Dänemarks und Norwegens sowie der Westfeldzug im Frühjahr/Sommer 1940, durch die zeitweise die Verbindungen zur Moskauer Zentrale vollständig abbrachen, verhinderten vorerst die Realisierung dieser Beschlüsse. Das Politbüro der KPD im Moskauer Exil versuchte damals, den Hitler-Stalin-Pakt und die Rolle der Sowjetunion mit skurrilen ideologischen Verrenkungen zu rechtfertigen, und schob die Schuld am »imperialistischen Krieg« allein auf Großbritannien und Frankreich. Das kommunistische Milieu in Deutschland hingegen verharrte bis zum 22. Juni 1941 weitgehend in Wartestellung. Kommunistisches Potential war, wie sich zeigen sollte, durchaus vorhanden, konnte jedoch nicht umgesetzt werden. Soweit Gruppen – wie etwa die um Robert Uhrig in Berlin – über den Stand von Gesprächskreisen und Informationsaustausch hinausgingen, konzentrierten sie sich auf vorsichtige Aufbauarbeit und den Ausbau von Betriebskontakten vor allem in der Rüstungsindustrie. Ausnahmen waren zwei Gruppen von Berliner Jungkommunisten, die – im Widerspruch zur offiziellen Parteilinie – sofort nach Kriegsausbruch aktiv wurden. Im Oktober 1939 wurde Heinz Kapelle, ein junger Buchdrucker, zuvor Leiter des Kommunistischen Jugendverbandes (KVJD) in Berlin-Neukölln – nach 1933 für zwei Jahre in Haft –, mit einer Reihe von Genossen festgenommen und im Juli 1941 hingerichtet. Er hatte im Herbst 1939 eine Serie von Antikriegs-Flugblattaktionen durchgeführt, die Aufsehen erregt hatten. Länger konnte sich ein Kreis um Hanno Günther und Alfred Schmidt-Sas halten, die zur gleichen Zeit mit Klebezetteln und Flugblättern gegen den Krieg protestierten. Die Beteiligten wurden im Sommer 1941 verhaftet und zumeist hingerichtet.

Bl. 52); die Zahl der Festnahmen von Kommunisten im Altreich sank von über 950 im Januar 1937 auf etwas über 500 im Januar 1939 und auf ca. 70 im April 1940 und blieb zunächst in dieser Größenordnung (Bericht über die Tätigkeit des Weltkommunismus seit dem deutsch-sowjetischen Nichtangriffspakt. RSHA, Abt. IV, undat., Herbst 1940, BA, R 58/18).

Eine besondere Situation ergab sich in Österreich. Der Widerstand, den die Revolutionären Sozialisten Österreichs (RSÖ) gegen die ständestaatliche Diktatur geleistet hatten, kam unter der neuen Diktatur fast völlig zum Erliegen: Dies lag nicht nur daran, daß die österreichischen Sozialisten den Anschluß Österreichs aus historischer Tradition – bei aller Gegnerschaft zu der Herrschaftsform, die er mit sich brachte – grundsätzlich begrüßten, sondern auch an realistischer Einschätzung der unvergleichlich höheren Verfolgungskapazität des NS-Regimes sowie an der Tatsache, daß die maßgeblichen illegalen Funktionäre der Jahre 1934 bis 1938 beim Anschluß ins Ausland geflohen waren. Verbliebene Funktionäre der RSÖ konzentrierten ihre Tätigkeit auf die Unterstützung der Familien von Verfolgten, und die seit 1934 illegal arbeitende Sozialistische Arbeiterhilfe (SAH), die bis Kriegsausbruch mit der Auslandsvertretung der österreichischen Sozialisten (AVÖS) in Paris in Verbindung stand, entwickelte sich zum Ersatz der illegalen Parteiorganisation. 1939 zerschlagen, wurden ihre führenden Vertreter (u.a. Frieda Nödl, Karl Holoubek, Wilhelmine Moik) vom Volksgerichtshof verurteilt. Die bereits 1933 von der österreichischen Regierung verbotene KPÖ hatte seit 1937 begonnen, in der »nationalen Frage« vorsichtig umzudenken, und steuerte nach dem Anschluß Österreichs zunehmend einen österreichisch-nationalpatriotischen Kurs, der es ihr erlaubte, das NS-Regime als »fremdländisches« Zwangsregime zu bekämpfen. Dies hatte zur Folge, daß der kommunistische Widerstand in Österreich im Gegensatz zu dem im »Altreich« in der Phase des Hitler-Stalin-Paktes durchaus fortgeführt wurde. Immer wieder kamen führende Funktionäre der KPÖ aus dem Ausland illegal nach Wien, um von dort aus neue zentrale Inlandsleitungen aufzubauen (u.a. Ludwig Schmidt, Erwin Puschmann, Julius Kornweitz, Leo Gabler, Hermann Köhler und 1942/43 eine als französische Fremdarbeiter getarnte Gruppe von KPÖ-Emigranten aus Frankreich); sie wurden zumeist nach kurzer Zeit verhaftet und zum Tod verurteilt. Unter den Verfahren des Volksgerichtshofs finden sich zahlreiche Urteile gegen österreichische Kommunisten, und rund vier Fünftel der über 2 000 Hochverratsverfahren vor den Besonderen Senaten des Oberlandesgerichts Wien betreffen die illegale KPÖ.[11] Die besondere Härte der NS-Verfolgungsbehörden gegenüber österreichischen Kommunisten

---

[11] Ein Bericht der Gestapoleitstelle Wien vom 28.3.1944 (DÖW Nr. 5080) führt für die Jahre 1938 bis 1943 die Festnahme von rund 6 300 österreichischen Kommunisten sowie 364 Todesurteile an, von denen zum Berichtszeitpunkt knapp 300 vollstreckt worden waren.

erklärt sich nicht zuletzt aus der genannten österreichisch-nationalpatriotischen Linie der KPÖ, zumal als durch die Moskauer Deklaration der Alliierten vom 30.Oktober 1943 die Wiederherstellung Österreichs zum alliierten Kriegsziel erklärt wurde.

Die »Zeugen Jehovas«

Im Zuge der Verhaftungsaktionen von 1937 war die Organisationsstruktur der »Zeugen Jehovas« im »Altreich« so weitgehend zerschlagen, daß es zu keinen überregional organisierten Aktivitäten mehr kam. Anders war die Situation jedoch in den 1938/39 vom Deutschen Reich besetzten Gebieten, also in Österreich, dem Sudetengebiet und dem »Reichsprotektorat Böhmen und Mähren«. Das Wiener Büro der »Wachtturm-Gesellschaft«, die als amerikanisches Unternehmen das für die IBV auch in Österreich Mitte 1935 ausgesprochene Tätigkeitsverbot überdauert hatte, setzte sich Anfang März 1938, kurz vor dem Anschluß, in die Schweiz ab. Ein Mitarbeiter, August Kraft, übernahm die Führung der illegalen Organisation in der »Ostmark« und strukturierte sie nach den bereits in Deutschland erprobten Grundsätzen um. Der ›Wachtturm‹ und andere Schriften der IBV wurden aus der Schweiz eingeschmuggelt, zum Teil aber auch in Wien in einer gut getarnten Geheimdruckerei hergestellt und verteilt. Zu einer größeren Zahl von Verhaftungen kam es erst im April 1939; im Mai wurde August Kraft festgenommen. Seine Funktion übernahm der Wiener Gemischtwarenhändler Peter Gölles, unterstützt von der Wienerin Anna Voll sowie von Ernst Bojanowski und Ludwig Cyranek, zwei Zeugen Jehovas aus dem »Altreich«. Mit einer weiteren Aktion im Oktober 1939 gelang es der Gestapo, fast alle Leiter der IBV-Organisation in den Wiener Gemeindebezirken zu fassen und wenig später auch die Geheimdruckerei auszuheben. Voll, Bojanowski und Cyranek konnten jedoch Wien noch verlassen, um neue Widerstandsaktivitäten der Zeugen Jehovas in Deutschland zu organisieren; Gölles fiel einer erneuten Verhaftungswelle im Juni 1940 zum Opfer. Die überregionale Organisation der Zeugen Jehovas war damit auch in Österreich zerschlagen, und es gab wie in Deutschland nur noch kleine Zirkel, die keine größere Wirksamkeit mehr entfalten konnten. Die österreichische IBV-Sektion hatte kurz vor dem Anschluß rund 550 Mitglieder umfaßt – knapp 450 von ihnen waren in Gefängnissen oder Konzentrationslagern inhaftiert, mindestens 142 österreichische Zeugen Jehovas kamen in der Haft ums Leben oder wurden nach straf- und wehrmachtgerichtlichen Todesurteilen hingerichtet.

Auch in dem im Herbst 1938 angegliederten »Sudetengau« und der im März 1939 besetzten »Rest-Tschechei«, vordem zentraler Ausgangspunkt des umfangreichen Schriftenschmuggels von IBV-Publikationen nach Deutschland, hatten größere Organisationen der Zeugen Jehovas bestanden. Sie wurden bald nach der deutschen Besetzung zerschlagen. Unbehelligt blieben im Sudetengau zunächst die Zeugen Jehovas tschechischer Nationalität; dies änderte sich ab Anfang 1940, als die Verfolgung auf Zeugen Jehovas jeglicher Staatsangehörigkeit ausgedehnt wurde.

2. Jugendliche Cliquen und ihre Bekämpfung

Mit der Zerschlagung der Arbeiterjugendorganisationen 1933, der organisatorischen Auflösung der bündischen Jugendgruppen und ihrer Vereinnahmung durch die HJ sowie der zunehmenden Beschränkung und dem schließlichen Verbot der konfessionellen Jugendarbeit war 1939 der potentielle Unruheherd »Jugend« keineswegs bereinigt. Eine Reihe »bündischer« Gruppen existierte in lokalem Rahmen fort oder formierte sich in informellen Zirkeln oder in illegalem Rahmen, so daß Himmler Ende Juli 1939 in einem eigenen Erlaß[12] das Verbot der bündischen Jugend neu faßte und im Reichssicherheitshauptamt eine eigene Dienststelle zur Bekämpfung solcher Gruppen eingerichtet wurde. In der zweiten Hälfte der dreißiger Jahre häuften sich die Meldungen der Sicherheitspolizei über Renitenz von Jugendlichen gegen die staatlich verordnete HJ-Sozialisation. Die Bildung von »wilden« Jugendgruppen war meist nur mittelbar gespeist aus »bündischer« Tradition oder aus Sozialisationsvorgaben der ehemaligen Arbeiterjugendbewegung bzw. der christlichen Jugend. Primäre Motive dieses Phänomens waren weniger politische Überzeugungen als vielmehr elementarer Widerstand Jugendlicher gegen militärischen Drill und bereits im Kindesalter einsetzende

---

[12] In diesem Erlaß werden als verbotene bündische Organisationen eigens aufgeführt: »Deutsche Freischar, Freischar junger Nation, Großdeutscher Bund, dj.1.11, Deutsche Jungentrucht, Österreichisches Jungenkorps, Graues Korps, Nerother Bund, Reichsschaft deutscher Pfadfinder, Deutscher Pfadfinderbund, Österreichischer Pfadfinderbund, Christliche Pfadfinderschaft, Deutsche Pfadfinderschaft St. Georg, Quickborn-Jungenschaft, Deutschmeister-Jungenschaft, Stromkreis, Grauer Orden, Freischar Schill und Eidgenossen, Bündischer Selbstschutz, Navajo usw.« (zitiert nach Klönne, Jugend im Dritten Reich, S. 204). Bemerkenswerterweise werden hier auch Gruppen wie Stromkreis, Grauer Orden, Navajo, Bündischer Selbstschutz genannt, die sich erst nach 1933 illegal gebildet hatten.

Funktionalisierung für staatspolitische Bedürfnisse. Eine Denkschrift der Reichsjugendführung von September 1942[13] listet – auch im Rückblick auf die Jahre 1936 bis 1941 – detailliert die verschiedenen »unpolitischen« Oppositionsformen gegen die wachsende Inanspruchnahme Jugendlicher durch den Staat auf. Das waren zunächst in der zweiten Hälfte der dreißiger Jahre und in den ersten Kriegsjahren die vor allem in Leipzig, aber auch in anderen deutschen Großstädten bestehenden »Meuten« – spontane Zusammenschlüsse von Jugendlichen beiderlei Geschlechts, zumeist aus (Arbeiter-)Wohngebieten, die jugendbewegte Gegenrituale gegen die HJ-Sozialisation entwickelten und zum Teil durch massive Auseinandersetzungen mit ihren lokalen HJ-Gegenspielern und ein ausgeprägtes »Revierverhalten« auffielen. Die Angehörigen dieser »Meuten« trugen mehr oder minder einheitlich »Räuberzivil« und trafen sich regelmäßig an bestimmten Plätzen innerhalb der Stadt. Die Leipziger »Meuten« umfaßten bei Kriegsbeginn etwa 1 500 Jugendliche, und ihre »Rädelsführer« wurden im Oktober 1938 und Januar 1940 vom Volksgerichtshof und vom Oberlandesgericht Dresden zum Teil zu langjährigen Freiheitsstrafen verurteilt.[14] Ähnliche Gruppen bildeten sich in zahlreichen Städten, vor allem im Rheinland (»Navajos« und »Kittelbachpiraten«, später die »Edelweißpiraten«), in München und anderen bayerischen Städten (»Blasen«[15]) und anderswo.

[13] BAK, R 22/1177, veröffentlicht bei Arno Klönne, Jugendkriminalität und Jugendopposition im NS-Staat. Ein sozialgeschichtliches Dokument. Münster 1981.

[14] Im Urteil des OLG Dresden wird u.a. festgestellt: »Gerade die bewußte Ablehnung der Staatsjugend war für viele Meutenangehörige der Anreiz, sich einer Meute zuzugesellen. In dem Bewußtsein des gemeinsamen Kampfes [...] gegen die Staatsjugend [...] fühlte man sich zueinander hingezogen [...]. Besonders die Disziplin in den nationalsozialistischen Organisationen war ihnen verhaßt. Es ist bekannt geworden, daß sie ein ungezwungenes und liederliches Leben, besonders auch in geschlechtlicher Hinsicht, führten [...]. Für die Meuten kennzeichnend wurde die Erfahrung, daß sie sich gerade in den Stadtteilen Leipzigs zusammenfanden, die zur Systemzeit als Hochburgen der marxistischen Parteien gegolten hatten.« (Zitiert nach Gruchmann, Jugendopposition und Justiz im Dritten Reich, S. 117f.).

[15] Die bereits angeführte Denkschrift der Reichsjugendführung aus dem Jahr 1942 charakterisiert die Münchener »Blasen« als »lose Zusammenschlüsse« zu gemeinsamem Freizeitvergnügen: »Durch ihr geschlossenes Auftreten werden die ›Blasen‹ zu Beherrschern von Tanzböden oder Lokalen 2. Ranges oder bestimmten Plätzen und Straßenzügen. Dies führt zu Anrempeleien und Schlägereien [...] Nach Einführung der Jugenddienstpflicht wurden sie in Opposition zur Hitler-Jugend gedrängt, da sie sich deren Zucht nicht unterordnen wollten. Dies führte zu vereinzelten Schlägereien und Überfällen auf Hitler-Jugend-Angehörige, besonders des Streifendienstes [...] Seit etwa 1939 ist jedoch auch in München eine gefährliche Entwicklung festzustellen. Diese besteht darin, daß die Bandenbildung erheblich zugenommen hat und in den letzten Jahren eine ausgesprochene Modeseuche unter den Münchener Jugendlichen geworden ist« (zitiert nach Klönne, Jugendprotest und Jugendopposition, S. 592).

Ein anderer Typus von Jugendopposition entwickelte sich unter der großstädtisch-bürgerlichen Jugend, vor allem in Hamburg. Die Swing-Jugend, so genannt nach ihrer Vorliebe für Swing und Jazz, anglophil, mit langen Haaren und betont unpolitisch und unmilitärisch, setzte sich in Gegensatz zu der auf soldatische Tugenden pochenden NS-Jugendideologie. Auch hier griff die NS-Exekutive kurz nach Kriegsausbruch hart durch. Stärker »bündisch« und daneben katholisch geprägt waren illegale Jugendgruppen, die sich ab 1938 vor allem in Wien formierten. Die Gruppe «Frei-Jungdeutschland« um Alfred Ellinger, die aus dem Katholischen Jungvolk hervorgegangene »Österreichische Bewegung« um Friedrich Theiss, Gruppen aus dem ehemaligen Österreichischen Pfadfinderbund wie der Bund »Neudeutschland« um Otto Arlow, dessen Mitglieder 1938 formal in die HJ eingetreten waren, unternahmen ähnlich wie bündische Gruppen im »Altreich« den Versuch einer illegalen Neugründung oder getarnten Weiterführung bündischer Organisationszusammenhänge. Sie wurden in den Jahren 1939 und 1940 zerschlagen.

3. Die alten Eliten

Die radikale Lösung der »Röhmkrise« hatte bei einer Reihe von Offizieren der Reichswehr (ab 1935: Wehrmacht) erhebliche Irritationen ausgelöst. Nach wie vor waren zweifellos bei vielen Offizieren preußisch-adeligen Zuschnitts Vorbehalte gegen den »plebejischen« Charakter der NS-Herrschaft und ihrer Träger virulent. Dennoch sahen die meisten Vertreter jener Elite, die sich bisher als staatstragend empfunden hatte, die Erwartungen, die sie in das Regime Hitler gesetzt hatte, eingelöst: Die großen nationalen Erfolge in der zweiten Hälfte der dreißiger Jahre (Rückführung der Saar, Remilitarisierung des Rheinlands, Anschluß Österreichs und des Sudetengebiets, Besetzung der »Rest-Tschechei«, Anschluß des Memelgebiets), ferner die unübersehbar erfolgreiche Arbeitsmarkt- und Sozialpolitik stießen auch bei den alten Eliten weithin auf positive Resonanz. Insbesondere die jüngeren Offiziere, die nach Einführung der allgemeinen Wehrpflicht 1935 buchstäblich den Marschallstab im Tornister trugen, standen dem NS-Regime zunehmend unkritisch-positiv gegenüber. Dennoch vollzog sich bei einer Reihe von Vertretern der alten Eliten, gerade auch in der militärischen Führung, ein Prozeß der Entfremdung und Ablösung gegenüber der nationalsozialistischen Staatsführung, der in der Blomberg-Fritsch-Krise 1938 zum Widerspruch und anläßlich des drohenden Kriegsausbruchs um die Sudetenfrage im Herbst des gleichen Jahres von Latenz zu versuchtem Widerstand umschlug. Bei der Blomberg-Fritsch-Affäre, auf die hier nicht näher einzugehen ist, handelte es sich um eine Mesalliance des Reichskriegsministers Werner von Blomberg und um ein intrigant inszeniertes Gestapokomplott, mit dem der Oberbefehlshaber des Heeres, Generaloberst Werner von Fritsch, homosexueller Verfehlungen beschuldigt wurde, was Anfang 1938 zu beider Entlassung führte. Hitler nutzte einmal mehr die Gunst der Stunde, übernahm die Aufgaben des Kriegsministers und stellte die gesamte Wehrmacht unter seinen persönlichen Befehl. Nachfolger Fritschs als Befehlshaber des Heeres wurde Walther von Brauchitsch. Zugleich nahm Hitler das durch diese Veränderungen ausgelöste Revirement zum Anlaß, um Kritiker seiner forcierten Rüstungs- und »Lebensraum«-Politik und allzu »konservative« Offiziere durch vorzeitige Versetzung in den Ruhestand bei gleichzeitiger Beförderung rangniederer Militärs loszuwerden. Auch im Auswärtigen Amt kam es zu großen Veränderungen: Außenminister Konstantin von Neurath wurde durch Ribbentrop ersetzt, mehrere Botschafter wurden entlassen, so der unbequeme Ulrich von Hassell in Rom. Der 4. Februar 1938, an dem diese Veränderungen bekannt gegeben wurden, brachte eine so grundsätzliche Umstrukturierung der innerdeutschen Herrschaftsverhältnisse mit sich, daß man ihn ohne Übertreibung als Staatsstreich von oben bezeichnet hat. Eine entschlossene Abwehr des Offizierskorps gegen die eigene Enthauptung erfolgte nicht. In dieser Situation sollte sich ab 1938 sowohl im militärischen wie im zivilen Bereich, vor allem innerhalb der hohen Ministerialbürokratie, die »Opposition der Fachleute« formieren, die hier aus chronologisch-systematischen Gründen erst nach dem Sonderfall des monarchistischen Widerstands in Bayern und den spezifischen Konfliktlagen der beiden Kirchen behandelt wird.

Sonderfall Monarchisten: Der Harnier-Kreis in Bayern

Eine Widerstandsgruppe eigener Prägung, im Gesamtspektrum des deutschen Widerstands ob ihrer regional-partikularistischen Zielsetzungen eher untypisch, war der Kreis um Adolf von Harnier und Josef Zott. Er entstand im Dunstkreis des katholisch-konservativen Milieus in Bayern und ging zurück auf Bestrebungen von Anhängern der »Bayerischen Volkspartei« sowie des »Bayerischen Heimatund Königbundes«, die nach Auflösung im Juli 1933 ähnlich wie die Sozialdemokratie versuchten, zunächst informellen Zusammenhalt zu wahren. Führende Repräsentanten der bayerisch-legitimistischen Idee in der Weimarer Republik – so der letzte Vorsitzende des Bayerischen Heimat- und Königbundes, Erwein von Aretin, und der schon genannte Guttenberg –, wurden aufgrund ihrer Rolle in der Weimarer Republik nicht enger einbezogen. Maßgebliche Vertreter dieses Diskussionskreises, der 1933/34 festere Konturen gewann und den »Keimling« des späteren Harnier-Kreises bildete, waren die Bildhauerin Margarethe von Stengel, der Schloßgärtner und Verwalter des Schloßgartens Nymphenburg Heinrich Weiß, der Kraftwagenführer und Verlagsvertreter Wilhelm Seutter von Lötzen sowie der städtische Bauaufseher Josef Zott. Der Kreis kam, obwohl Verteilungsaktionen erwogen wurden, nie über das Stadium politischer Bewußtseinswahrung hinaus und zerfiel Ende 1935, als Stengel für mehrere Wochen in Schutzhaft kam, zumal zwischen Stengel und Weiß auf der einen und dem ehemaligen Gewerkschafter Zott auf der anderen Seite immer wieder erhebliche Meinungsverschiedenheiten in sozialpolitischen Fragen deutlich geworden waren.

Bereits im Sommer 1935 war Zott jedoch in dem Bestreben, den Kreis auszuweiten, in Kontakt mit »Theo« gelangt, damals Leiter der illegalen KPD-Organisation in München und zugleich hochrangiger Gestapo-Spitzel.[16] Er reiste mit ihm zweimal nach Zürich zu dem KPD-Abschnittsleiter Hans Beimler, es kam sogar zu einem Versuch, ein gemeinsames illegales Flugblatt ›1000 Tage Drittes Reich‹[17] zu verbreiten, was allerdings daran scheiterte, daß der von Beimler per Post zurückgesandte und abgeänderte Entwurf durch die Gestapo abgefangen wurde. »Theo« führte Zott im Sommer 1936 in der Person von Michael Fischer einen weiteren agent provocateur zu, der rasch zu dem engeren Führungskreis des entstehenden Harnier-Kreises gehörte und wesentlich für seine spätere Zerschlagung sorgen sollte.

Ebenfalls ab Sommer 1936 begann Heinrich Weiß erfolgreich mit erneuter Sammlung monarchistisch-katholisch eingestellter Sympathisanten. Der sich rasch ausweitende Kreis tagte regelmäßig, als harmlose Stammtischgesellschaft getarnt, in Münchener Gaststätten. Struktur und Arbeitsweise wandelten sich, als im Spätherbst 1936 der Jurist Adolf von Harnier, Sohn des ehemaligen königlich-bayerischen Kämmerers Eduard von Harnier, von Regensburg nach Mün-

---

[16] Vgl. dazu weiter oben, S. 82f.
[17] Abgedruckt bei James Donohoe, Hitler's Conservative Opponents in Bavaria 1930-1945. Leiden 1961, S. 133 ff.

142

chen übersiedelte und zu dem Kreis stieß. Kurz vor der NS-Machtübernahme Mitarbeiter Erwein von Aretins im Bayerischen Heimat- und Königbund, praktizierte er ab 1937 als Rechtsanwalt in München und vertrat inbesondere auch eine Reihe von emigrationswilligen jüdischen Familien bei der Abwicklung ihrer Auswanderungsprobleme. Aufgrund politischer Erfahrung, gesellschaftlicher Verbindungen – er verfügte u.a. über persönlichen Kontakt zu Kronprinz Rupprecht – sowie seiner natürlichen Autorität und politischen Sachkenntnis wuchs Harnier rasch in eine unumstrittene Führungsrolle hinein. Zwar bereitete der aktivistische Josef Zott immer wieder Flug- und interne Nachrichtenblätter vor[18], doch beschränkte sich die Hauptaktivität des Harnier-Kreises wesentlich auf die Werbung von neuen Mitgliedern und den Aufbau eines monarchistischen Kaderstamms, um bei einer militärischen Niederlage in dem auch von den bayerischen Monarchisten binnen kurzem erwarteten Krieg zur Übernahme der Regierungsgeschäfte vorbereitet zu sein. Bei aller bayerisch-föderalistischen Prägung stehen die politischen Konzeptionen des Kreises in der großdeutschen und antipreußischen Tradition des Jahres 1848. Versuche, den Kronprinzen Rupprecht oder seinen Sohn zu aktiver Beteiligung zu gewinnen, schlugen fehl; man betrieb nichtsdestoweniger vor allem im bayerischen Oberland aktive und unter konspiratorischen Gesichtspunkten recht unvorsichtige Werbearbeit, aktive Mundpropaganda und eine Art politischer Schulung, die mutatis mutandis an die linken Zwischengruppen gemahnt.

Im Sommer 1939, als der Kreis aufgerollt wurde – aus dem Volksgerichtshofs-Urteil gegen Harnier geht hervor, daß neben Michael Fischer noch zwei weitere Gestapo-Spitzel aktive Mitglieder gewesen waren –, umfaßte er, untergliedert in eine Reihe von Zellen, weit über 100 Mitglieder, wobei freilich das Verhältnis von Kern und Peripherie nicht immer eindeutig zu klären ist. 125 Personen[19] wurden verhaftet, die Hauptbeteiligten erhielten Zuchthausstrafen. Lediglich Zott, dessen Prozeß vor dem Volksgerichtshof erst im Herbst 1944 stattfand, wurde zum Tode verurteilt und hingerichtet; Harnier starb 1945 kurz nach der Befreiung durch die Amerikaner im Zuchthaus Straubing an Hungertyphus. Der Harnier-Kreis, der – obgleich von Anfang an unter Kontrolle der Gestapo – rund zweieinhalb Jahre lang arbeitete, bildet ein weiteres prägnantes Beispiel für die vielfach hochgradig professionalisierte Arbeitsweise der Ge-

---

[18] U.a. ein mit »Der Schmied von Kochel« unterzeichnetes regimekritisches Flugblatt, das per Post an Adressen in ganz Bayern verschickt werden sollte.
[19] Die Namenliste bei Donohoe, Hitler's Conservative Opponents, S. 268-279.

stapo, die auch hier illegale Gruppen nicht nur kontrolliert, sondern letztlich selbst aufgebaut und an langer Leine geführt hatte.

Monarchistisch-legitimistischen Widerstand, allerdings mit dem Ziel einer Wiederherstellung der Habsburger Monarchie, gab es nach 1938 auch in Österreich. Zu nennen sind hier zunächst die Gruppe um Karl Burian, die Gruppe um Wilhelm Hebra, die »Österreichische Volksfront« um Wilhelm Zemljak, die Gruppe um Johann Müller und Erich Thanner, die Gruppe um Leopold Mahr sowie die »Österreichische Arbeiterpartei« um Karl Polly. Sie formierten sich kurz nach dem Anschluß Österreichs bzw. im Lauf des Jahres 1939 als zunächst informelle Gesprächskreise, gewannen aber alsbald festere organisatorische Strukturen mit intensiver Werbetätigkeit, Spendensammlungen und Beitragszahlungen, Versuchen, über Verbindungsleute Kontakt zu Otto von Habsburg aufzunehmen, und programmatischen Ausarbeitungen für eine legitimistisch-föderale Gestaltung Österreichs samt des katholischen Süd- und Westdeutschland. Sie wurden 1940 zerschlagen. Länger halten konnten sich nur die »Illegale Österreichische Kaisertreue Front« um Leopold Hof sowie die »Antifaschistische Freiheitsbewegung Österreichs« um den Pater und Kirchenrektor Wilhelm Pieller und den ehemaligen Rechtsanwalt Karl Wanner sowie die legitimistische Gruppe um Eduard Schramm, die beide erst Anfang 1941 entstanden. Sie wurden im Lauf des Jahres 1942 ausgeschaltet.

Die Kirchen: Konflikte und Konfliktvermeidungsstrategien

Nach der Verhaftung Martin Niemöllers (Sommer 1937) und weiterer Pfarrer sah sich die evangelische Bekennende Kirche zunehmend in die Defensive gedrängt – einmal wegen des verschärften staatlichen Drucks, zum anderen der großen nationalen Erfolge des NS-Staates wegen, die ihren Eindruck auf das national gesinnte Kirchenvolk und seine Pfarrer keineswegs verfehlten. Ein Vorfall macht dies deutlich: In der patriotischen Hochstimmung, die die »Heimkehr Österreichs ins Reich« im März 1938 hervorrief, verlangten die Kirchenleitungen der evangelischen Landeskirchen von ihren Pfarrern den Treueid auf den »Führer« Adolf Hitler. Von insgesamt 18 000 Pfarrern widersetzten sich dem staatlicherseits induzierten Druck nur einige Hundert, die zu der kleinen Minderheit der »radikalen« Bekennenden Kirche gehörten und sich auf Zustimmung in ihren Gemeinden stützen konnten. Wenig später wiederholte sich die Konfliktsituation zwischen dem »gemäßigten« und dem »radikalen« Flügel der Bekennenden Kirche, als die Vorläufige Leitung angesichts

144

der unmittelbar drohenden Kriegsgefahr (Sudetenfrage) für den 30. September einen Gebetsgottesdienst ansetzte, in dem die »Sünden unseres Volkes« (und damit des Regimes) kirchenöffentlich bekannt werden sollten. Wegen des tags zuvor abgeschlossenen Münchener Abkommens, das die Kriegsgefahr noch einmal bannte, wurde dieser Gottesdienst nirgends abgehalten; die SS-Zeitschrift ›Das Schwarze Korps‹ erhob nichtsdestoweniger schwere Vorwürfe gegen die Bekennende Kirche und beschuldigte sie des »Landes- und Volksverrats«. Die Bischöfe der »intakten« Kirchen rückten daraufhin offiziell von der Vorläufigen Kirchenleitung ab, und es gelang erst im Lauf des Jahres 1940, den Bruch notdürftig wieder zu kitten.

Vor der nächsten großen Herausforderung kurz darauf versagten die evangelischen Kirchen – ebenso wie die katholische – voll und ganz. In der »Reichskristallnacht« (9./10.November 1938) und in ihrem Gefolge sah sich das deutsche Judentum brutalster Aggression ausgeliefert. Zu einem kollektiven kirchlichen Protest kam es jedoch weder seitens der katholischen noch seitens der Bekennenden Kirche, ganz zu schweigen von den offiziellen evangelischen Kirchenleitungen. Zwar hatte die Bekennende Kirche bereits im Sommer 1938 die Berliner Hilfsstelle für ihre nichtarischen Kirchenmitglieder unter Pfarrer Heinrich Grüber[20] eingerichtet, die bis 1941 bestand und bald für viele Juden unabhängig von ihrer kirchlichen Zugehörigkeit Hilfe und zum Teil Rettung brachte; doch scheuten die Kirchen in dieser Frage den Konflikt mit dem Regime, lediglich einzelne Pfarrer wiesen von der Kanzel auf das Verbrechen des Synagogenbrands hin. Angesichts dessen sollten auch Verweigerungen und Protestaktionen der »radikalen« Bekennenden Kirche nicht überschätzt werden. Auch ihre Vertreter blieben in Mehrzahl ihrer nationalkonservativ-staatstreuen Gesinnung verhaftet, die sie hinderte, selbst bei offenkundigen Verbrechen des Regimes den Schritt zu fundamentalem Widerstand zu wagen. Dies taten nur einzelne.[21]

Herausragendes Ereignis für katholisch-kirchliche Widerständigkeit in diesen Jahren war ohne Zweifel die päpstliche Enzyklika »Mit brennender Sorge«[22] vom 14. März 1937. Diese einzige in

---

[20] Heinrich Grüber – 1941 verhaftet – war bis 1943 in Sachsenhausen und Dachau inhaftiert; sein Nachfolger Werner Sylten wurde noch im gleichen Jahr in Konzentrationslager-Haft genommen und 1942 in Hartheim ermordet.

[21] Als nicht untypisches Beispiel sei hier der Vikar Karl Steinbauer in Penzberg angeführt (vgl. dazu Klaus Tenfelde, Proletarische Provinz. Radikalisierung und Widerstand in Penzberg/Oberbayern 1900-1945. In: Bayern in der NS-Zeit, Bd. IV, S. 248 ff.).

[22] Vgl. dazu Heinz-Albert Raem, Pius XI. und der Nationalsozialismus. Die Enzyklika »Mit brennender Sorge« vom 14. März 1937, Paderborn 1979.

deutscher Sprache abgefaßte Enzyklika, deren Vorentwurf von dem Münchener Kardinal Faulhaber stammte, richtete sich vor allem gegen die unentwegten Verletzungen des im Reichskonkordat von Juli 1933 festgelegten Status quo, besonders gegen die Behandlung katholischer Vereine und zahlreicher Geistlicher. Verbreitung und Kanzelverlesung dieser Enzyklika, die für Palmsonntag (21. März 1937) vorgesehen waren, mußten, um ein staatliches Eingreifen zu vermeiden, in konspirativer Manier vorbereitet werden. Die päpstliche Nuntiatur in Berlin verteilte die von der vatikanischen Druckerei hergestellten Texte in jeweils einem Exemplar an die Ordinariate. Der Berliner Bischof von Preysing hatte sein Exemplar bereits am Ausfertigungstag in Händen. In der folgenden Woche wurde der Text in den Diözesen vervielfältigt. Wegen seiner Länge wählte man unterschiedliche Methoden der Verbreitung, etwa die einer Teilverlesung im Gottesdienst mit anschließender Verteilung des Gesamttextes an die Kirchgänger. Trotz des notgedrungen großen Kreises von Mitwissern funktionierte die Geheimhaltung so gut, daß die Gestapo erst am Samstag vor dem Palmsonntag begann, einem zunächst noch vagen Verdacht auf ein zentrales und regimekritisches päpstliches Hirtenwort nachzuspüren. Bei Durchsuchungen kirchlicher Druckereien wurden Reste der Großauflagen gefunden, so daß Heydrich am späten Samstagabend die Spitzen von Partei und Staat von der für den nächsten Tag bevorstehenden Kanzelverlesung gerade nur unterrichten konnte. Für eine Verhinderung war es zu spät, wollte man nicht mit unliebsames Aufsehen erregenden Beschlagnahmungsaktionen in den einzelnen Gemeinden zugreifen. So mußten Verlesung und Verbreitung der Enzyklika am Palmsonntag 1937 widerwillig hingenommen werden; dies führte zu tiefgreifender Verstimmung zwischen Vatikan und Reichsregierung, und die Rache traf mangels anderer Zugriffsmöglichkeiten vor allem die Druckereien, die die Enzyklika gedruckt hatten: Sie wurden – trotz bischöflicher Fürsprache – enteignet. In der Folgezeit wurden immer wieder auch katholische Geistliche verhaftet oder sonstigen Pressionen ausgesetzt, weil sie sich von der Kanzel herab kritisch gegenüber dem Staat äußerten; bekanntester Fall ist zweifellos der Münchener Jesuitenpater Rupert Mayer, der mehrfach verhaftet wurde und während des Kriegs unter Hausarrest stand.

Zur »Reichskristallnacht« bezog auch die katholische Kirche offiziell nicht Stellung. Bischof Preysing richtete aber in Berlin ebenfalls eine Hilfsstelle für verfolgte Juden unter Leitung von Margarete Sommer ein, und im Ordinariat Freiburg organisierte Gertrud Luckner in kirchlichem Auftrag und in Verbindung mit Pater Alfred

Delp und dem Rechtsanwalt Hans Lukaschek – später Mitglied des »Kreisauer Kreises« – Hilfsmaßnahmen, versteckte verfolgte Juden und verhalf ihnen zur Flucht über die Schweizer Grenze; sie wurde 1943 verhaftet und ins Konzentrationslager Ravensbrück eingeliefert. Ein institutioneller Protest erfolgte nicht. Einzelne Geistliche, wie etwa der Berliner Dompropst Bernhard Lichtenberg, der bereits 1935 in einer Eingabe an den preußischen Ministerpräsidenten Göring Mordtaten im Konzentrationslager Esterwegen angezeigt hatte, verurteilten von der Kanzel aus die Brandstiftung in Gotteshäusern und schlossen Juden und Verfolgte des Regimes in ihre Gebete ein.[23]

Im Zusammenhang »Katholizismus« sind schließlich noch die Fälle Klingenbeck und Landgraf[24] sowie der Fall Bavaud anzuführen: Der Schweizer katholische Theologiestudent Maurice Bavaud versuchte im November 1938, ein Jahr vor dem Attentat Georg Elsers, Hitler in München zu ermorden. Er wurde gefaßt, 1939 vom Volksgerichtshof zum Tode verurteilt und 1941 hingerichtet.

Die »Opposition der Fachleute«

Mit das wirksamste Herrschaftsinstrument des Regimes war das Informations- und Nachrichtenmonopol, das es von Anfang an aufzurichten wußte und das auch durch das – mit Kriegsbeginn verbotene – Abhören von Auslandssendern oder durch die Lektüre der im Reich erhältlichen Auslandspresse kaum zu durchbrechen war. Für das Gros der Bevölkerung bedeutete dies, daß es kein auch nur einigermaßen zutreffendes Bild von der Realität des Dritten Reichs als Ganzem gewinnen, sondern nur Wirklichkeitssegmente wahrnehmen konnte, die sich unterhalb der öffentlich verordneten Nachrichtenpolitik aus subjektiv-persönlichen Erfahrungen ergaben, also jeweils nur – scheinbar nicht verallgemeinerbare – Ausschnitte politisch-gesellschaftlicher Realität. Die politische Führungsgruppe, die das Deutsche Reich ab 1933 regierte, hatte sich – je länger, desto mehr, wenn auch in unterschiedlichen Herrschaftssektoren unterschiedlich deutlich – zu einer rechtsfernen Clique mafiosen Charakters formiert, für welche im politischen Stilbewußtsein des 20. Jahrhunderts gültige staatlich-normative und politisch-moralische Schranken nicht mehr bestanden oder rücksichtslos ideologisch-po-

---

[23] Lichtenberg wurde deshalb 1941 bei der Gestapo denunziert und zu einer Haftstrafe verurteilt. Im November 1943 starb er – im Alter von 69 Jahren – auf dem Transport ins Konzentrationslager Dachau.

[24] Siehe dazu weiter unten, S. 238f.

litischen Nützlichkeitserwägungen untergeordnet wurden. Diese Erkenntnis war jedoch innerhalb der grundsätzlich mit dem Kurs des Regimes einverstandenen alten Eliten nur jenen Handlungs- und Entscheidungsträgern aus Staats- und Militärbürokratie möglich, die aufgrund herausgehobener Position größeren Überblick und entsprechende Informationsmöglichkeiten besaßen; auch hier verlief der Erkenntnisprozeß vielfach gebrochen und war nach wie vor dem hoffnungsvollen oder verzweifelten Glauben an den »Führer« unterworfen, der über die politischen Handlungsweisen seiner »Satrapen« nicht ausreichend informiert sei. So ist es kein Wunder, daß sich gegen Ende der dreißiger Jahre, als deutlich ein neuer Krieg drohte, Verhinderungsstrategien und Oppositionsbestrebungen gerade aus dem Kreis der zivilen und militärischen Fachleute an hoher Stelle formierten; das waren Politiker, hohe Beamte in verschiedenen Reichsministerien, hohe Offiziere und Wirtschaftsführer, die ihren ganzen Einfluß einsetzten, um vor allem Hitlers Außen- und Kriegspolitik zu bremsen, sowohl von innen als auch – direkt und indirekt – von außen.

Ausgelöst wurden solche Bestrebungen einerseits durch die Erfahrung innenpolitischer Rechtlosigkeit, die man freilich nicht dem System, sondern einem scheinbar von oben nicht entsprechend kontrollierten eigenmächtigen Wirken von Gestapo und SS zuschrieb, zum anderen durch die Erkenntnis, daß der »Führer des Großdeutschen Reichs« außenpolitisch ein verantwortungsloses Hasardspiel betrieb. Schwerpunkte bildeten bezeichnenderweise zunächst die militärische Abwehr und der Auswärtige Dienst, und ebenso bezeichnenderweise begriffen sich die Protagonisten dieser Versuche nur in den wenigsten Fällen als Fundamentaloppositionelle gegen den NS-Staat als solchen. Mitunter sahen sie sich – in einer oft merkwürdigen Mischung von realistischer Erkenntnis über den Charakter des Regimes und illusionärem Optimismus hinsichtlich der Möglichkeit seiner Veränderung von innen heraus – geradezu als die eigentlichen Parteigänger des »Führers« gegenüber seinen kriminellen und »verbonzten« Satrapen in Partei, SS und Gestapo.

Die Ablehnung der Versailler Friedensordnung war schon in der Weimarer Republik außenpolitischer Minimalkonsens aller Parteien gewesen – und sie war auch nach 1933 Grundkonsens der Opposition aus den alten Eliten. Innerhalb des Militärs war es erst die Blomberg-Fritsch-Krise, die wesentlich zur Formierung oppositioneller Zirkel beitrug. Sie ging in aller Regel von einzelnen hohen Offizieren aus, die nicht nur die von der NS-Führung drohenden Gefahren für das eigene Land sahen, sondern sich auch ein Gefühl dafür bewahrt hatten, wie weit jene schon jenseits aller zivilisierten Normen stand. Dazu kam die abenteuerliche expansive Außenplitik Hitlers; sie steuerte das Reich auf kriegerische Auseinandersetzungen zu, die es nach ihrer Einschätzung nicht – bzw. noch nicht – siegreich bestehen konnte. Tresckow, zentrale Figur der Militärverschwörung des 20. Juli 1944, hatte zunächst erwogen, der Armee und ihrer allzu fügsamen Generalität den Rücken zu kehren. Die Blomberg-Fritsch-Affäre hatte ihm den letzten Anstoß gegeben, zumindest gedanklich und im Gespräch mit Vertrauten nach Alternativen zum Regime Hitler zu suchen, ebenso wie den Generälen Erwin von Witzleben, Carl-Heinrich von Stülpnagel und Erich Hoepner, dem militärischen Abwehrchef Admiral Wilhelm Canaris und weiteren, die in der späteren Offiziersverschwörung hervortreten sollten. Auffälligste Figur der Militäropposition war ohne Zweifel Hans Oster, ab Herbst 1938 Leiter der Zentralabteilung des OKW-Amtes Ausland/Abwehr unter Canaris. Sein »Damaskus« hatte er bereits am 30. Juni 1934 mit der Ermordung der Generäle Schleicher und Bredow durch die SS erlebt und seither vorsichtig innerhalb der Abwehr einen Kreis von Männern aufgebaut, die seine Kritik an der NS-Herrschaft teilten. Die würdelose Verabschiedung Fritschs und die Tatsache, daß die Generalität dies ohne Widerstand hingenommen hatte, trieben ihn über die Grenze noch weitgehend systemimmanenter Kritik hinaus in den Entschluß zum Widerstand. Dazu kamen Hitlers Pläne zur Zerschlagung der Tschechoslowakei, die Oster zu der Überzeugung kommen ließen, Hitler treibe Deutschland in einen Krieg, der nur mit einer Niederlage und dem Untergang des Reichs enden könne. »Entschlußfreudig, wendig und nicht ohne diplomatische Phantasie, [...] eine seltene Verbindung aus Moralität, Leichtsinn und Verschlagenheit, war es vor allem Oster, der Verbindungen nach allen Seiten knüpfte und jene Brücken zwischen den zivilen und militärischen Gegnern des Regimes schlug, die später so wichtig wurden.«[25]

Mittelpunkt und Antriebskraft einer zunächst überwiegend zivilen Widerstandsbewegung wurde ab Mitte der dreißiger Jahre Carl Goerdeler, ursprünglich Mitglied der DNVP und 1930 bis 1937 Oberbürgermeister von Leipzig; aufgrund seiner Persönlichkeit und seines Wirkens wurde er alsbald auch von dem sich formierenden militärischen Widerstand als politische Führungsfigur anerkannt. Bereits unter Brüning Reichskommissar für die Preisüberwachung, stellte er sich – obwohl 1933 mit den Nationalsozialisten in Leipzig

---

[25] Fest, Staatsstreich, S. 71.

zum Teil in scharfem Konflikt[26] – im Herbst 1934 erneut für diese Aufgabe zur Verfügung, geriet aber, insbesondere wegen Hitlers Wirtschaftskurs, alsbald in harte Auseinandersetzungen mit verschiedenen Parteiinstanzen. Goerdeler war geradezu der klassische Vertreter einer »Opposition von innen«, um durch konstruktive Mitarbeit eine allmähliche »Zivilisierung« der NS-Herrschaft zu erreichen und die »guten Kräfte in der Partei« zu stärken. Als 1936 jedoch in Leipzig in seiner Abwesenheit und gegen seine ausdrückliche Anordnung das Denkmal Felix Mendelssohn-Bartholdys vor dem Gewandhaus entfernt wurde, trat er nach kurzer Bedenkzeit von seinem Amt als Oberbürgermeister zurück. Von da an entfaltete Goerdeler eine rastlose oppositionelle Aktivität, knüpfte im Inland Kontakte in alle Richtungen, mobilisierte seinen ausgedehnten Freundes- und Bekanntenkreis für eine »konstruktive Opposition« in seinem Sinne und reiste allein in den Jahren 1937 und 1938 in mehr als zwanzig Länder, um dort auf inoffizieller Ebene die Verantwortlichen zu einer harten Haltung gegenüber Hitler und seinem Kriegskurs zu bewegen und so die innenpolitische Entwicklung nach seinen Vorstellungen zu lenken.[27]

Auch im Auswärtigen Amt gab es eine Gruppe von Mitarbeitern, die sich mit ihrer spezifischen Einsicht in außenpolitische Kräfteverhältnisse und Mächtekonstellationen konspirativ gegen Hitlers Kriegskurs stemmten und von ihren Vorgesetzten – im Auswärtigen Amt war dies Staatssekretär Ernst von Weizsäcker – nicht nur geduldet, sondern gedeckt und gefördert wurden. Zu der Gruppe im Auswärtigen Amt gehörten u.a. Trott zu Solz, Hans-Bernd von Haeften, Albrecht Graf von Bernstorff und die Brüder Erich und Theo Kordt, der erste als Chef des Ministerbüros engster Mitarbeiter Weizsäckers, der zweite Botschaftsrat und zeitweise Geschäftsträger der deutschen Botschaft in London. Man versuchte von dieser Seite aus Einfluß auf Hitler auszuüben, um dem als verhängnisvoll beurteilten Kriegskurs entgegenzuwirken. Unter ausdrücklicher Befürwortung Ernst von Weizsäckers kam es im Sommer 1938 zu einem Besuch Erich Kordts bei dem neuen Oberbefehlshaber des Heeres,

---

[26] Er hatte sich geweigert, auf dem Leipziger Rathaus die Hakenkreuzfahne zu hissen, die damals noch nicht Reichsflagge war, und schützte im April 1933 persönlich jüdische Geschäfte gegen plündernde SA-Männer.

[27] In Paris konferierte Goerdeler mit Édouard Daladier und Paul Reynaud, in England mit Anthony Eden, Robert Vansittart, Winston Churchill und anderen Politikern und Wirtschaftsführern, in den USA u.a. mit so hohen Politikern wie Cordell Hull, Sumner Welles, Henry Lewis Stimson und dem ehemaligen Präsidenten Herbert Hoover, in Kanada mit dem Ministerpräsidenten William Lyon Mackenzie King.

Walther von Brauchitsch, der diesem auch seitens der deutschen Außenpolitik die entsprechenden Argumente liefern sollte; zum anderen hoffte man, über Kontakte zu politischen Persönlichkeiten des Auslands – durchaus parallel zu den Versuchen Goerdelers – vor allem die britische und die französische Regierung zu unnachgiebigem Auftreten gegenüber Hitlers neuerlichen territorialen Forderungen bewegen zu können, um auf diese Weise den »großen Krieg« doch noch zu vermeiden.

So kam es von Sommer 1938 an zu jenem »seltsamen Pilgerzug« von »Abgesandten der Opposition«[28] nach Paris und vor allem nach London, die Hitlers Kriegsabsichten gegen die Tschechoslowakei und gegen das Versailler europäische Staatensystem bekanntmachen und die Regierungen von Frankreich und Großbritannien zu möglichst massiven und eindeutigen Erklärungen der Abwehrentschlossenheit veranlassen wollten. Neben Goerdeler – der sich freilich von Robert Vansittart, einem seiner britischen Gesprächspartner, entgegenhalten lassen mußte, was er betreibe, sei eigentlich Landesverrat[29] – fanden sich auf Veranlassung Osters, des Auswärtigen Amts und anderer Stellen immer wieder Gegner der deutschen Kriegspolitik in Paris und London ein, um als Mittel zur Kriegsverhinderung ein entsprechend hartes und eindeutiges Auftreten der englischen und französischen Regierung gegenüber Hitler einzufordern. Osters erster Abgesandter zu diesem Zweck war der bereits genannte Kleist-Schmenzin; auch zahlreiche Diplomaten und Wirtschaftsführer waren an entsprechenden Demarchen beteiligt. Selbst Weizsäcker, als Staatssekretär im Auswärtigen Amt immerhin zweiter Mann der deutschen Außenpolitik, schaltete sich Anfang September 1938 in die Fronde der Kriegsverhinderer ein und betrieb »Konspiration mit dem potentiellen Gegner zum Zweck der Friedenssicherung«. In einem persönlichen Gespräch mit dem damaligen Hohen Kommissar des Völkerbundes für Danzig, Carl Jacob Burckhardt, bat er diesen dringend, möglichst rasch seine Ansprechmöglichkeiten bei Verantwortlichen der britischen Regierung zu nutzen, um diese zu Unnachgiebigkeit gegenüber Hitler zu bewegen.[30]

All diese Versuche waren nicht koordiniert und erweckten den Anschein rein individueller Initiativen, was ihr Gewicht bei den Gesprächspartnern im Ausland naturgemäß minderte; nur selten wußten dicse Vertreter der Opposition gegen Hitler von den Aktio-

[28] Fest, Staatsstreich, S. 76.
[29] Hoffmann, Widerstand, S. 79.
[30] Carl Jacob Burckhardt, Meine Danziger Mission 1937-1939. München 1960, S. 181.

nen der anderen. Dies sei eine der »elementarsten Sicherheitsmaß-
nahmen«[31] gewesen, wirft zugleich aber auch ein Schlaglicht auf Zustand und Organisationsgrad der Opposition der alten Eliten. Vor
allem die britischen Ansprechpartner jener »Abgesandten«, die wenig mehr zu vertreten schienen als ihre persönliche Meinung und
zudem immer im Verdacht standen, im Interesse der deutschen
Führung die potentiellen Reaktionen der britischen Seite auszulo-
ten, vermochten nicht zu unterscheiden zwischen Hitler und seinen
konservativen Gegnern, die sich ja aufgrund von Herkunft und Gesinnung elementare nationale Forderungen des Diktators ebenfalls
zu eigen gemacht hatten. »There is really very little difference be-
tween them«, notierte Vansittart anläßlich einer Begegnung mit
Goerdeler kurz nach dem Münchener Abkommen: »The same sort
of ambitions are sponsored by a different body of men, and that is
about all«, und der Labour-Politiker Hugh Dalton nannte sie eine
»Rasse fleischfressender Schafe«.[32] Zudem bot Hitler den britischen
Verantwortlichen einen Vorzug, über den seine Gegner gerade nicht
verfügten: Schien er doch – eindeutig antisowjetisch und antikommunistisch eingestellt – weit mehr als »Bollwerkskommandant und
Vorposten des Westens« gegenüber dem Bolschewismus geeignet,
während die potentielle Ostorientierung seiner konservativen Gegner spätestens seit Rapallo und der Zusammenarbeit von Reichswehr und Roter Armee von dieser Seite aufmerksam registriert worden war.[33]

Für Ludwig Beck, Generalstabschef des deutschen Heeres, war es
weniger die Blomberg-Fritsch-Affäre als vielmehr die drohende
Kriegsgefahr, die seinen Entschluß zu aktivem Widerstand her-
beiführte. Schon am 5. November 1937 hatte Hitler in kleinstem
Kreis (Reichsaußenminister, Reichskriegsminister und die Oberbefehlshaber der drei Wehrmachtteile) in der Reichskanzlei seine
berühmte, im sogenannten »Hoßbach-Protokoll« überlieferte Rede
gehalten, seine Pläne zur Erweiterung des deutschen »Lebensraums«
dargelegt und erklärt, unter Umständen schon im kommenden Jahr
gegen die Tschechoslowakei losschlagen zu wollen, deren Eroberung
die Ausgangsbasis für weitere imperiale Zielsetzungen bilde. Wenig
später informiert, zeigte sich Beck »entsetzt« und unterzog die Aus-

---

[31] Hoffmann, Widerstand, S. 86.
[32] Zitiert nach Lothar Kettenacker, Der nationalkonservative Widerstand aus angelsächsischer Sicht, sowie Hedva Ben-Israel, Im Widerstreit der Ziele: Die britische Reaktion
auf den deutschen Widerstand. In: Schmädeke und Steinbach, Widerstand, S. 715
bzw. 739.
[33] Fest, Staatsstreich, S. 81 f.

führungen und Argumente Hitlers in einer Denkschrift an Brauchitsch scharfer Kritik. Sie zielte nicht gegen die Absicht Hitlers, kriegerische Mittel einzusetzen – hier bestand keineswegs Dissens. Ein Krieg gegen die Tschechoslowakei, der mit Sicherheit auch Krieg gegen Großbritannien und Frankreich bedeute, sei jedoch angesichts der militärischen und rüstungspolitischen Möglichkeiten des Reichs verfrüht und könne nur mit einer Niederlage enden, die das »finis Germaniae« zur Folge haben werde. Aus diesen Gründen war Beck auch Gegner des deutschen Einmarschs in Österreich im März 1938, den er dennoch – nachdem bis dahin Vorausplanungen unterblieben waren – buchstäblich »in wenigen Stunden mustergültig improvisierte«[34]. Im Sommer 1938, als die Aggressionspläne Hitlers gegenüber der Tschechoslowakei immer offenkundiger wurden, kam es zum offenen politischen Konflikt. Von Hans Oster zu aktivem Vorgehen gedrängt, versuchte Beck mit einer Serie von Denkschriften und Vortragsnotizen[35] erfolglos, Brauchitsch zu einer Intervention bei Hitler zu bewegen. Er blieb jedoch »Kassandra ohne Überzeugungskraft, von den bald eintretenden Ereignissen widerlegt, auf lange Sicht jedoch recht behaltend, was ihm und Deutschland damals, im Sommer 1938, aber nicht aus dem Strom des Verhängnisses heraushalf«.[36] Mitte Juli 1938 griff Beck zu dem letzten Mittel, das unterhalb der Ebene des offenen Putschversuchs noch möglich schien; er überreichte Brauchitsch eine neue Denkschrift und schlug nichts weniger als einen »Streik der Generale« vor; die Führer der Wehrmacht sollten Hitler zur Einstellung seiner Kriegsvorbereitungen zwingen und, falls dies nicht gelinge, geschlossen von ihren Ämtern zurücktreten: »Wenn sie alle in einem geschlossenen Willen so handeln, ist die Durchführung einer kriegerischen Handlung unmöglich.«[37]

Beck war sich wohl bewußt, daß bei einem solchen Schritt eine innere Krise nicht ausbleiben könne und vor allem eine »klärende Auseinandersetzung« zwischen Wehrmacht und SS herbeigeführt werden müsse; in einer Nachtragsnotiz vom 19. Juli präzisierte er dies ausdrücklich: Man müsse es zu einer »für die Wiederherstellung geordneter Rechtszustände unausbleiblichen Auseinandersetzung mit der SS und der Bonzokratie kommen lassen«. Dabei dürfe kein Zweifel darüber aufkommen, »daß dieser Kampf *für* den Führer ge-

---

[34] Helmut Krausnick, Ludwig Beck. In: Lill und Oberreuter, 20. Juli, S. 137.
[35] Abgedruckt bei Müller, General Ludwig Beck, S. 498-579.
[36] Ebd., S. 304.
[37] Ebd., S. 552.

führt wird«; Beck schlug eine Reihe von »kurzen, klaren Parolen« für die zu erwartende Auseinandersetzung vor.[38] Am 29. Juli drängte Beck erneut bei Brauchitsch auf entsprechendes Vorgehen. Das Heer sei auf eine innere Auseinandersetzung vorzubereiten, die sich auf Berlin beschränken könne; General Witzleben als Kommandeur des Wehrkreises III/Berlin und Heinrich Graf Helldorf, der Polizeipräsident von Berlin, müßten zusammengebracht werden.[39] Dies war weit mehr als bloß interne Kritik, hier war eine konkrete Staatsstreichplanung angesprochen. Obwohl Brauchitsch und ebenso die Mehrzahl der führenden Heeresoffiziere, wie sich auf einer Besprechung der Befehlshaber der Heeresgruppen und der Kommandierenden Generale am 4. August in Berlin zeigte, die Bedenken Becks teilten, wurde der von ihm vorgeschlagene Plan eines kollektiven Rücktritts von seiten Brauchitschs mit keinem Wort angesprochen. Als wenig später deutlich wurde, daß Brauchitsch auch Hitler gegenüber nicht entsprechend aufgetreten war, blieb Beck in der zweiten Augusthälfte nur noch eine Konsequenz: der Rücktritt. An den Staatsstreichplanungen von Halder, Witzleben und Oster während der Sudetenkrise im September 1938 war er nur mehr am Rande beteiligt.[40]

Der Plan eines »Offiziersstreiks« mag angesichts der »Gemengelage« innerhalb des preußisch-deutschen Offizierskorps, in der Revanchebedürfnis für die »Schmach von Versailles« und subjektive Karriereperspektiven eine objektive Einschätzung der langfristigen militärischen Kapazitäten des Reichs vielfach beeinträchtigten, unrealistisch und geradezu naiv erscheinen. Für den »Nur-Soldaten« Beck jedoch, der sich der von Hitler verkündeten »Zwei-Säulen-Theorie« (Partei und Armee als tragende Grundlagen des nationalsozialistischen Staats) verpflichtet sah, war er die einzig denkbare Möglichkeit. Die persönliche Tragik Becks besteht darin, daß zum einen das kriegerische Szenario, das er anläßlich der Sudetenkrise für Deutschland vorhersah, zunächst nicht eintrat. Es sollte sich erst ein Jahr später und unter scheinbar für das Reich weit günstigeren Umstän-

---

[38] Ebd., S. 554 ff., Hervorhebung im Original. Die vorgeschlagenen Parolen lauteten: »Für den Führer! Gegen den Krieg! Gegen die Bonzokratie! Friede mit der Kirche! Freie Meinungsäußerung! Schluß mit den Tschekamethoden! Wieder Recht im Reich! Senkung aller Beiträge um die Hälfte! Kein Bau von Palästen! Wohnungsbau für Volksgenossen! Preußische Einfachheit und Sauberkeit!«
[39] Ebd., S. 557 ff. Zu Helldorf, der in der Widerstandsforschung bisher nicht berücksichtigt wurde, siehe neuerdings Ted Harrison, »Alter Kämpfer« im Widerstand. Graf Helldorf, die NS-Bewegung und die Opposition gegen Hitler. In: VfZ 45 (1997), S. 385–415.
[40] Müller, General Ludwig Beck, S. 108.

den anhand der Frage des polnischen Korridors erneut stellen. Zum anderen schienen Becks durchaus realistische Befürchtungen hinsichtlich der militärischen Chancen des Reichs in einem neuen Weltkrieg in den ersten Kriegsjahren drastisch widerlegt.

Mit General Franz Halder ist jener Umsturzversuch verbunden, der – zumindest auf den ersten Blick – wohl die beste Aussicht auf Erfolg besaß. Halder war Nachfolger Becks als Generalstabschef des Heeres und zuvor als Becks unmittelbarer Untergebener in dessen Planungen vom Sommer 1938 zumindest weitläufig eingeweiht. Die Bedenken bezüglich eines Kriegs Deutschland gegen Europa teilend, stand er zugleich, u.a. über Hans Oster, mit einer Gruppe von Offizieren und Beamten in Verbindung, die weit direkter als Beck auf den Sturz des Diktators hinarbeiteten und die Planung im September 1938, als der Krieg unmittelbar bevorzustehen schien, so weit vorangetrieben hatten, daß es nur des auslösenden Signals bedurfte. Zu Hans Oster, nach wie vor treibende Kraft hinter den Kulissen, und den oppositionellen Kreisen in Abwehr und Auswärtigem Amt hatten sich inzwischen u.a. der knapp dreißigjährige Regierungsrat im Reichsinnenministerium Hans Bernd Gisevius, der Oberregierungsrat (Reichsgerichtsrat) Hans von Dohnanyi aus dem Reichsjustizministerium und der Chef der Verbindungsgruppe Abwehr beim Generalstab des Heeres, Major Helmuth Groscurth gesellt; jeder von ihnen besaß Freunde, Bekannte, Vorgesetzte oder Untergebene, die er vorsichtig einweihte und auf die Seite der Verschwörer gegen Hitlers Kriegskurs brachte.[41] Es gelang, den Berliner Polizeipräsidenten Helldorf in den Kreis der Regimegegner zu ziehen; auch Reichskriminaldirektor Arthur Nebe[42] gehörte zu dieser

---

[41] Zur gleichen Zeit bildete sich – zum Teil mit den Vorgenannten in Verbindung stehend – ein Gesprächs- und Diskussionskreis um den Verwaltungsjuristen Peter Graf Yorck von Wartenburg, Oberregierungsrat und Referent für Grundsatzfragen in der Zentralbehörde des Reichskommissars für die Preisüberwachung, die nach Goerdelers Rücktritt dem Gauleiter Josef Wagner unterstand. Zu diesem Zirkel, einer Art Vorläufer des späteren »Kreisauer Kreises« und von den SS-Untersuchungsführern nach dem 20. Juli 1944 abschätzig als »Grafenrunde« bezeichnet, gehörten u.a. Fritz Dietlof Graf von der Schulenburg, inzwischen stellvertretender Polizeipräsident von Berlin, der Industrielle Caesar von Hofacker, später Schlüsselfigur der Militärverschwörung in Paris, Nikolaus Graf Uexküll-Gyllenband, der Legationsrat Albrecht von Kessel, Ulrich-Wilhelm Graf Schwerin von Schwanenfeld und am Rande Berthold Schenk Graf von Stauffenberg, der Bruder des späteren Hitler-Attentäters.

[42] Arthur Nebe, seit der Blomberg-Fritsch-Affäre auf seiten der Verschwörer, ist eine der zwiespältigsten Persönlichkeiten des Widerstands gegen Hitler. Nach dem deutschen Angriff auf die Sowjetunion war er von Ende Juni bis Anfang November 1941 Leiter der Einsatzgruppe B, die in diesem Zeitraum in ihrem Einsatzgebiet mindestens 50 000 Personen »liquidierte« (vgl. dazu Krausnick und Wilhelm, Die Truppe des Weltanschau-

Gruppe. Von besonderer Bedeutung war, daß General von Witzleben und sein Untergebener Walter Graf von Brockdorff-Ahlefeldt, Kommandeur der Potsdamer Division, für ein offensives Vorgehen gewonnen werden konnten, ebenso General Wilhelm Adam, Befehlshaber der Heeresgruppe 2 in Frankfurt, und General Erich Hoepner, der die im Grenzgebiet von Sachsen und Thüringen operierende 1. leichte Division befehligte, welche im Ernstfall der in Grafenwöhr/Oberpfalz stationierten SS-Leibstandarte »Adolf Hitler« den Weg nach Berlin verlegen sollte.

Anfang September 1938 war die konservative »Opposition gegen Hitler« zum ersten Mal in das Stadium konkreter Staatsstreichplanungen auf kollektiver Grundlage eingetreten, an denen sowohl höhere Militärs als auch maßgebliche Vertreter des Auswärtigen Amts, der inneren Verwaltung und der Exekutive beteiligt waren. Treibende Kraft war die Seite der Militärs. Die Generale schienen angesichts des drohenden kriegerischen Konflikts mit der – hinsichtlich ihrer militärischen Schlagkraft freilich maßlos überschätzten – Tschechoslowakei subjektiv nur die Wahl zu besitzen, den Krieg zu verlieren und schrecklich zu unterliegen oder Hitler zu stürzen. Die Ausweitung der Septemberverschwörung kostete allerdings auch ihren Preis hinsichtlich Einheitlichkeit der Zielvorstellungen und der konkreten Planungen. Der vorsichtig abwägende Generalstabsoffizier Halder wollte für den Umsturz nicht nur vor sich selbst, sondern auch vor Armee und Öffentlichkeit innere wie äußere Rechtfertigung eingelöst wissen; für ihn kam ein Losschlagen erst dann in Betracht, wenn Hitlers Unnachgiebigkeit, wie das im September 1938 zu erwarten stand, den Krieg tatsächlich ausgelöst habe. Gisevius und Oster hingegen wollten solche taktischen Argu-

ungskriegs, insbes. S. 543 ff., S. 548-552, S. 576-581, S. 618 ff.). Nebe »versuchte wohl vieles zu verhindern, verbarg aber seinen Freunden das Ausmaß und die Formen der Massenermordungen und auch das Maß seiner eigenen Verstrickung in die Verbrechen. Er war nur widerwillig und von seinen Freunden Oster und Gisevius überredet nach Rußland gegangen, um seine für die Opposition so entscheidend wichtige Stellung im Zentrum der SS-Macht halten zu können«; Nebe habe »zweifellos die bei den Einsatzgruppen der Polizei und der SS üblichen Massenexekutionen zu verhindern gesucht, aber stets reichlichen Vollzug gemeldet« (Hoffmann, Widerstand, S. 334; siehe dazu auch Schlabrendorff, Offiziere gegen Hitler, S. 50 f., sowie Rudolf-Christoph Freiherr von Gersdorff, Soldat im Untergang. Frankfurt a. M. 1987, S. 97 ff.). Die Fragilität des Menschenrechtsverständnisses vieler Vertreter der konservativen Opposition wird freilich nirgendwo so deutlich wie bei Nebe, der als erster Techniken des Massenmords wie Tötungen durch Sprengstoff oder Lkw-Abgase in geschlossenen Räumen entwickeln und experimentell durchführen ließ (Krausnick und Wilhelm, S. 543 ff.). Hoffmanns allzu positive Einschätzung stützt sich vor allem auf Aussagen Schlabrendorffs und Gersdorffs.

mente nicht mehr gelten lassen. War für Halder der Sturz Hitlers Mittel zur Kriegsverhinderung, so war für Gisevius und Oster und ihre jüngeren Mitverschworenen umgekehrt die Kriegsverhinderung das Mittel zum Sturz Hitlers. Da diese Meinungsverschiedenheiten zwar zutage traten, aber so wenig ausgetragen wurden wie die Frage nach dem unmittelbaren Schicksal des gestürzten Diktators[43], kam es seitens der radikaleren Exponenten der »Septemberverschwörung« zu einer Art »Verschwörung in der Verschwörung«[44]: Ein Stoßtrupp von 20 bis 30 jüngeren Offizieren, unter denen sich auch »Arbeiter und oppositionelle Studenten« befanden[45], wartete – in Bereitschaft in einigen Berliner Wohnungen unter Führung des früheren Freikorps- und Stahlhelm-Führers Friedrich Wilhelm Heinz – auf Halders Startsignal, um die Reichskanzlei zu erstürmen und Hitler auszuschalten. Am 15. September 1938 kam es jedoch zu dem überraschenden Besuch des britischen Premierministers Chamberlain bei Hitler in Berchtesgaden, der britisches Nachgeben zu signalisieren schien; die Aktion wurde deshalb verschoben. In den folgenden zwei Wochen verschärfte sich die internationale Situation erneut, die englische und die französische Regierung befahlen Mobilmachungsmaßnahmen, und am 27. September erwartete man allgemein für den folgenden Tag die Anordnung der deutschen Mobilmachung. Der Staatsstreichplan schien plötzlich doch noch realistisch, und Halder konnte sogar Brauchitsch für eine »Aktion« gegen Hitler gewinnen. Die Stoßtrupps lagen bereit zum Handstreich auf die Reichskanzlei, als am Nachmittag des 28. September die Nachricht von der für den nächsten Tag anberaumten Konferenz in München bekanntgegeben wurde. Sowohl die Westmächte wie auch Hitler lenkten auf Kosten der Tschechoslowakei ein: Dem möglicherweise aussichtsreichsten Versuch, Hitler zu stürzen, war damit die Grundlage entzogen. Mit Datum vom 6. Oktober 1938 notierte der britische Botschafter Henderson:

[43] In dieser Frage gab es ganz unterschiedliche Optionen: Gisevius und einige der jüngeren Verschwörer waren der Auffassung, Hitler müsse ohne Umstände sofort getötet werden; die Mehrzahl der beteiligten höheren Offiziere sprach sich dafür aus, Hitler zu verhaften und vor Gericht zu stellen, um auf diese Weise sowohl die Entstehung einer neuen Dolchstoßlegende wie die Basis für einen befürchteten Bürgerkrieg auszuschließen; Hans von Dohnanyi und zunächst auch Oster wollten Hitler von einem Ärztegremium für geisteskrank erklären lassen, für dessen Vorsitz Dohnanyis Schwiegervater, der renommierte Psychiater Karl Bonhoeffer, ausersehen war; Halder hinwiederum trat für einen Unfall oder ein fingiertes Attentat von dritter Seite ein, dem Hitler zum Opfer fallen sollte.
[44] Hoffmann, Widerstand, S. 125, zitiert mit dieser Formulierung den Mitverschwörer Friedrich Wilhelm Heinz.
[45] So Hoffmann, Widerstand, S. 124.

»[...] by keeping the peace, we have saved Hitler and his regime [...]«[46].

Dieser Einschätzung lassen sich aber gewichtige Argumente entgegenhalten. Zum einen fällt die Unentschiedenheit der Verschwörer hinsichtlich des Vorgehens gegen Hitler auf – lediglich die Gruppe Heinz war zu einem kompromißlosen Vorgehen entschlossen –, zum anderen gab es kaum konkrete Vorbereitungen für die militärische Absicherung des Staatsstreichs. Einige kommandierende Generale waren eingeweiht, von anderen nahm man an, sie würden sich nicht gegen einen Staatsstreich stellen; auf der mittleren Befehlsebene hingegen waren keinerlei Vereinbarungen getroffen, und es erscheint mehr als fraglich, ob der Automatismus von Befehl und Gehorsam, an dessen Brüchigkeit der Umsturzversuch vom 20. Juli 1944 letztlich scheiterte, 1938 noch reibungslos funktioniert hätte, zumal in einer Phase, in der Hitlers Renommee in der Bevölkerung und auch im mittleren Offizierskorps auf dem Zenit stand. Das Münchener Abkommen bedeutete für die deutsche Opposition aus den alten Eliten einen vernichtenden Schlag. Die Verbindungen zwischen den zivilen und den militärischen Widerstandsgruppen lockerten sich oder rissen ganz ab, auch wenn der harte Kern – Beck, Oster, Schulenburg, Gisevius, Witzleben, Schacht, Halder, Goerdeler, um nur einige zu nennen – das Ziel, den Sturz oder die außenpolitische »Domestizierung« Hitlers, nicht aufgegeben hatte. Hitler konnte dennoch über die Besetzung der »Rest-Tschechei« Mitte März 1939 und den Nichtangriffspakt mit der UdSSR am 23. August 1939 in seinem Kriegskurs ungehindert voranschreiten. Mit dem Angriff auf Polen am 1. September 1939 begann der Zweite Weltkrieg.

Warum es damals nicht, analog zu der Situation im Sommer/Herbst 1938, erneut zu massiver Opposition seitens der Generalität und der hohen Beamtenschaft gekommen ist, läßt sich zum einen mit der niederschmetternden Erfahrung anläßlich des Münchener Abkommens beantworten; andererseits hatten sich auch die personellen Konstellationen entscheidend verändert. Kaum einer der Verschwörer, die im September 1938 den Schlag hatten führen wollen, befand sich noch auf seinem alten Platz. Witzleben seit November

---

[46] Zitiert nach Hoffmann, Widerstand, S. 129. Gisevius, eine Zentralfigur der Verschwörung vom September 1938, vertrat noch in den sechziger Jahren die These: »Chamberlain rettete Hitler« (Hans-Bernd Gisevius, Bis zum bitteren Ende. Vom Reichstagsbrand zum 20. Juli 1944. Hamburg 1961, S. 380). Ausführlich zu Halders ambivalenter Rolle und der »Septemberverschwörung« insgesamt vgl. Hartmann, Halder, S. 99-116.

1938 mit dem Gruppenkommando 2 im Westen betraut – war mit Goerdeler einig, man müsse zuverlässige Verschwörergruppen in den Gauhauptstädten aufbauen, zusammen mit den alten gewerkschaftlichen Vertrauensleuten auf regionaler Ebene, um zu gegebenem Zeitpunkt die Gauleiter verhaften, die Rundfunksender besetzen, die Presse unter Kontrolle nehmen und die Gefahr eines Generalstreiks ausschließen zu können. Auch die übrigen beteiligten Kommandeure waren entweder versetzt oder angesichts der veränderten Lage nicht mehr bereit, Risiko einzugehen; dies galt insbesondere für Halder. Dennoch kam es in diesem Jahr zu verschiedenen Treffen im Kreise der Opposition, die die personelle Basis erweiterten – so im Winter 1938/39 bei dem 1933 entlassenen sozialdemokratischen Regierungspräsidenten von Merseburg Ernst von Harnack. Diese Zusammenkünfte brachten erstmals Vertreter der Opposition der alten Eliten wie Klaus Bonhoeffer, Otto John und den früheren Regierungsrat Richard Künzer mit den ehemaligen SPD-Politikern Leuschner, Leber und Gustav Noske in Verbindung; dies sollte einer anzustrebenden »Einheitsfront« aller zivilen und militärischen Oppositionsrichtungen, gleich welcher parteipolitischen Orientierung, dienen. Hier zeigt sich in nuce bereits die breite Basis der späteren Widerstandsbewegung hinter dem Putschversuch des 20. Juli 1944. Es wurden, wie im Sommer 1938, durchaus auch die Bemühungen fortgesetzt, durch Kontakte im Ausland diplomatische Pressionen auf Hitler auszulösen, um ihn vom direkten Kurs auf den Krieg doch noch abzubringen. Dies galt nicht nur für Goerdeler, der seine entsprechenden Versuche im Lauf des Jahres 1939 unverdrossen fortsetzte, sondern auch für Trott zu Solz, der im Sommer 1939 offiziell in London weilte und mit hochrangigen britischen Politikern sprach, sowie für die – damaligen – Rechtsanwälte Fabian von Schlabrendorff und Moltke, für Rudolf Pechel, Gerhard Graf Schwerin von Schwanenfeld und Erich Kordt, die alle versuchten, das Instrument vom Sommer 1938 – diplomatischer Druck von außen, um Deutschland den Weg in den Krieg zu verbarrikadieren –, nochmals, wenn auch unter erheblich ungünstigeren Voraussetzungen, einzusetzen. Auch unmittelbar vor und nach dem Abschluß des Hitler-Stalin-Paktes kam es zu einer Reihe von inoffiziell-offiziösen Warnungen an britische Adressen, von seiten Becks bis hin zu Staatssekretär von Weizsäcker.

Als am 1. September 1939 der Krieg tatsächlich ausgebrochen war, setzte die Opposition ihre Versuche fort, einerseits über Auslandskontakte Druck der alliierten Regierungen auf Hitler auszulösen, andererseits einen General zu finden, der nicht nur die Bereitschaft, sondern auch die Möglichkeit zum Staatsstreich besaß. Letzteres erschien nach wie vor schwierig, zumal sich bald zeigte, daß der Feldzug gegen Polen binnen weniger Wochen siegreich abgeschlossen sein würde und von wirksamen französischen und britischen Gegenmaßnahmen in den ersten Kriegsmonaten wenig zu spüren war. Hitler schien in seiner Einschätzung einmal mehr, gegen alle Fachleute, recht behalten zu haben. Der Versuch des zu Kriegsbeginn reaktivierten Generals Kurt von Hammerstein – Oberbefehlshaber der Armeeabteilung A am Niederrhein –, Hitler bei einem Besuch der Weststellungen zu verhaften und unschädlich zu machen, scheiterte daran, daß der »Führer« mit jenem Instinkt, der ihn auch bei einer Reihe von späteren Attentatsversuchen auszeichnen sollte, den Besuch an der Westfront absagte und erst nachholte, als Hammerstein seines Kommandos Ende 1939 wieder enthoben war. Auf außenpolitischem Gebiet wurde erneut Trott zu Solz aktiv, der von September 1939 bis Anfang 1940 in offiziellem Auftrag in den USA weilte und dort Verhandlungen sowohl mit maßgeblichen deutschen Emigranten als auch mit amerikanischen und britischen Politikern führte. Die Mission hatte freilich keinen Erfolg. Sowohl die Tatsache, daß Trott zu Solz nach außen hin in offiziellem Auftrag reiste, als auch seine für angelsächsische Gesprächspartner unverständliche, den alten Eliten immanente Haltung hinsichtlich nationaler Grundoptionen machten ihn in vieler Hinsicht als Vertreter einer Opposition gegen Hitler unglaubwürdig und handelten ihm sogar die Überwachung durch FBI-Agenten als angeblichem deutschem Spion ein.

Ende 1939 stießen zu der Gruppe um Goerdeler Johannes Popitz, seit 1933 preußischer Finanzminister, und der Wirtschaftswissenschaftler Jens Jessen, und über Jakob Kaiser von den Christlichen Gewerkschaften konnte Goerdeler 1940 den Kontakt zu Leuschner herstellen; Ende 1939 kam es aufgrund der Bemühungen vor allem von seiten Ernst von Harnacks zu einem ersten Treffen zwischen Beck, Leuschner und Kaiser.

Bereits in den ersten Kriegswochen hatte das Vorgehen von SD- und Gestapo-Einsatzkommandos gegenüber der polnischen Zivilbevölkerung im unmittelbaren Rücken der Front bei zahlreichen Offizieren Empörung und zahlreiche Demarchen an die Heeresführung ausgelöst; Brauchitsch verstand allerdings in der für ihn typischen Konfliktscheu abzuwiegeln, wobei ihm zu Hilfe kam, daß Hitler einen »überstürzte[n] Abbruch«[47] der Militärverwaltung zugunsten ei-

---

[47] Martin Broszat, Nationalsozialistische Polenpolitik 1939-1945. Stuttgart 1961, S. 31.

ner noch gar nicht vorhandenen »Zivil«-Verwaltung in den eroberten polnischen Gebieten verordnete, der die Wehrmacht formal aus der Verantwortung nahm. Nunmehr verdrängte professioneller Offiziersstolz auf den raschen militärischen Erfolg vielfach selbst bei Kommandeuren, die noch 1938 in die Verschwörung gegen Hitler unmittelbar involviert gewesen waren, die vorhandenen regimekritischen Energien. Angesichts der Passivität der Westmächte in den ersten Kriegsmonaten schien die Zerschlagung Polens wiederum zu einem erfolgreichen militärpolitischen Abenteuer zu werden, ohne daß dadurch der Ausbruch des von seiten der Opposition befürchteten »großen europäischen Kriegs« tatsächlich erfolgt wäre. Als Hitler jedoch Ende Oktober den Führern der Wehrmacht Mitte November als Termin des Angriffs im Westen nannte, stellte sich erneut die vertraute Konfliktlage ein. Da der Krieg mit den Westmächten nach allgemeiner Einschätzung der Generalstabsoffiziere unmöglich gewonnen werden konnte, mußte er durch einen Umsturz verhindert werden. In der Person von Erich Kordt hatte sich auch ein Attentäter gefunden, der bereit war, »die Bombe [...] [zu werfen], um unsere Generäle von ihren Skrupeln zu befreien«.[48] Wieder schien, als Hitler für den 12. November 1939 den Beginn des Angriffs im Westen ankündigte, der Schritt zur Aktion selbst für Halder unumgänglich. Diesmal genügte jedoch ein heftiger Zornesausbruch Hitlers gegenüber Brauchitsch und dem »Geist der Generale« ganz allgemein, um der Sache ein Ende zu bereiten.

Sicher war das Scheitern des Umsturzversuchs vom September 1938, retrospektiv gesehen, eine historische Tragödie; die Umsturzbemühungen von Herbst 1939, zum Teil mit den gleichen Beteiligten, besaßen aber trotz bestimmter absurder Züge nicht nur die Qualität der Farce, als die sich nach Karl Marx historische Ereignisse zu wiederholen pflegen. Der personelle Umgriff der Verschwörung hatte sich seit Sommer/Herbst 1938 erweitert, eine Reihe jüngerer Offiziere und Kommandeure wirkte mit oder hatte sich zur Verfügung gestellt – so der Major, später Oberstleutnant bei der Abwehr Helmuth Groscurth und Generaloberst Wilhelm Ritter von Leeb; dieser hatte wie die beiden anderen Befehlshaber im Westen, die Generalobersten Fedor von Bock und Gerd von Rundstedt, im Laufe des Oktober 1939 in Denkschriften an Brauchitsch eindringlich vor einem Angriff im Westen gewarnt. Dohnanyi war von Oster

---

[48] So Hans Oster nach dem späteren Zeugnis Erich Kordts (Erich Kordt, Nicht aus den Akten: Die Wilhelmstraße in Frieden und Krieg. Erlebnisse, Begegnungen und Eindrücke 1928-1945. Stuttgart 1950, S. 371).

als Referatsleiter in die Abwehr geholt worden und zog seinerseits ihm nahestehende Hitlergegner nach – so seinen Schwager, den Theologen Dietrich Bonhoeffer, und Guttenberg, den Herausgeber der christlich-monarchistischen ›Weißen Blätter‹. Der Kontakt zu Beck und damit zu Goerdeler war wiederhergestellt. Der ehemalige Wirtschaftsminister Hjalmar Schacht, die Rechtsanwälte Schlabrendorff und Moltke, Offiziere und Diplomaten wie Gerhard Graf Schwerin von Schwanenfeld, Theo und Erich Kordt und auch Staatssekretär von Weizsäcker setzten vor und nach dem Angriff auf Polen ihre Auslandskontakte ein, und über den Münchener Rechtsanwalt Josef Müller («Ochsen-Sepp») bestand eine direkte Verbindung zum Vatikan, den die Opposition für Friedenssondierungen mit Großbritannien zu nutzen hoffte. Andererseits wurden innerhalb der Verschwörergruppen höchst uneinheitliche und zum Teil verworrene Ideen gehandelt: ein »Übergangskabinett Göring« nach Hitlers Sturz, Zusammenarbeit mit »aufgeschlossenen Kreisen der SS« oder Restauration der Monarchie. Zwischen einzelnen Beteiligten, so zwischen Halder und Canaris sowie zwischen Oster und Witzleben, kam es zu Verstimmungen, und es wirft ein bezeichnendes Licht auf die mangelnde innere Kohärenz der Verschwörung, daß Oster und Gisevius, als sie von dem Attentat auf Hitler am 8. November 1939 im Münchener Bürgerbräukeller erfuhren, zunächst glaubten, es sei von ihnen bekannten Kreisen der Opposition durchgeführt worden. Folge des von dem Einzeltäter Georg Elser verübten Sprengstoffanschlags, dem Hitler nur um Haaresbreite entging[49], war eine aufs äußerste verschärfte Wachsamkeit der Exekutivorgane, so daß Oster die geplante Sprengstoffbeschaffung für Kordt aufgeben mußte.

[49] Georg Elser, 1903 in Schwaben geboren, gehörte keinem der politisch zu definierenden »Lager« in der politischen Landschaft der Weimarer Republik an. Er war weder Sozialist noch Kommunist, eher religiös gebunden – von Beruf Schreiner, seit 1930 arbeitslos, geschildert als ruhiger, verschlossener und eigenbrötlerischer Mensch mit geringen materiellen Bedürfnissen; 1938 scheint die Gefahr des drohenden Krieges anläßlich der Sudetenkrise den Entschluß zum Handeln bei ihm ausgelöst zu haben. Ab Sommer 1939 in München wohnhaft, war er regelmäßiger Gast im Bügerbräukeller, wo Hitler alle Jahre am 8. November abends anläßlich der Erinnerungsveranstaltung an den Marsch auf die Feldherrnhalle am 9. November 1923 eine feierliche Ansprache zu halten pflegte. Elser verfügte über das technische Know-how, um eine Höllenmaschine auf Zeitzünderbasis zu konstruieren, und ließ sich in den Wochen vor dem 8./9. November 1939 Dutzende Male nach Lokalschluß in den Räumlichkeiten des Bürgerbräukellers einschließen, um die Bombe unter der Holzverkleidung der Säule neben dem Rednerpult unterzubringen, an dem Hitler sprechen würde. Die Explosion erfolgte wie vorausberechnet – zahlreiche Kundgebungsteilnehmer kamen ums Leben bzw. wurden schwer verletzt: Was Elser nicht hatte voraussehen können, war der Umstand, daß Hitler die Kundgebung überra-

Oster überschritt in diesen Wochen und Monaten auch objektiv die Grenze zum Landesverrat; in der richtigen Erkenntnis, daß ein Schlag gegen Hitler erst dann Aussicht auf Erfolg haben werde, wenn diesem der Nimbus der Unbesiegbarkeit genommen und militärische Rückschläge eingetreten seien, entschloß er sich, den von Hitler geplanten Angriffsbefehl im Westen über den mit ihm befreundeten Militärattaché an der holländischen Botschaft in Berlin, Gijsbertus Jacobus Sas, weiterzugeben. Daß Hitler den Termin der Westoffensive zwischen Herbst 1939 und Frühjahr 1940 insgesamt neunundzwanzigmal verschob, entwertete jedoch Osters Warnungen, und jene Botschaft, die er am 9. Mai 1940, einen Tag vor dem tatsächlichen Angriff im Westen, weitergab, wurde so wenig ernst genommen, daß die deutschen Truppen auf einen völlig überraschten Gegner trafen und die »Festung Holland« binnen fünf Tagen kapitulierte. Nach Beginn der Westoffensive und den unerwartet raschen Erfolgen gegen Holland, Belgien und Frankreich erschien Hitlers Stellung so unangreifbar, daß alle Putschpläne vorerst auf Eis gelegt wurden. Vorhaben, Hitler durch eine ausgewählte Gruppe von Offizieren in Berlin zu verhaften und zu erschießen, die Schulenburg und Eugen Gerstenmaier, seit Kriegsbeginn in der Abteilung Information des Auswärtigen Amtes tätig, verfolgten, kamen ebensowenig zum Tragen wie ein Attentat auf Hitler anläßlich einer geplanten, am 20. Juli 1940 aber endgültig abgesagten Siegesparade auf den Champs Élysées in Paris oder anläßlich einer ein Jahr später ebenfalls in Paris angesetzten Truppenparade.[50]

Seit dem Polenfeldzug besaß der Widerstand aber ein elementares moralisches Motiv und mußte nicht mehr allein mit Hitlers außen-

schenderweise vorzeitig verließ, um nach Berlin zurückzufahren. Elser wurde noch in der gleichen Nacht verhaftet: Die Gestapo suchte vergeblich Hintermänner, die sie beim britischen Geheimdienst oder bei Otto Straßers »Schwarzer Front« vermutete; auf der anderen Seite waren NS-Gegner im In- und Ausland zunächst überzeugt, es handele sich bei dem Attentat Elsers um eine Inszenierung, und das Attentat sei »im Auftrag des Führers« und mit Unterstützung der SS bzw. der Gestapo erfolgt. Inzwischen konnte allerdings eindeutig nachgewiesen werden, daß Elser das Attentat wirklich allein plante, vorbereitete und durchführte (vgl. dazu Anton Hoch und Lothar Gruchmann, Georg Elser. Der Attentäter aus dem Volke. Der Anschlag auf Hitler im Münchner Bürgerbräu 1939. Frankfurt a. M. 1980; Helmut Ortner, Der einsame Attentäter. Der Mann, der Hitler töten wollte. Göttingen 1993). Elser war bis Kriegsende Häftling in den Konzentrationslagern Sachsenhausen und Dachau und wurde am 9. April 1945 auf Weisung von höchster Stelle ermordet. Zu Elser vgl. auch Peter Steinbach, Der einsame Attentäter. Zur Erinnerung an Johann Georg Elser. In: Zeitgeschichte 17 (1989), S. 349-363.

[50] Hoffmann, Widerstand, S. 324 ff. Tatbereit waren damals Rittmeister Alfred Graf von Waldersee, Major Hans-Alexander von Voß und Hauptmann Ulrich Wilhelm Graf Schwerin von Schwanenfeld.

politischem Vabanquespiel begründet werden. Für die Opposition aus den alten Eliten ergab sich jedoch nun wie schon zuvor das immer gleiche Dilemma: Man war mit den außenpolitisch expansiven Zielen des Regimes – Revision von Versailles und Verwirklichung des Kriegsziels im Ersten Weltkrieg, der Deutschland »natürlich« gebührenden hegemonialen Rolle in Europa – durchaus einverstanden und vertrat dieses Rollenverständnis auch noch Mitte 1944 im Rahmen der außenpolitischen Optionen, die man mit einem geglückten Attentat am 20. Juli 1944 noch offen zu haben glaubte. Mit den Hitlerschen »Lebensraum«- und Weltherrschafts-Plänen fand man sich unschwer ab. Nicht einverstanden hingegen war man mit den außen- und kriegspolitischen Methoden, mit denen Hitler seine Ziele zu erreichen suchte – nicht etwa aufgrund pazifistischer Grundhaltung, sondern weil man in ihnen eine Gefahr für die nationale Existenz des Reiches sah; diese Prophezeiung wurde allerdings bis Stalingrad unentwegt widerlegt und sollte erst langfristig eintreffen. Nach Kriegsausbruch kam zu dem bei vielen Offizieren überproportional hohen Gewicht des persönlichen Eides auf Hitler, der sie – trotz wachsender Einsicht in die Konsequenzen der Hitlerschen Politik – am konkreten Entschluß zum Widerstand hinderte, noch das Argument, man dürfe der Führung des Reiches in einem als »nationaler Existenzkampf« etikettierten Krieg trotz allem nicht in den Rücken fallen.[51] Daran änderte auch die Empörung wenig, mit der zahlreiche Offiziere bereits in den ersten Kriegswochen in Polen nationalsozialistische Völkermord-Praxis unter Beteiligung der Wehrmacht hautnah miterlebt hatten. Bis weit in das Kriegsjahr 1942 hinein schienen darüber hinaus die Erfolge der NS-Führung »historisch« recht zu geben; die moralischen Bedenken angesichts einer völkerrechtswidrigen Kriegführungs- und Besatzungspraxis nahmen für viele Militärs demgegenüber minderen Stellenwert ein. Primär ging es nicht um Menschenrechte und Humanität – das waren zwar vorhandene, aber doch nachgeordnete Kriterien des militärischen Widerstands gegen Hitler. Nationales Pathos gewann weithin übergeordneten Stellenwert, die »Begleiterscheinungen« der Hitlerschen Eroberungspolitik wurden häufig nicht entsprechend wahrgenommen oder verdrängt. Eine Einhaltung auch nur der standesüblichen Normen des Offizierskorps der deutschen Wehrmacht

[51] Die Möglichkeit eines Staatsstreichs sei, so Franz Halders Aussage nach 1945, auch nach der Sudetenkrise und nach Kriegsausbruch immer wieder besprochen worden; ihm sei jedoch längst klar gewesen, »daß es nicht mehr möglich war, etwas Entscheidendes zu wagen, ohne zugleich den Bestand des Vaterlandes durch einen Krieg im Inneren in Frage zu stellen« (Peter Bor, Gespräche mit Halder. Wiesbaden 1950, S. 125).

hätten schon während des Polenfeldzugs 1939 zum Ende der NS-Herrschaft führen müssen. Auch die Vertreter des Widerstands aus dem Offizierskorps waren uneingeschränkt beteiligt an der Planung, Vorbereitung und Durchführung der kriegerischen Unternehmungen Hitlers – und zum Teil auch an Verbrechen gegen die russische Zivilbevölkerung.[52]

Keinerlei Verbindungen – und das ist hinsichtlich der diametral unterschiedlichen Zielsetzungen leicht erklärlich – bestanden zwischen der »Opposition der Fachleute« und »bürgerlichen« Widerstandsgruppen in der »Ostmark« aus dem Dunstkreis der ehemaligen ständestaatlichen Diktatur: der »Österreichischen Freiheitsbewegung«, der »Großösterreichischen Freiheitsbewegung« und der »Freiheitsbewegung Österreich«, 1938/39 formiert und 1940 von der Gestapo ausgehoben. Die erste bildete sich im Herbst 1938 um den katholischen Kaplan und Religionslehrer Roman Scholz, die zweite Ende 1938 um den Rechtsanwaltsanwärter Jakob Kastelic, die dritte um den Rechtsanwalt Karl Lederer. Alle drei – zueinander in unterschiedlich enger Verbindung – verfolgten mit teilweise legitimistischem Einschlag Pläne zur Wiederherstellung Österreichs bzw. zur Bildung eines »Großösterreich« unter Einschluß süddeutscher Länder[53], verbreiteten Flug- und Klebezettel sowie maschinen-

[52] Heinz Höhne stellt die interessante Überlegung an, daß von ca. 13 000 Mitarbeitern der militärischen Abwehr, die gemeinhin geradezu als Hort des Widerstands gilt, bestenfalls 50 als Widerständler in einem fundamental-oppositionellen Sinn gelten könnten; die Abwehr habe ihre jeweiligen Aufgaben bei der Vorbereitung der Hitlerschen Angriffskriege durchaus erfüllt (Heinz Höhne, Canaris und die Abwehr zwischen Anpassung und Opposition. In: Schmädeke und Steinbach, Widerstand, S. 405-416, hier S. 407 ff.); zu den Verschwörern der ersten Stunde gegen die Kriegsgefahr 1938 gehörte, wie schon angeführt, auch Reichskriminaldirektor Arthur Nebe, beim deutschen Angriff auf die Sowjetunion drei Monate lang Kommandeur der Einsatzgruppe B, die im Raum der Heeresgruppe Mitte operierte; Henning von Tresckow war im gleichen Raum Verantwortlicher für die »Banden«-, d.h. die Partisanenbekämpfung, und Major Rudolf von Gersdorff, der im März 1943 vergeblich versuchte, Hitler in einem Selbstmordunternehmen in die Luft zu sprengen, war verantwortlich für die Einheiten der Geheimen Feldpolizei im Gebiet der Heeresgruppe Mitte, die 1942/43 weit über 20 000 Zivilisten in dem besetzten Gebiet erschoß, »teils im Kampf und teils nach der Vernehmung« (Bericht des Heeresfeldpolizeichefs im Oberkommando des Heeres, zit. nach Christian Gerlach, Männer des 20. Juli und der Krieg gegen die Sowjetunion. In: Hannes Heer und Klaus Naumann (Hrsg.), Vernichtungskrieg. Verbrechen der Wehrmacht 1941-1944. Hamburg 1995, S. 427-446, hier S. 434). Zur Beteiligung der Wehrmacht an den Massenmord Aktionen der Einsatzgruppen vgl. allgemein Krausnick und Wilhelm, Die Truppe des Weltanschauungskriegs, insbes. S. 173-278 und S. 598-605.

[53] Der Gestapo-Bericht vermerkt mit entsprechender Empörung aufgefundene Pläne, die eine »Zerstückelung Großdeutschlands nach Art des ›Westfälischen Friedens‹ zur Folge gehabt« hätten (DÖW Nr. 5732).

schriftlich hergestellte Informationsblätter unter der Überschrift »Was nicht im V[ölkischen] B[eobachter] steht«, erhoben Mitgliedsbeiträge und betrieben intensive Werbung. Die Gestapo bezifferte in ihrem Abschlußbericht[154] den Umfang dieser drei Gruppen auf etwa 300; 121 Personen wurden bis Ende 1940 festgenommen, zahlreiche Beteiligte zum Tod verurteilt.

[154] 12./13.2.1941, DÖW Nr. 5732 a.

III. Das letzte Aufgebot: Widerstand im Krieg (1941-1945)

1. Kommunisten und Sozialisten

Mitte Dezember 1939 hatte das Politbüro in Moskau beschlossen, mit Karl Mewis, Heinrich Wiatrek und Herbert Wehner in Stockholm eine neue Inlandsleitung für Deutschland aufzubauen, die sich illegal ins Reich begeben sollte. Kriegsereignisse und bürokratische Hindernisse in Moskau verschoben die Reise von Wehner von Moskau nach Stockholm mehrfach und verzögerten die Bildung dieses Arbeitsgremiums. Während Mewis, von der illegalen Arbeit in Stockholm sichtlich überfordert, Instrukteure nach Deutschland entsandte, wo sie fast ausnahmslos nach kurzer Zeit der Gestapo in die Hände fielen, wurde Wiatrek im Mai 1941 im deutsch besetzten Kopenhagen verhaftet, mit großer Wahrscheinlichkeit vom gleichen Spitzel verraten, dem schon Arthur Emmerlich zum Opfer gefallen war. Wiatrek wurde »umgedreht« und kollaborierte anschließend eng mit der Gestapo. Wehner konnte ab Anfang 1941 in Stockholm rund ein Jahr unentdeckt arbeiten. Er hatte u.a. auch den Auftrag, die Tätigkeit von Mewis zu untersuchen, wurde jedoch im Februar 1942 von der schwedischen Polizei verhaftet, wenig später ebenso Karl Mewis.

Hitlers Überfall auf die Sowjetunion am 22. Juni 1941 wirkte auf den kommunistischen Widerstand wie ein belebender Stromstoß. Freund und Feind waren nunmehr wieder klar erkennbar, und es entfiel die Notwendigkeit zu nervenzermürbendem Taktieren, das den Kommunisten gerade in den eigenen Reihen enorme Schwierigkeiten bereitet hatte. Nun waren, da es um das Überleben der Sowjetunion ging, viele kommunistische Kader, die sich aus der illegalen Arbeit zurückgezogen hatten, erneut bereit, dem von Stalin nach den raschen deutschen Anfangserfolgen beklagten Fehlen einer zweiten Front in Europa durch die Errichtung einer Inlandsfront zu entsprechen.[1]

---

[1] Rede Stalins zum 24. Jahrestag der Oktoberrevolution (Nov. 1941); ein deutliches Anzeichen für das Wiederaufleben des kommunistischen Widerstands bildet das sprunghafte Ansteigen der von der Gestapo beschlagnahmten kommunistischen Flugschriften (Duhnke, Die KPD von 1933 bis 1945, S. 457).

Die Uhrig-Organisation[2], deren Führung sich als Berliner Gebietsleitung der KPD begriff und seit Herbst 1941 einen hektographierten ›Informationsdienst‹ herausgab, konnte sich auf Berliner Betriebszellen stützen und hatte Verbindungen ins Rhein-Ruhr-Gebiet und nach Mitteldeutschland. Im Frühjahr und Sommer 1940 hatte sich die Organisation durch Kooperation mit anderen Gruppen erheblich ausgeweitet. Vor allem die Zusammenarbeit mit dem ehemaligen Reichswehrhauptmann und Führer des Freikorps Oberland Josef (Beppo) Römer war bedeutsam; Römer stammte aus dem nationalrevolutionären Lager, war 1932 demonstrativ der KPD beigetreten und bis kurz vor Kriegsausbruch im Konzentrationslager gewesen. Er brachte mit seinen Kontakten wichtige Verbindungen und Nachrichtenquellen aus Militär-, Wirtschafts- und Regierungskreisen ein und eröffnete den Kontakt zu einer umfangreichen Widerstandsgruppe in München um Hans Hartwimmer und Wilhelm Olschewsky sowie nach Westdeutschland und nach Tirol.[3] Im Sommer 1941 begann die nunmehr erstarkte Organisation – die Anklage spricht von fast 200 Mitgliedern allein in Berlin[4] – mit intensiver Flugblattpropaganda, die von der Gestapo aufmerksam beobachtet wurde. Da in der fünfköpfigen Führung der Organisationssekretär und der Verantwortliche für die Betriebszellenarbeit Spitzel waren[5], wartete die Gestapo in bewährter Manier ab, bis sie den beteiligten Personenkreis genau überschauen konnte; im Februar 1942 griff sie zu und rollte die Uhrig-Organisation in nahezu allen ihren Verästelungen auf. Auch die überregionalen Verbindungen nach Tirol, München, Mittel- und Westdeutschland flogen auf; etwa 40 der weit über 100 Angeklagten wurden zum Tod verurteilt.

[2] Der Facharbeiter Robert Uhrig, 1933 Leiter einer kommunistischen Betriebszelle in Berlin und 1934 bis 1936 in Haft, hatte schon bald nach seiner Entlassung begonnen, erneut illegal zu arbeiten, später auch Kontakt zur Abschnittsleitung Mitte in Prag erhalten und bis zum Kriegsausbruch zahlreiche Verbindungen aus- und aufgebaut, die vor allem nach Kriegsbeginn auch überregional angelegt waren. Vgl. dazu Luise Kraushaar, Berliner Kommunisten im Kampf gegen den Faschismus 1936 bis 1942. Robert Uhrig und Genossen. Berlin (-Ost) 1981.

[3] U.a. zu dem Industriellen und Kaufmann Nikolaus Christoph von Halem, zu Herbert Mumm von Schwarzenstein (Solf-Kreis), Adam von Trott zu Solz, Karl Ludwig von und zu Guttenberg (Hoffmann, Widerstand, S. 50 f.); Mehringer, Die KPD in Bayern, S. 270 ff.; Verbindung bestand offensichtlich auch zu dem Kreis um Ernst Niekisch.

[4] Weisenborn, Der lautlose Aufstand, S. 173 f.; Kraushaar, Uhrig, S. 275, kommt gar auf eine Zahl von 10 000(!).

[5] Peukert, Die KPD im Widerstand, S. 337; Kraushaar, Uhrig, S. 261 f., nennt zwar die beiden Spitzel, verschweigt jedoch ihre führende Stellung in der Uhrig-Organisation.

In Berlin gab es noch weitere kommunistische oder zumindest sympathisierende Gruppierungen, so die »Gruppe Baum«, ein Zirkel von zwangsverpflichteten, meist jüdischen Jungarbeitern in Rüstungsbetrieben um Herbert Baum, der nach dem Juni 1941 nach außen aktiv wurde, sich in einer hektographierten Schrift ›Der Ausweg‹ vor allem an deutsche Soldaten wandte und dessen Mitglieder schließlich im Mai 1942 nach einem Brandanschlag auf die antisowjetische Ausstellung ›Das Sowjetparadies‹ in Berlin verhaftet wurden. Diese Gruppe, teils aus der kommunistischen Jugend, teils aus der jüdischen Jugendbewegung hervorgegangen, ist eine der wenigen jüdischen Widerstandsorganisationen in Deutschland, von der wir Zeugnis besitzen; die parteikommunistische Linie, die ihr in der SED-Widerstandshistorie zugeschrieben wird, scheint aber keineswegs so eindeutig zu sein.[6] Anzuführen ist auch die illegale Organisation im ehemaligen Berliner Unterbezirk Süd um John Sieg, die etwa zur gleichen Zeit das Blatt ›Die innere Front‹ verbreitete, das 1941/42 in etwa zweiwöchiger Folge in fünf Sprachausgaben (Fremdarbeiter!) mit Beiträgen u.a. von Harro Schulze-Boysen, Arvid Harnack und Adam Kuckhoff erschien. Diese Namen verweisen auf eine ganz besondere und ganz anders strukturierte Gruppe, die Harnack/Schulze-Boysen-Organisation, in der Literatur im allgemeinen als »Rote Kapelle«[7] bekannt. Sie gehört

---

[6] Margot Pikarski, Jugend im Berliner Widerstand. Herbert Baum und Kampfgefährten. 2. Aufl. Berlin (-Ost) 1984; zur Gruppe Baum als jüdischer Widerstandsgruppe siehe vor allem Wolfgang Wippermann, Die Berliner Gruppe Baum und der jüdische Widerstand. Berlin o.J. (1981); Eric Brothers, On the antifascist resistance of German Jews. In: Yearbook Leo Baeck Institute 32 (1987), S. 369 ff.; vgl. dazu auch Klönne, Jugend im Dritten Reich, S. 276 ff.

[7] Der Name stammt von der deutschen militärischen Abwehr und bezeichnete an sich – wegen ihrer Funkberichte nach Moskau – eine Organisation des sowjetischen militärischen Nachrichtendienstes unter dem Polen Leopold Trepper in Paris und Brüssel, mit der führende Vertreter der Harnack/Schulze-Boysen-Organisation über einen von Brüssel nach Berlin geschickten Emissär Ende August 1942 nur ein einziges Mal zur Übermittlung von Nachrichten nach Moskau in Verbindung standen. Vgl. dazu Jürgen Danyel, Zwischen Nation und Sozialismus. Genese, Selbstverständnis und ordnungspolitische Vorstellungen der Widerstandsgruppe um Arvid Harnack und Harro Schulze-Boysen. In: Steinbach und Tuchel, Widerstand, S. 468-487, hier S. 485 f., sowie allgemein auch Leopold Trepper, Die Wahrheit. München 1975. Eine detaillierte Erforschung von tatsächlichem Hintergrund und Gesamtzusammenhang der Harnack/Schulze-Boysen-Gruppe in Berlin hat erst vor einigen Jahren eingesetzt. Das liegt nicht zuletzt daran, daß ihre Angehörigen der westdeutschen Widerstandsforschung bis vor kurzem als aus dem Kreis des antinationalsozialistischen Widerstands auszuschließende Landesverräter galten, während sie in der DDR als Teil der parteikommunistischen Legitimationsgeschichte vereinnahmt wurden. Allgemein dazu Johannes Tuchel, Das Ende der Legenden. Die Rote Kapelle im Widerstand gegen den Nationalsozialismus. In: Ueberschär, Der 20. Juli 1944, S. 277-290; Coppi, Harro Schulze-Boysen; Hans Coppi und Jürgen Danyel, Abschied von Feindbildern. Zum Umgang mit der Geschichte der »Roten Kapelle«. In: Kurt Schilde (Hrsg.), Eva Maria Buch und die Rote Kapelle. Berlin 1991, S. 55-88.

zu den bedeutendsten Gruppierungen des Widerstands und unterscheidet sich von anderen, stärker milieu- oder organisationsgebundenen Gruppen durch höchst unterschiedliche Herkunft, Biographien, Berufe und geistige Traditionen ihrer Mitglieder, die von parteipolitischen Bindungen an die Kommunisten und die Sozialdemokratie über christliche Verantwortungsethik, bildungsbürgerlichen Liberalismus bis hin zu nationalrevolutionären Prägungen reichten. »Auch die ordnungspolitischen Vorstellungen der Gruppe [...], die an der Perspektive eines nationalstaatlichen Wiederaufstiegs Deutschlands festhielten, diese jedoch mit der Option für eine Verständigung mit Sowjetrußland verbanden, verschieben die klassischen Grenzziehungen zwischen prosowjetischem kommunistischem Widerstand und der Westorientierung des Kreisauer Kreises sowie des militärischen Widerstands.«[8] Der Begriff »Organisation« ist vermutlich zu hoch gegriffen und letztlich irreführend. Die »Köpfe« dieser Gruppierung – Harro Schulze-Boysen, Großneffe von Admiral Tirpitz, Dr. Arvid Harnack, Sohn des Literaturhistorikers Otto Harnack und Neffe des bekannten Theologen Adolf von Harnack, und Adam Kuckhoff – stammten aus der gehobenen bürgerlichen Intelligenz; Schulze-Boysen und Kuckhoff waren in der Jugendbewegung der Weimarer Zeit politisiert worden und hatten zum nationalrevolutionären Flügel gehört, der sich in Gruppen wie dem »Tat-Kreis« oder um die von Schulze-Boysen (als Nachfolger von Franz Jung) mitredigierte Zeitschrift ›Gegner‹ formiert hatte. Für sie lag die Lösung der deutschen Frage und des Versailler Traumas in einem »dritten Weg«: der Synthese von Nationalismus und Sozialismus, die der Nationalsozialismus, der diese Wort- und Ideenverbindung vordergründig okkupiert habe, keineswegs erfüllen könne; man postulierte eine neue »Einheit«, die die traditionellen Rechts-Links-Frontstellungen und damit das »Parteiengezänk« der Weimarer Demokratie dauerhaft überwinden solle. Die Hoffnung schien im Osten zu liegen, in der Sowjetunion, wo sich der »neue Mensch« herausbilde, dem Deutschen durchaus wesensverwandt, während westlich des Rheins das verderbte und verwestlichte Amerika beginne. Solch spezifischer Antiamerikanismus, für die gesamte nationalrevolutionäre Rechte, für Teile der »Bündischen« sowie des nationalkonservativen Bürgertums in unterschiedlich starkem Ausmaß typisch, stellte im Grunde nur eine transozeanische Projektion von Modernisierungs-

[8] Danyel, Zwischen Nation und Sozialismus, S. 468 f.; vgl. dazu auch Johannes Tuchel, Weltanschauliche Motivationen in der Harnack/Schulze-Boysen-Organisation. In: Kirchliche Zeitgeschichte 2 (1988), S. 268-293.

angst dar, war eine geographische Chiffre für die Furcht vor Massenkultur und -gesellschaft – ein mentales Syndrom, das sich durchaus auch in der vielschichtigen Gemengelage nationalsozialistischer Ideologeme und ebenso im nationalkonservativen Widerstand findet, dem das NS-System geradezu als idealtypische Vorwegnahme des Massenzeitalters erschien. Neu war lediglich, daß nun im Krieg nationalbolschewistische Spielformen rechten Denkens zum Zuge kamen, und ihre Vertreter – bei aller Kritik an der sowjetischen Parteiherrschaft und ihrem Einfluß auf den deutschen Kommunismus, den man noch 1932 als grundsätzliches Hemmnis für eine Zusammenarbeit erachtet hatte – aus gemeinsamer Gegnerschaft zum Nationalsozialismus vorbehaltlos für ein Bündnis mit dem Proletariat und der Sowjetunion eintraten.

Die zahlreichen Freundeskreise und Diskussionszirkel, aus denen sich nach Kriegsausbruch, vor allem ab 1941, eine konsistente Widerstandsbasis formierte, hatten ihre Ursprünge zumeist in den Ausgangsjahren der Weimarer Republik. Diese zum Teil vor der NS-Machtübernahme entstandenen Beziehungen bildeten das Reservoir für den weit später entstehenden Gruppenzusammenhang. Sowohl der Oberleutnant im Reichsluftfahrtministerium Schulze-Boysen wie der Regierungsrat Harnack im Wirtschaftsministerium, 1931 Mitbegründer einer Arbeitsgemeinschaft zum Studium der russischen Planwirtschaft (Arplan[9]) und 1932 Teilnehmer einer Studienreise zu den Industriezentren der UdSSR, hatten ihre alternativen Überzeugungen nach 1933 beibehalten und bildeten den Mittelpunkt von Gesprächs- und Studienkreisen, die sich in den folgenden Jahren – trotz ihrer Stellung im Apparat in scharfer Opposition zum Regime – mit einschlägigen Fragen beschäftigten. Harnacks Gesellschafts- und Wirtschaftskonzeption wollte keineswegs sowjetische Verhältnisse auf Deutschland übertragen, sondern ein – an klassische staatstheoretisch-gemeinwirtschaftliche Vorstellungen anknüpfendes – Modell von Planwirtschaft mit sozialem Ausgleich erreichen, verbunden mit außenpolitischer Orientierung nach Osten und dauerhafter Verständigung mit der UdSSR. Der Kreis um Harnack und seine Frau Mildred rekrutierte sich vor allem aus Schülern des Berliner Städtischen Abendgymnasiums für Erwachse-

---

[9] »Neben Vertretern der Staatswissenschaften und der Osteuropaforschung wie Emil Lederer, Alfred Meusel, Otto Hoetzsch und Klaus Mehnert gehörten [...] [der Arplan] Georg Lukács, Hermann Duncker und Karl August Wittfogel von der politischen Linken, zahlreiche Vertreter des nationalrevolutionären [...] Spektrums wie Ernst Niekisch [...] und Ernst Jünger aus dem konservativen Lager an« (Danyel, Zwischen Nation und Sozialismus, S. 473).

ne, an der Mildred Harnack als Lehrerin für englische Sprache und Literaturgeschichte tätig war. Zum Kreis von Harro Schulze-Boysen gehörten u.a. die Graphikerin Elisabeth Schumacher und ihr Mann, der Bildhauer Kurt Schumacher, sowie Günter Weisenborn. 1935 lernten sich Harnack und Schulze-Boysen kennen, erst nach Kriegsausbruch kam es zu engerer Zusammenarbeit. Weitere Kreise bildeten sich in den dreißiger Jahren aus Schülern der ehemaligen Reformschule auf der Insel Scharfenberg, zu denen u.a. Hans Coppi gehörte, 1933 wegen KJVD-Aktivitäten zu einem Jahr Haft verurteilt, um den Neurologen und Psychoanalytiker John Rittmeister, Oberarzt im Sanatorium Waldhaus in Berlin-Nikolassee, sowie den Schauspieler und Dramaturgen Wilhelm Schürmann-Horster an der Berliner Akademie der Künste. Auch um den schon erwähnten, in den USA aufgewachsenen kommunistischen Journalisten John Sieg sowie um Wilhelm Guddorf und John Graudenz, Journalisten mit kommunistischem Hintergrund und in Kontakt zu illegalen KP-Gruppen, gab es personelle Netze, die in den Zusammenhang »Rote Kapelle« eingebracht wurden.

Bekanntschaft und Fühlungnahme führten ab 1939 zur Zusammenarbeit, die auch Vertreter der KPD einschloß, welche damals, wie nicht unüblich, in kleinen Zirkeln Verbindung hielten. Obwohl schon der Spanische Bürgerkrieg sowie der Ausbruch des Weltkriegs gewisse Ansätze zur Aktion gebracht hatten, wurde man auch hier erst wirklich aktiv, als im Lauf des Jahres 1941 der Ostfeldzug vorbereitet wurde, dessen Termin und Modalitäten man den Sowjets über die Berliner Botschaft übermittelte – ohne freilich auf Glauben zu stoßen. Eine funktechnische Verbindung nach Moskau kam über Versuche nicht hinaus. Nach dem 22. Juni 1941 bemühte sich die Gruppe, inzwischen trotz ihrer elitären Herkunft auch mit dem kommunistischen Untergrund in Kontakt, ab Winter 1941/42 in einer Reihe von Flugschriften um konkrete Antikriegspropaganda und um Agitation für ein langfristigen Bündnis mit der Sowjetunion. Diese Zielsetzung beruhte auf der Einsicht, daß der Krieg für Deutschland militärisch verloren, ein Sturz Hitlers von innen jedoch immer weniger wahrscheinlich sei. Jeder weitere Kriegstag würde nur die Zeche, die am Ende von allen bezahlt werden müsse, vergrößern. Wie eng die verschiedenen Teilgruppen zueinander in Kontakt standen bzw. konkret zusammenarbeiteten, ist nach wie vor nicht eindeutig zu bestimmen. Sicher wußten sie zumindest nach Kriegsbeginn voneinander und waren über persönliche Fühlungnahmen zunehmend miteinander verzahnt; über Sieg und Guddorf, ehemals außenpolitischer Redakteur der ›Roten Fahne‹, die beide zum inneren Kreis der Harnack/Schulze-Boysen-Gruppe gehörten, bestanden auch unmittelbare persönliche Verbindungen zu kommunistischen Untergrundgruppen in Berlin und zu der Gruppe um Franz Jacob und Robert Abshagen in Hamburg. Dennoch wird hier zu berücksichtigen sein, daß sich schon aus konspirativer Vorsicht, aber auch aufgrund unterschiedlicher Sozialisation Zusammenarbeit, »Vereinigung« oder »Aktionseinheit« mit anderen Gruppen von selbst verboten, und die in der DDR-Historie immer wieder postulierte »operative Anleitung« durch eine Gesamtberliner KPD-Führung ist schlichtweg retrospektive Fiktion. Die »Rote Kapelle« war eine »Sammlungsbewegung mit einer weitreichenden politischen Konsensfähigkeit« und unterschied sich damit grundsätzlich »sowohl vom kommunistischen Widerstand und dessen sektiererischen Tendenzen als auch von verschiedenen Formen generationenspezifischen Widerstands oder von Oppositionstendenzen, die in relativ homogenen sozialen Milieus entstanden«[10]. Sie läßt sich – mit entsprechenden Abänderungen und auf anderer politisch-gesellschaftlicher Ebene – durchaus mit dem »Kreisauer Kreis« vergleichen.

Die Gruppe wurde im Sommer und Herbst 1942 von Abwehr und Gestapo aufgerollt. Dies ging – die »Rote Kapelle« ist eine der wenigen größeren Widerstandsorganisationen, in der es wohl keine Gestapospitzel gab – nicht zuletzt auf einen Fehler der Moskauer Führungsoffiziere zurück, die im August 1942 per Funk an Trepper, den Chef des militärischen Nachrichtendienstes der UdSSR in Paris und Brüssel, verschlüsselt Namen und Adressen von Schulze-Boysen und Kuckhoff durchgaben, so daß Abwehr und Gestapo nach Entschlüsselung zugreifen konnten. Nach mehrwöchiger Überwachung erfaßten die Verhaftungen die Nachrichtenbeschaffer wie die kommunistischen Beteiligten und den größten Teil des Umkreises dieses weitverzweigten Widerstandsnetzes, zu dem »weit über 130 Frauen und Männer, Junge und Alte, Arbeiter und Intellektuelle, Angestellte und Künstler, Soldaten und Offiziere, Christen, Atheisten, Sozialisten, Kommunisten« gehörten.[11] Mehr als 50 Berliner Mitglieder wurden vom Reichskriegsgericht zum Tod verurteilt.

In Hamburg hatte sich um die 1939 aus dem Konzentrationslager entlassenen KPD-Spitzenfunktionäre Robert Abshagen, Bernhard Bästlein und Franz Jacob – im Rückgriff auf bestehende Arbeits-

---

[10] Danyel, Zwischen Nation und Sozialismus, S. 478.
[11] Coppi und Danyel, Abschied von Feindbildern, S. 85; vgl. auch Trepper, Die Wahrheit, S. 150; Danyel, Zwischen Nation und Sozialismus, S. 485 f.

und Diskussionskontakte – eine Widerstandsorganisation gebildet, die ab Sommer 1941 vom passiven zum aktiven Stadium überging. Zu kommunistischen Zirkeln in Hamburg hatte die bis 1939 bestehende Abschnittsleitung Nord der KPD in Kopenhagen zwar Verbindung gehalten, sie jedoch nicht mehr zu aktivem Auftreten motivieren können.[12] Auch hier war es der Krieg mit der UdSSR, der die »schlafenden Kader« weckte. Die Gruppe konzentrierte sich auf den Aufbau einer Betriebszellenorganisation und auf vorsichtige Propaganda, die auch ausländische Zwangsarbeiter und Kriegsgefangene einbezog und vor allem zu langsamerem Arbeiten und Sabotage an Rüstungsgütern aufrief. In Zusammenhang mit der Unterbringung zweier sowjetischer Fallschirmspringer wurde die Gruppe im Oktober 1942 von der Gestapo aufgerollt. Jacob gelang die Flucht, Bästlein konnte Anfang 1944 nach einem Bombenangriff aus der Haft entkommen und wie Jacob in Berlin untertauchen; Robert Abshagen und eine Reihe weiterer Beteiligter wurden zum Tod verurteilt und hingerichtet.

Kurzlebiger war die »Lechleiter-« oder »Vorbote«-Gruppe in Mannheim, die wie die Uhrig-Römer-Organisation im Februar 1942 zerschlagen wurde. Sie ist nach ihrem speziellen Zuschnitt besonders typisch für diese Phase des KPD-Widerstandes. Ihre Köpfe, der frühere KPD-Landtagsabgeordnete Georg Lechleiter und die badischen KPD-Funktionäre Jakob Faulhaber und Rudolf Langendorf, waren nach der Machtübernahme verhaftet worden, bis 1934 bzw. 1935 im Konzentrationslager und daher am kommunistischen Widerstand der Jahre 1933 bis 1936 nicht beteiligt. In den folgenden Jahren reduzierte sich der kommunistische Widerstand auch in Mannheim fast völlig auf die Wahrung persönlicher Kontakte zwischen Gesinnungsfreunden und politische Diskussionen in kleinstem Kreis. Von einer »kontinuierlichen Anleitung« dieser in sich abgeschotteten Form von Widerstandsverhalten durch die zuständige Abschnittsleitung, in diesem Fall die Abschnittsleitung Süd in Basel, kann entgegen den Postulaten der DDR- bzw. VVN-Historie[13] keine Rede sein. Die Gestapo merkte in ihrer Berichterstattung 1938 realistisch an, daß das fast vollständige Ausbleiben bekannter kommunistischer Untergrundperiodika in dem »großen Verlust von Parteiarbeitern« begründet sei, der in keinem Verhältnis zu den Er-

---

[12] Siehe dazu Puls, Bästlein-Jacob-Abshagen-Gruppe, S. 27 ff.; die Autorin kommt – im Widerspruch zur eigenen Darstellung – freilich zu dem entgegengesetzten Schluß.

[13] Siehe dazu etwa Fritz Salm, Im Schatten des Henkers. Vom Arbeiterwiderstand in Mannheim. Frankfurt a. M. 1979, S. 131 ff.

folgen« der »Hetzschriften« stehe.[14] Erst nach dem 22.Juni 1941 beschlossen Lechleiter und Faulhaber, die in ständigem Diskussionskontakt geblieben waren, die kommunistische Partei in Mannheim neu zu organisieren, und zwar in Form von Betriebszellen in Dreiergruppen. Sie sammelten einen Sympathisanten- und Mitarbeiterkreis und brachten ab September 1941 in einer Auflagenhöhe zwischen 50 und 200 die hektographierte Zeitung ›Der Vorbote‹ heraus, die sie an ihren Arbeitsstellen an »zuverlässige Antifaschisten« verteilten. Die Zerschlagung der Gruppe im Februar 1942 erfolgte auf dem üblichen Weg, d.h. über Spitzel. 32 Personen wurden verhaftet, davon 19 hingerichtet, drei überlebten nicht einmal die Voruntersuchung.

Im Mansfelder Industrierevier war die illegale Parteiorganisation der KPD 1935 von der Gestapo zerschlagen worden. Bis 1940 sind von kommunistischer Seite lediglich lose Abhörgemeinschaften überliefert. Nach dem Überfall auf die Sowjetunion konstituierte sich die »Antifaschistische Arbeitergruppe Mitteldeutschlands« mit Einzelgruppen in mehreren Großbetrieben, vor allem in den Buna-Werken; ihr »Kopf« war der frühere Instrukteur der Berliner Inlandsleitung Robert Büchner. Sie betrieb offensichtlich vorsichtige Antikriegspropaganda und wurde – ein Ausnahmefall – von der Gestapo nicht entdeckt.

Unabhängig von der KPD und ohne Kontakt zu ihr bildete sich 1941 in Berlin eine Widerstandsgruppe um den Arzt Dr. Georg Groscurth und den Chemiker Robert Havemann, die sich vor allem auf Verbindungen zu Fremdarbeitergruppen und Hilfestellung für verfolgte Antinazis und Juden konzentrierte. 1942 gab sie sich den Namen »Europäische Union«. Ihre Mitglieder wurden im September 1943 verhaftet.

Neben den kommunistischen bzw. kommunistisch beeinflußten Gruppen, die diese letzte Phase des organisierten Widerstands der Arbeiterbewegung prägten, ist die aus dem linkssozialistische Milieu stammende illegale Organisation der »Revolutionären Sozialisten« anzuführen, die ebenfalls Frühjahr bis Sommer 1942 von der Gestapo zerschlagen wurde. Es handelt sich hierbei um die weit verzweigte Neu-Beginnen-Organisation in Südbayern und Österreich um Hermann Frieb in München, Bebo Wager in Augsburg, Alois und Josefine Brunner in Wörgl/Tirol und Johann Otto Haas in Wien; sie hatte mit der Uhrig/Römer-Organisation in loser Beziehung ge-

[14] Zitiert nach Erich Matthias und Hermann Weber (Hrsg.), Widerstand gegen den Nationalsozialismus in Mannheim. Mannheim 1984, S. 327 f.

standen und war ursprünglich von Waldemar von Knoeringen aufgebaut und betreut worden. Auch ihr war der Glaube an die Unbesiegbarkeit der Sowjetunion zum Verhängnis geworden; aus den ersten ernsthaften militärischen Schwierigkeiten der deutschen Wehrmacht an der Ostfront im Winter 1941/42 zog sie den Schluß, die militärische Niederlage Hitlers stehe unmittelbar bevor und damit sei der Zeitpunkt für die revolutionäre Aktion gekommen. Diese Gruppe, deren Anfänge bis in das Jahr 1933 zurückreichen, gehört wegen ihrer langen Existenz und ihrer theoretisch-programmatischen Ausrichtung zu den markantesten Gruppen im Bereich des deutschen Widerstands.

Anfang 1942 reiste das KPD-Zentralkomitee-Mitglied Wilhelm Knöchel, der zuvor die Abschnittsleitung West in Amsterdam geleitet und dort anschließend illegal gelebt hatte, mit falschem Paß nach Berlin, um erneut den Aufbau einer zentralen Inlandsleitung zu versuchen. Über den holländischen Komintern-Funktionär Dan Goulooze konnte Knöchel eine Funkverbindung nach Moskau nutzen, und seine Lebensgefährtin Cilly Hansmann, die seine Funktion in Amsterdam übernommen hatte – übrigens die einzige Frau in der kommunistischen Emigration nach 1933, die eine solch verantwortungsvolle Position einnahm –, konnte diesen Kanal aufrechterhalten und Knöchel mit materiellem und personellem Nachschub versorgen. Schwerpunkt von Knöchels Arbeit war neben Berlin das Rhein-Ruhr-Gebiet, wohin er noch vor seiner Abreise die Instrukteure Willi Seng und Alfons Kaps geschickt hatte; wenig später kehrte auch die Amsterdamer KPD-Funktionärin Luise Rieke von Amsterdam nach Duisburg zurück, die den unschätzbaren Vorteil besaß, dort eine legale Existenz führen zu können. Knöchels engster Mitarbeiter in Berlin war der ebenfalls aus Amsterdam gekommene Alfred Kowalke. Aufgrund seiner langjährigen Erfahrung in illegaler Arbeit, seiner Umsicht und nicht zuletzt, weil er der »Anleitung« durch das Politbüro in Moskau nur soweit entsprach, wie es ihm richtig schien, konnte sich Knöchel rund ein Jahr lang halten und eine – angesichts der Schwierigkeiten, zu denen noch eine Tuberkulose-Erkrankung kam – erstaunlich weit verzweigte Organisation aufbauen. Er verfaßte und produzierte in dieser Zeit, zumeist im Alleingang, die Zeitung ›Der Friedenskämpfer‹, die in mehreren Nummern erschien und aktiven Beitrag zur Kriegsbeendigung oder gar Selbstbefreiung von der Hitler-Herrschaft forderte, um dem deutschen Volk einen ehrenvollen Frieden und die Wiederaufnahme in die Völkergemeinschaft zu sichern; andernfalls werde es für die Untaten seiner Führung teuer bezahlen müssen. Dieses Blatt wurde über Verbindungsleute vor allem in Westdeutschland vorsichtig in Umlauf gebracht und als Organ ausgegeben, das keiner Partei oder Interessengruppe diene. Wenig später folgte als weitere Zeitung ›Der patriotische SA-Mann‹, die sich an unzufriedene Nationalsozialisten wandte; beide Zeitungen – mit Auflagen zwischen 100 und 200 Exemplaren, ebenso eine Reihe von Flugblättern und Aufrufen – wurden unter kaum vorstellbaren Schwierigkeiten verfaßt, gedruckt und verteilt.[15] Auch Knöchel mußte jedoch erfahren, daß weder die kritische Kriegslage und die Furcht vor einer Niederlage noch die wachsenden Kriegshärten durch Bombenangriffe und schlechte Ernährungslage zu Opposition in der Bevölkerung oder gar zu Aktionen gegen das Regime führten, sondern im Gegenteil – bei geschickter Propagierung von Durchhaltewillen und Zusammenstehen der Volksgemeinschaft – geeignet waren, die Mehrheit noch fester um die Machthaber zusammenzuschließen. Ausgehend von einer eher beiläufigen Denunziation eines Hitlerjungen und/oder durch den Bericht eines bekannten Spitzels gelang es der Gestapo im Januar 1943, in die Knöchel-Organisation einzubrechen und sie binnen weniger Wochen sowohl in Berlin wie in Westdeutschland zu zerschlagen. Auch die meisten Beteiligten der Komintern-Abteilung OMS/Westeuropa um Goulooze in Amsterdam wurden in diesem Zusammenhang verhaftet.[16] Soweit rekonstruierbar, wurden rund 50 an der Organisation Knöchels Beteiligte hingerichtet oder in der Untersuchungshaft ermordet, weitere wählten den Freitod oder kamen im Zuchthaus oder im Konzentrationslager um. Damit war die letzte mit der Exilführung der KPD in Verbindung stehende Gruppierung zerschlagen, wenn auch von einer »Anleitung« keine Rede mehr sein konnte. In Berührung mit innerdeutschen Verhältnissen kamen die Moskauer Exilanten erst wieder 1945 bei ihrer Rückkehr im Gefolge der Roten Armee.

Ein letzter und ohne Auslandsinitiative unternommener Versuch zur Bildung einer neuen kommunistischen Inlandsleitung fällt in

---

[15] Zeitungen und Flugblätter der Knöchel-Organisation finden sich im Anhang zu Herlemann, Auf verlorenem Posten.

[16] Otdel' meschdunarodnoj swjasi (OMS = Abteilung für internationale Verbindungen). Aussagen Knöchels und seiner Mitbeteiligten, die um die Zusammenarbeit mit dieser Organisation wußten, hatten, wie eine genaue Analyse der Unterlagen ergibt, dazu nicht beigetragen: Im Gegenteil, das scheinbare Kooperationsangebot, das Knöchel nach seiner Verhaftung der Gestapo machte, war in Wirklichkeit nichts als ein langfristig angelegtes, allerdings gescheitertes Täuschungsmanöver, um möglichst viele Beteiligte zu schützen bzw. ihnen die Frist einzuräumen, sich zu retten. Dies gelang letztlich nur Knöchels Lebensgefährtin Cilly Hansmann (Herlemann, Auf verlorenem Posten, S. 136 ff.; Peukert, Die KPD im Widerstand, S. 378 ff.).

die Jahre 1943/44. Er ging von vier regionalen Widerstandsgruppen aus, die sich in Berlin, Thüringen, Leipzig und Magdeburg/Sachsen-Anhalt um alte KPD-Kader formierten, die zumeist 1939 aus Konzentrationslager-Haft entlassen worden waren und in der Tat das »letzte Aufgebot« der KPD bildeten: in Thüringen um den ehemaligen KPD-Reichstagsabgeordneten Theodor Neubauer und den früheren Unterbezirksleiter Jena Magnus Poser; in Leipzig um den ehemaligen KPD-Reichstagsabgeordneten Georg Schumann, den ehemaligen sächsischen Landtagsabgeordneten Otto Engert und um Kurt Kresse, vor 1933 Parteiredakteur und Mitglied der Bezirksleitung Westsachsen. Berlin war wiederum der Kristallisationspunkt: Hier entstand ein organisierter Kreis um den KPD-Funktionär Anton Saefkow, zu dem nach seiner Flucht aus Hamburg Franz Jacob stieß; auch Bernhard Bästlein soll sich nach seiner Flucht der Saefkow-Jacob-Organisation angeschlossen und mit Saefkow und Jacob den »Dreierkopf« der »operativen Inlandsleitung« gebildet haben. In Magdeburg/Sachsen-Anhalt bauten der ehemalige KPD-Bezirksfunktionär Hermann Danz und der – erst 1941 aus dem Konzentrationslager entlassene – Lehrer Martin Schwantes eine ähnliche Gruppe auf. Die führenden Vertreter dieser zum Teil weitverzweigten Netze in Berlin und Mitteldeutschland sollen laut DDR-Geschichtsschreibung eine neue »operative Inlandsleitung« der KPD gebildet haben – schwer vorstellbar, wenn man allein räumliche Distanzen, kriegsbedingte Schwierigkeiten in Personenverkehr und Kommunikation und Zwänge der Konspiration bedenkt. Sicher ist, daß die Genannten in den letzten Kriegsjahren voneinander wußten, miteinander lose Verbindung pflegten, sich nach Möglichkeit absprachen und sich selbst als neue KPD-Inlandsleitung verstanden. Kontakte sind gerichtsnotorisch: Im Sommer 1943 ein Treffen zwischen Poser/Jena und Engert/Leipzig, ebenso eine Reise Neubauers nach Leipzig, im Herbst 1943 der Kontakt Neubauers zu Saefkow in Berlin – alles Beziehungen, die auf Bekanntschaften bzw. gemeinsame Abgeordnetenzeiten zurückgingen. Auch zu anderen Regionen Deutschlands, so ins Rhein-Ruhr-Gebiet, wurden Verbindungen geknüpft. In der Folgezeit kam es zu häufigerem Meinungsaustausch zwischen den drei wichtigsten Leitern Schumann, Neubauer und Saefkow in Leipzig, Gotha und Berlin, wobei die Schwierigkeiten und Reibungsverluste aufgrund geographischer Distanz und konspirativer Tarnung dem durchaus vorhandenen Reorganisationswillen zugutezuhalten sind. Es scheint, daß im Oktober 1943 auch der Entschluß gefaßt wurde, als Grundlage der Parteiarbeit die Richtlinien des »Nationalkomitees ›Freies Deutschland‹« (NKFD) zu übernehmen, von denen die Beteiligten freilich nur über die Sendungen des Moskauer Rundfunks wußten und die erst nach monatelangen Diskussionen unter schwierigsten Bedingungen durchgesetzt werden konnten – gegen den Widerstand der wesentlich klassenkämpferischeren und radikaleren »Leipziger«. Diese vertraten eine Position, die der Strategieänderung der KPD ab 1942 in Richtung auf eine allgemeine Friedensfront und die Zusammenarbeit aller antifaschistischen und friedliebenden Kräfte (Gründung des NKFD) diametral entgegengesetzt war.[17]

Am 22. Juni 1944 kam es bei den Vorbereitungen des Umsturzversuchs vom 20. Juli 1944 zu einem Treffen zwischen den sozialdemokratischen Mitverschwörern Leber und Reichwein sowie den Kommunisten Saefkow und Jacob in der Wohnung des Berliner Arztes Dr. Rudolf Schmid. Bei dieser Unterredung war von kommunistischer Seite zusätzlich Ferdinand Thomas anwesend, der die Besprechung organisiert hatte, sowie ein weiterer Vertrauensmann von Saefkow und Jacob namens Hermann Rambow; dieser war Spitzel der Gestapo, der die Reorganisationsbemühungen der KPD sowie ihre weitergehenden Verbindungen beobachtete.[18] Aufgrund seiner Angaben wurden Reichwein und die vier kommunistischen Emissäre vor einer erneuten Besprechung am 4. Juli 1944 verhaftet, tags darauf auch Leber. Damit war die Gestapo in dieses letzte KPD-Netz eingebrochen, und es gelang bald, auch die Gruppen in Leipzig, Magdeburg und Thüringen zu zerschlagen: Am 14. Juli wurden Neubauer und Poser, drei Tage später die Führer der Gruppe in Leipzig verhaftet.

Eine Gruppe in Köln um die wegen illegaler Aktivitäten bereits vorbestraften Kommunisten Engelbert Brinker, Otto Richter und Wilhelm Tollmann, die erst Anfang 1944 zu arbeiten begonnen hatte und sich selbst als »(National-) Komitee Freies Deutschland« bezeichnete, wurde im November 1944 zerschlagen. Sie besaß zu den mitteldeutschen Gruppen sichtlich keine Verbindung, sondern war

[17] Die von Engert und Schumann entworfenen Leitsätze definierten den Krieg erneut als imperialistischen Krieg zwischen kapitalistischen Staaten mit gegensätzlichen Interessen, in den die Sowjetunion durch den deutschen Überfall hineingezwungen worden sei. Engert vertrat sogar die Position, Deutschland müsse den Krieg gegen die Sowjetunion einseitig beenden, mit ihr ein Bündnis eingehen und anschließend den Krieg mit der Roten Armee gegen die Westmächte weiterführen, um die Weltrevolution voranzutreiben (Duhnke, Die KPD von 1933 bis 1945, S. 495 f.); das sind Positionen, die in DDR-Arbeiten meist verschwiegen oder mit »Zweifeln« und »Verwirrung« über die korrekte Parteilinie umschrieben werden.
[18] Siehe dazu u.a. Brief Dr. Rudolf Schmid an Walter Hammer vom 3.9.1952, IfZ ED 106/96; ausführlich dazu Hofmann, Widerstand, S. 448 f. und S. 790 f. (Anm. 218).

wesentlich von den Übertragungen des NKFD-Senders in Moskau inspiriert.[19] meist kommunistische Mitglieder wurden verhaftet, die drei Köpfe der Gruppe kamen in der Haft ums Leben, weitere Beteiligte wurden zum Tod oder zu Haftstrafen verurteilt.[19]

In den ersten drei Monaten des Jahres 1945 wurden laut DDR-Quellen rund 1800 Kommunisten hingerichtet.[20] Während bei den Gruppen und Diskussionszirkeln, die aus klassischem KPD-Zusammenhang stammten, nach 1941 vielfach eine Rückbesinnung auf revolutionäre Losungen und Konzeptionen der zwanziger Jahre stattfand, bedeutet die strategische Identifizierung von Gruppen wie der um Beppo Römer und um Harnack und Schulze-Boysen mit der Sowjetunion keinesfalls eine Übernahme jener Positionen, die die in Moskau überwinternde KPD-Führung zu Erfüllungsgehilfen sowjetischer Interessenpolitik machten.

2. Die alten Eliten

Kirchen

Die Erfolge Hitlers vom Anschluß Österreichs (März 1938) bis zur Niederlage Frankreichs (Juni 1940) hatten auch bei den Kirchen ihre Wirkung nicht verfehlt – weder beim katholischen Episkopat noch bei der evangelischen Bekennenden und schon gar nicht bei der Amtskirche. Von kirchlicher Seite wurde Hitler zu seinen militärischen Erfolgen immer wieder beglückwünscht, wobei manche Kirchenführer, wie etwa der Breslauer Kardinal Bertram, solche Gelegenheiten nutzten, um neben den Glückwünschen auch spezifische Sorgen der Kirchen vorzutragen. War es schon 1938 anläßlich der »Reichskristallnacht« nicht zu institutionellem Protest gekommen, so blieb dies auch im ersten Kriegsjahr anläßlich der Aktionen der Einsatzgruppen in Polen aus. Obwohl einzelne Bischöfe in internem Kreis überlegten, ob die Kirchen nicht gegen die unmenschlichen Judenverfolgungen protestieren müßten, ist es über einzelne Hilfsmaßnahmen hinaus zu einem organisierten Kirchenprotest in dieser Frage nicht gekommen – was insofern besonders anzumerken ist, als die Kirchen zu diesem Zeitpunkt wohl die einzigen gesell-

---

[19] Ausführlich dazu Bernd-A. Rusinek, Gesellschaft in der Katastrophe. Terror, Illegalität, Widerstand – Köln 1944/45. Essen 1989, insbesondere S. 392 ff.
[20] Duhnke, Die KPD von 1933 bis 1945, S. 509.

schaftlichen Institutionen waren, die entsprechendes politisches Gewicht noch hätten einbringen können. Zu koordiniertem Vorgehen von katholischer und evangelischer Kirche kam es nur einmal, im Dezember 1941, als sowohl der evangelische Landesbischof Wurm im Auftrag der evangelischen Kirchenführerkonferenz (zu der sich etwa die Hälfte der evangelischen Landeskirchenführer zählte) als auch Kardinal Bertram im Auftrag der deutschen Bischofskonferenz in unmittelbaren Schreiben an Hitler – neben üblichen Protesten hinsichtlich der »unwürdigen Bedrückung der Kirche« – gegen das angelaufene Euthanasieprogramm gegenüber Geisteskranken protestierten. Zwar blieben die Kirchen ihrer Rolle auch hier insofern treu, als von diesen Maßnahmen – indirekt – auch und besonders kirchliche Krankenhäuser und Bewahranstalten betroffen waren, doch erreichte dieser Protest immerhin, daß die entsprechenden Vernichtungsmaßnahmen zumindest eingeschränkt wurden.[21]

Einzelne hochrangige katholische und evangelische Kirchenführer bezogen in der Folgezeit wiederholt und in scharfer Form Stellung gegen bestimmte, zum Teil auch zentrale Aspekte der Politik des Regimes; insbesondere sind hier erneut Landesbischof Wurm sowie der Münsteraner Bischof von Galen anzuführen, dessen Predigten mit ihrer ungeschminkten regimekritischen Sprache mitgeschrieben, vervielfältigt und in relativ breitem Umfang illegal verbreitet wurden. Den schärfsten Protest gegen die Ausrottung der Juden von protestantischer Seite stellte der sogenannte »Münchener Laienbrief« an Bischof Hans Meiser aus dem Jahr 1943 dar, der heimlich zirkulierte und die Kirche aufforderte, dem Staat bei seinem Versuch, das Judentum zu vernichten, »aufs äußerste zu widerstehen«[22]. Auch die preußische Bekennende Kirche meldete sich 1943 in gleichem Sinne zu Wort: Die Vernichtung von Menschen aus rassischen Gründen könne nicht mit dem Schwertamt der Obrigkeit begründet werden. Ein Hirtenbrief der katholischen Kirche stellte 1943 fest, daß die Tötung unschuldigen Lebens, also von »wehrlosen Geistesschwachen und -kranken«, von »unheilbar Siechen«, von »erblich Belasteten«, von »entwaffneten Kriegs- und Strafgefangenen« und von »Menschen fremder Rassen und Abstammung« ein Angriff auf Gott selbst sei.[23]

---

[21] Neben zahlreichen Regional- und Einzelstudien allgemein dazu Uwe Gerrens, Medizinisches Ethos und theologische Ethik. Karl und Dietrich Bonhoeffer in der Auseinandersetzung um Zwangssterilisierung und Euthanasie im Nationalsozialismus. München 1966; Norbert Frei (Hrsg.), Medizin und Gesundheitspolitik im Dritten Reich. München 1991.

[22] Denzler und Fabricius, Christen und Nationalsozialisten, S. 165 f.

[23] Günther van Norden, Widerstand in den Kirchen. In: Löwenthal und von zur Mühlen, Widerstand und Verweigerung, S. 125.

Trotz solch eindeutiger Kritik bei Äußerungen und Auftritten hochrangiger Geistlicher gelangten die Kirchen, getreu ihrer traditionellen Selbstbeschränkung, nicht zu institutionellem Widerstand gegen das Regime insgesamt. Der Staat seinerseits wagte es in der Kriegszeit nicht, offiziell gegen führende Repräsentanten der Kirchen vorzugehen, wohl aber gegen einzelne Geistliche, die persönlichen Widerstand leisteten, indem sie etwa von der Kanzel herab klare Worte fanden. Die Verhaftungen einzelner Geistlicher und ihre Einweisung in Konzentrationslager häuften sich in den Kriegsjahren, und die Zahl katholischer wie evangelischer Märtyrer ist durchaus nicht klein; dies bezeugen nicht nur die überlieferten Gerichtsverfahren, sondern auch die allsonntäglich von den Kanzeln verlesenen evangelischen Fürbittelisten für verhaftete Glaubensbrüder. Dieser Widerstand war zwar kirchlich-theologisch motiviert, gewann aber durch die Verfolgungspraxis der NS-Diktatur eine politische Dimension, wie aus den Festnahmebegründungen («staatsfeindliche Äußerungen«, »Jugendverhetzung«, »Wehrkraftzersetzung«, »Vergehen gegen das Heimtückegesetz«, »Hetze gegen die NSDAP« usw.) deutlich wird. Das Verdienst der Kirchen und einer großen Zahl von Geistlichen beider Konfessionen bestand in jenen Jahren vor allem darin, über vielfache individuelle Hilfeleistungen an Bedrohte und Verfolgte hinaus bestimmte Freiräume aufrechtzuerhalten, in denen sich wenigstens ansatzweise regimekritisches Bewußtsein formieren und artikulieren konnte.

Katholisch geprägte Widerstandsgruppen bildeten sich in der zweiten Kriegshälfte in der »Ostmark« – so die »Liga junger katholischer Deutscher/Kampfbund für christlichen Glauben und deutsche Art« sowie eine Gruppe um den Kaplan Heinrich Maier, den Forstingenieur Walter Caldonazzi und den Unternehmer Franz Josef Meissner. Sie gewannen ab 1942 festeren Zusammenhalt, ihre Aktionsmöglichkeiten waren aber außerordentlich beschränkt. 1944 verhaftet, wurden ihre führenden Vertreter zum Tod verurteilt.

Studentischer Widerstand: Die »Weiße Rose«

Am 25. Februar 1943 notierte Josef Goebbels – ganz nebenbei – in seinem Tagebuch: »In München sind einige Studenten als Staatsfeinde entlarvt worden. Sie haben eine umfangreiche Antikriegspropaganda betrieben, wurden vor Gericht gestellt und zum Tode verurteilt. Ich bin dafür, daß die Todesurteile vollstreckt werden.«[24]

[24] Die Tagebücher von Joseph Goebbels, Teil II, Bd. 7, bearb. von Elke Fröhlich. München u. a. 1993, S. 414.

Und noch am 31. Mai 1943 – die Geschwister Scholl und Christoph Probst waren bereits in der letzten Februarwoche hingerichtet worden – sprach sich Oberreichsanwalt Lautz vom Volksgerichtshof gegen eine Begnadigung von Alexander Schmorell, Willi Graf und Kurt Huber aus mit der Begründung: »Es handelt sich [...] wohl um den schwersten Fall hochverräterischer Flugblattpropaganda [...] während des Krieges im Altreich«.[25]

Beide Äußerungen beziehen sich auf eine jugendlich-jugendbewegte, primär konservativ-humanistischem Gedankengut verhaftete studentische Widerstandsgruppe aus dem Bildungsbürgertum, deren Kern sich über familiäre und freundschaftliche Beziehungen an der Universität formierte; im beginnenden »totalen Krieg« fand sie weit über München hinaus Anziehungskraft und Nachahmer im akademisch-intellektuellen, jugendbewegten Milieu in Süddeutschland sowie in Hamburg und Berlin.[26] Kern dieser studentischen Widerstandsbewegung der »Weißen Rose«[27] waren die Geschwister Hans und Sophie Scholl, Alexander Schmorell, Christoph Probst und Willi Graf, sämtlich Studenten an der Münchener Universität, und der Musikwissenschaftler Professor Kurt Huber, der – eine Art geistiger Mentor – freilich erst später zu der studentischen Widerstandsgruppierung stieß. Trotz des scheinbar weitverzweigten geographischen Zusammenhangs, aus dem die Gestapo auf das Bestehen einer überregional und konspirativ agierenden studentisch-intellektuellen Organisation schloß, wäre nichts unzutreffender als die Deutung, die »Weiße Rose« sei über die Münchener Kerngruppe hinaus eine geheimbündlerisch verfaßte Verschwörergruppe gewe-

[25] Schreiben des Oberreichsanwalts beim Volksgerichtshof an das Reichsministerium der Justiz vom 31.5.1943, zitiert nach Christiane Moll: Die Weiße Rose. In: Steinbach und Tuchel, Widerstand, S. 443-467, hier S. 443.

[26] Hier standen Hans Scholl und Alexander Schmorell mit Falk Harnack, dem Bruder Arvid Harnacks, eines führenden Mitglieds der Harnack/Schulze-Boysen-Organisation, in Verbindung.

[27] Die Herleitung dieses Namens, den sich die studentischen Verschwörer selbst gegeben hatten, ist in der Literatur nach wie vor höchst umstritten und war wohl auch seitens der Beteiligten selbst nicht monokausal abgeleitet, sondern Ergebnis vielfältiger literarischer und politischer Assoziationen und Symbolerfahrungen – das Spektrum reicht von Dostojewskijs Parabel vom Großinquisitor aus seinem Roman ›Die Brüder Karamasow‹, in der die »weiße Rose« als Sargschmuck für ein totes Mädchen und als Symbol der Wiederauferstehung dient, über B. Travens 1929 erschienenen Mexiko-Roman ›Die weiße Rose‹ und Dantes Bild von der »Himmelsrose« in der ›Göttlichen Komödie‹ bis hin zu der weißen Rose, die das Symbol der nach 1933 verbotenen bündischen Gruppierung dj.1.11 des Stuttgarter Jungenschaftsführers Eberhard Koebel («tusk») bildete, welcher Hans Scholl angehört hatte; vgl. dazu Michael Kaufmann, Die Ethik des Widerstandes im Falle der Weißen Rose, Magisterarbeit, Sozialwissenschaftliche Fakultät der Universität München, 1995, S. 24-33.

sen. Die überregionalen Verbindungen waren informeller Natur bzw. das Ergebnis des Bestrebens der Münchener Gruppe, über Bekanntschaften und Freundschaften einen möglichst weiten Kreis zu erreichen, ohne daß die Randfiguren tatsächlich eingeweiht gewesen wären. So gelangten etwa Flugblätter der »Weißen Rose« über Traute Lafrenz, eine Freundin von Hans Scholl, sowie Hans Leipelt[28], nach Hamburg, wo sie vervielfältigt und verbreitet wurden. Dies war nicht organisiert, sondern eher zufällig; die Kontakte nach Ulm, Stuttgart und Saarbrücken ergaben sich aus verwandtschaftlichen und freundschaftlichen Beziehungen der Geschwister Scholl, die damit einerseits den Bekanntheitsgrad der Flugblätter der »Weißen Rose« erhöhen, andererseits vom konspirativen Zentrum München ablenken wollten.

Das Stocken des deutschen Vormarschs vor Moskau im Winter 1941/42 hatte in der deutschen Bevölkerung vielfach Zweifel am weiteren militärischen Erfolg geweckt; die Massierung des britischen Bombenkriegs gegen deutsche Städte und das Ende der Offensive Rommels in Nordafrika im Sommer 1942 mußten die Befürchtungen noch verstärken. Das Entsetzen über die Vorgehensweise der Einsatzgruppen unmittelbar hinter der russischen Front, das Willi Graf, Ende 1941 und Anfang 1942 in Rußland stationiert, in den Erfahrungszusammenhang der Freundesgruppe einbringen konnte, mag Opposition ebenso stimuliert haben wie die Konfrontation mit einer zunehmend unduldsamer reagierenden Obrigkeit. Die ersten vier Flugblätter der »Weißen Rose« verfaßten Hans Scholl und Alexander Schmorell im Sommer 1942; sie versandten sie Ende Juni bis Mitte Juli an ausgesuchte Adressaten in München, um vor allem Akademiker als die geistige Elite zu mobilisieren. Zu diesem Zweck benutzte man »gezielt die Sprache des klassischen Bürgertums« und zitierte Autoritäten »wie Schiller, Goethe, aber auch Laotse, die Bibel, Novalis und Aristoteles«[29]. Die Empfänger – vorwiegend Schriftsteller, Professoren, Schuldirektoren, Buchhändler und Ärzte aus München und Umgebung – sollten als Multiplikatoren dienen und den Flugblättern zu einer möglichst breiten Wirksamkeit verhelfen.

---

[28] Leipelts gezielte Widerstandstätigkeit begann erst nach der Verhaftung und Hinrichtung der Mitglieder der Münchener Kerngruppe, die er selbst nicht kannte; vgl. dazu Kaufmann, Ethik des Widerstands, S. 32 f., sowie Ursel Hochmuth und Gertrud Meyer, Streiflichter aus dem Hamburger Widerstand 1933-1945. Frankfurt a. M. 1969, S. 400.
[29] Moll, Die Weiße Rose, S. 447.

Im Herbst 1942 waren die Medizinstudenten Scholl, Schmorell und Graf als Mitglieder der Münchener Studentenkompanie zu einem dreimonatigen Einsatz an die russische Front abkommandiert, wobei insbesondere der Halbrusse Schmorell, der fließend russisch sprach, engere Kontakte zur russischen Bevölkerung vermitteln konnte. Nach ihrer Rückkehr begann Ende 1942/Anfang 1943 die Vorbereitung des fünften Flugblatts, in die man auch Kurt Huber einbezog; es war in Sprache und Form weit klarer und politischer und wandte sich unter der Überschrift »Flugblätter der Widerstandsbewegung in Deutschland« an »alle Deutsche[n]«. Die Auflage betrug mehrere Tausend, und das Flugblatt wurde auch in Augsburg, Frankfurt, Stuttgart, Salzburg, Linz und Wien verbreitet – zum Teil über Reisen der Gruppenmitglieder, die die vorbereiteten Sendungen an aus Adreßbüchern herausgesuchte Empfänger meist aus dem akademischen Milieu in Briefkästen steckten. Man propagierte einen »gesunden föderativen Staatsaufbau« und wandte sich, im politischen Interesse des deutschen Südens, gegen den »preußischen Militarismus«. Hier schlugen sich nicht nur Kurt Hubers politische Vorstellungen nieder, der den Norden als »nationalsozialistisch radikalisierter (= stärker bolschewisiert)« betrachtete, sondern auch Theodor Haeckers massive Gegnerschaft gegenüber der protestantischen Hegemonialmacht Preußen. Man suchte dabei die Grundsubstanz des schwelenden bayerisch-süddeutschen – mehr kulturell bestimmten – Unbehagens im konservativen wie liberalen Bürgertum und sein eigentümlich mißtrauisches »bayerisches Urgefühl« gegen den »Nordlichter«-Einfluß zu mobilisieren. Die offizielle Nachricht von der katastrophalen deutschen Niederlage in Stalingrad, von der die deutsche Presse Anfang Februar 1943 berichtete, war schließlich Anlaß für das sechste Flugblatt, dem die Gruppe zum Opfer fallen sollte. Der Entschluß zu diesem Flugblatt, das wiederum weit unmittelbarer politisch argumentierte als die früheren Blätter und dessen Autorenschaft zu einem guten Teil Kurt Huber zuzuschreiben ist, dürfte nicht unwesentlich von einem Auftritt des Münchener Gauleiters Paul Giesler anläßlich der 470-Jahr-Feier der Münchener Universität am 13. Januar 1943 im Deutschen Museum gefördert worden sein, der Tumulte und Proteste unter den Studenten hervorgerufen hatte.[30] Verteilung und Versand dieses Flugblatts Mitte Februar 1943 – in einer Auflage von 2 000 bis 3 000 Exemplaren – waren verbunden mit Schmier- und Malaktionen in der Universität und an zahlreichen öffentlichen Gebäuden. Trotz

[30] Moll, Die Weiße Rose, S. 454.

der Aussetzung von 1 000 RM Belohnung und der Bildung einer Sonderkommission tappte die Gestapo noch Mitte Februar 1943 im Dunkeln. Erst am 18. Februar 1943 gelang die Festnahme von Hans und Sophie Scholl, die im Lichthof der Universität in großem Umfang Flugblätter streuten, durch einen Hausangestellten.

Exakt läßt sich der personelle Umkreis der »Weißen Rose« kaum bestimmen, da man hier unterschiedliche kategoriale Zuordnungen vornehmen muß. Um den erwähnten Kern hatten sich weitere mehr oder minder homogene Umfeld-Kreise von Mitwissern und Mittätern in München und in anderen Städten gebildet – jedoch ohne näheren Kontakt zueinander. In München gehörten dazu auch Mitglieder der Studentenkompanie und des Bach-Chors, weitere Kommilitonen waren vor allem in Ulm, Stuttgart, Freiburg und Saarbrücken beheimatet[31]; die Verbindungen nach Hamburg und Berlin waren eher persönlich-informeller als organisatorischer Natur.

In acht Prozessen standen 49 Angeklagte vor dem Volksgerichtshof: Neben den sechs Hauptangeklagten (Hans und Sophie Scholl, Schmorell, Graf, Probst, Huber), die hingerichtet wurden, stehen jene neun, die vor Kriegsende noch ermordet wurden, den Freitod wählten oder an Haftbedingungen starben. Überlebende Mitwisser waren etwa 60 Personen. Aktiv an der Herstellung der Flugblätter beteiligt waren wohl nur Hans Scholl, Schmorell, Probst und Huber.[32] Die »Weiße Rose« bildet also einen Sonderfall im Widerstand, da an ihr weder Linke aus dem Spektrum der Arbeiterbewegung mitwirkten, die aufgrund weltanschaulicher Sensibilisierung den verbrecherischen Charakter des Regimes zu durchschauen verstanden, noch hochrangige Vertreter der alten Eliten, die aufgrund ihrer Sonderstellung zu ähnlichen Schlußfolgerungen gelangten. Der Motivations- und Erfahrungshintergrund der Beteiligten spannte sich von bildungsbürgerlicher und vor allem christlich-katholisch-jugendbewegter Herkunft über konservativ-idealistische Bildungsideologien, die konkrete Erfahrung deutscher Besatzungspolitik im Osten, Sorge um das zukünftige nationale Geschick Deutschlands und die vor allem durch Schmorell vermittelte konkrete Begegnung mit russischen Bauern bis hin zu dem katholisch-antipreußischen

---

[31] Neben Traute Lafrenz sind hier vor allem Gisela Schertling und Katharina Schüddekopf, Hubert Furtwängler, Ottmar Hammerstein, Wolf Jaeger, Jürgen Wittgenstein u.a. zu nennen, aus Ulm Susanne und Hans Hirzel sowie Franz Joseph Müller, Freunde Willi Grafs aus Freiburg, aus Stuttgart der »Finanzier« der Gruppe, Eugen Grimminger (vgl. dazu Michael Kißener, Geld aus Stuttgart. Eugen Grimminger und die »Weiße Rose«. In: Lill, Hochverrat?, S. 121-134).

[32] Kaufmann, Ethik des Widerstandes, S. 36.

186

Denken der Hochschullehrer Carl Muth[33] und Theodor Haecker, die zwar Einfluß ausübten, aber in die Aktionen der Gruppe nicht unmittelbar eingeweiht waren. Trotz aller Ideen von einem föderativen Europa findet sich, ähnlich wie bei der »Roten Kapelle«, eine kontinentaleuropäisch zentrierte und damit nach Osten ausgerichtete Weltsicht. Hier zeigt sich einmal mehr, wie sehr ein staatliches Informationsmonopol mit kaum zehn Jahren Wirksamkeit spontan entstandene wie traditionell bestimmte oppositionelle Strömungen zu »entpolitisieren« und von einer realistischen Gesamtschau abzuschneiden vermochte.

Militärischer und ziviler Widerstand:
Der 20. Juli 1944 und sein Umfeld

Nach den erfolgreichen Feldzügen der Jahre 1940 und 1941 ist es wohl kein Zufall, daß das »Verstummen der Generäle« ab Sommer 1940 die zivile Opposition wieder stärker in Erscheinung treten ließ. Obwohl auch die zivilen Vertreter der alten Eliten von den kriegerischen Erfolgen des Reichs durchaus beeindruckt waren, führten der größere Abstand zu den militärischen Ereignissen sowie die Fähigkeit, in politischen Gesamtzusammenhängen zu denken, bei vielen zu der Erkenntnis, daß »Hitler im Taumel seiner Selbstüberschätzung dabei war, die Kräfte des Landes hoffnungslos zu überspannen«[34].

Goerdeler und die »Honoratiorengruppe«: Unzweifelhaft war Goerdeler mit seinem großen Freundes- und Gesprächskreis, den er immer weiter auszudehnen verstand und zu dem inzwischen »Geschäftsleute, Beamte, Professoren, Kirchenmänner und Gewerkschaftsführer« gehörten, ab 1941 Magnet und Motor der zivilen Opposition zugleich.[35] Es war ihm – neben seiner engen Verbindung zu Ludwig Beck – gelungen, sowohl ehemals hochrangige SPD- und Gewerkschaftsführer wie Leber und Leuschner enger an sich zu binden, nicht zu vergessen Kaiser als Vertreter der Christlichen Gewerkschaften, als auch in der akademischen Intelligenz Fuß zu fassen. Er

---

[33] Hans Scholl, wiewohl protestantischer Herkunft, ordnete und katalogisierte Anfang der vierziger Jahre Carl Muths umfangreiche Bibliothek, wobei ihm eine Reihe katholisch geprägter Schriftsteller begegneten; vgl. dazu Klemens von Klemperer, Naturrecht und der deutsche Widerstand gegen den Nationalsozialismus. In: Steinbach und Tuchel, Widerstand, S. 43-53, hier S. 51.

[34] Fest, Staatsstreich, S. 147.

[35] Ebd. S. 148.

stand u.a. in engem Kontakt mit dem »Freiburger Kreis«[36] von Universitätsprofessoren um Gerhard Ritter, Walter Eucken und Adolf Lampe, für die die »Reichskristallnacht« der Anlaß gewesen war, zumindest in internem Rahmen gegen den NS-Staat Stellung zu beziehen; hinzu kamen die Kontakte zu weiteren zumindest potentiell oppositionellen Kreisen: so etwa dem »Reusch-Kreis« aus Bankiers und Unternehmern[37], wodurch Goerdeler auch mit der wirtschaftlichen Situation Deutschlands und den entsprechenden Fachinformationen aus dem Ausland vertraut geblieben war, oder der gelehrten Berliner »Mittwochs-Gesellschaft«, die sich auch während des Kriegs regelmäßig traf und der eine Reihe von Angehörigen des Honoratiorenkreises um Carl Goerdeler zuzurechnen ist.[38]

Mangels konkreter Aktionsmöglichkeiten war man zunächst auf die Frage zurückgeworfen, wie denn ein Deutschland nach Hitler aussehen könne. Schon vor dem Westfeldzug hatte Goerdeler eine Reihe von Denkschriften verfaßt. Der umfassendste Ordnungsentwurf, der aus diesen Denkschriften entstand und von Goerdeler Anfang 1941 unter dem Titel ›Das Ziel‹ formuliert wurde, ist Ergebnis der kontinuierlichen Gespräche und Beratungen sowohl mit Beck, Popitz und Hassell wie mit den ehemaligen Gewerkschaftsführern Leuschner und Kaiser. Bei seinen unverkennbar ständisch-restaurativen und staatsautoritären Zügen bleibt zu berücksichtigen, daß es sich hier noch nicht um einen verbindlichen Neuordnungsentwurf handelte, sondern um einen zeit- und umständebedingten, auch innerhalb der »Honoratiorengruppe« durchaus umstrittenen Diskussionsentwurf, der nur im Zusammenhang mit seinen Entstehungsbedingungen verstehbar ist[39]; zum anderen gingen all diese Planungen von einer zentralen Erfahrung aller Beteiligten aus, dem Scheitern der Republik von Weimar, dem Einbruch der totalitären Diktatur in Staat und Gesellschaft und der Unfähigkeit der Parteien von links bis rechts, diesem Geschehen zu steuern bzw. tragfähige parlamentarische Traditionen zu schaffen.

[36] Vgl. dazu Hugo Ott, Der »Freiburger Kreis«. In: Rudolf Lill und Michael Kißener (Hrsg.), 20. Juli 1944 in Baden und Württemberg. Konstanz 1994, S. 125-153.

[37] Vgl. dazu Wilhelm Treue: Widerstand von Unternehmern und Nationalökonomen. In: Schmädeke und Steinbach, Widerstand, S. 917-937.

[38] Vgl. dazu: Die Mittwochs-Gesellschaft. Protokolle aus dem geistigen Deutschland 1932 bis 1944. Hrsg. und eingel. von Klaus Scholder. Berlin 1982.

[39] So trug der Verfassungsentwurf von Anfang 1940, der offensichtlich wesentlich aus der Feder von Ulrich von Hassell und Johannes Popitz stammte, der in den alten Eliten vorherrschenden staatsautoritären und nationalreaktionären Stimmung weit mehr Rechnung; vgl. dazu Hans Mommsen, Gesellschaftsbild und Verfassungspläne des deutschen Widerstands. In Graml, Widerstand, S. 14-91, hier S. 58 ff., sowie Hammersen, Politisches Denken im deutschen Widerstand.

Daneben wurden außenpolitische Sondierungen in Großbritannien und den USA fortgesetzt. Die wohl früheste Fühlungnahme nach dem für Hitler so triumphalen Frankreichfeldzug verbindet sich mit dem Namen Albrecht Haushofer, Sohn des Weltkriegsgenerals und Begründers der deutschen geopolitischen Wissenschaft Karl Haushofer; auch Haushofer lehrte – seit 1939 an der Auslandswissenschaftlichen Fakultät der Universität Berlin – »Politische Geographie« und »Geopolitik« und war zugleich Legationsrat im Auswärtigen Amt. Politisch rechtskonservativ-monarchiefreundlich eingestellt, stand er in Kontakt nicht nur zu Hassell und Popitz, sondern auch zu den »Kreisauern« sowie zu Schulze-Boysen und anderen Angehörigen der »Roten Kapelle«. Zugleich blieb er in enger persönlicher Verbindung zu seinem Studienfreund Rudolf Heß, dem »Stellvertreter des Führers«, für den er aufgrund seiner guten Kenntnis Englands häufig als Berater wirkte. Auf der anderen Seite war er durch persönliche Betroffenheit – seine Mutter war Halbjüdin – in besonderem Maße sensibilisiert gegenüber der Gewaltpolitik des Regimes. Im Herbst 1940/Frühjahr 1941 versuchte Haushofer in Absprache mit Heß brieflich ein Zusammentreffen mit dem Duke of Hamilton auf neutralem Boden zu erreichen bzw. über Carl Jacob Burckhardt und die Schweiz Verbindungen zu führenden englischen Politikern aufzubauen. Diese Bemühungen scheiterten, als Heß vorzeitig, am 10. Mai 1941, seinen spektakulären Flug nach England unternahm, um persönlich Frieden zu stiften. Haushofer wurde festgenommen und stand nach seiner Entlassung unter ständiger Gestapo-Aufsicht. Nach dem 20. Juli 1944 wurde er verhaftet und kam in den letzten Kriegstagen ums Leben.[40]

Auch Ulrich von Hassell versuchte über Burckhardt Kontakte nach England zu knüpfen, und kurz vor dem Kriegseintritt der USA versuchte die Opposition, über Louis P. Lochner, Leiter des Berliner Büros der Associated Press, unmittelbar Verbindung zu dem amerikanischen Präsidenten Roosevelt aufzunehmen. Lochner, der dazu bereit war, wurde jedoch nach Kriegseintritt der USA zunächst in Deutschland interniert und nach seiner Rückkehr in die USA bei Präsident Roosevelt nicht vorgelassen.[41]

---

[40] Hoffmann, Widerstand, S. 254-261 und S. 656 gibt an, Haushofer sei bei der Evakuierung des Gefängnisses Plötzensee von der SS ermordet worden; möglicherweise starb er jedoch während des Evakuierungsmarschs an Entkräftung.

[41] Hoffmann, Widerstand, S. 261-265. An den Gesprächen mit Lochner waren neben dem ehemaligen sozialdemokratischen Regierungspräsidenten Ernst von Harnack der frühere Zentrums-Reichstagsabgeordnete Josef Wirmer, Bernhard Letterhaus, Otto John und Klaus Bonhoeffer beteiligt.

Der »Kreisauer Kreis«: Die zweite bedeutende Vereinigung ziviler Regimegegner während des Kriegs, der »Kreisauer Kreis«, gegründet und zusammengehalten durch Helmuth James Graf von Moltke[42], war der »Honoratiorengruppe« um Goerdeler, Beck, Hassell, Popitz u.a. geistig-weltanschaulich verwandt, aber anders strukturiert. Der Kreisauer Kreis, der etwa zwanzig aktive Mitglieder und ebenso viele Sympathisanten umfaßte, war ebenfalls kein konspirativer Verschwörerzirkel, sondern ein Freundes- und Gesprächskreis, der erst ab 1941 festere Konturen gewann; er hat seinen Namen, der als Begriff zum erstenmal in den ›Kaltenbrunner-Berichten‹ auftaucht, von dem Moltkeschen Familiengut Kreisau im niederschlesischen Kreis Schweidnitz, obgleich man sich dort nur wenige Male traf, sondern vor allem in wechselnder Zusammensetzung in verschiedenen Wohnungen in Berlin tagte. Neben Moltke war Peter Graf Yorck von Wartenburg, in dessen Haus in Berlin-Lichterfelde die meisten der intensiven, sich bald auf Arbeitsgruppen verteilenden Gesprächsrunden stattfanden, die zentrale Figur. Hat man Moltke den »Beweger« des Kreises genannt, so war Yorck von Wartenburg unzweifelhaft dessen »Herz«.[43] Aus dem oppositionellen Kreis im Auswärtigen Amt stieß vor allem Adam von Trott zu Solz zu den »Kreisauern«, ebenso der lebenslang mit Dietrich Bonhoeffer freundschaftlich verbundene, liberal-protestantisch geprägte Hans-Bernd von Haeften. Letzterer konnte auf ein Studienjahr in Cambridge (1938/39) und intensive deutsch-britische Kontakte zurückblicken und stand in den dreißiger Jahren, schon ob des gemeinsamen Wohnorts Berlin-Dahlem, in engem Kontakt mit Niemöller. Er gehörte zu den ranghöchsten Beamten im Auswärtigen Amt und

---

[42] Moltke, Jg. 1907, stammte aus einer tradtionsreichen preußischen Adelsfamilie, seine Mutter kam aus Südafrika und war die Tochter eines hochangesehenen liberalen Obersten Richters und Justizministers. Während seines Jurastudiums machte er die Bekanntschaft der Wiener Reformpädagogin und Sozialarbeiterin Eugenie Schwarzwald, die wesentliche Anstöße für die Sozial- und Schulreformen im »Roten Wien« nach dem Ersten Weltkrieg gegeben hatte und aus deren Schule u.a. die KPD-Führerin Ruth Fischer (recte: Elfriede Eisler) hervorgegangen war. Zu dem Intellektuellen- und Künstlerkreis um Eugenie Schwarzwald, in dem Moltke auch seine spätere Frau Freya Deichmann kennenlernte, gehörten in den zwanziger Jahren Adolf Loos, Hans Kelsen, Oskar Kokoschka, Egon Wellesz, Arnold Schönberg, Rainer Maria Rilke, Egon Friedell, Jakob Wassermann, Alfred Polgar, Georg Lukács, die dänische Schriftstellerin Karin Michaelsen und die amerikanische Journalistin Dorothy Thompson sowie der spätere »Neubeginner« Karl Frank (vgl. dazu Alice Herdan-Zuckmayer, Genies sind im Lehrplan nicht vorgesehen. Frankfurt a. M. 1979, sowie Hans Deichmann, »Fraudoktor«. Erinnerungen von Freunden und Schülern [Ms.] 1978; vgl.: Ders., Gegenstände. München 1996).

[43] Fest, Staatsstreich, S. 158.

konnte – gedeckt von Staatssekretär von Weiszsäcker – schützend und koordinierend die Arbeit von Untergebenen wie Trott zu Solz und anderen begleiten. Carl Dietrich von Trotha, Vetter und Jugendgefährte Moltkes und 1931 bis 1933 Schüler von Adolf Löwe und Max Horkheimer am Frankfurter Institut für Sozialforschung, und der Oberregierungrat im Reichswirtschaftsministerium Horst von Einsiedel, der die Verfolgung nach dem 20. Juli 1944 überlebte, aber wenig später als Gefangener der russischen »Befreier« ums Leben kam, waren die Wirtschaftsfachleute des Kreisauer Kreises. Aus der evangelischen Kirche kamen Harald Poelchau, Vertreter des religiösen Sozialismus und ab Juni 1933 Seelsorger in Berlin-Tegel, der – sein eigenes Engagement im Kreisauer Kreis blieb unentdeckt – als Gefängnispfarrer die meisten seiner Freunde vor ihrer Hinrichtung betreuen konnte, sowie der evangelische Theologe Eugen Gerstenmaier, der erst relativ spät, 1942, zum Kreisauer Kreis stieß, bald aber eine wichtige Rolle spielte. Als Ökumene-Referent im Berliner Kirchlichen Außenamt verfügte er über besonders gute Beziehungen zu den Oppositionskreisen im Auswärtigen Amt.

Wichtig war auch Otto Heinrich von der Gablentz, der, da er an keiner der drei Hauptagungen des Kreisauer Kreises teilnahm, von der Gestapo nicht geortet wurde. Von der Jugendbewegung geprägt und als junger Offizier im Ersten Weltkrieg schwer verwundet, war er als Vertreter eines »konservativen Sozialismus« unter den Einfluß der »Religiösen Sozialisten« um Paul Tillich und die ›Neuen Blätter für den Sozialismus‹ geraten, an denen neben Poelchau auch Adolf Reichwein, Carlo Mierendorff und Theodor Haubach mitarbeiteten. Von der Gablentz, der zusammen mit Horst von Einsiedel bis zum Ende des Dritten Reichs in der »Wirtschaftsgruppe Chemische Industrie« überwintern konnte, hielt enge Verbindungen zu Eugen Gerstenmaier sowie zu Theodor Steltzer, der – ebenfalls im Ersten Weltkrieg schwerverwundet – ursprünglich der DDP angehört hatte und, von 1920 bis 1933 parteiloser Landrat in Rendsburg/Schleswig-Holstein, nach dem 30. Januar 1933 entlassen und verfolgt worden war. Im Zweiten Weltkrieg knüpfte er als Besatzungsoffizier in Norwegen Kontakte zum norwegischen Widerstand und war als Experte für das militärische Transportwesen trotz seiner kriegsbedingten Abwesenheit von Berlin ein wertvolles und in vieler Hinsicht prägendes Mitglied des Kreises. Ältester unter den »Kreisauern« war der Rechtsanwalt Hans Lukaschek aus Breslau, Zentrumspolitiker und ehemals Oberpräsident der preußischen Provinz Oberschlesien, der aus seiner praktischen Erfahrung in besonderer Weise befähigt war, zu den Verfassungs- und Verwaltungsreformplänen des Kreisauer Kreises beizutragen; gleiches gilt für Paulus von Husen, ebenfalls ehemaliger Zentrumspolitiker aus Oberschlesien, dessen Wohnung in Berlin-Grunewald im Juni und Juli 1944 mehrfach zu Vorbereitungstreffen für das Attentat vom 20. Juli diente. Von katholischer Seite war der Jurist Hans Peters, Professor an der Friedrich-Wilhelms-Universität zu Berlin, schon 1940 zu den »Kreisauern« gestoßen, und 1941/42 kamen die Jesuitenpatres Augustin Rösch, Lothar König und Alfred Delp hinzu. Die Weimarer sozialistische Arbeiterbewegung schließlich war im Kreisauer Kreis durch vier herausragende und originäre Köpfe vertreten: Der Reformpädagoge Adolf Reichwein, 1930 bis 1933 Professor für Geschichte und Staatsbürgerkunde an der Pädagogischen Akademie in Halle, anschließend zwangsweise Landschullehrer in Oberschlesien, wurde rasch zum Kultur- und Bildungsexperten des Kreisauer Kreises und war in den Regierungsplänen der Verschwörung des 20. Juli als möglicher Kultusminister vorgesehen. Durch Reichwein in den Kreis einbezogen wurden die »Dioskuren« Theodor Haubach und Carl (genannt Carlo) Mierendorff, alte Jugend- und Studienfreunde und politische Weggenossen, in den Ausgangsjahren der Weimarer Republik schon aufstrebende junge Männer in der deutschen Sozialdemokratie, Abgeordnete in Reichstag bzw. Hamburger Bürgerschaft mit oft harscher Kritik an der sozialdemokratischen »Weltanschauung« und deshalb im Widerstand gegen die NS-Diktatur besonders offen für Bündnisperspektiven über den traditionellen Rahmen der Arbeiterbewegung hinaus. Haubach hatte zwei Jahre (1934-1936) Haft im Konzentrationslager Esterwegen hinter sich, Mierendorff 1933 bis 1938 einen Leidensweg durch die Konzentrationslager Osthofen, Lichtenburg – wo er mit Leuschner zusammentraf – Papenburg, Börgermoor, Torgau und schließlich Buchenwald durchgemacht. Er spielte durch seine starke Persönlichkeit eine herausragende Rolle im Kreisauer Kreis, und sein Tod bei einem Luftangriff im Dezember 1943 in Leipzig bedeutete einen schweren Schlag. Zu den »Kreisauern« gehörte schließlich – relativ spät und nicht spannungsfrei gerade in seinem Verhältnis zu Moltke – Julius Leber. Er zählte ebenso zu der Honoratiorengruppe um Goerdeler und war einer der Kandidaten der Verschwörergruppen für den Posten des Innenministers oder gar – als Alternative zu Goerdeler – des Reichskanzlers.

Während die oppositionellen und ordnungspolitischen Alternativen der »Honoratiorengruppe« den mit einer kontinentaleuropäischen Führungsrolle des Deutschen Reichs verbundenen und aus der Kaiserzeit stammenden Vorstellungen treu blieben, waren die

»Kreisauer« – differenzierter und sensibler – wesentlich von Christentum, Jugendbewegung und dem Fronterlebnis des Ersten Weltkriegs sowie der Erfahrung des Scheiterns der ersten deutschen Republik geprägt. »Kreisau« repräsentierte die jüngere Generation des deutschen Widerstands aus den alten Eliten. Dies machen insbesondere auch die Verbindungen zur Jugendbewegung deutlich. Wichtige Lehrer und geistige Vorbilder waren neben dem 1933 emigrierten Reformpädagogen und -juristen Eugen Rosenstock-Huessy der evangelische Theologe Paul Tillich, der sozialdemokratische Jurist Gustav Radbruch, der christliche Sozialist Adolf Löwe, der Jesuitenpater Gustav Gundelach und andere, die zumeist schon bald nach 1933 hatten emigrieren müssen. Im Kreisauer Kreis laufen vielfältige geistesgeschichtliche und biographische Entwicklungslinien ineinander, wogegen die »Honoratiorengruppe« in ihren Reformvorstellungen einheitlicher von konservativen staatsrechtlichen und gesellschaftstheoretischen Ideen aus dem 19. Jahrhundert und – nicht zuletzt – von den Vorstellungen Carl Schmitts geprägt war. Wiewohl letztlich gleichfalls von ständischen und »vorindustriellen« Wertvorstellungen ausgehend, waren die »Kreisauer« doch deutlich »moderner«. Viele Mitglieder des Kreisauer Kreises konnten lebensgeschichtlich auf Erfahrungen im westeuropäischen bzw. angelsächsischen Ausland zurückblicken, die es ihnen ermöglichten, das lähmende Informationsmonopol des Regimes durch eigene Kenntnisse oder durch private Informationsmöglichkeiten im Ausland wenigstens ansatzweise zu durchbrechen. Diese starke angelsächsische Hinwendung[44] trug wohl wesentlich dazu bei, daß der Kreisauer Kreis nahezu die einzige Gruppierung in dem von den Nationalrevolutionären bis zu den Kommunisten reichenden politischen Gesamtspektrum des deutschen Widerstands war, die bewußt nach Westeuropa blickte und sich nicht vorrangig auf eine kontinentale, antiwestliche und damit antimodernistische Position festgelegt hatte. Dazu kamen die – eher romantisch-konservativ ausgerichtete – »jugendbe-

[44] Dies gilt u.a. für Moltke, dessen Mutter, wie schon angeführt, aus einer liberal-großbürgerlichen Familie in Südafrika stammte und der sich von 1935 bis 1938 regelmäßig in England aufhielt, um in London und Oxford die Ausbildung auch zum britischen Anwalt (barrister) zu absolvieren, wie für den Cecil-Rhodes-Stipendiaten Adam von Trott zu Solz, der 1931 bis 1933 in Oxford studierte und in der zweiten Hälfte der dreißiger Jahre mehrere Studienaufenthalte in den USA und im Fernen Osten absolvierte, für den Diplomaten Hans-Bernd von Haeften, der in der zweiten Hälfte der zwanziger Jahre u.a. in Leeds und London studierte, für Horst von Einsiedel, der 1930 bis 1932 in Harvard sein Studium weiterverfolgte, sowie für Adolf Reichwein, der auf ausgedehnte Reiseerfahrungen in Amerika und im Fernen Osten zurückblicken konnte; vgl. dazu Winterhager, Kreisauer Kreis, S. 16-83.

wegte« Verbundenheit sowie der maßgebliche Einfluß reformpädagogischer, aus der Verbindung von Jugendbewegung, Psychoanalyse und sozialreformerischem Impetus entstandener Bildungsvorstellungen, die unter dem Einfluß Rosenstock-Huessys und der von ihm und der reformpädagogischen »Löwenberger Arbeitsgemeinschaft« ins Leben gerufenen schlesischen Arbeitslagerbewegung zahlreiche Mitglieder des Kreises wie Moltke, Trotha, Einsiedel, Reichwein, Gablentz, Peters u.a. entscheidend geprägt hatten. Vornehmlich über Poelchau floß die Tradition des Religiösen Sozialismus um Paul Tillich in die Arbeit des Kreises ein, zu dessen erklärten Zielen es gehörte, »Arbeiter« und »Kirchen« zueinander zu bringen. Katholisch geprägte sozialreformerische Traditionen wurden im Kreisauer Kreis durch Rösch, Delp und König sowie die ehemaligen Zentrumspolitiker Lukaschek und van Husen repräsentiert; die sozialistische Tradition schließlich durch Reichwein, Haubach, Mierendorf und Leber – freilich, wie sich schon aus ihren politischen Lebensläufen in der Weimarer Republik ergibt, in höchst eigenwilligen Formen, die damals schon offen waren für die geistige und politische Welt jenseits der klassischen Arbeiterbewegung.

Auch den Kreisauer Nachkriegsplänen[45] lagen die Betroffenheit angesichts des Scheiterns von Weimar wie die Konfrontation mit der totalitären NS-Diktatur zugrunde. Man wollte einen gesellschaftlichen Neuaufbau von unten erreichen, auf der Basis kleiner, sich selbst verwaltender Gemeinschaften; dies bedeutete den Bruch mit dem Obrigkeitsstaat wilhelminischen Musters. Hinter dieser Idee stand jedoch auch das eingewurzelte konservative Mißtrauen gegenüber den modernen Massengesellschaften westlicher Prägung. Die Wiederherstellung des »Rechtsstaats« und der Menschenrechte war selbstverständliches erstes Ziel, verbunden mit Vorstellungen von einem sozial abgesicherten »Recht auf Arbeit« und weitgehender »Sozialisierung des Wirtschaftskörpers«, die sich sowohl aus dem Gedankengut der Arbeiterbewegung wie der katholischen Soziallehre speisten. Interessant ist dabei die gesamteuropäische, die nationalstaatlichen Grenzen transzendierende Perspektive der »Kreisauer«, wenngleich man, wie die vorliegenden Verwaltungspläne für die Nachkriegszeit belegen, fest damit rechnete, daß die vom NS-Staat eroberten und dem Deutschen Reich zugeschlagenen Gebiete – von

---

[45] Vgl. dazu neben van Roon, Neuordnung im Widerstand, vor allem Mommsen, Gesellschaftbild und Verfassungspläne, sowie Hammersen, Politisches Denken im deutschen Widerstand; beide Autoren gehen ausführlich und differenziert auf die Diskussionen der »Kreisauer«, ihre Nachkriegsplanungen und ihre spezifisch »spätweimarische« geistesgeschichtliche Prägung ein.

Elsaß-Lothringen und Luxemburg bis zum Warthegau – Teile des Reichs bleiben würden; unter der Perspektive einer gesamteuropäischen Ordnung war man jedoch zu weitgehenden territorialen Zugeständnissen an die Nachbarnationen bereit.

Die »Kreisauer« waren keineswegs ein introvertierter Verschwörerzirkel, konnten sie doch eine Reihe von Persönlichkeiten differenziert in die Nachkriegsplanungen einbeziehen und sie – wohl teils mit, teils ohne ihr Vorwissen – bestimmten politischen Aufgaben in einer Nachkriegsordnung zuordnen. Das Verbindungsnetz reicht von hochrangigen Theologen wie dem katholischen Bischof von Preysing und dem evangelischen Bischof Wurm bis zu Bonhoeffer, der Ende 1940 wie andere Oppositionelle in der Militärischen Abwehr eine zunächst sichere Nische gefunden hatte. Dort sollte er seine weitreichenden ökumenischen Verbindungen zur Verfügung stellen, die er dann auch in den Gesamtzusammenhang der Verschwörung einbrachte. Auch zu Leuschner und Kaiser hatten die »Kreisauer« Kontakt, auch wenn diese eher der Honoratiorengruppe um Goerdeler zuzurechnen sind. Anfang Januar 1943 kam es bei Yorck von Wartenburg auf Vermittlung von Schulenburg zu einer Art Grundsatztreffen zwischen den »Kreisauern« und der »Honoratiorengruppe«, an dem neben Schulenburg und dem Gesprächsmoderator Beck von der einen Seite Goerdeler, Hassell, Popitz und Jessen, von der anderen Yorck, Moltke, Trott zu Solz und Gerstenmaier teilnahmen. Eine programmatische Einigung gelang noch nicht. Zwar waren auch die »Kreisauer« bereit, Goerdeler angesichts seiner umfangreichen Kontakte in Deutschland und England zumindest vorübergehend als Reichskanzler zu akzeptieren, die Gegensätze auf programmatischer Ebene, insbesondere auf sozialem Gebiet, aufgrund unterschiedlichen Lebensalters und Erfahrungshintergrunds blieben jedoch unüberbrückbar. Die »Kreisauer« verhielten sich gegenüber den »Exzellenzen« äußerst kritisch und stuften vor allem Goerdeler als »Reaktionär« ein; die »Honoratioren« sahen ihrerseits in den »Kreisauern« »jüngere Männer ohne Erfahrung« und glaubten ihnen illusionäre Vorstellungen und Mangel an Realismus anlasten zu müssen.[46]

Enge Kontakte bestanden auch zu dem bayerisch-konservativen Kreis um den ehemaligen Gesandten Franz Sperr und den Rechtsanwalt Franz Reisert sowie Joseph Ernst Fürst Fugger von Glött[47], ferner

---

[46] Vgl. dazu die Notiz Ulrich von Hassells in: Die Hassell-Tagebücher, S. 347.
[47] Vgl. dazu James Donohue, Hitler's Conservative Opponents in Bavaria 1930-1945, Leiden 1961. Die Gestapo betrachtete den Sperr-Kreis sogar als unmittelbaren bayerischen Ableger der »Kreisauer«, und Sperr, Reisert und Fugger von Glött wurden im gleichen Verfahren wie Moltke, Delp, Haubach, Gerstenmaier und Steltzer abgeurteilt.

zu dem schon angeführten »Freiburger Kreis«, der seinerseits wiederum enge Beziehungen zu der Goerdeler-Gruppe unterhielt. Auch zur Weißen Rose gab es über Delp, Falk Harnack und die Brüder Bonhoeffer eine lose Verbindung, die immerhin dazu führte, daß Moltke im März 1943 bei einem dienstlichen Aufenthalt in Norwegen das letzte Flugblatt der Weißen Rose nebst einem Bericht über das Wirken der Gruppe und die Hinrichtung ihrer führenden Mitglieder über eine norwegische Widerstandsgruppe an die schwedische und britische Öffentlichkeit übermitteln konnte. Die Weiße Rose erlangte somit, noch vor dem 20. Juli 1944, als gewissermaßen erste deutsche Widerstandsgruppe weltweit Berühmtheit. Auch während des Kriegs liefen über Kontakte der Abwehr und des Auswärtigen Amts und über Kanäle in neutrale Länder Einzelverbindungen vor allem nach Großbritannien sowie zu den nationalen Widerstandsbewegungen im besetzten Europa. Diese Kontakte dürfen nicht überschätzt werden, begegneten sie doch auf alliierter Seite im allgemeinen der gleichen Skepsis wie die Initiativen von Goerdeler und Trott zu Solz; sie belegen jedoch eine gegenüber der »Honoratiorengruppe« insgesamt modernere und mehr zukunftsorientierte Haltung.

Die Geschichte des Kreisauer Kreises reicht von Mitte 1938 (Sudetenkrise) bis zum 20. Juli 1944. Während der Vorgeschichte und der Formierung des Kreises (1938-1940) kam es über vielerlei persönliche Kontakte zur Bildung von Gesprächskreisen und -gruppen um Moltke und Yorck. Ende 1940 bis 1943 bildeten sich festere Diskussions- und Arbeitsstrukturen heraus: Außenkontakte insbesondere zu den Kirchen wurden aufgenommen und intensiviert[48], der Kreis erweiterte sich, hielt die drei der Nachkriegsplanung gewidmeten »Tagungen« bzw. organisierten Wochenendtreffen auf Kreisau[49] ab und fand Verbindung zu der »Honoratiorengruppe« um Goerdeler und zu oppositionellen Offizierskreisen. Etwa ab Mitte 1943 konkretisierten sich die Pläne für eine Ordnung nach Hitler auch im Detail. Nach Moltkes Verhaftung im Januar 1944 – Folge des Vorgehens des Reichssicherheitshauptamtes gegen das Amt Ausland der militärischen Abwehr unter Canaris – zerfiel der Kreis rasch; einzelne

---

[48] »Die Kontakte der ›Kreisauer‹ reichten von den Bischöfen bis zu den Gewerkschaftsführern und vom Freiburger Kreis bis zur ›Roten Kapelle‹« (Ger van Roon, Zur Einführung. In: Winterhager, Der Kreisauer Kreis, S. 6).

[49] Die erste dieser drei größeren Tagungen fand im Mai 1942 statt, die zweite Mitte Oktober 1942, die dritte schließlich Mitte Juni 1943; neben den Ehepaaren Moltke und Yorck, die stets anwesend waren, gehörten die angeführten Mitglieder des »engeren Kreises« in unterschiedlicher Besetzung zu den Teilnehmern; vgl. dazu im einzelnen Winterhager, Der Kreisauer Kreis, S. 98 f.

Kreisauer näherten sich der Offiziersverschwörung um Stauffenberg an, und viele Beteiligte wurden infolge offengelegter Verbindungen Opfer der Verhaftungswelle nach dem 20. Juli 1944.

Tresckow und die Heeresgruppe Mitte: Die Aktivierung des militärischen Flügels der Opposition der alten Eliten läßt sich nicht an einem einzigen Datum festmachen. Das »Gefühl wechselseitiger Fremdheit«[50] zwischen Hitler und dem Offizierskorps hatte sich nach dem Frankreich-Feldzug zwar selbst bei dezidierten Hitler-Gegnern vorübergehend verflüchtigt, gewann ab Frühjahr 1941 aber wieder an Brisanz als Reaktion auf Auftritte, Maßnahmen und Erlasse Hitlers – also keineswegs erst als Antwort auf militärische Niederlagen. Diese Niederlagen bzw. ihre sichere Erwartung spielten jedoch ohne Zweifel bei der Neuformierung der militärischen Opposition eine zentrale Rolle. Am 30. März 1941, ein erstes wichtiges Datum, hielt Hitler vor rund 250 hohen Offizieren in der Reichskanzlei eine Rede, mit der er nicht nur seine imperialistisch-kolonialen Ziele Richtung Osten deutlich machte, sondern wohl zum ersten Mal in solcher Klarheit offenlegte, daß ein Krieg im Osten nichts mehr mit den »Blumenkriegen« der Vergangenheit und den leicht errungenen Blitzkrieg-Erfolgen zu tun haben werde, sondern den »Entscheidungskampf zweier Weltanschauungen« und einen »Vernichtungskampf« markiere; Kommissare und GPU-Leute seien Verbrecher und müßten als solche behandelt werden, und die Offiziere dieses Kriegs müßten »von sich das Opfer verlangen, ihre Bedenken zu überwinden«. Diese Rede – in einer stichwortartigen Mitschrift Halders überliefert – rief unter der militärischen Führungselite, der das Wüten der SS-Einsatzkommandos hinter der Front in Polen frisch in Erinnerung war, Entsetzen und Empörung hervor; zu der klassischen Furcht vor dem Zweifrontenkrieg traten nunmehr die politisch-soldatischen Perspektiven, die Hitler für seinen Weltanschauungskrieg im Osten entwickelte und die jedem Kriegs- und Völkerrecht Hohn sprachen. Eine geschlossene Reaktion seitens der Offiziere erfolgte gleichwohl nicht; Brauchitsch wiegelte ab und versagte sich auch diesmal einem neuerlichen Vorschlag Halders zu gemeinsamem Rücktritt.[51]

---

[50] Fest, Staatsstreich, S.183; in der inzwischen vollständig vorliegenden Edition des maschinenschriftlichen Teils der Tagebücher von Joseph Goebbels (1941-1945, 15 Bde.) werden die weit über sachliche Differenzen hinausgehenden psychologischen und mentalen Gegensätze zwischen Hitler und den »Generalen« immer wieder ausführlich thematisiert (vgl. etwa: Die Tagebücher von Joseph Goebbels. Teil II, Bd. 8, bearb. von Hartmut Mehringer. München u. a. 1993, S. 265 ff.).

[51] Halder, Kriegstagebuch, zitiert nach Fest, Staatsstreich, S. 174.

Aus der Flut von Erlassen und Richtlinien für den geplanten Weltanschauungskrieg sorgten in den folgenden Monaten insbesondere der Erlaß über die Kriegsgerichtsbarkeit sowie der »Kommissarbefehl« erneut für Unruhe und Widerspruch im hohen Offizierskorps. Der erstere entzog die Verfolgung aller Straftaten gegen feindliche Zivilpersonen den Militärgerichten und bildete damit die juristische Grundlage für die von den SS-Einsatzgruppen ab Sommer/Herbst 1941 durchgeführten Massenmordaktionen[52], der zweite bestimmte, daß die Politischen Kommissare («Politkommissare«), die in der Offiziershierarchie der Roten Armee auf jeder Kommandoebene parallel und gleichrangig neben den jeweiligen Militärkommandeuren standen, als die »Urheber barbarisch asiatischer Kampfmethoden« bei Gefangennahme noch auf dem Gefechtsfeld »abzusondern« und »grundsätzlich sofort mit der Waffe zu erledigen« seien. Der Kommissarbefehl war vom 6. Juni 1941 datiert und ging bezeichnenderweise schriftlich nur an die Oberbefehlshaber der Armeen bzw. an die Luftflottenchefs, die ihre untergeordneten Befehlshaber und Kommandeure lediglich mündlich einzuweisen hatten; er löste unter den hohen Offizieren vielfach Empörung aus: Zu offenkundig war sein verbrecherischer und allem Kriegs- und Völkerrecht hohnsprechender Charakter. Außer wirkungslosen Protesten geschah allerdings nichts; auch Brauchitsch und Halder, die Spitzen des Heeres, blieben auf ihrem Posten – in der »ehrenhaften Absicht, Schlimmeres zu verhüten« und die strikte Durchführung des Kommissarbefehls durch Zusatz- und Einzelfallanweisungen nach Möglichkeit zu sabotieren. Es fragt sich hier freilich, »wieviel Schlimmes ein hoher verantwortlicher Führer tun darf, um [...] noch Schlimmeres zu verhüten«[53].

Als ab Anfang 1941 die Absichten Hitlers zum Angriff auf die Sowjetunion deutlicher geworden waren, hatte sich – wesentlich auf Initiative Trescows – in der Heeresgruppe Mitte die wohl größte und geschlossenste militärische Widerstandsgruppe während des Kriegs gebildet. Als Erster Generalstabsoffizier (Ia) konnte Tresckow gezielt Offiziere in den Stab der Heeresgruppe Mitte holen, deren Gegnerschaft zu Hitler er sich sicher war: darunter den Rechtsanwalt und Leutnant der Reserve Fabian von Schlabrendorff, Trescows engster Ratgeber und ständiger Kurier zu anderen Grup-

---

[52] Vgl. dazu insgesamt Krausnick und Wilhelm, Die Truppe des Weltanschauungskriegs.
[53] Hoffmann, Widerstand, S. 328. Nicht zuletzt aufgrund der Proteste der Offiziere wurde der Kommissarbefehl im Frühjahr 1942 aufgehoben, was freilich an der grausamen Wirklichkeit des Kriegs im Osten und der Behandlung der sowjetischen Kriegsgefangenen wenig änderte. Vgl. dazu Christian Streit, Keine Kameraden. Die Wehrmacht und die sowjetischen Kriegsgefangenen 1941-1945. Stuttgart 1978.

pen der zivilen und militärischen Opposition, den Kavallerieoffizier (Major, später Oberst) Rudolf von Gersdorff, die Majore Carl-Hans von Hardenberg und Berndt von Kleist sowie eine Reihe weiterer Offiziere[54], die zum großen Teil später den Verfolgungsmaßnahmen nach dem 20. Juli 1944 zum Opfer fielen.

Tresckow hatte schon bei dem umstrittenen Beginn des Westfeldzugs vergeblich versucht, eine Fronde höchster Offiziere gegen Hitlers Kriegspolitik zusammenzubringen; nach dem Kommissarbefehl machte er sich erneut daran, indem er seinen Onkel, Generalfeldmarschall Fedor von Bock, Oberbefehlshaber der Heeresgruppe Mitte, drängte, mit den Befehlshabern der Heeresgruppen Nord und Süd, Gerd von Rundstedt und Wilhelm von Leeb, ins Führerhauptquartier zu fliegen und Hitler den Gehorsam aufzukündigen. Der Plan hätte, da es unmöglich war, so kurz vor dem Rußlandfeldzug die entscheidenden Befehlzentren auszuwechseln, Hitler vielleicht sogar zum Nachgeben gezwungen; er scheiterte wiederum an der Haltung der Generale, die sich bei allem Unwillen über die »Exzesse« hinter der Front als rein militärische Fachleute begriffen und zu politischen Schritten nicht bereit waren. Ab Ende Juni 1941, unmittelbar nach Beginn des Ostfeldzugs, machten die Mordaktionen der Einsatzgruppen vielen Offizieren deutlich, daß diese »Exzesse« eben nicht Exzesse waren, sondern das innerste Wesen des Regimes verkörperten. Bei aller Empörung, die von zahlreichen Offizieren überliefert ist[55], kam es wieder zum alten Dilemma der militärischen Opposition: Die Zeit des Bewegungskriegs in den ersten Monaten des Feldzugs, die große militärische Erfolge und ungeheuren Raumgewinn brachten, eignete sich schlecht für Staatsstreichplanungen; und nach der Winterkatastrophe vor Moskau im Dezember 1941, die zum ersten Mal die Möglichkeit einer militärischen Niederlage denk- und erfahrbar gemacht hatte, sahen sich die Opposition in den Front-Stäben durch die unmittelbaren Anforderungen zur Bewältigung der Krise, die Fronde in der Heimat hingegen durch das Gespenst der Dolchstoßlegende am Handeln gehindert. Die Entfremdung zwischen der militärischen Führung und dem Feldherrn

---

[54] Vgl. dazu ausführlich Hoffmann, Widerstand, S. 329 ff.; besonders anzuführen sind noch die Brüder Georg und Philipp von Boeselager, Kommandeure eines Kavallerieregiments im Gebiet der Heeresgruppe Mitte, das nach einem geglückten Attentat als bewegliche Spezialtruppe im Mittelteil der Ostfront für die Durchsetzung der Verschwörung hätte sorgen sollen.

[55] In zahlreichen Biographien aus dem Bereich des militärischen Widerstands wird deutlich, welche Bedeutung die Massenverbrechen des Regimes im Osten vor allem für die jüngeren Verschwörer besaßen.

Hitler wuchs jedoch zusehends – nicht nur wegen der Massaker im Osten, sondern auch infolge schwerwiegender militärischer Meinungsverschiedenheiten: Klardenkenden Offizieren mußte deutlich sein, daß die Tiefe des russischen Raums die Kapazitäten der deutschen Offensivkraft bei weitem überforderte. Angesichts solcher Differenzen, die sich in der zweiten Hälfte des Jahres 1941 immer mehr aufluden, schien auch für die Opposition die Stunde möglichen Handelns näherzurücken. Tresckow entsandte Schlabrendorff nach Berlin, um Verbindung zu Beck aufzunehmen: Die Heeresgruppe Mitte sei im Falle eines Staatsstreichs »zu allem bereit«[56]. Mehrere Generale, so Georg Thomas und Alexander von Falkenhausen, Militärbefehlshaber in Belgien und Nordfrankreich, sondierten bei Brauchitsch die Chance für ein innenpolitisches Eingreifen, und selbst dieser schien durch die unentwegten Auseinandersetzungen mit Hitler entsprechend »weichgeklopft«. Verbindungen zu der »zivilen Opposition« und zu dem Kreisauer Widerstandskreis waren geknüpft, Hassell wurde erneut um Kontakt zu den Befehlshabern in Belgien und Frankreich gebeten – mit einem Wort: Ende 1941 schien erneut die Situation für eine Entmachtung Hitlers durch das Militär heranzureifen. Die Winterkatastrophe Weihnachten 1941[57], die die deutschen Truppen unvorbereitet traf und aufgrund mangelnder Ausrüstung den bisherigen Angriffselan im Osten buchstäblich erstarren ließ, nahm allerdings auch die Kräfte der Stäbe bis zum äußersten in Anspruch und brachte alle laufenden militärischen Staatsstreichplanungen zum Erliegen. Am 19. Dezember 1941 entließ Hitler zudem Walther von Brauchitsch und nutzte die Gelegenheit zu einem weiteren Revirement in der militärischen Führung. Das hatte zur Folge, daß die militärische Opposition in den Stäben an der Front und in der Heimat nur mehr über Generalstabschef Franz Halder, der seinerseits im September 1942 entlassen

---

[56] Ulrich von Hassell hat in seinen Tagebüchern notiert, was an diesem Vorstoß Tresckows das eigentlich Bemerkenswerte war: Zum ersten Mal in der Geschichte des Widerstands der alten Eliten sei eine Initiative zum Sturz Hitlers nicht von der zivilen Opposition, sondern von der Armee ausgegangen (Die Hassell-Tagebücher, S. 278 [Eintrag vom 4.10.1941]).

[57] Die psychologische Schockwirkung, die der Zusammenbruch der deutschen Offensive im russischen Winter Dezember 1941 innerhalb der deutschen Bevölkerung auslöste, bedarf noch eingehenderer Untersuchungen: Er zerstörte nachhaltig den Nimbus der Unbesiegbarkeit Hitlers und hatte z.B. zur Folge, daß bislang erfolgreich konspirativ agierende Widerstandsgruppen, wie etwa die »Neu-Beginnen«-Organisation der »Revolutionären Sozialisten« in Südbayern und Österreich, den Anfang vom Ende des Dritten Reichs gekommen sahen und zur endlichen Aktion schreiten zu müssen glaubten, was der Gestapo ihre Eliminierung ermöglichte (vgl. dazu weiter oben S. 175f.).

werden sollte, Verbindung zur Wehrmachtsführung besaß; trotz der bisher durchaus zwiespältigen, eher unentschlossenen Rolle von Brauchitsch und Halder war dies ein schwerer Schlag für die militärische Opposition, zumal – auch wenn der Angriff auf Moskau zusammengebrochen war – im Lauf des Jahres 1942 im Süden der Sowjetunion (Wolga und Kaukasus) erneut bedeutende Offensiverfolge gelangen.

Lähmend wirkte auf viele Beteiligte inzwischen auch das Gefühl, es sei für einen Staatsstreich letztlich schon zu spät. Die Winterkatastrophe 1941/42 hatte den Nimbus der Unbesiegbarkeit Hitlers gebrochen; schon im Juli 1941 hatten Großbritannien und die Sowjetunion in einem Abkommen vereinbart, nur in gegenseitigem Einvernehmen Waffenstillstandsverhandlungen zu beginnen, im August folgte die Verkündung der ›Atlantik-Charta‹ durch Churchill und Roosevelt, deren Ziel u.a. in einer definitiven Entwaffnung Deutschlands bestand, und im Dezember 1941 kam mit dem Kriegseintritt der USA jene übermächtige Weltkoalition zustande, der gegenüber das Reich auch militärisch nicht bestehen konnte. Zwangsläufig mußte sich also die Frage stellen, ob für eine aus dem Widerstand hervorgehende neue deutsche Regierung noch eine Chance für einen Friedensschluß zu annehmbaren Bedingungen bestehen könne. Obgleich diese Überlegung die Verschwörer zu besonderer Eile hätte antreiben müssen, verzettelte sich die zivile und militärische Opposition aus den alten Eliten weiter in zeitraubenden Gewissensskrupeln in der Frage der Bindewirkung der persönlichen Eidesleistung auf Hitler und der Legitimität und Sinnhaftigkeit des »Tyrannenmords« – und in vergeblichen Versuchen, doch noch einen der Militärs auf höchster Ebene für die Führung des Umsturzes zu gewinnen. Es ist »überraschend«, wie »planlos« der von erfahrenen Offizieren angeführte Widerstand bis dahin geblieben war, wie sehr »die Gesinnungsstärke der Beteiligten ihr organisatorisches Talent überragte«, und welche Mühe der Widerstand allein damit hatte, »die drei Zentren aufzubauen und zusammenzuschließen, auf die es nun ankam: das Frontheer, das Heimatheer und die zivile Opposition«[58].

Bisher hatte die Opposition der alten Eliten kaum eine festgefügte und organisiert arbeitende Verschwörergruppe dargestellt. Sie war vielmehr – davon legen gerade die Hassell-Tagebücher beredtes Zeugnis ab – ein lose geknüpftes Netz aus Einzelpersonen, gesellschaftlichen Kontakten in unterschiedlichen Zusammenhängen,

---

[58] Fest, Staatsstreich, S. 189 f.

Dienstbeziehungen, Gruppen und Grüppchen, ein quantitativ umfangreicher Kreis aus dem »juste milieu« des ehemaligen preußisch-deutschen militärischen und zivilen »Dienstadels«, erweitert durch gesellschaftlich »kooptierte« gutbürgerliche Militärs und Beamte; ein Kreis aus wenigen schon früh zum Äußersten entschlossenen »Radikalen«, die einige feste Kerngruppen um sich gebildet hatten, und aus vielen Halb- und Teiloppositionellen, Halb- und Dreiviertel-Eingeweihten und Bedenkenträgern aller Art, die die Sorge um das nationale Schicksal des Reichs und, meist unausgesprochen, um die Stellung der eigenen sozialen Gruppe umtrieb; das war schließlich ein Kreis, in dem man sich schon frühzeitig von Einzelperson zu Einzelperson, aber auch von Untergebenem zu Vorgesetztem in erstaunlicher und oft den einfachsten Regeln konspirativer Umsicht zuwiderlaufender Offenheit über die oberste Führung des Reichs und die Notwendigkeit, diese, – wie auch immer – zu beseitigen, austauschen konnte, ohne »Kameradenverrat« befürchten zu müssen. Solange das »Milieu« konsistent blieb und »funktionierte« – und hier ist das »Milieu« der alten Eliten mutatis mutandis vergleichbar mit dem sozialdemokratischen »Milieu« -, waren die Einbruchs- und Zugriffsmöglichkeiten der Gestapo offensichtlich beschränkt.[59]

Mit dem Beginn des Rußland-Feldzugs, spätestens mit der Winterkrise 1941/42 allerdings gewann dieses oppositionelle Konglomerat aus den alten Eliten festere Strukturen. Anfang 1942 stieß mit General Friedrich Olbricht, dem Chef des Allgemeinen Heeresamts und des Wehrersatzamts im Oberkommando der Wehrmacht, der spätere »technische Leiter der Verschwörung« zu der Gruppe um Beck, Hassell und Oster sowie Goerdeler, Popitz und Jessen, und Ende März 1942 wurde Beck, so Hassell, ausdrücklich »als Zentrale konstituiert«[60], bei der künftig alle Fäden der Verschwörung zusam-

---

[59] Hoffmann, Widerstand, S. 442 kommentiert dies folgendermaßen: »Hier findet auch die oft geschmähte Unvorsicht der Verschwörer Erklärung: Die Verbrecherclique stand ›draußen‹, besonders in das Heer waren Gestapo und Partei noch kaum eingedrungen, weithin fühlten und handelten auch an der Opposition völlig Unbeteiligte mit dieser solidarisch. Anders ist der unerhörte Vorgang, ›daß so viele hohe, höchste und allerhöchste Stellen der Armee, eine Reihe von Feldmarschällen mit eingeschlossen, nun schon seit Jahren um das Bestehen einer Zivil- und Militärverschwörung wußten, ohne sie zu verraten‹ [so Ritter, Goerdeler, S. 368], nicht zu erklären.«

[60] Die Hassell-Tagebücher, S. 307. Enger Mitarbeiter und Beauftragter Becks war Hauptmann Ulrich Wilhelm Graf Schwerin von Schwanenfeld, der schon 1941 als Adjutant Witzlebens in Paris bereit gewesen war, sich an einem Attentat auf Hitler während einer geplanten, dann aber nicht zustandegekommenen Siegesparade auf den Champs Élysées zu beteiligen (vgl. dazu Hoffmann, Widerstand, S. 325 f.).

menlaufen sollten; ab Sommer 1942 bestand über Schlabrendorff ständige Verbindung zu Tresckow und der Heeresgruppe Mitte, deren neuen Oberbefehlshaber, Generalfeldmarschall Günther von Kluge, Tresckow – letztlich vergeblich – für die Verschwörung zu gewinnen suchte. Das Konglomerat begann wenigstens ansatzweise, sich in eine Pyramide zu transformieren. Mit Beck und seiner engen Verbindung zu Goerdelers »Honoratiorengruppe«, Olbricht als maßgeblichem Offizier im Ersatzheer und Tresckow von der Heeresgruppe Mitte verfügte die Opposition nunmehr »über jene Gliederung, die ihr bisher gefehlt hatte«[61]. Der Schlag gegen die Machtpositionen des Regimes mußte, so die damalige Planung, zugleich vom Feld- wie vom Ersatzheer erfolgen, die Beseitigung Hitlers als »Initialzündung« konnte nach Lage der Dinge nur vom Feldheer aus erfolgen – nur Tresckows Leute waren zum damaligen Zeitpunkt willens und in der Lage, Hitler zu töten.

Im Sommer 1942 begann Tresckow mit den Vorbereitungen für das Attentat – also zunächst mit Beschaffung und Erprobung von Sprengstoffen, die Tresckow sich über Rudolf von Gersdorff besorgen konnte.[62] Parallel dazu trieben die Verschwörer in Berlin, vor allem Olbricht, ihre Vorbereitungen voran und versuchten, über Berlin hinaus auch in München, Köln und Wien Truppen unter zuverlässigem Kommando in Bereitschaft zu stellen, die nach erfolgter »Initialzündung« die Besetzungs- und Sicherungsmaßnahmen durchführen sollten. Die Planung folgte hier schon dem Grundmuster, nach dem knapp anderthalb Jahre später die Aktion des 20. Juli 1944 durchgeführt werden sollte. Die Aktion selbst wurde schließlich für März 1943 angesetzt – doch nun waren Zeit und Kriegsentwicklung den Verschwörern wieder einmal davongelaufen. Nach den drei Novemberkatastrophen des Jahres 1942 – der Niederlage Rommels bei El Alamein, der britisch-amerikanischen Landung in Marokko und dem sowjetischen Gegenangriff bei Stalingrad, der schließlich Ende Januar/Anfang Februar 1943 zum Totalverlust der 6. Armee führte – hatte sich das Kriegsglück endgültig gewendet, und im Januar 1943 verkündeten Roosevelt und

[61] Fest, Staatsstreich, S. 190.
[62] Vgl. dazu im einzelnen ebd., S. 346 ff.; hier auch weitere Vorbereitungen und Pläne für ein Vorgehen gegen Hitler bei Besuchen an der Ostfront (General Hubert Lanz/Generalmajor Hans Speidel/Oberst Hyacinth Graf Strachwitz), die nicht realisiert werden konnten, da Hitler seine Frontbesuchsplanungen im letzten Moment immer wieder umstieß. Tresckow hatte früher ins Auge gefaßt, Hitler durch ein Pistolenattentat zu töten, und verfolgte diesen Gedanken auch weiterhin, entschied sich aber im Sommer 1942 für ein Sprengstoffattentat, das höhere Sicherheit zu bieten schien.

Churchill in Casablanca die berühmte alliierte Kriegszielformel des »Unconditional Surrender«, was die politischen Perspektiven einer aus der Opposition hervorgegangenen deutschen Regierung auf einen ehrenvollen und nationale Grundanliegen Deutschlands berücksichtigenden Friedensschluß letztlich obsolet machte.

Am 13. März 1943 machte Hitler auf dem Rückflug vom Hauptquartier Winniza/Ukraine nach Rastenburg/Ostpreußen (Hauptquartier »Wolfsschanze«) Station in Smolensk, Befehlsstandort der Heeresgruppe Mitte; es gelang Tresckow, eine mit Zeitzünder versehene Bombe in Hitlers Flugzeug einzuschmuggeln, und Schlabrendorff gab unmittelbar vor dem Start das verabredete Stichwort nach Berlin durch. Die Bombe versagte jedoch – trotz aller vorherigen Erprobungen und obwohl, wie sich später herausstellte, der Zündmechanismus funktioniert hatte; man vermutete, daß der verwendete Plastiksprengstoff aufgrund von Minustemperaturen im Laderaum des Flugzeugs nicht explodiert sei. Damit war der wohl aussichtsreichste Anschlag der Kriegsjahre gescheitert. Ein weiterer Versuch erfolgte rund eine Woche später – Gersdorff war bereit, im Verlauf einer offiziellen Feier zum Heldengedenktag im Zeughaus Unter den Linden in Berlin am 21. März 1943, die Bombe am Körper tragend, sich selbst zusammen mit Hitler in die Luft zu sprengen; er scheiterte, weil Hitler völlig überraschend die Versammlung verließ. Die auf zehn Minuten eingestellte Bombe war bereits scharf, und Gersdorff glückte es nur mit Mühe, sie rechtzeitig wieder zu entschärfen.

Im April 1943 gelang dem Reichssicherheitshauptamt (RSHA) bei der Verfolgung von Devisengeschäften einzelner Mitarbeiter der militärischen Abwehr – hinter denen Bemühungen standen, jüdischen Familien die Flucht in die Schweiz zu ermöglichen – ein Schlag gegen das Amt Ausland/Abwehr im Oberkommando der Wehrmacht (Admiral Canaris), zu dem von seiten des RSHA seit jeher ein scharfes Konkurrenzverhältnis bestanden hatte. Ihm fiel vor allem Oster zum Opfer – er wurde zunächst unter Hausarrest gestellt und später, im März 1944, aus dem aktiven Dienst entlassen, was ständige Überwachung durch die Gestapo nach sich zog. Die Opposition hatte, wie Schlabrendorff formulierte, »ihren bisherigen ›Geschäftsführer‹ verloren«[63]. Bei gleicher Gelegenheit wurden Hans von Dohnanyi und sein Schwager Dietrich Bonhoeffer sowie Josef Müller verhaftet. Dies war, obgleich gegen die Betroffenen noch keineswegs in Sachen Hochverrat ermittelt wurde, ein so ge-

[63] Fest, Staatsstreich, S. 207.

fährlicher Einbruch, daß an weitere Maßnahmen in Berlin zunächst nicht gedacht werden konnte. Nun fehlte eine einheitliche Führung: Oster war abgesetzt, Beck war krank, Witzleben war ein Haudegen, aber kein politischer Verschwörer, und ebenfalls krank, Tresckow besaß Energie und Willen zur entscheidenden Aktion, aber nicht Stellung und Einfluß – er weilte zwar im Sommer 1943 in Berlin, aber nur als Urlauber; Olbricht war näher am Zentrum der Macht, doch fehlte ihm die »dynamische Kraft zum Handeln«, der Befehlshaber des Ersatzheeres, Generaloberst Friedrich Fromm, zeigte sich »unzugänglich und stets zweideutig in seiner Haltung«, und auch der ehemalige Chef der Heeresleitung, Kurt von Hammerstein-Equord, auf den die Verschwörer sich stützen zu können hofften, hatte Einfluß und Stellung längst eingebüßt und war ebenfalls schwer krank. Bei aller hektischen Aktivität stagnierten auch in den folgenden Monaten – trotz zunehmender Verschlechterung der militärischen Lage – die Vorbereitungen. Hitler war mit einem Attentat kaum mehr zu treffen, da er sich zunehmend in seinen Hauptquartieren abschottete, und immer noch fehlte der Heerführer mit Charisma und Einfluß, der das Wagnis der offenen Meuterei und des Staatsstreichs mit Aussicht auf Erfolg hätte eingehen können. Als Generalfeldmarschall von Kluge in der zweiten Jahreshälfte 1943 endlich gewonnen schien, fiel er im Oktober 1943 wegen eines schweren Autounfalls zumindest vorläufig aus.

Stauffenberg und das Ersatzheer: Da Hitler seinen Verkehr nach außen auf die oberste Wehrmacht- und Parteiführung beschränkte, erschien ein Vorgehen gegen seine Person seitens der Front kaum mehr möglich. So galt es nun, einen Attentäter zu finden, der die Möglichkeit besaß, Hitler persönlich zu treffen. In der ersten Augusthälfte 1943 brachte Olbricht Tresckow mit dem sechsunddreißigjährigen Oberstleutnant Claus Graf Schenk von Stauffenberg zusammen, der nach schwerer Verwundung in Nordafrika im Oktober 1943 seinen Dienst als Chef des Stabes im Allgemeinen Heeresamt aufnehmen sollte. Stauffenberg, leidenschaftlicher Soldat und brillanter Stabsoffizier, war nach dem Frankreichfeldzug als Hauptmann in den Generalstab des Heeres versetzt worden; hier machte er rasch Karriere. Aus schwäbisch-katholischem Uradel stammend, stellte er innerhalb des überwiegend protestantischen »preußischen Militäradels«, der das Heer nach wie vor dominierte, eine besondere Erscheinung dar. Als Jugendlicher war er zusammen mit seinen wenig älteren Zwillingsbrüdern Berthold und Alexander zu dem Kreis um Stefan George gestoßen und verfügte über weitgespannte literarische und philosophische Interessen. Wie zahlreiche junge Offiziere hatte er 1933 Hitlers Kanzlerschaft grundsätzlich begrüßt und ging mit vielen Programmpunkten konform. Ebenso typisch jedoch seine spätere ablehnende Haltung gegen Hitlers Vorgehen in der Blomberg-Fritsch-Affäre und in der Sudetenkrise; den Frankreich-Feldzug erlebte er als 2. Generalstabsoffizier einer Panzerdivision jener Heeresgruppe, die im Mai 1940 die Maginot-Linie durchbrach und binnen weniger Wochen bis zum Atlantik durchstieß. Es schien anschließend, als sei der »leidenschaftliche Soldat« nun »ganz in den Anforderungen seines Metiers aufgegangen und den immer neuen Anlässen zur Empörung [nur] mit dem« – bei zahlreichen Offizieren – »verbreiteten Vorsatz begegnet«, nach dem Krieg mit der »braunen Pest« aufzuräumen.[64] Grundsätzliche Gegnerschaft zum Regime und der Entschluß zu aktivem Handeln entwickelten sich bei dem Generalstabsoffizier bezeichnenderweise auf militärischem Gebiet, vor allem während des Rußlandfeldzugs.[65] Moralische Empörung über die Politik im Osten kam erst in zweiter Linie dazu. Schon 1942 vertrat Stauffenberg die Auffassung, der Krieg könne militärisch nicht mehr gewonnen werden, hielt aber bis kurz vor dem 20. Juli 1944 an der Notwendigkeit fest, im Osten wenigstens ein militärisches Remis zu erreichen; schon damals ist von ihm – auf die Frage nach der Möglichkeit, Hitlers Führungsstil zu ändern – als Antwort überliefert: »Töten!«[66]

Unmittelbar nach der Katastrophe von Stalingrad, in deren Verlauf auch er mehrfach vergeblich versuchte, herausragende Militärs wie Manstein von der Notwendigkeit zu überzeugen, gegen Hitler loszuschlagen, wurde er an die Afrikafront versetzt, dort jedoch schon zwei Monate später schwer verwundet, was ihn ein Auge, eine Hand und zwei Finger der anderen kostete. Kaum ausgeheilt, wurde Stauffenberg am 1. Oktober 1943 Chef des Stabes im Allgemeinen Heeresamt unter General Olbricht. Kurz danach mußte Tresckow eine abseits vom Zentrum der Verschwörung gelegene Stellung als Kommandeur eines Regiments bei der Heeresgruppe Süd übernehmen, und so wuchs Stauffenberg – dem Gerhard Ritter später »ein

---

[64] Fest, Staatsstreich, S. 221.
[65] Er tadelte die Ineffizienz der Wehrmachtführung, ihr »organisatorische(s) Chaos« und das »Gewirr der rivalisierenden Entscheidungs- und Kommandoebenen«, die fehlende Bereitschaft Hitlers, den Krieg im Osten »politisch« zu führen, d.h. die Bevölkerung in den besetzten Teilen der Sowjetunion durch vernünftige Behandlung und die Aufstellung von Freiwilligenverbänden auch als militärische Bundesgenossen gegen Stalin zu gewinnen, das offenkundige Versagen der Göringschen Luftwaffe usw. (ebd.).
[66] Hoffmann, Widerstand, S. 394.

Stück dämonischen Machtwillens und Herrentums« zusprach, ohne
das freilich die Widerstandsbewegung wirklich in Gefahr gewesen
sei, »in lauter Vorbereitungen und Planungen stecken zu bleiben«[67] –
mit seinem unbedingten Entschluß zur Aktion gewissermaßen von
selbst in die führende Position der militärischen Verschwörung.

Bei beiden fehlgeschlagenen Attentatsversuchen vom März 1943
war es um die Auslösung der Begleitmaßnahmen zur Durchführung
des Staatsstreichs nach der »Initialzündung« gegangen. Es hatte sich
deutlich gezeigt, daß das bisherige Maßnahmenpaket nicht aus-
reichte. Tresckow und Stauffenberg machten sich im September
1943 daran, die Planungen Olbrichts grundsätzlich zu überarbeiten
und den neuen Gegebenheiten anzupassen. Dies zog sich über die
folgenden Monate bis kurz vor den 20. Juli 1944 hin. Die einzelnen
Stufen und Details sind aufgrund fehlender Quellen nicht mehr rekonstruierbar, Ende 1943 stand jedoch der prinzipielle Plan fest.
Der Staatsstreich sollte nach außen hin zunächst nicht als Putsch *gegen*, sondern, analog zu Becks Umsturzplan von 1938, als Putsch *für*
den Führer ausgegeben werden. Diese Planungen beruhten auf dem
durch die Winterkatastrophe 1941/42 initiierten »Walküre«-Plan
des Generalstabs, der ursprünglich nur dem Frontheer durch ra-
schestmögliche Erfassung von Heimatreserven personellen Nachschub zuführen sollte. Im Sommer 1943 erließ der Befehlshaber des
Ersatzheeres, Generaloberst Fromm, in Weiterführung entsprechender Arbeiten von Olbricht neue »Walküre«-Richtlinien, die nicht
mehr nur dazu dienten, schnellstens Reserven aus dem Reich an die
Front zu bringen, sondern die darüber hinaus befürchteten inneren
Unruhen – etwa im Falle »organisierter Sabotage« großen Stils,
feindlicher Agententrupps, Luftlandetruppen oder eines Aufstands
des Millionenheers der Fremd- und Zwangsarbeiter – rasch mit
Kräften aus der Heimat begegnen sollten; es ging darum, die Masse
des Ersatzheeres (Ausbildungseinheiten, Lehrtruppen, Schulungs-
kräfte, Urlauber, genesene Verwundete usw.), die im Normalfall
nach dem Territorial- und Truppenzugehörigkeitsprinzip aufgeglie-
dert und zahlreichen Dienststellen zugeordnet war, schon binnen
weniger Stunden zu einsatzfähigen Verbänden – Kampfgruppen
und Alarmeinheiten – zusammenzufassen. Spätestens Ende 1943 sahen die Pläne Stauffenbergs und Olbrichts vor, nach einem geglückten Attentat der sofortigen Auslösung des Plans »Walküre« einen
Geheimbefehl vorzuschalten, der das Attentat als einen »Dolchstoß«
der SS gegen den Führer und die rechtmäßige Reichsregierung aus-

---

[67] Ritter, Goerdeler, S. 408.

geben und damit vor allem ein Vorgehen gegen die SS ermöglichen sollte, ferner den militärischen Ausnahmezustand verhängte und der Wehrmacht – d.h. dem Ersatzheer – die vollziehende Gewalt übertrug. Das war nichts anderes als die Verkehrung des Plans »Walküre« als Einsatzplan bei inneren Unruhen in sein genaues Gegenteil mit dem Ziel, die Urheberschaft für den Umsturz SS und NSDAP zuzuschieben. Mit dieser »riesige[n] Köpenickiade zur Beseitigung des Regimes«[68] wollte man im Vertrauen auf die mechanische Wirkung von Befehl und Gehorsam auch möglichst viele jener militärischen Verantwortlichen auf verschiedenen Ebenen in den Staatsstreich mit einbeziehen, die sich in Kenntnis der wahren Umstände wohl dagegen gewendet hätten.

Die katastrophale militärische Lage und die immer brutalere und kurzsichtig nur vom Gesichtspunkt der Machtdurchsetzung zwecks militärisch-wirtschaftlicher Ausbeutung geprägte Besatzungspolitik rief in Ost und West immer ausgedehntere Partisanen- und »Résistance-Aktivitäten« hervor. Die »Pyramide« der Offiziersverschwörung gewann aufgrund dieser Erfahrungen im Laufe des Jahres 1943 und des ersten Halbjahrs 1944 auch an der Basis und in der Mitte an Breite. Die »Spitze« in Person eines Generalfeldmarschalls oder sonstigen kommandierenden Offiziers auf höchster Ebene fehlte freilich nach wie vor. Das Netz der militärischen Verschwörer auf der Majors-, Obristen- und unteren Generalsebene, die – in genaue Einzelheiten der Staatsstreichplanung nicht eingeweiht – wußten, daß eine entsprechende Initiative bevorstand und daß es für sie galt, im entscheidenden Moment bereitzustehen, verdichtete sich zusehends – wenngleich Beförderungen und Versetzungen immer wieder Positionen und Verbindungen, die für die Verschwörung sicher schienen, schlagartig obsolet machten. Es ist natürlich kein Zufall, daß dieses Netz von Beteiligten und mehr oder minder Eingeweihten aus der militärischen wie der zivilen Opposition der alten Eliten sich trotz seiner numerischen Ausweitung letztlich immer enger auf den persönlichen und vertrauenswürdigen Umkreis der Hauptverschwörer reduzierte – auf Verwandte, Bekannte, Mitarbeiter und Kollegen in der militärischen und der Staatsbeamten-Laufbahn, zu denen ein enges Vertrauensverhältnis bestand, auf Freunde, Dienst- und Ausbildungskollegen, bei denen man eine gleichartige Sicht der Dinge erwarten konnte. Dies galt für die Militärverschwörung wie für die »Honoratiorengruppe« und den »Kreisauer Kreis«, bedeutete aber keineswegs einheitliche Planungen und Vorgehensweisen. Zen-

[68] Fest, Staatsstreich, S. 223.

trale Fragen, wie etwa Möglichkeit, Notwendigkeit und Berechtigung einer Ausschaltung Hitlers durch ein Attentat, waren selbst innerhalb der einzelnen Stränge, aus denen sich das zivile und militärische Netz der Opposition flocht, nach wie vor und bis zuletzt umstritten.

Dies traf allerdings nicht auf den Kern der Militärverschwörung um Tresckow und Stauffenberg zu, für die es nur noch um die Frage ging, wie die anscheinend einzig mögliche Option der gewaltsamen Ausschaltung Hitlers in die Tat umzusetzen sei. Da Tresckow ab Ende 1943 im Süden der Ostfront Dienst tat, fiel die Aufgabe der unmittelbaren Attentatsplanung Stauffenberg zu; dessen Problem war es vor allem, einen Attentäter zu finden, der überhaupt Zugang zum Führerhauptquartier und zu Hitler besaß.[69] Noch im September 1943 waren Tresckow und Stauffenberg wegen des Attentats an Oberst Helmuth Stieff, Chef der Organisationsabteilung im Oberkommando des Heeres (OHK), herangetreten; er hätte sich, obwohl nicht regelmäßiger Teilnehmer der Lagebesprechungen, Zugang zu Hitler verschaffen können. Stieff erklärte sich zunächst bereit, erhielt den nötigen Sprengstoff, zögerte dann wieder, forderte einen Mitattentäter und lehnte schließlich ab, ähnlich wie Oberst Joachim Meichßner aus der Abteilung Organisation des Wehrmachtführungsstabs. Daraufhin konnte Stauffenberg im November 1943 über Schulenburg mit dem hochdekorierten Hauptmann Axel von dem Bussche[70] Verbindung aufnehmen, der sein Damaskus im Oktober 1942 bei der Massenexekution von einigen tausend Juden auf dem Flugplatz von Dubno/Ukraine erlebt hatte. Bussche war bereit, Hitler mit der Bombe am eigenen Körper während einer Vorführung neuer Uniformen in die Luft zu sprengen. Die Bombe war wiederum parat, die Uniformvorführung fiel jedoch aus, da der Eisenbahnwaggon mit dem Vorführmaterial durch Luftangriff

[69] So hatte Tresckow im Sommer 1943 den Chef der Operationsabteilung im Generalstab des Heeres, Generalleutnant Adolf Heusinger, der weitläufig in die Verschwörung eingeweiht war, vergeblich gedrängt, mehrere Wochen Urlaub zu nehmen, wodurch er als Heusingers Stellvertreter selbst Gelegenheit zu dem Attentat bekommen hätte (Hoffmann, Stauffenberg, S. 304 f.); Stauffenberg, der schon zuvor bereit gewesen wäre, das Attentat selbst durchzuführen, bekam erst nach seiner Ernennung zum Chef des Stabes Ersatzheer Ende Juni 1944 persönlichen Zugang zu den militärischen Lagebesprechungen im Führerhauptquartier.

[70] Von dem Bussche stammte ebenso wie Tresckow und eine Reihe weiterer Verschwörer aus dem berühmten Infanterieregiment Nr. 9 in Potsdam – vgl. dazu Ekkehard Klausa, Preußische Soldatentradition und Widerstand. Das Potsdamer Infanterieregiment 9 zwischen dem »Tag von Potsdam« und dem 20. Juli 1944. In: Schmädeke und Steinbach, Widerstand, S. 533-545.

zerstört worden war. Als die Vorführung Anfang Februar 1944 doch stattfinden sollte, war Axel von dem Bussche inzwischen an der Ostfront schwer verwundet worden; Leutnant Ewald Heinrich von Kleist, Sohn von Ewald von Kleist-Schmenzin, wollte nun in ähnlicher Weise vorgehen, jedoch kam der Termin nicht nochmals zustande. Stieff bewahrte den für diese Attentatsversuche vorbereiteten Sprengstoff weiterhin auf, und mit diesem Sprengstoff sollte schließlich Stauffenberg das Attentat vom 20. Juli 1944 durchführen. Vor dem 20. Juli sind noch zwei weitere Attentatsversuche oder Vorbereitungen dazu (Oberleutnant Werner von Haeften und Rittmeister Eberhard von Breitenbuch) für Februar und März 1944 verbürgt. Sie konnten jedoch nicht verwirklicht werden.

Zivile Opposition – außenpolitische Sondierungen und innenpolitische Planungen: Die zivile Opposition besaß, trotz formeller Etablierung der »Spitze« Ludwig Beck und struktureller Verdichtung, dennoch weiterhin den Charakter eines Konglomerats von Grüppchen, Kreisen und Einzelkontakten. Sie stellte ein höchst fragiles und in vielem konträres Gebilde dar, und die Verbindungen untereinander waren, vom inneren Kern der Verschwörung abgesehen, recht diffus und uneinheitlich – selbst über die Notwendigkeit einer physischen Beseitigung Hitlers war man, wie gesagt, bis zuletzt uneins. Goerdeler hielt noch im Frühsommer 1944 einen Verhandlungsfrieden auf der Basis der Grenzen von 1914 einschließlich Österreichs und des Sudetenlands für möglich; dem illusionslosen Leber hingegen erschien die bedingungslose Kapitulation unvermeidbar, er näherte sich jedoch innenpolitisch, da eine Rückkehr zu pluralistisch-demokratischen Verhältnissen nicht erwünscht war, immer mehr den konservativ-autoritären Hassell, Popitz und Jessen an. Diese waren nach und nach deutlich von Goerdeler abgerückt, da sie ihm die für notwendig erachtete straffe Führung eines Übergangsregimes nicht zutrauten. Die »Kreisauer« wiederum unterstellten Goerdeler, als Mann der Wirtschaft unfähig zu sein für ein breites Regierungsbündnis unter Einbeziehung der Arbeiterschaft bis hin zum linken Flügel der Sozialdemokratie, und auch Stauffenberg dürfte nun eher in Leber den geeigneten Kandidaten für den Posten des Reichskanzlers gesehen haben, während Leber und Leuschner, um einer erneuten Dolchstoßlegende vorzubeugen, eine Übernahme der Regierungsverantwortung von sozialistischer Seite ablehnten – bis »am Ende, im Chaos weltentrückt betriebener Kontroversen, nicht nur jeder für und gegen jeden [...], sondern die Mehrheit auch, anders als ein Jahr zuvor, nicht mehr auf seiten Goerdelers«[71] stand. Und doch sprachen alle diese Personenkreise am Rande des oppositionellen Geflechts intern über die Notwendigkeit eines Sturzes des Regimes und »taten« etwas, um seine Politik zu stören und so zu seinem Sturz mit beizutragen – von bürokratischer Sabotage bis hin zur Hilfe für verfolgte Juden.

Aus dem Rückblick wird deutlich, daß die zwei gescheiterten Anschläge Tresckows im März 1943 Höhepunkt und Umschwung der Verschwörung zugleich darstellten; von da an weist die Kurve abwärts, nicht nur, weil den Verschwörern buchstäblich die Zeit davonlief, sondern auch, weil Erschöpfung und Pessimismus innerhalb des durch die Klammer Beck zusammengehaltenen Kerns zunahmen und Meinungsverschiedenheiten und gegenseitiges Mißtrauen zu erheblichen Irritationen führten.[72] Nach der Verhaftung von Oster im April 1943 verfolgten Gestapo und SD die offengelegten Spuren weiter, um die militärische Konkurrenz auf dem Abwehrsektor über kurz oder lang auszuschalten. Im Dezember 1943 war Mierendorff in Leipzig bei einem Bombenangriff ums Leben gekommen. Im September 1943 und im Januar 1944 wurden die Mitglieder des »Solf-Kreises« festgenommen. Dieser regimekritischen Gruppierung um die Witwe des ehemaligen Botschafters in Tokio, Hanna Solf, gehörten mit Nikolaus Christoph von Halem[73], dem ehemaligen Legationssekretär Herbert Mumm von Schwarzenstein und dem ehemaligen Gesandten Otto Kiep, Referent für Außenpo-

---

[71] Fest, Staatsstreich, S. 236; vgl. dazu auch die Einschätzung in den ›Kaltenbrunner-Berichten‹ (Spiegelbild, S. 477 ff.).

[72] Vgl. dazu Hoffmann, Stauffenberg, S. 317 ff. Nicht nur innerhalb der Kreise der zivilen Opposition kam es zu diesem Zeitpunkt aus einsichtigen Gründen zu einer Reihe von Irritationen, die zu Uneinigkeit und Mißtrauen führten – herrschte doch weder über das Ziel, doch noch zu einem »ehrenvollen« Verhandlungsfrieden zu gelangen, noch über den Weg und die Methoden einheitlicher Konsens -, auch zwischen dem zivilen und dem militärischen Strang der Verschwörung kam es immer wieder zu Dissens: So fühlte sich Goerdeler zunehmend von dem dynamischen Stauffenberg an den Rand gedrängt, zwischen Stauffenberg und Moltke herrschten offenbar unüberbrückbare Gegensätze, die weniger in politischen Meinungsverschiedenheiten als in persönlichen wie wesensmäßigen Differenzen begründet waren; Popitz und Jessen wurden auch innerhalb der »Honoratiorengruppe« immer mehr zu Randfiguren, nachdem sie vergeblich versucht hatten, über den Rechtsanwalt Carl Langbehn – der ebenfalls seit den späten dreißiger Jahren der Opposition zuzurechnen ist und als Himmlers Nachbar in Berlin-Dahlem zu diesem enge persönliche Verbindung besaß –, Himmler und die SS angesichts der imminenten Kriegsniederlage zu einem Vorgehen gegen Hitler zu gewinnen.

[73] Halem hatte seinerseits wiederum in enger Verbindung zu der 1942 zerschlagenen kommunistischen Oppositionsgruppe um Beppo Römer gestanden – vgl. dazu weiter oben, S. 168.

litik im Oberkommando der Wehrmacht, auch drei Offiziere der Abwehr an. Kurz darauf folgte die Verhaftung Moltkes, der versucht hatte, Kiep zu warnen. Am 11. Februar 1944 wurde Admiral Canaris entmachtet. Die militärische Abwehr als eines der organisatorischen Widerlager der Verschwörung war damit ausgeschaltet. Die Gefahr, daß die Gestapo über die Verhafteten weiteren Verschwörern auf die Spur kommen werde, drängte zur Eile. Dennoch konnte auch im ersten Halbjahr 1944, als die militärische Lage des Reichs immer dramatischer wurde, der entscheidende Schritt nicht getan werden. Das Dilemma der militärischen Opposition läßt sich zu diesem Zeitpunkt auf einen kurzen Nenner bringen: Diejenigen, die wollten, konnten nicht, und diejenigen, die konnten, wollten nicht.

Unterdessen hatten Angehörige der zivilen Opposition unverdrossen weiter versucht, über Kontaktleute im neutralen Ausland mit Vertretern der Westalliierten Verbindung aufzunehmen. Schon im April 1942 hatte Trott zu Solz über den Generalsekretär des Ökumenischen Rats der Kirchen in Genf ein Memorandum an den britischen Lordsiegelbewahrer Stafford Cripps geleitet, das die Neuordnungsvorstellungen der »Kreisauer« beschrieb und vor einem Sturz Hitlers durch den »Bolschewismus« warnte – dies bedeute eine gesamteuropäische Katastrophe. Cripps und Churchill nahmen das Memorandum zur Kenntnis, fanden es »sehr ermutigend« – eine Reaktion erfolgte jedoch nicht. Im Mai 1942 hatten Dietrich Bonhoeffer und Hans Schönfeld, Direktor der Forschungsabteilung des Ökumenischen Rates in Genf, in Stockholm mehrere Gespräche mit dem Bischof von Chichester George Kennedy Allen Bell geführt, der – zu Besuch in Schweden weilend – sich bereit erklärte, ein weiteres Memorandum an den britischen Außenminister Eden zu übermitteln; Eden lehnte jedoch eine weitere Befassung unter Hinweis auf die Bündnisverpflichtungen Großbritanniens gegenüber der Sowjetunion ab. Im Januar 1943 war es Trott zu Solz gelungen, die Verbindung zu Allen Dulles, dem Residenten des amerikanischen »Office of Strategic Services« (OSS) in Bern, herzustellen, den er erneut vor der Gefahr einer Bolschewisierung Deutschlands nach Hitler warnte. Angesichts der ausgebliebenen Reaktionen von angelsächsischer Seite auf die Vorstöße der Opposition bestehe – so Trott zu Solz – zudem die Gefahr, daß jene sich dem Osten zuwende. Ähnliche Versuche unternahm Moltke im Lauf des Jahres 1943 bei Reisen nach Schweden und in die Türkei, und Trott zu Solz setzte seine Bemühungen bis kurz vor dem 20. Juli 1944 fort. Auch Gisevius, inzwischen als Abwehroffizier deutscher Vizekonsul in

Zürich, stand im Auftrag der Opposition schon seit Ende 1942 mit Dulles in Beziehung. Weitere Verbindungen der Opposition im Ausland, die für Kontakte zu den Westalliierten genutzt werden konnten, liefen über Bekannte Goerdelers, vor allem den schwedischen Bankier Jacob Wallenberg. Ab Ende 1943 versuchte Otto John, Syndikus der Deutschen Lufthansa und Beauftragter der Abwehr, beruflich immer wieder über längere Zeiträume hinweg in Madrid, mit dem Hauptquartier General Eisenhowers in Nordafrika Fühlung aufzunehmen. Immer wieder wurde jedoch – zur Enttäuschung der Opposition – deutlich, daß Engländer und Amerikaner die bedingungslose Kapitulation Deutschlands mit militärischen Mitteln erzwingen wollten. So ist es nicht verwunderlich, daß auch bei der Opposition die Option eines Sonderfriedens mit der Sowjetunion als Gedankenspiel gewisse Bedeutung erhielt. Zu konkreten Bemühungen in dieser Richtung kam es allerdings nicht.

Seit Herbst 1943 waren bereits vorbereitende Aufrufe und Befehle entworfen und immer wieder modifiziert worden, die die Auslösung des »Plans Walküre« begleiten sollten. Im Verein mit Stauffenberg, der in diesen Monaten die vorsichtige Unterrichtung neuer und alter Kontaktleute in den Wehrkreiskommandos fortsetzte, um im Augenblick der »Initialzündung« möglichst in allen Wehrkreisen über eingeweihte Vertrauensleute zu verfügen, hatte auch die zivile Seite der Verschwörung eine mehrfach modifizierte Liste von sogenannten Politischen Beauftragten erstellt, die als regionale Berater der Befehlshaber in den Wehrkreisen dienen sollten. Beide Listen – die militärische stammt wesentlich von Stauffenberg, die Liste der Politischen Beauftragten von Goerdeler[74] unter Berücksichtigung von Vorschlägen seitens Leuschners, Lebers, Kaisers und Schulenburgs – illustrieren zum einen, in welchem Ausmaß der militärische Teil der Verschwörung vom preußischen Schwertadel getragen war, und wirft zum anderen ein Schlaglicht auf das breitgefächerte gesellschaftliche Bündnis einschließlich SPD, Gewerkschaften und Katholischer Arbeiterbewegung, auf das sich die Verschwörung der alten Eliten im zivilen Bereich stützen konnte. Gleiches gilt für die Kabinetts- und Ministerlisten, die von verschiedenen Kreisen der zi-

---

[74] Laut Hoffmann, Widerstand, S. 439 f., wurden die meisten der Politischen Beauftragten von Goerdeler persönlich in oft schwierigen und langwierigen Verhandlungen gewonnen; alle seien, ohne in die Staatsstreichplanungen im einzelnen eingeweiht zu sein, in großen Zügen von dem Vorhaben unterrichtet gewesen. Bei einem Mißlingen des Staatsstreichs konnten sie sich jedoch darauf berufen, ohne ihr Wissen auf diese Listen gesetzt worden zu sein, was in den Verhören nach dem Scheitern des 20. Juli häufig auch erfolgreich gelang.

vilen sowie der Militäropposition zwischen Anfang 1943 und Juli 1944 erstellt wurden.[75] Als Staatsoberhaupt wurde zumeist Beck, später auch Leuschner aufgeführt, als Reichstagspräsident war der Altsozialdemokrat Paul Löbe vorgesehen, als Reichskanzler Goerdeler, später aber auch Leber und Leuschner, letzterer zumeist als Vizekanzler genannt, als Außenminister Hassell, zum Teil auch Schulenburg oder sogar Heinrich Brüning, als Innenminister Leber oder Schulenburg. Als Kriegsminister dachte man an Olbricht, Stauffenberg oder Hoepner, als Oberbefehlshaber der Wehrmacht an Witzleben, als Propagandaminister an Mierendorff oder Haubach, als Rüstungsminister sollte Albert Speer gewonnen werden, als Kultusminister Popitz, Reichwein oder der ehemalige württembergische Ministerpräsident Eugen Bolz sowie für eine Reihe weiterer Ressorts Angehörige des ehemaligen Zentrums. Diese Ministerlisten waren freilich nur Arbeitspapiere, da jedem Beteiligten klar sein mußte, daß bei einem geglückten Umsturz zunächst das Militär die Macht besessen hätte. Nichtsdestoweniger zeigen solche Planspiele, wie sehr es der Opposition der alten Eliten zu diesem Zeitpunkt darauf ankam, nicht nur den Rechtsstaat wiederherzustellen, in welchem staatstheoretischen Gewand auch immer, sondern gleichzeitig ein breites, geradezu »volksparteilich« strukturiertes gesellschaftliches Bündnis zur Grundlage des neuen Staatswesens zu machen.

Die innenpolitischen Pläne der Opposition aus den alten Eliten für ein Deutschland nach Hitler, die bis hin zu Detailfragen wie der Bekenntnis- oder Gemeinschaftsschule oder der Notwendigkeit der Errichtung gesunder Mietwohnungen reichten, können hier nicht im Detail dargestellt werden. Einige charakteristische Grundzüge gilt es gleichwohl festzuhalten. Da man das NS-Regime als krisenhaften Einbruch des »modernen« Massenzeitalters bzw. der industrialisierten Massengesellschaft interpretierte, nimmt es nicht wunder, daß die gesellschaftspolitischen Leitbilder zu Steuerung und Überwindung dieser »Krise der Massen« aus dem ordnungspolitischen Arsenal religiös und ständisch bestimmter, historisch längst überholter Gesellschaftskonzeptionen übernommen wurden und daß man dabei auf Vorstellungen zurückgriff, die auch die antidemokratische Opposition gegen die Weimarer Republik animiert hatten.[76] Das Konstrukt der alten Eliten spiegelt die Erfahrung der Weimarer Republik und ihres Scheiterns wider und war andererseits gekennzeichnet von der Zivilisati-

---

[75] Hoffmann, Widerstand, S. 453 f., liefert eine – soweit erhalten – vollständige Zusammenstellung der entsprechenden Vorschläge.
[76] Allgemein dazu Sontheimer, Antidemokratisches Denken in der Weimarer Republik.

onskritik aus Jugendbewegung und »Konservativer Revolution« angesichts der Transformation der europäischen Nationalgesellschaften in industrialisierte Massengesellschaften. Diese beiden Grundkomponenten bestimmten vorrangig das ordnungs- und verfassungspolitische Denken der alten Eliten, und zwar von »rechts« bis »links«, also unter Einschluß der beteiligten Sozialdemokraten. Konsequenz des Untergangs des Weimarer Staates war die vollständige Diskreditierung der pluralistischen Parteiendemokratie, was sich in komplizierten mehrstufigen und regional gegliederten Repräsentationsmodellen von unten nach oben im Sinne einer »Auslese der Besten«, einer »neuen Elite«, äußerte. Hinter der Ablehnung der modernen, pluralistisch-parlamentarisch verfaßten Demokratie steht jedoch ebenso wie hinter der fundamentalen Kritik der modernen Industrie-Gesellschaft die Angst vor der Moderne: Angst vor der hochkomplexen Massengesellschaft, Angst vor dem sichtbaren Zerfall der tradierten Ideen- und Klassenordnung mit ihren klaren Über- und Unterordnungsverhältnissen, Angst vor »amerikanischen Verhältnissen«. Dieses »antimoderne« und »antiwestliche« Trauma wurde potenziert durch die mangelnde Bereitschaft der westlichen Alliierten, auf die Kontaktversuche des Widerstands einzugehen; damit verbunden war die tief verwurzelte »kontinentalzentrische« Überzeugung von der Sonderrolle Deutschlands als Mittler zwischen West und Ost und das Bestreben, einen »dritten Weg« zwischen »parasitärem Kapitalismus« und »kollektivistischem Kommunismus« zu finden. Denkfiguren aus der katholischen Soziallehre wie das Subsidiaritätsprinzip spielten hier ihre gewichtige Rolle. Nationalsozialismus wie Bolschewismus galten als die geschichtsnotwendige Konsequenz der modernen industriellen Massengesellschaft, der nur mit einer »Entmassung der Masse«, der Rückbesinnung auf christlich-humanistische Wertvorstellungen und (berufs)ständische Ordnungskonzeptionen zu steuern sei. Verstärkt wurde dieses auf introvertierte Bewußtseinstraditionen fixierte Bild durch eine nicht aufzubrechende Isolation infolge von NS-Diktatur und Krieg und der konspirativen Zwänge, die den Widerstand der alten Eliten zu einem Widerstand »ohne Volk« machten. Man setzte »Kultur« gegen »Zivilisation«, »Gemeinschaft« gegen »Gesellschaft«; »Liberalismus«, »Individualismus«, »Demokratie« und »Parteienstaat« galten als Negativbegriffe – dies alles war Ausdruck einer zutiefst konservativen Staatsauffassung, wonach »nicht das Ganze um der Glieder willen da« sei, sondern umgekehrt »die Glieder um des Ganzen willen«[77]. Paradoxerweise traf man sich gerade hier mit

---

[77] Hammersen, Politisches Denken, S. 192.

gesellschaftstheoretischen Stereotypen, wie sie auch in nationalsozialistischem Denken beheimatet waren.

Vorabend: Stauffenberg war im Frühjahr/Sommer 1944, als die militärische Lage immer hoffnungsloser wurde[78], immer mehr zu Motor und unbestrittener Führungsfigur der Widerstandsbewegung geworden; er beteiligte sich auch an den »zivilen« Planungen, was insbesondere bei Goerdeler mehr und mehr für Irritationen, Angst und Eifersucht sorgte. Die Militärverschwörung war inzwischen weiter gewachsen. Zu ihrem Kern gehörten nunmehr neben den bisherigen Akteuren Stauffenbergs Bruder Berthold, der Oberst Albrecht Ritter Mertz von Quirnheim – im Mai 1944 von der Ostfront als Chef des Stabes des Ersatzheeres zu Olbricht versetzt–, General Erich Fellgiebel, Chef des Heeresnachrichtenwesens und der Wehrmachtsnachrichtenverbindungen im Oberkommando der Wehrmacht, dem die wichtige Aufgabe zufiel, im Moment des Attentats das Führerhauptquartier und die Machtzentren des Regimes von der Außenwelt zu isolieren, der Generalquartiermeister Eduard Wagner, der zum Ersatzheer abkommandierte Artilleriegeneral Fritz Lindemann sowie Generalfeldmarschall von Witzleben und Generaloberst Hoepner, die schon an früheren Umsturzplänen beteiligt gewesen waren, aber auch der Berliner Stadtkommandant Generalleutnant Paul von Hase. Ein weiteres Zentrum der Verschwörung bildeten die Stäbe des Oberbefehlshabers West und des Militärbefehlshabers Frankreich, General Carl-Heinrich von Stülpnagel, der schon 1939 an Halders Umsturzplan aktiven Anteil genommen hatte und zu den für die Militärverschwörung »sicheren Offizieren« gehörte; Schulenburg, der im Sommer/Herbst 1943 mehrfach dienstlich in Paris weilte, hatte die entsprechenden Verbindungen zur »Zentrale« in Berlin geknüpft. »Motor« aller Umsturzbestrebungen im Westen, die nach der geglückten alliierten Invasion in der Normandie besondere Brisanz gewannen, war Schulenburgs langjähriger Freund Oberstleutnant Caesar von Hofacker. Im Frühjahr 1944 bzw. end-

[78] Die Krim und die gesamte Ukraine waren im Frühjahr 1944 von der Roten Armee erobert worden, die bereits Anfang Januar 1944 die ehemalige polnische Grenze erreicht hatte; Anfang Juli 1944 operierten sowjetische Panzer kaum 100 km vom Führerhauptquartier in Ostpreußen entfernt. Den alliierten Truppen, die im Sommer 1943 Sizilien besetzt hatten, gelang in Italien trotz hinhaltenden deutschen Widerstands der langsame Vormarsch nach Norden; am 4. Juni 1944 wurde Rom besetzt. In der Nacht vom 5. auf den 6. Juni 1944 landete die amerikanisch-britische Invasionsstreitmacht auf der Halbinsel Cotentin in der Normandie, und schon Anfang Juli war klar, daß die deutsche Seite der alliierten Invasionsstreitmacht nichts Gleichwertiges mehr entgegenzusetzen hatte.

gültig nach der alliierten Invasion in der Normandie stieß »Hitlers populärster General«, Generalfeldmarschall Erwin Rommel[79] – seit Anfang 1944 Oberbefehlshaber der Heeresgruppe B im Westen – zu der Verschwörerfronde; sein Generalstabschef Generalleutnant Hans Speidel gehörte ihr seit langem an. Auch General Alexander von Falkenhausen, Wehrmachtbefehlshaber in Belgien, war in die Verschwörung eingeweiht; er wurde allerdings unmittelbar vor dem 20. Juli 1944 abgelöst. Der Befehlshaber des Ersatzheeres Fromm blieb vorsichtig, wußte aber zumindest, daß konkrete Attentats- und Staatsstreichplanungen von Stauffenberg und seinen Mitverschwörern vorangetrieben wurden. Stauffenberg sah in ihm fälschlich einen Verbündeten oder Sympathisanten.

Eine neue Chance zur »Initialzündung« ergab sich erst, als Stauffenberg zum 20. Juni 1944 interimistisch, zum 1. Juli 1944 definitiv zum Chef des Stabes beim Befehlshaber des Ersatzheeres ernannt wurde. Bisher war nie erwogen worden, daß Stauffenberg selbst das Attentat ausführen würde. Dagegen sprachen nicht nur Stauffenbergs manuelle Behinderungen infolge seiner Kriegsverletzungen, sondern auch die Tatsache, daß er persönlich unmittelbar nach dem Attentat in Berlin die Weichen stellen und die als »Walküre« getarnten Maßnahmen in Gang setzen sollte, also eigentlich zwingend in Berlin anwesend zu sein hatte. Da alle bisherigen Versuche gescheitert waren, scheint Stauffenberg ab Ende Mai 1944 entschlossen gewesen zu sein, den Anschlag selbst auszuführen. Aber erst die Beförderung zum Chef des Stabes bot ihm dazu die Möglichkeit, und mit Mertz von Quirnheim, seinem Nachfolger als Chef des Stabes bei Olbricht, befand sich eine Persönlichkeit in Berlin an der Schaltstelle, die Stauffenbergs Rolle dort übernehmen konnte.

Nach der alliierten Invasion in der Normandie stellte sich erneut und verschärft die Frage, ob eine Beseitigung Hitlers und ein Staatsstreich überhaupt noch Sinn hätten. Stauffenberg ließ deshalb noch einmal die Einschätzung von Tresckow erkunden, als dieser sich einige Tage nach Beginn der Invasion zu einer Besprechung der Armeeführer im Oberkommando des Heeres in Ostpreußen befand.

---

[79] Rommel war kein Gegner des Regimes, und bislang hatten ihn die Verschwörer nicht für den aktiven Widerstand gewinnen können. Angesichts der militärisch aussichtslosen Situation strebte er jedoch zumindest seit der alliierten Invasion in der Normandie eine »politische Lösung« an – mit oder ohne und auch gegen Hitler, mit dem Ziel, die Westfront zu öffnen und gegebenenfalls gemeinsam mit den Westalliierten gegen die Sowjets zu marschieren. Vor allem durch seinen späteren erzwungenen Selbstmord sei er, »mehr in der Literatur als in der Wirklichkeit, schließlich doch noch in den Kreis der Opposition geraten« (Fest, Staatsstreich, S. 254; vgl. auch Hoffmann, Stauffenberg, S. 367 ff.).

Die Antwort Tresckows, die freilich nur durch das Zeugnis Schlabrendorffs überliefert ist, dürfte Stauffenbergs Denken entsprochen und so den letzten Anstoß gegeben haben: »Das Attentat«, so Tresckow, »muß erfolgen, coûte que coûte. Sollte es nicht gelingen, so muß trotzdem in Berlin gehandelt werden. Denn es kommt nicht mehr auf den praktischen Zweck an, sondern darauf, daß die deutsche Widerstandsbewegung vor der Welt und vor der Geschichte unter Einsatz des Lebens den entscheidenden Wurf gewagt hat. Alles andere ist daneben gleichgültig.«[80]

Auch aus Sicherheitsgründen war nunmehr höchste Eile geboten. Seit Anfang 1944 hatte Leber versucht, mit Vertretern der illegalen KPD ins Gespräch zu kommen – in dieser Absicht unterstützt von den meisten »Kreisauern«, während Kaiser und vor allem Leuschner, seit seiner Haft im Konzentrationslager außerordentlich mißtrauisch gegenüber dem von Gestapospitzeln durchsetzten KPD-Apparat, davon ebenso dringlich wie vergeblich abrieten. Schließlich kam – mit Wissen und Billigung von Stauffenberg, Yorck und Schulenburg – am 22. Juni 1944 eine Besprechung zustande, an der von seiten der zivilen Opposition Leber und Reichwein beteiligt waren; unter den kommunistischen Gesprächspartnern befand sich jedoch ein Spitzel.[81] Am 4. Juli wurde während eines weiteren Treffens Reichwein, tags darauf Leber verhaftet. Damit war der Gestapo ein Einbruch in den innersten Kreis der Verschwörung geglückt und eine vorzeitige Aufdeckung zu befürchten.

Attentat und Staatsstreich: Am 7. Juni 1944 nahm Stauffenberg – als Begleiter von Generaloberst Fromm, Befehlshaber des Ersatzheeres – zum erstenmal auf dem Obersalzberg an einer Sonderbesprechung mit Hitler teil. Den Sprengstoff hatte er an diesem Tag noch nicht in Besitz. Am 6. und am 11. Juli war er erneut zu Lagebesprechungen auf dem Obersalzberg. Beide Male trug er den Sprengstoff bei sich, doch kam es nicht zu dem Attentat: Zum einen waren Himmler und Göring nicht anwesend, deren gleichzeitige Ausschaltung von Rommel und Kluge als conditio sine qua non betrachtet

---

[80] Fabian von Schlabrendorff, Offiziere gegen Hitler. Neue, durchgesehene und erweiterte Ausgabe von Walter Bußmann. Berlin 1984, S. 109; in den älteren Ausgaben (Zürich 1946, 1951, Frankfurt a. M. 1959, S. 138 f.) und bei Bodo Scheurig, Henning von Tresckow. Berlin 1964 und Oldenburg, Hamburg 1973, wird diese Äußerung zwar sinngemäß identisch, jedoch in abweichenden Formulierungen überliefert. Vgl. dazu Heinemann und Krüger-Charlé, Arbeit am Mythos. Teil II. In: Geschichte und Gesellschaft 23 (1997), S. 475-501, hier S. 483f.
[81] Vgl. dazu weiter oben, S. 179.

wurde, zum anderen scheinen sowohl technische Schwierigkeiten als auch eindringliche Warnungen von Stieff Stauffenberg veranlaßt zu haben, den Anschlag zu verschieben. Auch am 15. Juli, nächstmöglicher Termin im Führerhauptquartier Wolfsschanze, ergab sich keine Gelegenheit, die Bombe zu zünden, obwohl in Berlin die Mitverschwörer bereitstanden und Olbricht zwei Stunden vor dem Attentatszeitpunkt die Alarmierung der Heeresschulen in und um Berlin angeordnet hatte, ein Befehl, dessen Rücknahme ihn vor allem Fromm gegenüber in erhebliche Begründungsschwierigkeiten brachte. Pläne, den Umsturz vom Westen aus einzuleiten, wurden wieder verworfen – Rommel und Stülpnagel waren bereit, zumal die Normandiefront vor dem Zusammenbruch stand, Kluges war man sich jedoch nach wie vor nicht sicher. Zwei Meldungen ließen den Entschluß zum Handeln reifen: Am 17. Juli wurde Rommel, auf den die Verschwörer an der Westfront gesetzt hatten, schwer verwundet; wenig später wurde aus RSHA-Kreisen bekannt, daß Goerdelers Festnahme drohe. Gestapo und SD konnten als Ergebnis ihrer Spurensuche nun auf das Zentrum der Verschwörung zielen, und Goerdeler mußte schon vor dem 20. Juli untertauchen.

Für den 20. Juli 1944 war Stauffenberg erneut zur »Lage« in die »Wolfsschanze« befohlen.[82] Mit seinem Adjutanten Oberleutnant Werner von Haeften flog Stauffenberg am frühen Morgen nach Rastenburg. Kurz vor Beginn der auf 12.30 Uhr angesetzten »Morgenlage«, die in der sogenannten »Lage«- bzw. »Speerbaracke« stattfand[83], konnte er eine der zwei mitgeführten Bomben, die mit einem Zeitzünder von zehn Minuten Dauer versehen war, trotz widriger Umstände scharf machen und in Hitlers Nähe unter dem großen und massiven Eichentisch plazieren. Unmittelbar darauf verließ er mit einer Entschuldigung die Baracke wieder. Kurz nach 12.40 Uhr ging die Bombe hoch. Stauffenberg mußte überzeugt sein, daß diesmal der Anschlag Erfolg gehabt habe. Er begab sich mit Haeften sofort zum Flugplatz, und es gelang ihm gerade noch, trotz der bereits angeordneten Sperre, mit dem von Generalquartier-

---

[82] Eine detaillierte Chronik der Geschehnisse am 20. Juli 1944 an den verschiedenen Schauplätzen findet sich bei Heinrich Walle, Der 20. Juli 1944. Eine Chronik der Ereignisse von Attentat und Umsturzversuch. In: Steinbach und Tuchel, Widerstand, S. 364-376.

[83] Der in der Literatur verbreitete Hinweis, das Attentat sei deshalb mißglückt, weil die Lagebesprechung vom 20. Juli überraschend in eine »Baracke« verlegt worden sei, ist nicht stichhaltig, da die »Morgen-« bzw. »Mittagslage« schon seit geraumer Zeit in der »Lagebaracke« stattfand, während die »Abendlage« nach wie vor in einem Bunker abgehalten wurde, in welchem die Sprengwirkung der Bombe natürlich um ein vielfaches höher gewesen wäre.

meister Wagner bereitgestellten Flugzeug um ca. 13.15 Uhr den Rückflug nach Berlin anzutreten. Haeften hatte die zweite, auf 30 Minuten eingestellte Bombe unterwegs aus dem Wagen geworfen.[84]

Von den 24 in der Lagebaracke anwesenden Personen wurden vier schwer, neun mittelschwer und die übrigen leicht verletzt. Hitler hatte sich im Moment der Detonation über den großen Kartentisch gebeugt und war zudem durch den schweren Eichenfuß des Tisches zwischen ihm und Stauffenbergs Aktentasche geschützt; er erlitt nur leichte Verletzungen. Erste unklare Meldungen, das Attentat habe stattgefunden, sei aber gescheitert und Hitler lebe, waren durch Fellgiebel, der in Rastenburg die Sperrung aller Nachrichtenverbindungen veranlaßte[85], kurz nach 13 Uhr im Oberkommando des Heeres Berlin-Bendlerstraße eingelaufen. Informiert waren jedoch nur Olbricht und Fellgiebels Stabschef Generalleutnant Fritz Thiele. Angesichts der unklaren Lage unternahmen beide zunächst nichts, zumal der Befehlshaber des Ersatzheeres Fromm, zuständig für die Auslösung des Plans »Walküre«, in Berlin weilte und wohl nur bei der definitiven Nachricht vom Tod Hitlers die Verschwörer unterstützt hätte. Erst als gegen 15.00 Uhr die Maschine mit Stauffenberg und Haeften in Berlin gelandet war und Haeften der Bendlerstraße telefonisch mitteilte, das Attentat sei geglückt und Hitler tot, begab sich Olbricht – gegen 16.00 Uhr – zu Fromm, um dessen Unterschrift für die Auslösung des Plans »Walküre« einzuholen. Fromm hatte jedoch inzwischen mit Generalfeldmarschall Keitel in Rastenburg telefoniert und erfahren, daß ein Attentat erfolgt, Hitler jedoch nur leicht verletzt sei, und veranlaßte infolgedessen nichts. Inzwischen hatte Mertz von Quirnheim eigenmächtig die »Walküre«-Maßnahmen in Gang gesetzt und die Absendung der vorbereiteten Fernschreiben an die militärischen Dienststellen veranlaßt[86], die mit der Erklärung begannen, Hitler sei tot, eine »gewissenlose Clique frontfremder Parteiführer« habe versucht, die Macht an sich zu reißen; die Reichsregierung habe deshalb den Ausnahmezustand verhängt und Generalfeldmarschall von Witzleben den Oberbefehl über die Wehrmacht und die Vollziehende Gewalt übertragen. Militärische

---

[84] Die Frage, weshalb Stauffenberg nicht die zweite Bombe, wenn auch ungezündet, in der Aktentasche mit der scharfgemachten Bombe beließ, was die Sprengwirkung vervielfacht hätte, ist nicht mehr zu klären.

[85] Diese Sperrung konnte freilich, wie Fellgiebel schon früher betont hatte, keinesfalls total und langfristig aufrechtzuerhalten sein.

[86] Hier trat erneut eine unvorhergesehene Verzögerung ein, da diese Fernschreiben unter höchster Geheimhaltungs- und Dringlichkeitsstufe abgesetzt wurden, was aufgrund der hierfür gültigen technischen Bestimmungen nahezu drei Stunden erforderte.

Sicherung aller wichtigen Anlagen, Verhaftung aller Gauleiter, Minister, Polizeipräsidenten, Höheren SS- und Polizeiführer bis hinunter zu den Leitern der Propagandaämter sowie beschleunigte Besetzung aller Konzentrationslager wurden angeordnet. Als Fromm von diesen eigenmächtigen Maßnahmen erfuhr, erklärte er Mertz von Quirnheim für verhaftet. Zwischen 16.30 und 17.00 Uhr traf Stauffenberg in der Bendlerstraße ein und begab sich mit Olbricht noch einmal zu Fromm, um diesem zu versichern, Hitler sei tot, er, Stauffenberg selbst, habe das Attentat ausgeführt. Als Fromm daraufhin auch Olbricht und Stauffenberg für verhaftet erklärte, drehte Olbricht den Spieß um und ließ Fromm durch einige jüngere Offiziere, darunter Haeften und Kleist, arretieren und im Zimmer seines Adjutanten festsetzen. Den Oberbefehl über das Ersatzheer übernahm Generaloberst Erich Hoepner, der – pedantisch noch im Staatsstreich – eine schriftliche Ernennungsurkunde verlangte.[87] Die »Wolfsschanze« hatte inzwischen registriert, daß das Attentat mit einem Staatsstreich verbunden war, da die Fernschreiben der Verschwörer aufgrund eines Schaltfehlers auch dort einliefen. Hitler ernannte Himmler zum Befehlshaber des Ersatzheeres, und Generalfeldmarschall Keitel wies die Wehrkreise an, Befehle aus der Bendlerstraße nicht zu befolgen; infolge der Verzögerungen beim Absetzen der Fernschreiben kam es sogar vor, daß Keitels Anrufe bzw. Funksprüche noch vor den Fernschreiben aus der Bendlerstraße eintrafen.

Dort hatten sich inzwischen Beck, der Berliner Polizeipräsident Helldorf, Gisevius und andere eingefunden. Beck vertrat den Standpunkt, gleichgültig, ob Hitler lebe oder tot sei, die Sache müsse zu Ende geführt werden, und bereitete für den Abend eine Rundfunkansprache vor. In Berlin selbst hatte Stadtkommandant von Hase die Durchführung der »Walküre«-Maßnahmen in die Hand genommen. Das Wachbataillon unter Major Otto Ernst Remer wurde alarmiert, Remer – zwischen 16.00 und 16.30 Uhr zum Befehlsempfang bei Hase – wurde beauftragt, das Regierungsviertel zu zernieren, womit er um ca. 17.30 Uhr begann und was er um 18.30 Uhr abschloß; die wichtigsten Gebäude und Parteidienststellen wurden trotz einiger Pannen im Lauf des Spätnachmittags besetzt, und auch im näheren Umkreis Berlins liefen die Aktionen wie geplant. Freilich mißlangen die Besetzung der Rundfunksender um Berlin und die Unterbindung von Sendungen, und ab 17.42 Uhr sendete das Führerhauptquartier in kurzen Abständen ein Kommuniqué, das das Attentat meldete und

[87] Fest, Staatsstreich, S. 269.

zugleich bekanntgab, der Führer sei unverletzt und werde seine Arbeit unverzüglich wiederaufnehmen.

Remer – nicht aus der alten Schule der Reichswehr, sondern als überzeugter Nationalsozialist schon der von Goebbels propagierte »politische« nationalsozialistische Offizier – war zu diesem Zeitpunkt bereits grundsätzlich mißtrauisch geworden. Er ließ den Leutnant Hans W. Hagen, der unmittelbar zuvor vor den Unteroffizieren des Bataillons einen Schulungsvortrag gehalten hatte, zu Goebbels fahren, der als Gauleiter und Reichsverteidigungskommissar über weitgehende Vollmachten in der Reichshauptstadt verfügte; auf dessen Anweisung brachte Hagen Remer dann – entgegen der Weisung von Hases – gegen 19.00 Uhr in die Ministerwohnung; Goebbels stellte kurzerhand eine Telefonverbindung zu Hitler her, der Remer fragte, ob er seine, Hitlers, Stimme erkenne, und ihm alle Vollmachten zur Niederschlagung der Erhebung übertrug. Von da an lief in Berlin alles gegen die Verschwörer. Nahezu überall im Wehrkreis III Berlin hatte es bisher das gleiche Bild gegeben: Zunächst wurden die Befehle aus der Bendlerstraße bereitwillig ausgeführt; die Auslösung des Plans »Walküre« war hier gelungen. Dennoch nahmen die Nachricht vom Mißlingen des Attentats und die raschen Gegenmaßnahmen aus dem Führerhauptquartier bereits am Spätnachmittag des 20. Juli 1944 den eingeleiteten Umsturzmaßnahmen die Stoßkraft, und es wurde klar, daß der Automatismus von Befehl und Gehorsam, auf den der Plan »Walküre« setzte, nicht blindlings funktionierte.

Noch deutlicher wurde dies in den Wehrkreisen im Reichsgebiet. In manchen – so im Wehrkreis VII (München) – kamen die Fernschreiben aus der Bendlerstraße gar nicht an, in anderen (Wehrkreis I/Königsberg, Wehrkreis VIII/Breslau) gleichzeitig mit oder sogar nach der Nachricht vom Mißlingen des Attentats, da Keitels Adjutanten etwa ab 16.00 Uhr systematisch alle Wehrkreiskommandos telefonisch oder per Funk benachrichtigten; in anderen Wehrkreisen (IV/Dresden, V/Stuttgart) trafen die Fernschreiben aus der Bendlerstraße erst nach Dienstschluß ein, so daß die Wehrkreiskommandeure schon zu Hause und erst wieder in die Wehrkreiskommandos zurückzurufen waren. In anderen (I/Königsberg, IX/Kassel, X/Hamburg, XVIII/Salzburg, XX/Danzig) waren die Wehrkreiskommandeure dienstlich unterwegs oder auf Jagd; viele Kommandeure (I/Königsberg, II/Stettin, VI/Münster) setzten sich selbständig mit der »Wolfsschanze« in Verbindung, um Aufklärung über die widersprüchlichen Befehle zu erhalten, riefen bei benachbarten Wehrkreiskommandos an oder warteten einfach ab. Auch wenn einzelne Befehlshaber oder verantwortliche Offiziere der

Wehrkreise (IX/Kassel) direkt in der Bendlerstraße rückfragten und dort noch bis rund 20.00 Uhr von Stauffenberg die Auskunft bekamen, Hitler sei tot und die Befehle aus Berlin zu befolgen, beschränkten sich daraufhin eingeleitete Vorkehrungen häufig auf die Sicherung der Kommando-Gebäude, und weitere Maßnahmen – Verhaftung der NSDAP-Spitzen und Ausschaltung der SS – wurden nicht ergriffen.

Im Wehrkreiskommando Böhmen/Mähren (Prag) standen nach Eingehen der »Walküre«-Befehle der Kommandeur General Ferdinand Schaal und der Stellvertretende Reichsprotektor für Böhmen/Mähren Karl Hermann Frank gegeneinander. Schaal hatte die ersten Maßnahmen – Sicherung der wichtigsten militärischen Gebäude und der Nachrichtenanlagen – eingeleitet; er wollte jedoch, bis in den späten Abend unsicher, wer die rechtmäßige Führung des Reichs bilde, in einem zunehmend feindlichen Gebiet jeden Anschein von Uneinigkeit innerhalb der deutschen Führung vermeiden. So setzte er sich, nachdem er vergeblich von Fromm in Berlin Aufklärung erbeten hatte, mit Frank in Verbindung und traf sich am späten Abend mit ihm an neutralem Ort, erhielt aber zu gleicher Zeit, um kurz nach 22.00 Uhr, einen Anruf vom Führerhauptquartier, der die Befehle aus der Bendlerstraße für ungültig erklärte. Schaal verweigerte zunächst Frank gegenüber die Unterstellung; tags darauf wurde er auf Befehl Himmlers verhaftet und bis April 1945 festgehalten. Auch im Wehrkreis XVII (Wien) waren die »Walküre«-Befehle erst lange nach Dienstschluß eingetroffen, doch hielten sich noch einige verantwortliche Offiziere, so der Chef des Stabes Oberst Heinrich Kodré und Hauptmann Karl Szokoll, im Wehrkreiskommando auf. Der Wehrkreisbefehlshaber General Albrecht Schubert befand sich auf Kur, sein Stellvertreter General Hans-Karl von Esebeck stimmte mit Kodré überein, daß die erhaltenen Befehle auszuführen seien. Nach Einleitung der militärischen Sicherungsmaßnahmen wurden die Wiener SS- und Parteiführer in das Wehrkreiskommando bestellt und dort festgesetzt. Erst am späten Abend kam der klärende Anruf aus dem Führerhauptquartier. Die festgehaltenen SS-und Parteiführer wurden mit Entschuldigung entlassen, die eingeleiteten Maßnahmen rückgängig gemacht. Tags darauf wurden Esebeck und Kodré verhaftet und blieben bis Kriegsende in Gestapogefängnissen und Konzentrationslagern inhaftiert.

Neben Berlin wohl am dramatischsten verlief der 20. Juli 1944 in Paris. General Carl-Heinrich von Stülpnagel, Militärbefehlshaber Frankreich, gehörte schon lange zum engeren Kreis der Verschwörung, der Nachfolger Rommels als Oberbefehlshaber West, Generalfeldmarschall Kluge, blieb jedoch hinsichtlich Attentat und

Staatsstreich weiterhin schwankend. Gegen 14.30 Uhr war in Paris die Nachricht von einem geglückten Attentat auf Hitler eingelaufen, und rund drei Stunden später hatte Stauffenberg selbst seinem Vetter Caesar von Hofacker die Nachricht telefonisch bestätigt und zur Aktion gedrängt. Stülpnagel erließ Befehl zur Verhaftung aller SS- und Polizeiführer und zur Ausschaltung aller SS-und SD-Dienststellen; angesichts der Situation in einem besetzten Land sollte die Aktion, um Publizität zu vermeiden, erst um 23.00 Uhr durchgeführt werden. Gegen 19.00 Uhr kam eine Telefonverbindung zwischen Stülpnagel und Beck zustande, und Stülpnagel sagte Beck zu, in Paris den Umsturz zu wagen. Am Abend zitierte Kluge Stülpnagel und Hofacker in sein Hauptquartier. Kluge hatte im Lauf des Tages der widersprüchlichen Meldungen wegen mehrfach hin und her geschwankt; als Stülpnagel jedoch zwischen 20.00 und 21.00 Uhr bei Kluge eintraf, wußte dieser inzwischen, daß Hitler lebte, und Stülpnagels und Hofackers Appelle, daß Kluge nun handeln müsse, hatten keine Wirkung mehr. Im Gegenteil, er befahl Stülpnagel, die vorbereitete Verhaftung der SS- und SD-Führer rückgängig zu machen, und enthob ihn seines Postens. Als Stülpnagel am späten Abend nach Paris zurückkehrte, waren jedoch die Stoßtrupps zu den Verhaftungsaktionen bereits unterwegs; ihnen fielen auch die beiden höchsten SS-Führer in Frankreich, SS-Gruppenführer Carl-Albrecht Oberg und Standartenführer Helmut Knochen, anheim, und im Hof der École Militaire hatte man bereits Sandsäcke als Kugelfang für die nach Standgerichtsverfahren zu erwartenden Hinrichtungen aufgeschichtet. Stülpnagel hatte Kluges Befehlen noch nicht entsprochen, als gegen 1.00 Uhr morgens Hitlers Rede übertragen wurde, in der er der »Vorsehung« dankte und den Anschlag als Werk einer »ganz kleinen Clique ehrgeiziger, gewissenloser und zugleich verbrecherischer, dummer Offiziere« bezeichnete, die jetzt »unbarmherzig ausgerottet« würden. Nunmehr befahl Stülpnagel die Freilassung der Gefangenen. Auch hier einigte man sich darauf, die Angelegenheit als »Mißverständnis« zu betrachten. Es kam zu der gespenstischen Szene, daß Stülpnagel und seine Offiziere auf der einen, Oberg mit den SS- und SD-Führern auf der anderen Seite im »Blauen Salon« des Hotel Raphael, Kasino des Stabes von Stülpnagel, einander mit Sekt zuprosteten und bis in den frühen Morgen »feierten«. »Die Riesenschlange im Sack gehabt und wieder herausgelassen«, notierte Ernst Jünger, Mitglied des Stabes des Militärbefehlshabers Frankreich, in sein Tagebuch.[88]

In Berlin war der Putsch schon eher am Ende. Obwohl Stauffenberg verzweifelt an der Version festhielt, Hitler sei tot und es gelte konsequent zu handeln, wurde bald deutlich, daß die Pläne nicht oder nur unzureichend umsetzbar waren. Als um 19.30 Uhr Witzleben in der Bendlerstraße eingetroffen war, um aus den Händen der Putschisten den Oberbefehl über die Wehrmacht entgegenzunehmen, war ihm wohl bereits klar, daß der Umsturz in Berlin gescheitert war, und es kam zu heftigen Auseinandersetzungen zwischen ihm und Beck und Stauffenberg, bis er um 20.15 Uhr das Gebäude wieder verließ. Immer mehr Offiziere weigerten sich, angesichts des offenkundigen Scheiterns der Erhebung die ihnen zugedachten Befehle auszuführen. Hitler hatte Goebbels und Remer telefonisch die Genehmigung zur Besetzung der Bendlerstraße erteilt, und eine Abteilung des Wachbataillons hatte das Gebäude zerniert. Führende Mitbeteiligte an der Offiziersverschwörung – Fellgiebel, Thiele, Hoepner, Hase u.a. – waren nun, da deutlich war, daß der Anschlag mißlungen und Hitler am Leben sei, abgesprungen bzw. wollten sich im letzten Moment von der Umsturzbewegung distanzieren. In der Bendlerstraße selbst herrschte totales Chaos. Stauffenberg und Olbricht telefonierten fieberhaft mit den Wehrkreiskommandos, um dort die Umsturzaktion doch noch voranzubringen: Die ergangenen »Walküre«-Befehle seien richtig und rechtens, Gegenbefehle aus dem Führerhauptquartier seien nicht authentisch und deshalb nicht zu befolgen, Keitel lüge, das Heer habe die Vollziehende Gewalt übernommen, da das Reich in Gefahr sei usw. Als erkennbar war, daß das Wachbataillon die zugewiesenen Aufgaben nicht erfüllte, hatte man gegen 19.00 Uhr noch erwogen, Remer abzulösen, doch war das zu diesem Zeitpunkt nicht mehr durchzusetzen. Remer ließ sich von den Verschwörern nichts mehr befehlen, und diesen fehlte es an Machtmitteln und Autorität. In der Bendlerstraße befanden sich neben den Verschwörern zahlreiche Offiziere, die nicht in die Staatsstreich- bzw. »Walküre«-Pläne einbezogen waren. Sie wurden durch den offenkundigen Widerspruch zwischen den Behauptungen von Olbricht, Stauffenberg und Hoepner einerseits und den Meldungen des Rundfunks andererseits immer stutziger, die Verlautbarung, daß Himmler zum Befehlshaber des Ersatzheeres ernannt worden sei, die um 21.00 Uhr durchkam, tat ein übriges. Generalstabsoffiziere aus der Gruppe der Nichteingeweihten – u.a.

[88] Ernst Jünger, Strahlungen (Eintrag vom 21.7.1944), zitiert nach Fest, Staatsstreich, S. 287. Stülpnagel hatte sich zu weit vorgewagt. Frühmorgens zitierte ihn Keitel nach Berlin. Unterwegs unternahm er einen Selbstmordversuch, der jedoch nur zu Verletzungen und Erblindung führte. Am 30. August 1944 wurde er zum Tod verurteilt und hingerichtet. Auch Kluge geriet in das Räderwerk der »Sonderkommission 20. Juli« und nahm sich am 19. August 1944 das Leben.

Oberstleutnant Franz Herber, Oberstleutnant Bolko von der Heyde, Oberstleutnant Karl Pridun und Major Fritz Harnack – forderten von Olbricht immer dringlicher Aufklärung, die, da Olbricht nach wie vor die Karten nicht offen auf den Tisch legte, naturgemäß unbefriedigend ausfallen mußte. Die Front der Staatsstreichgegner unter den Offizieren in der Bendlerstraße wurde im Lauf des Abends zusehends größer, Herber verlangte von Olbricht ultimativ, den Befehlshaber des Ersatzheeres Fromm zu sprechen, der inzwischen auf Ehrenwort in seine Wohnung entlassen worden war. Die Situation spitzte sich zu, es kam sogar auf den Fluren des Bendler-Blocks zu einer Schießerei zwischen Gegnern und Beteiligten. Als Fromm zwischen 22.00 und 23.00 Uhr in sein Dienstzimmer zurückgebracht wurde, fand er dort Beck, Stauffenberg, Mertz von Quirnheim, Olbricht, Hoepner und Haeften vor, die von bewaffneten Generalstabsoffizieren in Schach gehalten wurden. Fromm erklärte die Verschwörer für verhaftet: Sie seien auf frischer Tat beim Hochverrat ertappt worden und durch ein Standgericht abzuurteilen. Der Staatsstreich war zu Ende.

Fromm ließ die sechs Hauptverschwörer entwaffnen; als Beck erklärte, er wolle die Waffe »zum persönlichen Gebrauch« behalten, gestattete Fromm ihm dies, drängte aber zur Eile. Beck schoß sich vor den Augen aller Umstehenden zweimal in den Kopf und brach schwerverletzt zusammen. Fromm befahl den Gnadenschuß. Hoepner versicherte, er habe mit der Sache nichts zu schaffen, und nach einem Gespräch unter vier Augen nahm ihn Fromm von der Exekution aus. Olbricht, Stauffenberg, Haeften und Mertz von Quirnheim wurden im Hof standrechtlich erschossen. Der Ausruf Stauffenbergs im Augenblick der tödlichen Salve wird von den Augen- und Ohrenzeugen unterschiedlich wiedergegeben: Die Varianten reichen von »Es lebe das heilige (oder geheiligte) Deutschland« bis hin zu »Es lebe das geheime Deutschland!« Die Leichen wurden noch in der Nacht auf einem nahe gelegenen Friedhof verscharrt, tags darauf auf Befehl Himmlers wieder ausgegraben, verbrannt und die Asche »über die Felder« verstreut. Weitere Beteiligte – Stauffenbergs Bruder Berthold, Schulenburg, Schwerin von Schwanenfeld, Yorck von Wartenburg, Gerstenmaier u.a. – hatte man in der Bendlerstraße festgesetzt. Fromm begab sich zu Goebbels, um die Niederschlagung des Aufstands und die Exekution der Verschwörer zu melden, mit der er vermutlich hoffte, alle Zeugen für seine eigene keineswegs eindeutige Haltung beseitigt zu haben. Er wurde aber nach seiner Ankunft bei Goebbels verhaftet und später wegen Feigheit zum Tod verurteilt und hingerichtet.

Verfolgung und Ausschaltung der Opposition: Wie das NS-Regime elf Jahre zuvor den Reichstagsbrand zur Ausschaltung der Arbeiterbewegung genutzt hatte, nahm es nun die Gelegenheit wahr, nicht nur die Verschwörer selbst zu treffen, die man im engen Kreis des Generalstabs vermutete, sondern einen umfassenden Schlag gegen die alten Eliten und insbesondere gegen Offizierskorps und Generalität zu führen; diese seien, wie Goebbels in seinen Tagebüchern mehrfach beklagt, noch keineswegs »nationalsozialistisch« geworden[89]; sie bestünden aus »Gesindel« und Reaktionären, die »sich aus der einstigen Zeit herübergerettet« hätten und mit denen »kurzer Prozeß« gemacht werden müsse. Als juristischen Arm hatte Hitler den Präsidenten des Volksgerichtshofs Roland Freisler – das »ist unser Wyschinskij« – ausersehen.[90] Damit die beteiligten Offiziere vom Volksgerichtshof statt vom eigentlich zuständigen Reichskriegsgericht abgeurteilt werden konnten, ließ Hitler sie von einem »Ehrenhof« der Wehrmacht aus hohen Offizieren unter Vorsitz von Generalfeldmarschall von Rundstedt ohne Einvernahmen und ohne Beweisaufnahme summarisch aus der Wehrmacht ausstoßen: Dies war »der Schlußakt, der die längst zerbrochene innere Einheit der Armee jedermann vor Augen führte, und die letzte jener Unterwerfungsgesten, mit denen alles begonnen hatte«[91].

Noch in der Nacht vom 20. auf den 21. Juli setzten umfassende Fahndungs- und Verhaftungsmaßnahmen ein. Eine »Sonderkommission 20. Juli« im Reichssicherheitshauptamt wuchs bald auf über 400 Beamte an und trieb die Ermittlungen rasch voran. Erstreckten sich die Nachforschungen zunächst auf alle, die mit den bisher bekannten Verschwörern dienstlich wie privat in Berührung gekommen oder früher schon ins Blickfeld des Reichssicherheitshauptamts geraten waren, so wurde der Zugriff bald auch auf Personen ausgedehnt, die als Regimegegner bekannt waren, für deren Zusammenhang mit den Umsturzplänen es jedoch noch keine Beweise gab. In den ersten Tagen und Wochen nach dem Attentat wurden ca. 600 Personen verhaftet, einer umfassenderen Verhaftungswelle («Aktion

---

[89] Immer wieder spricht Goebbels in seinen Tagebüchern zwischen 1941 und 1944 bewundernd von Stalin, der sein Offizierskorps rechtzeitig gesäubert und der Herrschaft der Partei unterworfen habe; die exzessiven Verfolgungen nach dem 20. Juli waren nicht zuletzt der Versuch, diese – scheinbar versäumten – Liquidierungen nachzuholen (vgl. etwa: Die Tagebücher von Joseph Goebbels. Teil II, Bd. 8, bearb. von Hartmut Mehringer. München u. a. 1993, S. 235 f.).

[90] Zitiert nach Fest, Staatsstreich, S. 294. Andrej J. Wyschinskij, später stellvertretender sowjetischer Außenminister und Vertreter der UdSSR in der UNO, war Chefankläger in den Moskauer Schauprozessen.

[91] Fest, Staatsstreich, S. 299.

Gewitter«) von Mitte August fielen rund 5 000 Personen zum Opfer; sie richtete sich vor allem gegen vermutete oder potentielle Regimegegner aus den Reihen der ehemaligen Weimarer Parteien und Verbände. Verschärft wurden diese Maßnahmen noch durch das von Himmler mit rassistischer Argumentation sanktionierte Instrument der »Sippenhaft«, die willkürlich gehandhabt werden konnte – Himmler lehnte ausdrücklich ab, allgemeine Grundsätze aufzustellen.[92] Zahlreiche Offiziere entzogen sich dem Verfahren durch Freitod vor oder in der Haft – so Tresckow, der sich am 21. Juli an der Ostfront das Leben nahm, der Generalquartiermeister Eduard Wagner, Tresckows Bruder Gerd und andere; der Selbstmord Stülpnagels, Kluges und Becks wurde bereits angeführt. Als im Lauf der Vernehmungen auch die Verwicklung von Rommel deutlich wurde, stellte Hitler ihn vor die Alternative Volksgerichtshof oder Selbstmord durch Gift mit anschließendem Staatsbegräbnis. Rommel wählte die zweite Lösung. Nur wenige suchten zu fliehen oder sich, wie Goerdeler, auf den eine Belohnung von einer Million Reichsmark ausgesetzt war, verborgen zu halten; er wurde am 12. August in seiner westpreußischen Heimat von einer Luftwaffenangestellten erkannt und denunziert.[93] Gisevius gelang dank seiner Verbindungen die Flucht in die Schweiz, Nebe wurde erst im Januar 1945 gefaßt, und Kaiser konnte sich bis Kriegsende versteckt halten. Die meisten warteten ruhig ihre Verhaftung ab oder forderten sie geradezu heraus. Stand dahinter möglicherweise die illusionäre Absicht, das bevorstehende Gericht als politische Bühne für eine umfassende Anklage und Entlarvung des Regimes zu nutzen, so sind die eigentlichen Gründe wohl in dem moralischen Rigorismus und dem überhöhten Anspruch an sich selbst zu finden, verbunden mit den im Standesdenken fest verwurzelten Begriffen von »Ehre« und »Ver-

[92] So wurden alle Mitglieder der Familie Stauffenberg einschließlich kleinen Kindern, Greisen und angeheirateten Verwandten in Haft genommen – sie sollte »ausgelöscht« werden »bis ins letzte Glied« -, und es wurden »alle erreichbaren Angehörigen der Familien Goerdeler, Lehndorff, Schwerin von Schwanenfeld, Tresckow, Seydlitz, Hagen, Freytag-Loringhoven, Hase, Lindemann, Bernardis, Hansen, Hofacker, Finckh, Yorck von Wartenburg, Moltke, Hoepner, Oster, Dohnanyi, Bonhoeffer, Haushofer, Trott zu Solz, Leber, Leuschner, Jakob Kaiser, Hammerstein, Popitz, Harnack, Kleist, Haeften, Haubach, Schulenburg, um nur einige zu nennen, verhaftet«. Die meisten dieser »Sippenhäftlinge« wurden bis Kriegsende von Gefängnis zu Gefängnis und von Konzentrationslager zu Konzentrationslager geschleppt; sie sollten bei Kriegsende von der SS erschossen werden, was jedoch durch das Eingreifen eines Wehrmachtgenerals in letzter Minute verhindert werden konnte (Hoffmann, Widerstand, S. 639 f.).

[93] Vgl. dazu Inge Marßolek, Die Denunziantin. Die Geschichte der Helene Schwärzel 1944-1947. Bremen 1993.

antwortung«, die dem Widerstand der alten Eliten seit jeher seinen »seltsam wehrlosen Zug« vermittelten.[94] Dazu kam die unglaubliche Offenheit, mit der vor allem die hohen Offiziere ihre Aussagen über die eigene Rolle in der Verschwörung machten[95] und die die Ermittlungen der Gestapo wesentlich beschleunigte; ging es freilich um die Beteiligung anderer, blieben viele selbst bei verschärfter Folter standhaft. Hitler hatte anfangs geplant, die Gerichtsverfahren nach dem Modell der Moskauer Schauprozesse in spektakulärer Form unter Einschluß moderner Medientechniken durchzuführen; angesichts des breiten Umfangs der Verschwörung sowie des mannhaften Auftretens vieler Verhafteter in den ersten Verfahren kam er davon ab. Am 17. August untersagte er sogar jede weitere Berichterstattung, und zuletzt wurden nicht einmal mehr die Vollstreckungen der Todesurteile in der Presse bekanntgemacht.

Am 7. August 1944 begann im Berliner Kammergericht jene bis kurz vor Kriegsende nicht mehr abreißende Serie von Volksgerichtshofprozessen, in denen Freisler sich in der Tat als »Wyschinskij des Dritten Reichs« erwies und mit demütigenden Verfahrenstricks, Gebrüll und Einschüchterungsversuchen die Angeklagten zu »atomisieren« und vor allem die Darlegung politischer und moralischer Beweggründe der Angeklagten nach Möglichkeit zu verhindern trachtete, was nur selten gelang. Die meisten Verfahren dauerten einen, bestenfalls zwei Tage, und das Urteil lautete überwiegend: Tod durch den Strang, eine Hinrichtungsart, die Hitler persönlich als besonders schmählich angeordnet hatte. Erst Ende 1944 wurden die Urteile auch durch Enthaupten vollstreckt – meist noch am Tage des Urteils, nur bei Verurteilten, von denen man noch Aussagen erhoffte, gab es Aufschub. Als erste wurden am 7. August u.a. Witzleben, Hoepner, Yorck von Wartenburg, Stieff und Hase verurteilt, am 8. September u.a. Goerdeler, Hassell und Leuschner, am 20. Oktober Leber, Reichwein u.a., Anfang Januar 1945 standen Moltke, Delp, Gerstenmaier und weitere »Kreisauer« vor Gericht. Am 3. Februar 1945 wurde Freisler – er wollte gerade die Verhandlung gegen Schlabrendorff aufrufen – Opfer eines Bombentreffers. Die Todesmaschinerie wütete dennoch weiter. Zu ihren letzten Opfern gehörten Dohnanyi, Canaris, Oster und Dietrich Bonhoeffer, die Anfang April 1945 im Konzentrationslager Sachsenhausen bzw.

[94] Fest, Staatsstreich, S. 296.
[95] »Sie waren gewohnt, als Offiziere vor Ehrengerichten ihrer Standesgenossen auszusagen, nicht vor den Untersuchungsführern der Gestapo« (Generaloberst Guderian, zitiert nach Hoffmann, Widerstand, S. 634).

Flossenbürg von einem SS-Standgericht zum Tod verurteilt und gehenkt wurden. Als die Rote Armee in der zweiten Aprilhälfte 1945 zum Angriff auf die Reichshauptstadt ansetzte, waren die Gefängnisse immer noch überfüllt mit Häftlingen, die bereits verurteilt waren oder noch auf ihren Prozeß warteten; Himmler hatte angeordnet, daß keiner überleben dürfe, und noch kurz vor der Kapitulation von Berlin wurden einzelne Häftlinge von SS-Kommandos ermordet, so Klaus Bonhoeffer, der SPD- und Gewerkschaftsführer Ernst Schneppenhorst und Karl-Ludwig von und zu Guttenberg.

Ursachen des Scheiterns: Vordergründig scheiterte der 20. Juli 1944 an vielerlei Einzelursachen. Den Ausschlag gaben das Mißlingen des Attentats und der »Dilettantismus in der Praxis« selbst erfahrener Generalstabsoffiziere. Umstände wie das Mißlingen der nachrichtlichen Abriegelung des Führerhauptquartiers und der Ausschaltung des Rundfunks sowie die Zeitverzögerungen im Ablauf spielten mit anderen Faktoren eine wesentliche Rolle. Eine tiefere Analyse aber zeigt, daß Attentat und Umsturz im Offizierskorps gegen allzu viele – generationenlang eingeübte – Reflexe verstießen, die Staatsstreich mit Staatsverbrechen gleichsetzten. Nicht umsonst hat sich kein einziger uneingeweihter Offizier dem Umsturz spontan angeschlossen. Da Hitler lebte, lag die »legale« Macht weiter bei ihm. Die spezifische Schwäche des »Walküre«-Plans bestand darin, daß er allein auf den Automatismus von Befehl und Gehorsam setzte und nicht berücksichtigte, daß sich vor allem im Krieg zwischen Wehrmacht- und lokalen Partei- und SS-Dienststellen auch Vertrauensverhältnisse und Informationskanäle herausgebildet hatten. Der Clou des Plans der Verschwörer, den Umsturz, um seine Akzeptanz nach außen hin zu erhöhen, als Putsch *für* und nicht *gegen* den Führer auszugeben, mußte sich prompt gegen sie kehren, als der »persönliche Befehl des Führers« glaubhaft gegen ihre Anweisungen stand. Selbst bei einem gelungenen Attentat hätte es immer noch der Bereitschaft eines wesentlichen Teils der kommandierenden Generale bedurft, den Umsturz zu unterstützen, und darauf war, wie schon Fromm und Kluge zeigten, weniger Verlaß, als die Verschwörer annahmen.

Das Manko grundsätzlichen Einverständnisses mit essentiellen nationalen und sozialen Zielvorstellungen des NS-Regimes ist der Widerstand der alten Eliten nie losgeworden – ebensowenig, und das ist nur die dialektische Kehrseite, den Vorwurf, aus nationalen wie aus Standesinteressen erst gehandelt zu haben, als es vor der Fahrt in den Abgrund tatsächlich nur noch die Notbremse zu ziehen

230

gab. Die Realität sieht anders aus: Fast alle die Namen, die schon bei den ersten Aktionsplänen der militärischen und zivilen Opposition 1938/39 führend waren, tauchen, ergänzt um viele weitere, im Zusammenhang des 20. Juli 1944 wieder auf, und der unbedingte Entschluß Tresckows und seiner Mitverschworenen zur Aktion gegen Hitler liegt zeitlich deutlich vor der Wende des Krieges bei Stalingrad. Bei fast allen Beteiligten summierten sich mit den Jahren die Beweggründe. Sie setzten meist bei hautnaher Erfahrung des fachlichen Dilettantismus der obersten Reichs- und Wehrmachtführung ein und wandelten sich, unterschiedlich stark durch moralische, religiöse, nationale und standesethische Faktoren beeinflußt, über kurz oder lang zu grundsätzlicher politischer Gegnerschaft zum System Hitler. Die Mehrzahl der Offiziere zog sich freilich auf die Position militärischen Expertentums zurück, das für »politische« Fragen nicht zuständig sein wollte und autosuggestiv den immer wieder aufbrechenden Loyalitätskonflikten zu steuern suchte. Näher betrachtet scheint es, als ob das Bild einer umfassenden und organisierten Verschwörung erst retrospektiv von der Gestapo gezeichnet wurde; von jener Handvoll zu unbedingter Aktion entschlossenen Persönlichkeiten abgesehen, handelte es sich »um eine Ansammlung höchst ungleichartiger, nach Herkunft, Denkweise, politischer Richtung und Methode vielfältig voneinander geschiedener Einzelfiguren«; auch der Begriff »Widerstand« für dieses Konglomerat von Gruppen und Persönlichkeiten ist eine spätere Prägung, und die häufige Wendung, daß »jemand sich ihm ›anschloß‹«, führt in die Irre: »Anhaltendes Suchen, Zufall oder Freundschaft mochten ihn mit Menschen zusammenbringen, die sich in der Ablehnung des Regimes einig waren; er blieb dabei oder nicht, sah sich [...] von den Launen des Krieges hierhin oder dorthin verschlagen, wo Suche und Zufälle zu neuen Verbindungen führten. Wie weit die Auffassungen auseinandergingen, zeigt sich nicht zuletzt daran, daß selbst innerhalb der engsten Freundes- und Gesinnungsgruppen kein Einverständnis über eine der Grundsatzfragen wie die Bejahung oder Verneinung des Attentats herzustellen war.«[96]

Die Forschung hat oft die Frage aufgeworfen, was ein gelungenes Attentat bzw. ein erfolgreicher Staatsstreich am Lauf der Dinge geändert hätte. Abgesehen davon, daß er ein rascheres Kriegsende herbeigeführt und damit Millionen von Menschen das Leben gerettet hätte – kosteten doch die letzten Kriegsmonate quantitativ nicht minder schwere Opfer als die Jahre zuvor –, lautet hier die Antwort:

[96] Fest, Staatsstreich, S. 330.

So gut wie nichts. Weder an den Kriegszielen der Alliierten noch der Besetzung und Aufteilung des Landes hätte sich etwas verändert. Wie der Widerstand der Arbeiterbewegung war auch der Widerstand der alten Eliten ergebnislos und in hohem Maße vergeblich. Auch die Fülle der Nachkriegsplanungen und Konstrukte für eine Ordnung nach Hitler weisen, sieht man von den grundlegenden Bekenntnissen zu Rechtsstaatlichkeit und den Werten des christlichen Humanismus ab, wenig Zukunftsperspektiven auf, die für die Neugestaltung demokratischen Verfassungslebens in der Bundesrepublik Deutschland hätten fruchtbar gemacht werden können. Alle Gruppen des deutschen Widerstands – mit Ausnahme vielleicht der Kommunisten – lassen sich als »absichtliche oder unabsichtliche Verteidiger des Ancien régime beschreiben«[97]. Die Wurzeln ihrer christlich-ständischen, individualistisch-autoritären, agrarromantisch-antimetropolitanen Zukunftsoptionen reichen jedoch, trotz allen »Willens zum Neuen« und trotz einzelner vorwärtsweisender Vorstellungen, wie Einheitsgewerkschaft, Sozialverantwortung des Kapitals, Antitotalitarismus usw., noch weiter zurück, in die Epoche vor 1789 – mutatis mutandis vergleichbar mit den seit Friedrich Engels so »modernen« aufständischen Bauern in den Bauernkriegen zu Beginn der Neuzeit, die den Welterlösungs-Schlüssel in der Wiederherstellung des »alten« – d.h. des vorfeudalen – »Rechts« sahen. Nach 1945 wollte man den Widerstand der alten Eliten entweder als »reaktionär« und bloße Fortsetzung der antidemokratischen Opposition gegen Weimar einstufen oder – und das ist nur das dialektische Korrelat – seine Repräsentanten zu einer Art »pilgrim fathers« für Neuentdeckung wie Neuentwicklung demokratischen Verfassungslebens nach 1945 stilisieren. Beides ist ebenso falsch wie unhistorisch. Der Widerstand der alten Eliten – das gilt auch für die anderen Spielformen des Widerstands – kann nur in seinen konkreten historischen Befangenheiten und seinem Selbstverständnis begriffen und gewürdigt werden. Bei aller Fragwürdigkeit, die sein Gesellschaftsbild und seine Verfassungspläne aus heutiger Sicht unweigerlich annehmen, bleibt festzuhalten, daß er »für die Würde und christliche Bestimmung des Menschen, für Gerechtigkeit und Anstand, für die Freiheit der Person von politischer Gewalt und sozialem Zwang«[98] und für eine grundlegend rechtsstaatliche Ordnung eintrat.

---

[97] Ralf Dahrendorf, Gesellschaft und Demokratie in Deutschland. München 1965, S. 442.
[98] Vgl. dazu Mommsen, Gesellschaftsbild und Verfassungspläne, S. 14 f. und S. 89 ff.

Der 20. Juli 1944 war so besehen aber auch der Schwanengesang des preußischen Schwert- und Grundadels vor seinem Ende als bestimmende Kraft in der deutschen Gesellschaft, das letzte Aufbäumen gegenüber der modernen Massengesellschaft, die sich ihm in Gestalt des Nationalsozialismus freilich in ihrer barbarischsten Form präsentierte.

3. Widerstand gegen den Krieg/»Unbesungene Helden«

Hitlers Krieg und die Deutschen

Anders als zu Beginn des Ersten Weltkriegs war 25 Jahre später bei Kriegsausbruch die Stimmung der deutschen Bevölkerung keineswegs enthusiastisch. Das machen zahlreiche Berichte unterschiedlichster Provenienz deutlich[99]. Zu Opposition gegen Krieg und Kriegspolitik Hitlers kam es – abgesehen von den Kriegsverhinderungsversuchen der »alten Eliten« und isolierten Versuchen Berliner Jungkommunisten[100] – freilich nicht. Dies änderte sich – läßt man die »Zeugen Jehovas« beiseite – zunächst auch kaum. Die Blitzkriegserfolge der ersten Kriegsjahre schienen durchaus geeignet, die Sorge um Kriegsausgang, eigene Zukunft und das Schicksal des deutschen Volkes zu vertreiben. Eine deutliche Wende markieren der Überfall auf die Sowjetunion und die »Totalisierung« des Kriegs, die alsbald zu einer »Totalisierung« sowohl des Gefolgschaftsanspruchs des Regimes wie seiner Verfolgungsbereitschaft und -kapazität führte; einzelne oder auch Gruppen der Bevölkerung entzogen sich ihr durch verschiedene Protestformen.[101] Die Berichte über Volksstimmung und politische Loyalitäten in den letzten Kriegsjahren zeigen aber, daß das Regime auch und gerade nach dem Putschversuch des 20. Juli eine weit größere als die absolute Mehrheit der Bevölkerung hinter sich wußte. Der Krieg verstärkte noch die grundsätzliche Akzeptanz des Regimes – bis kurz vor Schluß –, auch als sich das Kriegsglück gewendet hatte und die alliierten Luftangriffe die deutsche Volksgemeinschaft zu einer tatsächlich erfahrenen Schicksalsge-

[99] Helmut Krausnick hat die Stimmung der deutschen Bevölkerung bei Kriegsausbruch als die »widerwilliger Loyalität« gekennzeichnet; vgl. Steinert, Hitlers Krieg, S. 91 ff.
[100] Vgl. dazu weiter oben, S. 147ff. und 135.
[101] Vgl. dazu u.a. Gerhard Paul, Die widerspenstige »Volksgemeinschaft«. In: Steinbach und Tuchel, Widerstand, S. 395-410.

meinschaft zusammenbombten. Durch Regional- und Alltagsforschung wurden zahlreiche Bereiche von Dissens und Verweigerung innerhalb der deutschen Gesellschaft entdeckt und beschrieben. Dennoch muß, vor allem auch während des Kriegs, von einer fundamentalen Konsensbereitschaft der übergroßen Mehrheit dieser Gesellschaft gegenüber dem NS-Regime bis 1945 ausgegangen werden.

Gefährdung nahmen jene Gruppen auf sich, die jüdische Verfolgte versteckten. Annähernd 10 000 – davon etwa die Hälfte in der Hauptstadt Berlin – versuchten während des Kriegs, das Dritte Reich im Untergrund zu überdauern. Ihre Existenzmöglichkeiten waren angesichts fehlender Quartiere, Papiere, Kleider- und Lebensmittelkarten und anderem mehr außerordentlich schwierig, und man schätzt, daß in Berlin nur etwa 1400 das Ende der NS-Herrschaft erlebten. Ihr Überleben wäre unmöglich gewesen ohne die nicht kleine Schar nichtjüdischer Helfer, die diese »Illegalen« aufnahmen, beherbergten, verbargen und versorgten. Schon früh wurde eine Gruppe in Berlin literarisch bekannt, die sich dieser Aufgabe in großem Stil widmete; es gab noch zahlreiche weitere.[102] Anläßlich der »Entjudung« der Reichshauptstadt kam es nach der sogenannten »Fabrikaktion« Ende Februar 1943 zu einer der wenigen öffentlichen Protestaktionen gegen die nationalsozialistische Judenpolitik. Als beim Abtransport der bisher durch Zwangsarbeit in der Rüstungsindustrie vor der Deportation geschützten »Rüstungsjuden« auch die in »Mischehen« lebenden jüdischen Männer nach dem Osten verbracht werden sollten, erschienen ihre »arischen« Ehefrauen in großer Zahl vor dem Sammellager und verlangten, unterstützt von Passanten, die sich auf die Seite der Demonstranten schlugen, ihre Freilassung. Aufgeschreckt durch diese massive und spontane Gegenwehr gab die Gestapo nach und setzte die jüdischen Ehemänner wieder auf freien Fuß.

---

[102] Vgl. Ruth Andreas-Friedrich, Der Schattenmann. Berlin 1947; ausführlich dazu Wolfgang Benz, Überleben im Untergrund 1943-1945. In: Benz, Die Juden in Deutschland 1933-1945, S. 660-700, sowie Ginzel, Mut zur Menschlichkeit. Hier auch die weitere Literatur. »Erst die Verbreiterung eines Interesses an den alltäglichen Manifestationen der Widerständigkeit und ihrer Folgen [...] führte zu der Einsicht, daß in einem totalitären, und das heißt: total politisierten [...] System jeder Versuch als Ausdruck des Widerstandswillens zu deuten und zu würdigen ist, der auf Verweigerungen gegenüber den Zumutungen, Deutungen und Ansprüchen des Systems zielt. Insofern sind die ›unbesungenen Helden‹ als Menschen zu würdigen, die sich dem zentralen Bereich des nationalsozialistischen Selbstverständnisses entzogen und deshalb auch in besonderer Weise der Verachtung und der Verfolgungsgefahr preisgegeben wurden.« (Peter Steinbach, »Unbesungene Helden«. Ihre Bedeutung für die allgemeine Widerstandsgeschichte. In: Ginzel, Mut zur Menschlichkeit, S. 183-202, hier S. 202).

Kriegsdienstverweigerer und Deserteure bilden ein besonderes Kapitel der Geschichte des Widerstands gegen die NS-Diktatur. Unter ersteren stellen die Zeugen Jehovas zahlenmäßig bei weitem die größte Gruppe. Kriegsdienst- und Eidesverweigerer gab es jedoch, obgleich sich sowohl die protestantische wie die katholische Kirche als »staatstragend« erwiesen, auch aus konsequentem protestantischem wie katholischem Denken heraus. So den Theologen und Staatswissenschaftler Hermann Stöhr, der Anfang März 1939 in einem Brief an das zuständige Wehrbezirkskommando Stettin ein kompromißloses Bekenntnis zur Kriegsgegnerschaft ablegte, den Wuppertaler Kirchenjuristen Martin Gauger, die Österreicher Franz Jägerstätter und Franz Reinisch (Pallotinerpater in Wien), den katholischen Kriegsdienstverweigerer Alfred Andreas Heiß aus Oberfranken u.a. Einschließlich der Zeugen Jehovas, die freilich den Löwenanteil bilden, sind aus den genannten grundsätzlichen Verweigerungsgründen mehr als 250 Männer vom Reichskriegsgericht zum Tode verurteilt worden.[103]

Aus der deutschen Wehrmacht desertierten weit über 100 000 Soldaten. Die Abwägung der Motivationen erweist sich im Einzelfall schon aus Quellengründen als schwierig. Es ist aber nicht zu übersehen, daß in vielen Fällen latente individuelle Regimegegnerschaft – ob aus grundsätzlicher politischer Überzeugung oder aufgrund der Erfahrungen im Krieg bzw. der Kriegsverbrechen in den besetzten Gebieten – nachweislich den Entschluß zur Fahnenflucht mitbestimmte. Dies galt insbesondere für die Bewährungsbataillone und Sonderformationen, in denen politische Häftlinge dienten und aus denen organisierte Überlauf-Aktionen in größerem Maßstab und sogar Aufstandsversuche überliefert sind. Daneben gab es Deserteure aus dem Spektrum der Arbeiterbewegung, so den Berliner Fritz Hasselhuhn, ehemals Mitglied der SAP, der Ende 1943 hingerichtet wurde, Ludwig Gehm und Wolfgang Abendroth, ehemals ISK bzw. KPO, sowie Falk Harnack, den Bruder Arvid Harnacks (»Rote Kapelle«), die alle drei in Griechenland desertierten und sich griechischen Partisanen anschlossen, Heinrich Scheel und Fritz Lautenschläger, ebenfalls aus dem Zusammenhang der Roten Kapelle, die sich bewußt und freiwillig in amerikanische bzw. sowjetische Kriegsgefangenschaft begaben, und viele andere mehr. Auch unter den Gründungsmitgliedern des »Nationalkomitees ›Freies Deutsch-

[103] Vgl. dazu Norbert Haase, Desertion – Kriegsdienstverweigerung – Widerstand. In: Steinbach und Tuchel, Widerstand, S. 526-536. Siehe auch Karsten Bredemeier, Kriegsdienstverweigerung im Dritten Reich. Ausgewählte Beispiele. Baden-Baden 1991.

land‹« befanden sich Deserteure aus dem kommunistischen Arbeitermilieu, die mit den ihnen verbliebenen Möglichkeiten Widerstand gegen das NS-System zu leisten versuchten. Diese relativ prominenten Fälle sind jedoch für das Gros der Deserteure nicht unbedingt typisch. Die gegenwärtige Diskussion um die generelle juristische Rehabilitierung von Deserteuren[104] zeigt, daß die Geschichtswissenschaft hinsichtlich ihrer Einordnung in das Spektrum der Opposition gegen den Nationalsozialismus noch keine schlüssige Antwort gefunden hat.

Die »Zeugen Jehovas«

Für die Zeugen Jehovas ergab sich nach Kriegsausbruch eine neue Situation. Jeder Deutsche, der den Kriegsdienst verweigerte, mußte mit der Todesstrafe rechnen. Nicht zuletzt diese Aussicht trug zu erneuter Radikalisierung des Widerstands seitens der Zeugen Jehovas bei, die aufgrund ihres Bekenntnisses zur Verweigerung verpflichtet waren. Zu überregionalen Aktivitäten kam es während des Kriegs vor allem in Süd- und Westdeutschland. Eine zentrale Rolle spielte dabei wieder Ludwig Cyranek, der sich zusammen mit Anna Voll und Ernst Bojanowski der Gestapofahndung in Österreich hatte entziehen können und Ende 1939 nach Deutschland zurückgekehrt war. Er nahm Verbindung mit Glaubensgenossen auf und fand bereits fest geknüpfte überlokale Netze vor – so allein im Ruhrgebiet rund 240 Zeugen Jehovas in verschiedenen Zellen –, die er weiter auszubauen versuchte. Von Stuttgart aus koordinierte er die Verteilung des ›Wachtturm‹ und anderer Schriften, die er zunächst über die Niederlande und den dortigen IBV-Vertreter Robert Arthur Winkler erhielt; ein zentraler Mitarbeiter war dabei der Karlsruher Dachdecker Julius Engelhard. Die Arbeit Cyraneks, obwohl rund ein Jahr mit hoher konspiratorischer Vorsicht betrieben, war aber von vornherein zum Scheitern verurteilt. Kurz vor Kriegsausbruch hatte die Gestapo den im Berner Zentraleuropäischen Büro der IBV arbeitenden Dresdener Hans Müller als Konfidenten gewinnen können. Auf seine Informationen geht die Verhaftung Cyraneks und anderer Führer der Zeugen Jehovas Ende 1940/Anfang 1941 zurück. Cyranek wurde 1941 zum Tode verurteilt und hingerichtet. Seine Funktion übernahm Julius Engelhard.

---

[104] Vgl. dazu Manfred Messerschmidt, Zur neueren Diskussion um Opposition und Verweigerung von Soldaten. Deserteure, Zersetzer und Verweigerer. In: Ueberschär, Der 20. Juli 1944, S. 309–336.

Nach der Besetzung Westeuropas wurde es für die Zeugen Jehovas schwieriger, die Verbindung nach Bern aufrechtzuerhalten und Schriften einzuschmuggeln. Die Schweizer Grenze war scharf überwacht, und ansonsten war das Deutsche Reich von besetzten oder verbündeten Staaten umgeben, in denen die Zeugen Jehovas ebenfalls verfolgt wurden. Dennoch gelang es immer wieder, von Bern aus über Italien oder über Frankreich Schriften oder Textvorlagen ins Reichsgebiet zu bringen, die dann an einzelnen Orten unter primitivsten Voraussetzungen in kleinen Auflagen gedruckt und verteilt wurden. So konnte Engelhard während seines illegalen Aufenthalts in Oberhausen-Sterkrade von Anfang 1941 bis Frühjahr 1943 den Druck von insgesamt 27 verschiedenen Ausgaben des ›Wachtturm‹ in einer Auflage von 240, später 360 Exemplaren organisieren. Er wurde 1943 zusammen mit seiner engsten Mitarbeiterin Auguste Hetkamp und weiteren sechs »Rädelsführern« zum Tode verurteilt. Mit der Zerschlagung der Gruppe um Engelhard und Hetkamp war auch die vordem gut organisierte Übermittlung von IBV-Schriften in das Konzentrationslager Wewelsburg unterbrochen, das infolge kriegsbedingter Rationalisierungsmaßnahmen zum gleichen Zeitpunkt aufgelöst wurde. Es verblieb dort nur ein »Restkommando« aus 47 Zeugen Jehovas und zwei politischen Häftlingen, das sich aufgrund relativ hoher Bewegungsfreiheit und fehlender Überwachung in der Folgezeit entschloß, den umgekehrten Weg zu gehen. Nach Beschaffung einer Schreibmaschine und der Herstellung eines Vervielfältigungsapparats im Eigenbau vermochte man »sozusagen im Schatten der SS-Ordensburg« bis Kriegsende den Druck des ›Wachtturm‹ zu sichern und ihn nach draußen an Zeugen Jehovas in verschiedenen Orten Norddeutschlands zu verteilen.

Weitere Opfer der Gestapoverfolgung waren Ende 1943 Narciso Riet, der sich um den Wiederaufbau der Organisation der Zeugen Jehovas in Österreich und im »Reichsprotektorat Böhmen und Mähren« bemühte, ferner Wilhelm und Gerhard Schumann aus Magdeburg sowie Franz Fritsche aus Berlin und Georg Halder aus Augsburg; alle waren Ausgangspunkt bzw. Glied überlokaler Druck- und Verteilerketten mit Verbindungen zu den Zeugen Jehovas in den jeweils nahe gelegenen Konzentrationslagern. Die Genannten wurden, mit zahlreichen Mitbeteiligten, in den Jahren 1942 bis 1944 verhaftet und großteils zum Tode verurteilt. In den Konzentrationslagern waren die Zeugen Jehovas zunächst besondere Haßobjekte von Gestapo und Wachmannschaften; dies änderte sich jedoch ab 1942, als sich infolge zunehmender Belegung der Lager mit ausländischen Gefangenen ein erhöhter Bedarf an nichtjüdischen deutschen Häftlingen für die Lagerselbstverwaltung ergab.

Von den 25 000 bis 30 000 Personen, die sich 1933 zu der Glaubensgemeinschaft bekannt hatten, waren etwa 10 000 unterschiedlich lange Zeit in Haft. Rund 2000 befanden sich vor allem während des Kriegs im Konzentrationslager. Früher überlieferte höhere Zahlen halten einer Nachprüfung nicht stand.[105]

Jugendopposition im Krieg

Im Verlauf des Krieges nahmen Resistenz und Renitenz von Jugendlichen deutlich zu. Durch harte Urteile bekannt geworden sind drei kleine jugendliche Gruppen in Hamburg, München und Wien unterschiedlicher Herkunft und Couleur, die alle auch unter dem Rubrum »Widerstand gegen den Krieg« eingeordnet werden könnten. Sie entstanden unabhängig voneinander, gemeinsam ist ihnen die Werbung in Flugzetteln und Wandparolen für die Beendigung des Kriegs und den Sturz des Regimes, die Herkunft aus überwiegend christlich geprägten Unterschicht-Familien und die Durchbrechung des nationalsozialistischen Nachrichtenmonopols durch das Abhören von westlichen Feindsendern.

Der Hamburger Verwaltungslehrling Helmuth Hübener, wie zwei seiner »Mittäter« Mitglied der Hamburger Gemeinde der Mormonen, begann ab Mitte 1941 über ein eigenes Empfangsgerät Auslandssender abzuhören. Die erhaltenen Informationen verarbeitete er zu kleinen Flugblättern, die er mit drei Freunden in Briefkästen, Telefonzellen und Hauseingängen in den Hamburger Stadtteilen Hammerbrook und Rothenburgsort verteilte. Diese Flugblätter kontrastierten u.a. Meldungen des Wehrmachtsberichts mit Nachrichten von Auslandssendern und wandten sich gegen die nationalsozialistische Jugend- und Religionspolitik. Anfang 1942 verhaftet, wurde Hübener vom Volksgerichtshof zum Tode verurteilt und hingerichtet, die drei Mitangeklagten wurden zu Gefängnisstrafen verurteilt.

Ähnlich der Fall des katholischen Lehrlings Walther Klingenbeck aus München, Mitglied der katholischen Jungschar bzw. des Kolping-Gesellenvereins. Wegen Auflösung dieser Gruppen schon früh-

---

[105] So die Zahlen von Friedrich Zipfel (Kirchenkampf in Deutschland 1933-1945. Religionsverfolgung und Selbstbehauptung der Kirchen in der nationalsozialistischen Zeit. Berlin 1965, S. 176) und von Michael H. Kater (Die Ernsten Bibelforscher im Dritten Reich. In: VfZ 17 (1969), S. 181-218, hier S. 181). Vgl. dazu Garbe, Zwischen Widerstand und Martyrium, S. 479-488.

zeitig regimekritisch eingestellt, hörte er Radio Vatikan und den deutschsprachigen Dienst der BBC ab und griff im Sommer 1941 den BBC-Appell auf, das V-Zeichen als Symbol für den Sieg der Alliierten gegen Hitler zu verbreiten. Mit zwei Freunden brachte er dieses Zeichen groß mit Lackfarbe an zahlreichen Gebäuden in München an, plante die Verbreitung »defätistischer« Flugzettel und arbeitete am Bau eines eigenen Senders zur Ausstrahlung antinationalsozialistischer Propaganda. 1942 wurde Klingenbeck verhaftet, zum Tod verurteilt und hingerichtet, zwei seiner drei Mitangeklagten wurden zu Haftstrafen begnadigt.

Der Wiener Gymnasiast Josef Landgraf begann im September 1941, die Nachrichten der BBC, aber auch des »Senders der Europäischen Revolution«, zu Flugblättern zu verarbeiten. Nach drei Wochen wurde er denunziert und festgenommen; in diesem kurzen Zeitraum hatte er rund 70 per Schreibmaschine produzierte Flugblätter und zahlreiche Klebezettel angefertigt, bei deren Verteilung ihm einige Schulfreunde halfen. Auch Landgraf wandte sich gegen die antireligiöse Propaganda und nahm die von der BBC proklamierte V-Aktion auf. 1942 zum Tod verurteilt, wurde er zu einer Haftstrafe begnadigt.

Eine Fülle von Berichten staatlicher Provenienz von lokaler bis zentraler Ebene zeigt, daß im Krieg nicht nur »Disziplinlosigkeit« und »Verwahrlosung« der Jugendlichen, d.h. Widerstand gegen staatliche Arbeits- und Disziplinanforderungen und obrigkeitlichen Zwang, erheblich anstiegen, sondern auch die Kriminalitätsrate – was freilich auch mit der Intensivierung und Ausweitung staatlicher Verfolgung zu tun hatte. Zuwiderhandlungen von Jugendlichen gegen Rechtsvorschriften, die sich aus der Radikalisierung des politischen Systems ergaben oder aus der Militarisierung von Arbeits- und Lebensverhältnissen im »totalen Krieg« abzuleiten sind – Verstöße gegen Arbeitsdisziplinvorschriften oder Verordnungen »zum Schutz der Wehrkraft des deutschen Volkes«, insbesondere beim Umgang mit Kriegsgefangenen und Fremdarbeitern – machen dabei einen bedeutenden Anteil aus.[106] Ende 1940 hatte der Ministerrat

---

[106] 1941 wurden im Reichsgebiet knapp 40 000, 1942 sogar deutlich über 50 000 Jugendliche rechtskräftig verurteilt, was erheblich über die Quote aus den Jahren davor lag. Der Bericht des Oberlandesgerichtspräsidenten München vom April 1942 führt recht präzise die Gründe für diese Entwicklung an: Abwesenheit der Väter, Überarbeitung der – meist berufstätigen – Mütter, zu frühe Eingliederung der Jugendlichen in den Arbeitsprozeß, pädagogische Mängel bei manchen HJ-Führern (die ihrerseits, da die erste Generation der HJ-Führer zumeist seit Kriegsbeginn an der Front stand, ohne entsprechende Erfahrung und Ausbildung in die entsprechenden Führungspositionen nachgerückt waren).

für die Reichsverteidigung mit zwei Verordnungen den »Jugendarrest«[107] eingeführt, um bei »abweichendem« oder den disziplinären Anforderungen nicht entsprechendem Verhalten rasch zugreifen zu können. Da sich bei Durchführung dieses »Jugendarrests« Schwierigkeiten ergaben, empfahl Himmler per Runderlaß vom 1. Juli 1943, bei »geringfügigen Verfehlungen Jugendlicher« Arbeitsauflagen (Arbeitsleistungen in der Freizeit) als »Zuchtmittel des Jugendrichters« anzuordnen.[108]

Von besonderer überlokaler Ausstrahlungskraft waren in der Kriegszeit die oppositionellen jugendlichen Cliquen der »Edelweißpiraten« mit Schwerpunkt Rheinland. Es handelte sich um »wilde« Gruppen meist von Arbeiterjugendlichen, die ihre oppositionelle Identität durch einheitliche Kleidung und Abzeichen (etwa das Edelweißabzeichen am Revers) dokumentierten und häufig in scharfen Auseinandersetzungen mit der HJ und deren Streifendienst standen. Unmittelbare Traditionslinien lassen sich kaum herstellen, obwohl sich hier eine Reihe sowohl von »bündischen« Symbolen wie von Topoi der ehemaligen politischen Arbeiterjugendbewegung wiederfinden. Auch die »Edelweißpiraten« der letzten Kriegsjahre waren bewußt »unpolitisch«, fielen durch betont lässige Kleidung und Haltung auf, unternahmen Fahrten und übernachteten in Zelten oder bei Bauern in Scheunen, wobei den berichtenden NS-Dienststellen mit schöner Regelmäßigkeit »Umgangston« und »Umgangsformen« zwischen den Geschlechtern auffielen, die »jeglichen Anstandes entbehrte[n]«[109]. Ende 1942 griff die Gestapo zu und »überholte« zahlreiche Gruppen im Rhein-Ruhr-Gebiet. Am Ende stand für viele Beteiligte das Jugend-Konzentrationslager als letztes konsequentes Mittel der Hitlerjugend-Sozialisation innerhalb der »Volksgemeinschaft«.[110]

Ein Runderlaß Himmlers vom 25. Oktober 1944, der die Formen von Jugendopposition im Krieg zu klassifizieren versucht, ist

---

[107] Arretierung von Jugendlichen durch jugendrichterliche oder polizeiliche Strafverfügung für höchstens einen Monat oder vier »Wochenendkarzer«.

[108] Klönne, Jugend im Dritten Reich, S. 236.

[109] Ebd., S. 246.

[110] Aufgelöst wurden in Düsseldorf zehn Gruppen mit 283, in Duisburg zehn Gruppen mit 260, in Essen vier Gruppen mit 124 und in Wuppertal vier Gruppen mit 72 Jugendlichen: »In über 400 Vernehmungen wurden 320 Jugendliche über ihre Zugehörigkeit und Betätigung innerhalb der wilden Gruppen befragt. Vorübergehend wurden 130 Jugendliche festgenommen [...]« (zitiert nach Klönne, Jugendprotest und Jugendopposition, S. 603 f.). Zu vergleichbaren Gruppen in Nürnberg (»Freikorps Plärrer«) und in Würzburg vgl. ebd., S. 608 ff. Vgl. dazu auch Heinrich Muth, Das »Jugendschutzlager« Moringen. In: Dachauer Hefte 5 (1989), S. 223-252.

bei aller Einseitigkeit des Blickwinkels von Interesse; er macht deutlich, daß und weshalb der totalitäre Gleichschaltungsanspruch gerade im Sektor Jugend auf Dauer nicht wirksam sein konnte: Die Cliquen von Jugendlichen, um die es gehe, zeigten »zum Teil kriminell-asoziale oder politisch-oppositionelle Bestrebungen« und bedürften deshalb, »vor allem im Hinblick auf die kriegsbedingte Abwesenheit vieler Väter, Hitler-Jugend-Führer und Erzieher«, verstärkter Überwachung. Gemeinsam sei diesen Cliquen »die Ablehnung oder Interesselosigkeit gegenüber den Pflichten innerhalb der Volksgemeinschaft« oder der HJ, »insbesondere der mangelnde Wille, sich den Erfordernissen des Krieges anzupassen«. Zur Bildung solcher Cliquen komme es durch gemeinsame Betriebs-, Schul-, Organisations- oder Stadtviertel-Zugehörigkeit. Im allgemeinen seien in den einzelnen Cliquen drei verschiedene Grundhaltungen festzustellen, wobei zu beachten sei, daß die wenigsten Cliquen nur eine dieser Grundhaltungen in ausgeprägter Form zeigten: »Vielmehr führt die Betätigung auf einem Gebiet meist auch zu einer Betätigung auf dem anderen.« Zu unterscheiden seien: »a) Cliquen mit kriminell-asozialer Einstellung. Diese äußert sich in der Begehung von leichten bis zu schwersten Straftaten [...] b) Cliquen mit politisch-oppositioneller Einstellung, jedoch nicht immer mit fest umrissenem gegnerischen Programm.« Diese zeige sich in allgemein staatsfeindlicher Einstellung, Ablehnung der HJ und sonstiger Gemeinschaftspflichten, Gleichgültigkeit gegenüber dem Kriegsgeschehen und betätige sich in Störungen der Jugenddienstpflicht, Überfällen auf HJ-Angehörige, Abhören von Auslandssendern und Verbreitung von Gerüchten, Pflege der Tradition verbotener bündischer und anderer Gruppen; »c) Cliquen mit liberalistisch-individualistischer Einstellung, Vorliebe für englische Sprache, Ideale, Haltung und Kleidung, Pflege von Jazz- und Hotmusik, Swingtanz usw. Die Angehörigen dieser Cliquen stammen größtenteils aus dem ›gehobenen Mittelstand‹ und wollen lediglich ihrem eigenen Vergnügen, sexuellen und sonstigen Ausschweifungen leben.«[111]

Bei einigen Gruppen, so in Düsseldorf und Köln, führte die aus der Ablehnung der HJ-Zwangssozialisation und -Zwangspolitisierung entstandene Opposition gegen den NS-Staat zu Zusammenarbeit mit illegalen KPD-Gruppen, und in den Bombenruinen des Kölner Arbeiterviertels Ehrenfeld bildete sich 1944 eine Gruppe aus Edelweiß-Piraten, untergetauchten Fremdarbeitern und deutschen

[111] BA, R 22/1177, zitiert nach Klönne, Jugendprotest und Jugendopposition, S. 618 f.

241

Deserteuren, die eine Reihe von Attentaten auf NS-Funktionäre verübte. 13 Angehörige der Gruppe, darunter drei Minderjährige, wurden im November 1944 von der Gestapo öffentlich gehenkt.

Widerstand von »Fremdarbeitern«

Schon die militärische Begründung der »Walküre«-Planung zeigt, daß die NS-Führung vor allem in der zweiten Kriegshälfte kaum etwas mehr fürchtete als organisierte Aufstandsversuche insbesondere der sowjetischen Fremdarbeiter und Kriegsgefangenen. Nur so lassen sich die zum Teil hysterischen Reaktionen auf angebliche Übergriffe und Sabotageversuche von Fremdarbeitern erklären, die in den meisten Fällen keinen realistischen Hintergrund besaßen, wenngleich sie zu häufig blutigen Konsequenzen für die Betroffenen führten. Der Widerstand von Fremdarbeitern war zumeist dezentral und beschränkte sich auf Überlebens- und Fluchthilfen, zumal als die alliierte Propaganda nach der Invasion in der Normandie die Fremdarbeiter keineswegs zu Sabotage und bewaffneten Widerstandsaktionen aufrief, sondern im Gegenteil empfahl, die Arbeitsplätze nach Möglichkeit zu verlassen und aufs Land zu flüchten, Informationen über Truppenbewegungen und etwaige Greueltaten zu sammeln und die »Zerstörung von Verbindungslinien und Industrieanlagen zu verhindern«[112].

Zu tatsächlich organisierten politischen Widerstandsgruppen unter ausländischen Arbeitskräften kam es nur in seltenen Fällen. Immerhin liegen in den unvollständig überlieferten »Meldungen wichtiger staatspolizeilicher Ereignisse« von März bis September 1944 Berichte über Widerstandsgruppen sowjetischer Kriegsgefangener und Zivilarbeiter in 38 Städten mit insgesamt mindestens 2 700 Beteiligten vor[113] – angesichts der Millionen sowjetischer »Fremdarbeiter« nichtsdestoweniger eine verschwindend geringe Zahl. Die bedeutendste und organisatorisch am weitesten entwickelte Gruppe war ohne Zweifel die »Brüderliche Zusammenarbeit der Kriegsgefangenen« (BSW) im Großraum München. Sie gewann rasch Verbindungsleute in zahlreichen Städten, vor allem in Süddeutschland, arbeitete mit einer im Sommer 1943 entstandenen »Antinazistischen Deutschen Volksfront« (ADV) in München um Karl Zimmet, Hans und Emma Hutzelmann sowie Georg Jahres zusammen, die

---

[112] Anweisungen an die Fremdarbeiter in Deutschland durch den Stab des Alliierten Obersten Hauptquartiers über englischen und amerikanischen Rundfunk, zitiert nach Herbert, Fremdarbeiter, S. 324.
[113] Zitiert nach ebd., S. 320 f.

aus der Tradition der christlich-radikalen Bauernbewegung Vitus Hellers stammte, betrieb Mitgliederwerbung und Flugblattpropaganda und bereitete sich auf bewaffnete Auseinandersetzungen vor. BSW und ADV wurden im Frühjahr 1944 zerschlagen, es kam zu zahlreichen Todesurteilen, und im September 1944 wurden 92 in diesem Zusammenhang festgenommene sowjetische Kriegsgefangene und Fremdarbeiter im Konzentrationslager Dachau erschossen.

Zu organisierten »Aufstandsversuchen« der ausländischen Arbeiter kam es auch in den letzten Kriegsmonaten nicht. Dies kann nicht verwundern, war doch der bis in die Betriebe reichende Repressionsapparat, dem die Ausländer »zersplittert, meist unorganisiert und ohne Waffen gegenüberstanden«[114], bis zuletzt funktionsfähig, und angesichts der näherrückenden Front wären selbstmörderische Aufstandsversuche auch nicht mehr sinnvoll gewesen.

Aktionen bei Kriegsende

Der »Widerstand der letzten Stunde« wollte der Politik der »verbrannten Erde« angesichts der heranrückenden alliierten Truppen im letzten Augenblick in den Arm fallen und die Ausführung von Selbstmordbefehlen verhindern. Er wurde in der Widerstandsliteratur häufig als »opportunistisch« und »inkonsequent« bezeichnet – als habe es sich hier in der Tat nur um Versuche gehandelt, im letzten Moment die eigene Haut in Sicherheit zu bringen. Die Wirklichkeit ist komplexer, und hinter dem Bestreben, auf lokaler Ebene das Kriegsende – möglichst unblutig – zu beschleunigen, zeigen sich häufig genug Initiativen, die auf politische Eliten der Weimarer Republik zurückgehen. Erst in der Phase der definitiven Zersetzung der NS-Herrschaft sahen viele die Möglichkeit, wieder politisch aktiv zu werden.

Die Vielzahl und die höchst unterschiedlichen gesellschaftlichen und politischen Zielen verhaftete Struktur der »Antifaschistischen Ausschüsse« und lokalen Basisbewegungen vor allem aus Kommunisten und Sozialdemokraten, die sich 1945 kurz vor dem Einmarsch alliierter Truppen in vielen Städten des Reichs bildeten, spiegelte in der teilweise erfolgten Einbindung von Fremdarbeiter-Initiativen relativ präzise die gesellschaftliche Wirklichkeit zum Zeitpunkt der Kapitulation wider. Die Gruppen reichten in ihrer jeweiligen Formierungsgeschichte zum Teil bis ins Jahr 1944 zurück. Von der Forschung sind sie noch keineswegs flächen-

[114] Herbert, Fremdarbeiter, S. 325.

deckend untersucht worden; daß sie allesamt scheiterten und kaum Impulse für eine demokratische Reorganisation der deutschen Gesellschaft weitervermitteln konnten, lag vor allem daran, daß die jeweiligen Besatzungsmächte weniger an demokratischen Basisinitiativen als an einem möglichst reibungslosen Wiederaufbau und Funktionieren von professionellen Verwaltungsstrukturen interessiert waren. Besonders prägnante Beispiele solcher »antifaschistischen Ausschüsse« sind aus den früheren Hochburgen der Arbeiterbewegung bekannt[115], so aus Leipzig, aus dem Rhein-Ruhr-Gebiet, vor allem aus Köln, aus Bremen, aber auch aus der Provinz: aus Freiburg, dem Bodenseegebiet und vor allem – Folge der späten Besetzung – aus Bayern[116]; markant das Bergwerkstädtchen Penzberg, wo am 28. April 1945, einen Tag vor dem Einmarsch der amerikanischen Truppen, sechzehn Penzberger Bürgerinnen und Bürger standrechtlich erschossen oder von Werwolfeinheiten ohne Verfahren gehenkt wurden – darunter der langjährige frühere SPD-Bürgermeister Hans Rummer, der versucht hatte, in letzter Minute die nationalsozialistische Stadtspitze abzusetzen und die bereits angeordnete Sprengung des Bergwerks zu verhindern.[117] Neben solchen Versuchen, die auf politische Traditionen der Arbeiterbewegung zurückgingen, kam es zu einer Reihe teils lokaler, teils überregionaler Unternehmen mit dem Ziel, sinnlosen Widerstand sowie Zerstörungen und Menschenopfer in letzter Minute zu verhindern.[118] Bekannt geworden ist die »Freiheitsaktion Bayern« (FAB), eine Gruppe von Offizieren und Soldaten der Wehrmacht um Hauptmann Rupprecht Gerngroß, die wenige Tage vor der Besetzung

[115] Vgl. dazu den Überblick bei Edgar Wolfrum, Widerstand in den letzten Kriegsmonaten. In: Steinbach und Tuchel, Widerstand, S. 537-552. Allgemein dazu auch Niethammer, Borsdorf und Brandt, Arbeiterinitiative 1945.

[116] Allgemein dazu Henke, Amerikanische Besetzung; hier auch eine Vielzahl von lokalen Beispielen. Vgl. dazu Troll, Aktionen zur Kriegsbeendigung.

[117] Vgl. dazu Klaus Tenfelde, Proletarische Provinz. Radikalisierung und Widerstand in Penzberg/Oberbayern 1900-1945. In: Bayern in der NS-Zeit, Bd. IV, S. 1-382, hier S. 369 ff.

[118] Auch der letzte Stadtkommandant von Paris, General Dietrich von Choltitz, der entgegen Hitlers Befehl, Paris dürfe »nicht oder nur als Trümmerfeld in die Hände des Feindes fallen«, die Zerstörung der Stadt im August 1944 verhinderte (vgl. dazu Joachim Ludewig, Der deutsche Rückzug aus Frankreich 1944. Freiburg 1994, S. 150-174) sowie – wiederum entgegen Hitlers ausdrücklichem Befehl – die Übergabe Aachens vor ihrer endgültigen Zerstörung im Oktober 1944 (Generalleutnant Gerhard von Schwerin, Oberst Gerhard Wilck – vgl. dazu Henke, Amerikanische Besetzung, S. 153 ff.) sind in diesem Zusammenhang anzuführen, ebenso die Maßnahmen des AA-Vertreters beim Militärbefehlshaber Belgien Ludwig Mayr-Falkenberg im Herbst 1944 in Brüssel (vgl. dazu Bericht in der Schwäbischen Landeszeitung Augsburg, 13.8.1948).

Münchens durch die amerikanische Armee versuchte, die NS-Machtzentren im Großraum München zu besetzen; es gelang lediglich die Besetzung der Radiosender Erding und Freimann, über die die FAB in der Nacht vom 27. auf den 28. April 1945 einen Aufruf zur »Fasanenjagd«[119] und zum Schutz der »Betriebe gegen Sabotage durch die Nazis« sendete. Der Aufruf enthielt daneben auf den ersten Blick weltfremde, in Zusammenhang mit der späteren Föderalismus-Diskussion aber außerordentlich interessante Sozial- und Föderalstaats-Forderungen, die deutlich von bayerischem Selbstwertgefühl und antipreußischen und antizentralistischen Affekten gekennzeichnet waren. Erwähnenswert ist auch die »Rettet-Stuttgart«-Bewegung, die auf einen Kreis ehemaliger liberaler Politiker um Wolfgang Haussmann und Arnulf Klett zurückging und im NS-Oberbürgermeister Karl Strölin eine unerwartete Stütze fand, sowie die Aktionen österreichischer Wehrmachtsoffiziere in Wien (Major Karl Szokoll) in Verbindung mit der Widerstandsgruppe 05 (Otto und Fritz Molden). In Konstanz etablierte sich im Frühjahr/Sommer 1945, wohl begünstigt durch die besondere Lokalisierung nahe der Schweizer Grenze, eine regelrechte »Doppelherrschaft« zwischen einem »Widerstandsblock« und der Auftragsverwaltung.

Neben solchen mehr oder minder organisierten Widerstandsaktionen »letzter Stunde« zeigen Regionalstudien, daß es in zahlreichen Orten, die im Frühjahr 1945 in den Brennpunkt des militärischen Geschehens rückten, eine Fülle von individuellen Initiativen gab, sinnloses Blutvergießen und Zerstörungen als Folge der NS-Durchhaltebefehle zu unterlaufen oder zu verhindern – Initiativen, die freilich oft genug, wie etwa im Falle Penzberg, eben das zur Folge hatten, was sie eigentlich verhindern wollten In den letzten Kriegstagen tobte sich vielerorts eine fanatisierte SS- und Werwolf-Soldateska noch einmal blindlings aus – im Gefühl, es sei ohnehin alles verloren, und ohne Rücksicht auf Konsequenzen und auf die tatsächliche militärische Lage. »Erschießungskommandos wüteten in Ortschaften, die weiße Fahnen aus den Fenstern hängen hatten; Kreisleiter ließen Ortsgruppenleiter erschießen, weil sie angeblich den Abbau von Panzersperren befohlen hätten.«[120] In der Literatur bekannt geworden sind der neunzehnjährige katholische Student Robert Limpert aus Ansbach, der in der ersten Aprilhälfte 1945,

---

[119] Mit »Fasanenjagd« war die Festsetzung lokaler NS-Größen gemeint, die wegen ihrer goldbraunen Uniformen im Volksmund »Goldfasane« genannt wurden.
[120] Wolfrum, Widerstand in den letzten Kriegsmonaten, S. 548 f.

kurz vor der amerikanischen Besetzung, in mehreren Flugblättern dazu aufgerufen hatte, eine sinnlose Verteidigung der Stadt zu verhindern, und unmittelbar vor dem Einmarsch der Amerikaner ohne förmliches Verfahren gehenkt wurde, das württembergische Dorf Brettheim, der Erlanger »Kampfkommandant« Werner Lorleberg, der für die kampflose Übergabe Erlangens an die heranrückenden amerikanischen Truppen sorgte und dies mit dem Leben bezahlte, und der »Pfullinger Frauenaufstand« gegen die Versuche der örtlichen Obrigkeit, den Ort gegen die amerikanischen Truppen zu verteidigen.[121]

4. Widerstand hinter Stacheldraht

In nationalsozialistischen Konzentrationslagern

Selbstbehauptung und Aktionen von Häftlingen in den Lagern stellen eine Sonderform des Widerstands dar. Sie reichen von individueller Hilfe für Mithäftlinge bis zu spektakulären und in Einzelfällen geglückten Häftlingsaufständen bei Kriegsende. In der ersten Phase des Konzentrationslager-Systems, bis Mitte der dreißiger Jahre, bestand die »Häftlingsgesellschaft« überwiegend aus Kommunisten und in zweiter Linie aus Sozialdemokraten. Viele Häftlinge kannten einander aus gemeinsamer politischer Arbeit; es lag nahe, sich auch im Lager zu Parteigruppen zusammenzuschließen und so zu überdauern. Dabei lebten häufig die alten Gegensätze fort, und es kam nicht selten zu gewalttätigen Auseinandersetzungen zwischen Kommunisten und Sozialdemokraten, die von den SA- bzw. SS-Wachmannschaften zum Teil bewußt provoziert und gefördert wurden. Zwei bekannten Häftlingen, den beiden Reichstagsabgeordneten Hans Beimler (KPD) und Gerhart Seger (SPD), gelang noch 1933 die Flucht aus den Konzentrationslagern Dachau und Oranienburg, und beide veröffentlichten kurz darauf im Exil erste Berichte über

[121] Elke Fröhlich, Ein junger Märtyrer. In: Bayern in der NS-Zeit, Bd. VI, S. 228-257; Hans Woller, Gesellschaft und Politik in der amerikanischen Besatzungszone. Die Region Ansbach und Fürth, München 1986, S. 54 f.; Die Männer von Brettheim. Hrsg. von der Landeszentrale für politische Bildung Baden-Württemberg. Villingen-Schwenningen 1993; Troll, Aktionen zur Kriegsbeendigung, S. 656 f.; Thomas Schnabel, Württemberg zwischen Weimar und Bonn 1928-1945/46. Stuttgart 1986, S. 593.

die Lager. Bei beiden standen die Mißhandlungen durch die Wachmannschaften im Vordergrund, Seger betonte auch die im Lager weiter bestehenden Differenzen zwischen Kommunisten und Sozialdemokraten, die von kommunistischer Seite forciert würden.[122]

Die innere Lagerorganisation entwickelte sich rasch zu einer Art »Selbstverwaltung«; sie oblag den sogenannten Funktionshäftlingen (Lager- und Blockälteste sowie Verwaltungspositionen in Schreibstube, Krankenrevier, Küchenbau usw.[123]) Die SS-Leitungen wußten nur zu gut, daß sie die Lager ohne Mitarbeit und Selbstverwaltung der Häftlinge nur mit erheblichem personellem Mehraufwand hätten beherrschen können. Die Funktionshäftlinge waren somit auf der einen Seite der verlängerte Arm der SS-Führung im Lager und hatten ihre Anordnungen umzusetzen; auf der anderen Seite besaßen sie jedoch große Möglichkeiten, anderen Häftlingen zu helfen (zusätzliche Nahrungsmittel, Medikamente, Einteilung in leichtere Arbeitskommandos usw.), aber auch strategisch wichtige Positionen im Lager mit Genossen zu besetzen.[124] Ab Mitte der dreißiger Jahre weitete sich das Konzentrationslager-System aus, wenngleich die Zahl der Lager selbst sich bis 1939 auf insgesamt sechs reduzierte (Dachau, Flossenbürg, Sachsenhausen, Buchenwald, Mauthausen, Ravensbrück); nach Kriegsbeginn stieg sie allerdings rapide an. Ab 1936/37 wurden vor allem in großer Zahl Rückfall-Kriminelle und sogenannte Asoziale in die Lager eingewiesen, ab November 1938 («Reichskristallnacht») auch Juden. Da in den frühen Konzentrationslagern, etwa in Dachau, die Lagerfunktionen sich zumeist fest in der Hand von Kommuni-

---

[122] Hans Beimler, Im Mörderlager Dachau. Moskau 1933; Gerhart Seger, Oranienburg. Erster authentischer Bericht eines aus dem Konzentrationslager Geflüchteten. Mit einem Geleitwort von Heinrich Mann. Karlsbad 1934.

[123] In der Schreibstube wurde die Häftlingskartei geführt, Arbeitskommandos und Transporte in andere Lager zusammengestellt, die neu eingetroffenen Häftlinge erfaßt (was es ermöglichte, ihre politische Herkunft zu eruieren und weiterzugeben); neben Krankenrevier und Küchenbau waren weitere wichtige Funktionsposten: Lagerbücherei, Wäscherei und Werkstatt. Vgl. dazu Pingel, Widerstand, S. 247 f. Immer noch wichtig für das Verständnis der längst noch nicht ausreichend erforschten internen Situation in den Lagern und der »Lagerselbstverwaltung« Hans Günther Adler, Selbstverwaltung und Widerstand in den Konzentrationslagern der SS. In: VfZ 8 (1960), S. 221-236; vgl. auch Sofsky, Die Ordnung des Terrors.

[124] Pingel, Widerstand, S. 243, urteilt: »Die Mitarbeit in diesen Funktionen hatte daher immer zwei Seiten: Kooperation zugunsten der Häftlinge und Kollaboration zu ihrem Schaden.« Bei Niethammer, Der »gesäuberte« Antifaschismus, S. 29, heißt es: »Aus dem Gesichtspunkt der SS hatte dieses System zunächst nur Vorteile. [...] Sie konnte das Lager durch die Ausübung negativer Sanktionsmacht regieren und brauchte sich um seine innere Daseinsvorsorge, Konfliktregelung und um die fachliche Anleitung der auszuführenden Arbeiten nicht zu kümmern.«

sten befanden und die SS-Lagerführungen die sich daraus ergeben-
den Gefahren erkannten, begannen sie, die wichtigen inneren Posten
mit korrumpierten oder leicht korrumpierbaren kriminellen Häftlingen zu besetzen, womit sie zugleich in der Lage waren, ein Spitzelsy-
stem zur Aufdeckung oppositioneller Aktivitäten zu schaffen. Dagegen setzten die »Politischen« entschiedenen Widerstand. In dieser
Auseinandersetzung konnten sie sich schließlich durch Organisation
und politische Erfahrung meist durchsetzen – spätestens in den
Kriegsjahren, als zur Erfüllung der Anforderungen der Rüstungsindustrie eben diese Erfahrung der »Politischen« benötigt wurde; hier waren Fähigkeiten in der Organisation der Produktion gefragt, die Häftlinge aus der Gruppe der »Kriminellen« meist nicht besaßen. Im Lauf
des Kriegs veränderte sich die »Häftlingsgesellschaft« grundlegend –
das Gros bildeten nun Nichtdeutsche verschiedener Nationalitäten,
der Anteil deutscher Häftlinge sank auf unter 10, zum Teil sogar auf
nur 1 Prozent. Deutsch war die offizielle »Lagersprache«, deutsche
Häftlinge hielten die Funktionsstellen besetzt und wurden von den
ausländischen Häftlingen als Angehörige der »Feindnation« oft genug
mit Mißtrauen angesehen; auch hier gelang es vor allem den Kommunisten, auf der Basis ihrer internationalistischen Tradition und
häufiger Bekanntschaften mit ausländischen kommunistischen Mit-
häftlingen, so etwa aus dem Spanischen Bürgerkrieg, Verbindungen
aufzunehmen und zumindest Ansätze einer internationalen Lagerorganisation zu schaffen.[125]

In unterschiedlichem Grad und oftmals von der Lagerleitung unterbrochen, die unbequeme Funktionshäftlinge jederzeit auswechseln
konnte, entwickelte sich in den meisten Lagern eine eindeutig kommunistisch dominierte geheime Lagerorganisation, die Eingriffe der
SS von außen und gezielte Verfolgungsmaßnahmen gegen einzelne
Häftlinge oder Häftlingsgruppen oft wirkungsvoll unterlaufen und
konterkarieren konnte. »Das Verdienst der Kommunisten um die KL-
Gefangenen«, merkt Kogon trotz deutlich reservierter Haltung gegenüber der KPD an, »kann kaum hoch genug eingeschätzt werden.
In manchen Fällen verdankten ihnen die Lagerinsassen buchstäblich
die Gesamtrettung, wenn auch die Beweggründe selten reiner Unei-
gennützigkeit entsprangen, sondern meist dem Gruppen-Selbsterhal-
tungstrieb, an dessen positiven Folgen dann manchmal eben ein

---

[125] Literarisch-dokumentarisch vgl. dazu Jorge Semprun, Was für ein schöner Sonntag.
Frankfurt a. M. 1984; vgl. auch neurdings ders. und Elie Wiesel, Schweigen ist unmöglich. Frankfurt a.M. 1997.

248

ganzes Lager teilnahm«[126] – bzw., so bleibt hinzuzufügen, der ohnedies privilegierte deutsche Sektor der Lagergesellschaften. Deutlich skeptischer urteilt Pechel: Die Kommunisten in den Lagern hätten mit den Jahren – auch hierher drangen ja schließlich die Nachrichten von der strategischen Umorientierung auf Einheits- und Volksfront – gelernt, »in der gemeinsamen Front gegen unsere Sklavenhalter den Menschen im politischen Gegner zu achten, der wie sie trotz aller Leiden unbeugsam in der Ablehnung des Nationalsozialismus blieb. Schwere Mißgriffe von ihrer Seite wurden dank der Gebrechlichkeit aller Menschennatur nicht vermieden. Und das gerade von solchen Kommunisten, die nach der Befreiung Befürworter totalitärer Methoden gegenüber allen Nichtkommunisten geworden sind und nach Naziart sich auch materiell eine Bonzenherrlichkeit geschaffen haben.«[127]

Die Funktionen verliehen den kommunistischen Lagerorganisationen Macht, die im Terrorsystem natürlich ihre Kehrseite hatte. Sie richtete sich nicht selten auch gegen einzelne Häftlinge bzw. Häftlingsgruppen. So wurden nicht nur einerseits Genossen vor dem Einsatz in mörderischen Arbeitskommandos bewahrt oder aus ihnen herausgeholt, sondern andererseits auch unliebsame Mithäftlinge solchen Kommandos zugeteilt, was oft genug einem Todesurteil gleichkam. Die Funktionshäftlinge in Küchen- und Krankenbau hatten die Möglichkeit zu »Belohnungen« und zu Sanktionen, die von Isolierung im Lager über Verweigerung von Hilfeleistungen bis hin zu versteckten »Hinrichtungen« von eigener Hand oder durch gezielte Denunziationen bei der SS reichten – auch sie waren keine Seltenheit.[128] Dies be-

[126] Kogon, SS-Staat, S. 284. Kogon fährt an dieser Stelle fort: »Nur in den seltensten Fällen hat sie [die KPD] richtige Verbrechertypen von [...] Blockältesten oder Kapos anders beseitigt als durch Entsendung in Außenkommandos, wo sie erst recht unkontrolliert ihr Unwesen treiben konnten; man schob sie einfach vom Stammlager ab und überantwortete ihnen Hunderte, ja Tausende anderer Mithäftlinge, denen es ohnehin bereits weitaus schlecht genug ging. Die Kommunisten haben sich dadurch viel an Sympathien, die ihre sonstige Zähigkeit im Kampf gegen die SS verdiente, verscherzt und den Ruhm verdunkelt oder sogar völlig überschattet, der jenen in ihren Reihen zukam, die weder anmaßend, noch brutal, noch korrupt waren.«

[127] Pechel, Deutscher Widerstand, S. 69. Hierbei bleibt freilich zu berücksichtigen, so Pechel, daß die KPD ihre besten Männer, die solches Treiben ihrer Genossen nicht geduldet und ihre Idee rein erhalten haben würden, durch Henkershand verloren habe.

[128] Zahlreiche Fälle sind überliefert, viele weitere gilt es noch namhaft zu machen. Vgl. dazu u.a. den Erinnerungsbericht des Psychoanalytikers und ehemaligen Buchenwaldhäftlings Ernst Federn, Wien (DÖW); das Schicksal von Werner Scholem, neben Ruth Fischer maßgeblicher Führer der Ultralinken in der KPD, der 1926 ausgeschlossen wurde, in der Folgezeit mit dem »Leninbund« und trotzkistischen Gruppierungen zusammenarbeitete, als Jude und Kommunist im März 1933 verhaftet und im Juli 1940 in Buchenwald – offensichtlich unter Beihilfe des KPD-Apparats im Lager – er-

traf auf der einen Seite Spitzel und mit der SS kooperierende Häftlinge, deren Ausschaltung überlebensnotwendig war, aber häufig genug auch politische Gegner, vor allem »Trotzkisten« und linksoppositionelle »Renegaten« aus den eigenen Reihen, für die die kommunistische Lagerorganisation in der Tat zur »stalinistischen Lagerfeme«[129] wurde – ein Thema, das aus leicht einsichtigen Gründen bislang nur höchst unzureichend erforscht worden ist. Besonders schwerwiegende

mordet wurde (siehe dazu T.N.: Werner Scholem. In: Die Internationale, August 1981); das Schicksal von Paul Friedländer, maßgeblicher KPD-Funktionär der zwanziger Jahre und erster Ehemann von Ruth Fischer; im September 1939 als Emigrant in Frankreich im Lager Le Vernet interniert, wurde Friedländer nach einem schriftlichen Protest gegen den Abschluß des Hitler-Stalin-Paktes aus der kommunistischen Zelle des Lagers ausgeschlossen; während der deutschen Besetzung Frankreichs verhinderte der KPD-Apparat erfolgreich die Ausstellung eines Notvisums für Friedländer, was seine Auslieferung an die Gestapo und seinen Tod im Konzentrationslager Auschwitz zur Folge hatte (vgl. dazu: Biographisches Handbuch der deutschsprachigen Emigration nach 1933. Bd. 1); siehe dazu auch die Erinnerungen Margarete Buber-Neumanns, insbesondere ihre Schilderung des Schicksals der tschechoslowakischen linken Journalistin Milena Jesenská, der ehemaligen Freundin Franz Kafkas, im Konzentrationslager Ravensbrück (Als Gefangene bei Stalin und Hitler. Stuttgart 1958, S. 260 ff.); Fritz Keller, In den Gulag von Ost und West. Karl Fischer, Arbeiter und Revolutionär. Frankfurt a. M. 1980, S. 81 u. passim; Langbein, ... nicht wie die Schafe zur Schlachtbank, S. 128 ff.

[129] Hans Schafranek, Zwischen NKWD und Gestapo. Die Auslieferung deutscher und österreichischer Antifaschisten aus der Sowjetunion an Nazideutschland 1937-1941. Frankfurt a. M. 1990, S. 110 ff. Der ehemalige kommunistische Funktionshäftling Emil Carlebach (Dachau und Buchenwald), nach 1945 KPD-Landtagsabgeordneter in Hessen und Redakteur von KPD-Zeitungen, seit 1990 Erster Vizepräsident des Internationalen Lagerkomitees Buchenwald-Dora, führte in diesem Zusammenhang 1992 gegen Schafranek einen abstrusen Beleidigungsprozeß: Das mehrjährige, inzwischen rechtskräftig abgeschlossene Verfahren konnte Schafranek in den wesentlichen Punkten für sich entscheiden (Oberlandesgericht Frankfurt a. M., 16 U 158/91, Urteil vom 30.6.1994; 16 U 29/95, Urteil vom 25.1.1996; vgl. dazu DÖW-Mitteilungen, Mai 1996). Das OLG Frankfurt sah es als erwiesen an, daß Carlebach im Jahre 1943 versucht habe, den Österreicher Jakob Ihr, »einen ihm mißliebigen Mithäftling, auf Block 46, die Flecktyphus-Versuchsanstalt des Konzentrationslagers Buchenwald, zu bringen, was für diesen den sicheren Tod bedeutet hätte«. Aufgrund einer Intervention bei Ernst Busse, Kapo des Krankenreviers und leitendem Mitglied der Lagerorganisation, konnte Ihr überleben. 1953 forderte die SED einen Bericht von Emil Carlebach und zwei weiteren Buchenwaldhäftlingen über »ihre Tätigkeit in der illegalen Parteileitung des KZ Buchenwald, [...] ihre Lagerfunktionen bis zu ihrer Entlassung bzw. Befreiung« an. Carlebach berichtet über Auseinandersetzungen mit dem österreichischen Trotzkisten Curt Hirsch und fährt fort: »Bei einer ähnlichen Auseinandersetzung mit der österreichischen Parteiorganisation dagegen, als ich die Entfernung des Häftlings Ihr aus dem Lager durchsetzen wollte, den ich wegen seiner Freundschaft mit jenem Curt Hirsch und einer Reihe Krimineller für eine Gefahr hielt, urteilte ich offensichtlich zu sektiererisch; Ihr ist, so viel ich weiß, heute noch Redakteur einer Parteizeitung in Österreich« (vgl. SAPMO, ZPA, Bestand KPD-ZK/PolBüro, I 2/3/155, Bl. 155-161, hier 156 f.).

Konsequenzen hatte die Taktik des »Opfertauschs«, bei der es unmittelbar um Leben und Tod gehen konnte: Wenn es um Abstellungen in Außenlager mit erschwerten – und häufig tödlichen – Arbeitsbedingungen oder um Verschickungen in Vernichtungslager ging, »hatten die Kapos meist die Macht, Genossen oder andere ihnen wichtige Personen von den Listen zu streichen, aber die Quantität der zugeführten ›Lieferung‹ mußte stimmen. Statt der Genossen mußten andere Häftlinge auf die Listen geschrieben werden. Die Rettung des einen bedeutete die Verdammnis anderer. Die Rettung durch Opfertausch – und weiter reichte die Macht der Kapos an den beiden entscheidenden Schaltstellen zwischen Leben und Tod, den Krankenrevieren und der Arbeitsstatistik, in der Regel nicht – war ein grausiges Nullsummen-Spiel«.[130] Hier bot sich unter den Bedingungen der Konzentrationslager-Haft, die zu Verrohung und Pervertierung der moralischen Integrität vieler Betroffener führte, für den kommunistischen Apparat die Möglichkeit der Fortsetzung einer aus der Endphase der Weimarer Republik übernommenen politischen Vernichtungsstrategie »mit anderen Mitteln«. Im »Häftlingskrieg«, wie er sich in den Lagern entwickelte, ließ sich die von der SS »geborgte Macht« der Funktionshäftlinge unmittelbar gegen politische »Gegner«, vor allem kommunistische »Renegaten«, wenden, aber auch gegen Vertreter von Häftlingskategorien wie »Russen«, »Polen«, »Zigeuner«, »Homosexuelle« u.a., die aufgrund nationalen oder sozialen Überlegenheitsdünkels – welcher auch Weimarer Kommunisten nicht fremd war[131] – oder gar in tradierter sozialdarwinistischer Kammerjäger-Mentalität als »minderwertige« und zum Opfertausch prädestinierte Gruppen erscheinen konnten.

Als gegen Kriegsende absehbar wurde, daß die Lager früher oder später in den Einflußbereich der heranrückenden alliierten Truppen geraten würden, versuchten viele Lagerorganisationen, sich militärisch zu organisieren und zu bewaffnen sowie mit Widerstandsgruppen außerhalb der Lager Verbindung aufzunehmen, um die SS-Herrschaft zu gegebener Zeit gewaltsam zu beseitigen und die Evakuierung oder Liquidierung der Lager zu verhindern. Am bekanntesten geworden sind hier wohl der fehlgeschlagene Aufstand in Auschwitz und die »Selbstbefreiung« des Lagers Buchenwald in letz-

---

[130] Niethammer, Der »gesäuberte« Antifaschismus, S. 53. Grundlegend dazu die Unterkapitel I.3.1: Kaderschonung in der Zwangsarbeiterverwaltung, und I.3.3: Der Opfertausch.

[131] Siehe dazu etwa die Befragung Walter Bartels durch die ZPKK (29.5.1953), in dem von »Gesockse« die Rede ist, abgedruckt bei Niethammer, Der »gesäuberte« Antifaschismus, S. 77 ff., sowie ebd. zahlreiche Dokumente, insbesondere Dok. V.3.2.

ter Minute.[132] Diesbezügliche Überlieferungen, soweit sie sich allein auf bis vor kurzem nicht nachprüfbare Quellen aus dem ehemaligen Ostblock oder auf Häftlings- und Verfolgtenerinnerungen stützen, sind allerdings mit Vorsicht aufzunehmen. Die häufig verbreitete Ansicht beispielsweise, daß der Kontakt geflohener Dachauer Häftlinge zu heranrückenden US-Truppen Ende April 1945 zur rechtzeitigen Befreiung des Lagers beigetragen habe, ist nach neueren Forschungsergebnissen nicht haltbar.[133]

In Buchenwald schließlich, wo die interne Lagerorganisation wohl am weitesten entwickelt war, kam es bereits zu dezidierten Überlegungen über die Nachkriegsorganisation in Deutschland. Auf Initiative des Sozialdemokraten Hermann Brill bildete sich 1944 ein »Volksfront-Komitee«, dem Sozialdemokraten, Vertreter bürgerlich-christlicher Gruppen und auch einige Kommunisten angehörten. Man verabschiedete eine aus der Feder Brills stammende Plattform »Für Frieden, Freiheit, Sozialismus« zum Neuaufbau Deutschlands, die wichtige Bereiche, wie die Einsetzung einer künftigen Regierung, die Entnazifizierung und den Aufbau eines demokratischen Bildungssystems, behandelte; dieses ›Buchenwalder Manifest‹ wurde am 13. April, zwei Tage nach der »Selbstbefreiung«, bekanntgemacht und von 42 ehemaligen Häftlingen aus verschiedenen Ländern, vor allem aus Deutschland und Österreich, unterzeichnet.[134] Von dessen Forderung nach unverzüglicher Herstellung der organisatorischen Einheit von KPD und SPD distanzierten sich die Buchenwalder Kommunisten freilich alsbald, da sie sich ohne Direktiven der Parteiführung nicht einmal auf eine bloße Absichtserklärung einlassen wollten.

[132] Die Häftlinge übernahmen am 11. April 1945 nach dem Abrücken der SS-Wachmannschaften das Lager, besetzten die Wachttürme und schalteten den Strom im Zaun um das Lager ab. Von einem »Aufstand« oder einem sonstigen heroischen Akt der »Selbstbefreiung«, wie er in den fünfziger Jahren geradezu in Form eines Gründungsmythos der DDR stilisiert wurde, kann keine Rede sein (literarisch dazu Bruno Apitz, Nackt unter Wölfen. Berlin (-Ost) 1958). Siehe dazu auch Pingel, Widerstand, S. 208 ff. und S. 219 ff.; Drobisch, Widerstand in Buchenwald, S. 141 ff.; geschichtsklitternd Walter Bartel, Die letzten zehn Tage des faschistischen Konzentrationslagers Buchenwald. In: BzG 18 (1976), S. 301-310.
[133] Brief des letzten Dachauer Lagerältesten Oskar Müller an George Walraeve, Brüssel, vom 23.10.1958, Archiv KZ-Gedenkstätte Dachau, Nr. 4205/49; siehe dazu Henke, Amerikanische Besetzung, S. 916 f., sowie Pingel, Widerstand, S. 253 f.
[134] Abgedruckt bei Hermann Brill, Gegen den Strom. Offenbach 1946, S. 97 ff.; siehe dazu vor allem Manfred Overesch, Hermann Brill in Thüringen 1895-1946. Ein Kämpfer gegen Hitler und Ulbricht. Bonn 1992, S. 290 ff.

Das »Nationalkomitee ›Freies Deutschland‹« (NKFD): Zu den umstrittensten Manifestationen des Widerstands gehört neben der »Roten Kapelle« das »Nationalkomitee ›Freies Deutschland‹«. Da mit dem Odium des Landesverrats behaftet, blieb das NKFD in der Historiographie der Bundesrepublik von Anfang an verfemt, während es in der SBZ/DDR zu einem Teil der »weltumspannenden Anti-Hitlerkoalition« stilisiert wurde und als Manifestation antifaschistischer Bündnispolitik vor allem ideologisch in den Jahren und Jahrzehnten nach 1945 besonderen Stellenwert gewann.

Hatte die sowjetische Führung – und mit ihr die deutschen exilierten Kommunisten in der Sowjetunion – in den Jahren 1941 und 1942 noch geglaubt, mit einfachen Klassenkampfparolen die deutschen Soldaten und Rüstungsarbeiter zu Sabotage, Desertion und Widerstand bewegen zu können, so war spätestens nach der Winterkrise von 1941 und den Offensiverfolgen der deutschen Wehrmacht im Süden und Südosten des Kriegsschauplatzes deutlich, daß eine solch monokausale Agitation kaum Erfolge zeitigen konnte. Man argwöhnte bereits, es sei Hitler gelungen, das »Klassenbewußtsein der [deutschen] Arbeiter völlig auszulöschen«[135]. Die Situation änderte sich 1943[136] in zweifacher Hinsicht. Zum einen befanden sich nach der Katastrophe von Stalingrad Ende Januar/Anfang Februar 1943 zum ersten Mal Hunderttausende von deutschen Kriegsgefangenen in sowjetischer Hand, zum anderen scheint Stalin zu diesem Zeitpunkt angesichts des Ausbleibens der ständig geforderten »zweiten Front« wieder auf die Karte eines möglichen Sonderfriedens mit Deutschland gesetzt zu haben – Stichwort Tauroggen (1812). Allerdings fehlte ein nationalsozialistischer General vom Kaliber eines Yorck von Wartenburg aus Preußens napoleonischer Zeit: General-

---

[135] Alexander Fischer, Die Bewegung »Freies Deutschland« in der Sowjetunion. Widerstand hinter Stacheldraht? In: Schmädeke und Steinbach, Widerstand, S. 954-973, hier – Zitat eines sowjetischen Chronologen – S. 956.

[136] Bereits im Lauf des Jahres 1942 gab es allerdings auf sowjetischer Seite erste Versuche, gewissermaßen im Vorgriff auf die Karte »NKFD« nationalpatriotische Motive im deutschen Widerstand gegen Hitler aufzugreifen und propagandistisch zu befördern; hierzu zählen sowohl der Aufruf von 158 kriegsgefangenen deutschen Soldaten, der auf unmittelbare Initiative des Komintern-Generalsekretärs Dimitroff zustandekam, wie Ernst Hadermanns ›Manneswort eines deutschen Hauptmanns‹, die beide vom Moskauer Rundfunk ausgestrahlt und als Flugschriften zur Frontpropaganda verwendet wurden (vgl. dazu allgemein Fischer, Sowjetische Deutschlandpolitik im Zweiten Weltkrieg, S. 22 ff., 46 ff. u. passim, sowie Gerd R. Ueberschär, Das NKFD und der BDO im Kampf gegen Hitler 1943-1945. In: Ueberschär, Nationalkomitee »Freies Deutschland«, S. 31-51).

feldmarschall Paulus, Kommandeur der bei Stalingrad vernichteten bzw. gefangengenommenen 6. Armee, war hierfür – noch – nicht zu gewinnen. Die KPD-Führung im Moskauer Exil, seit langem in der Betreuung und propagandistischen Bearbeitung von Kriegsgefangenen aktiv, nutzte die gebotene Chance. Im Juli 1943 kam es auf unmittelbare Initiative Stalins[137] zur Gründung des NKFD aus 25 kriegsgefangenen Offizieren und Soldaten sowie dreizehn kommunistischen deutschen Emigranten, zu denen u.a. Wilhelm Pieck, Walter Ulbricht und Wilhelm Florin gehörten. Das auf der Gründungsversammlung verabschiedete Manifest[138], das mit deutschnational und patriotisch ausgerichteten Parolen alle Deutschen zum Kampf gegen Hitler aufrief, um weiteres sinnloses Sterben von Hunderttausenden deutscher Soldaten zu beenden, und sich zu demokratischer Staatsmacht, zu Freiheit und Menschenwürde bekannte, war von den deutschen Kommunisten Rudolf Herrnstadt und Alfred Kurella entworfen worden; zum Präsidenten des NKFD wurde der kommunistische Schriftsteller Erich Weinert gewählt, zu Vizepräsidenten Major Karl Hetz, Leutnant Heinrich Graf von Einsiedel und Soldat Max Emendörfer. Zwei Monate später wurde der »Bund Deutscher Offiziere« (BDO) aus rund 100 kriegsgefangenen Offizieren unter der Führung mehrerer Generale gegründet – prominentester und zugkräftigster zweifelsohne der frühere Kommandierende General des II. Armeekorps unter Generalfeldmarschall Paulus in Stalingrad, Walther von Seydlitz-Kurzbach. Seydlitz vertraute bei seiner Entscheidung den Versicherungen von NKWD-Offizieren, der Kampf gegen Hitler werde ohne Zersetzungspraktiken an der Front erfolgen und Deutschland in den Grenzen von 1937 als Machtfaktor in Europa respektieren. Bald nach der Gründung wurden BDO und NKFD organisatorisch und personell verschmolzen.

Obwohl in der Minderheit, übten die kommunistischen Emigranten doch auf die Formulierung der politischen Positionen und die Präsentation des NKFD nach außen entscheidenden Einfluß aus, zumal nur sie politischen Zugang zu der sowjetischen Parteiführung besaßen und zudem über die Wirkungsmöglichkeiten des NKFD nach außen, gegenüber Front und Öffentlichkeit, bestimmten: Der regelmäßig arbeitende Sender »Freies Deutschland« stand unter der Leitung der kommunistischen Emigranten Anton Ackermann und Hans Mahle, Chefredakteur bzw. stellvertretender

[137] Ueberschär, NKFD und BDO, S. 32.
[138] Abgedruckt u.a. in Ueberschär, Nationalkomitee »Freies Deutschland«, S. 265 ff.

Chefredakteur der alsbald wöchentlich erscheinenden Zeitung ›Freies Deutschland‹[139] waren Rudolf Herrnstadt und Alfred Kurella, die praktische Arbeit wurde von dem sogenannten Komintern-«Institut 99« unter Walter Ulbricht gesteuert. Vor allem aber waren die Kommunisten den Militärs im NKFD an praktischer Erfahrung in Verhandlungs- und Versammlungsführung deutlich überlegen. Die sowjetische Führung fuhr mit ihrer Initiative wie häufig zweigleisig: Zum einen konnten NKFD und BDO als Druckmittel gegenüber den westlichen Alliierten benutzt werden, die sich nach sowjetischer Auffassung bei der Eröffnung der »zweiten Front« allzu zögerlich verhielten; im Fall eines geglückten Staatsstreichs hätte die UdSSR sich zum anderen – ungeachtet der verbindlichen alliierten Forderung nach »Unconditional Surrender« – einer aus dem militärischen Widerstand hervorgegangenen deutschen Regierung über den BDO als Gesprächs- und Verhandlungspartner anbieten können und wäre damit den Westmächten um einen Schritt voraus gewesen. Die Rolle der Kommunisten im NKFD mochte auch einer besonderen Stellung der KPD in einem künftigen Deutschland zugute kommen.[140]

NS- und Wehrmachtführung reagierten auf Gründung und Arbeit von NKFD und BDO beunruhigt und mit massiver Gegenpropaganda. Seydlitz wurde wegen Kriegsverrats (Feindbegünstigung im Krieg) in Abwesenheit zum Tod verurteilt, die Familien führender NKFD/BDO-Vertreter kamen nach dem 20. Juli 1944 in Sippenhaft.

Reale Wirkungsmöglichkeiten des NKFD blieben freilich begrenzt – es bot sich nur der Weg von außen, also mit Hilfe der sowjetischen Propagandamittel wie Rundfunk und Flugblättern an der Front die Wehrmacht zum Sturz Hitlers und zum Rückzug auf die deutschen Reichsgrenzen aufzurufen, um weiteres Blutvergießen zu verhindern. Anfang Januar 1944 gaben die führenden Militärs innerhalb von NKFD/BDO dem Drängen auf direkte Frontpropaganda nach: »Frontbevollmächtigte« des NKFD wurden nun in großer Zahl an der Front eingesetzt, insbesondere bei eingeschlossenen Truppenteilen, um Offiziere zur Kapitulation und Soldaten zur

---

[139] Das Mitteilungsblatt ›Freies Deutschland‹ war mit den Farben Schwarz-Weiß-Rot gezeichnet, was auf seiten der Wehrmachtführung besondere Erbitterung auslöste (Ueberschär, NKFD und BDO, S. 38).

[140] Inwieweit das NKFD auf sowjetischer Seite als »Kern einer künftigen deutschen Regierung« bzw. als mögliche Exilregierung betrachtet wurde (vgl. dazu Wolfgang Leonhard, Die Revolution entläßt ihre Kinder, Frankfurt a. M. 1971, S. 242 f.), geht aus den bisherigen Quellen nicht eindeutig hervor. Sicher ist, daß eine solche Absicht, wenn sie denn je bestand, alsbald wieder aufgegeben wurde.

Desertion aufzurufen. Zu einer größeren Aktion dieser Art kam es im Februar 1944 im Kessel von Tscherkassy (Korsun), wo sich Seydlitz und andere hochrangige Offiziere persönlich – aber vergeblich – bemühten, die eingeschlossenen Truppen zur Aufgabe zu bewegen.

In der ersten Hälfte 1944 verlor Stalin anscheinend – angesichts der Aussicht, den Krieg militärisch siegreich beenden zu können – das Interesse an NKFD/BDO. Reorganisationsvorschläge von Seydlitz sowie Vorschläge zur Bildung eines deutschen Freiwilligenverbandes auf seiten der Roten Armee wurden von sowjetischer Seite abgelehnt und nur die Bildung von Kommissionen und Arbeitskreisen zugelassen, die sich mit Planungen für das zukünftige Deutschland befassen sollten. Vollends deutlich wurde die veränderte sowjetische Haltung, als nach dem gescheiterten Putsch vom 20. Juli 1944 die lange gehegte Hoffnung auf eine militärisch-politische Wende obsolet wurde. Daß sich immer mehr gefangene Generale, zum Teil mit spektakulären Aufrufen, dem NKFD bzw. BDO anschlossen und der lange vergeblich umworbene Generalfeldmarschall Paulus endlich doch noch offiziell dem NKFD beitrat, änderte daran nichts mehr. Die übergroße Mehrheit der deutschen Kriegsgefangenen blieb dem NKFD freilich fern. Der sinkende Stellenwert von NKFD/BDO für die sowjetische Seite läßt sich klar an seinen drei wesentlichsten Erklärungen ablesen – dem bereits zitierten Gründungsmanifest, den ›25 Artikeln zur Beendigung des Krieges‹[141] vom 5. März 1944 und dem Aufruf von 50 Generalen, darunter Generalfeldmarschall Paulus, »an Volk und Wehrmacht« vom 8. Dezember 1944.[142] Das Manifest ging von einem souveränen Deutschland nach Hitler in Form einer starken Demokratie aus; die »25 Artikel« erschienen anonym, riefen den einzelnen zur Tat und warfen bange Fragen nach dem Schicksal Deutschlands auf; der von 50 der insgesamt 80 kriegsgefangenen Generale unterzeichnete Aufruf setzte eine Besetzung Deutschlands bereits als selbstverständlich voraus, ein Sturz Hitlers werde die letzte souveräne Tat des deutschen Volkes sein.

Bis zur Selbstauflösung am 2. November 1945 hatten NKFD und BDO für die Sowjets nur noch »politisch-propagandistische Alibifunktion«; die Mitglieder »mußten am Schluß erfahren, daß ihr Widerstandsbemühen aus den Gefangenenlagern heraus [...] zu keinem politischen Erfolg geführt hatte und von der Sowjetführung ausgenutzt und auch politisch mißbraucht worden war«[143]. Auch die KPD-

---

[141] Abgedruckt bei Scheurig, Verräter oder Patrioten, S. 193 ff.
[142] Abgedruckt bei Ueberschär, Nationalkomitee »Freies Deutschland«, S. 283 ff.
[143] Ueberschär, NKFD und BDO, S. 43.

Führung wandte sich ab, so daß NKFD-Mitglieder nach der deutschen Niederlage im Mai 1945 im allgemeinen ohne politischen Einfluß blieben. Erst Jahre später, beim Aufbau der Kasernierten Volkspolizei, dem Vorläufer der Nationalen Volksarmee, griff die SED-Führung noch einmal in begrenztem Umfang auf militärische Kader aus dem NKFD zurück. Die »Koalition auf Zeit« zwischen kriegsgefangenen Wehrmachtoffizieren und kommunistischen Emigranten erwies sich schon vor Kriegsende als das, was sie war: nur eines von vielen Instrumenten sowjetischer Deutschlandpolitik. Symptomatisch für die politische Bedeutungslosigkeit des NKFD erscheint die Tatsache, daß Stalin den Präsidenten des BDO und Vizepräsidenten des NKFD General von Seydlitz 1950 in einem Scheinprozeß wegen angeblicher Kriegsverbrechen zur Höchststrafe von 25 Jahren Haft verurteilen ließ.[144]

Historische und biographische Bewertung des Widerstands aus den Kriegsgefangenenlagern in der UdSSR sind bis heute strittig. Hier überschneiden und brechen sich zeitgenössische wie aus der späteren Ost-West-Konfrontation entstandene Konfliktlinien. Es geht freilich darum, die »ehrenhaften Motive vor allem der militärischen Mitglieder der Bewegung ›Freies Deutschland‹« zu berücksichtigen, »ohne den verbreiteten Opportunismus und die verständliche Lebensangst zu übersehen sowie jene Tatbestände zu verschweigen, die den Vorwurf des Hoch- und Landesverrats ohne jeden Zweifel rechtfertigen.[145] Zweifellos bedeutete die militärisch sinnlose Opferung der 6. Armee bei Stalingrad für viele der betroffenen Offiziere und militärischen Fachleute den letzten Schritt zu der Erkenntnis, daß ein militärischer Dilettant als Oberbefehlshaber Deutschland in die militärische und nationale Katastrophe geführt habe und daß man alles tun müsse, um ihm hierbei – und sei es von außen und in letzter Minute – in den Arm zu fallen, auch unter Bruch des geleisteten Eides. Es war das gleiche Problem, das sich für die militärische Verschwörung des 20. Juli immer wieder aufs neue stellte, freilich unter ganz anderen Bedingungen hinsichtlich der Freiheit des Handelns. Es hieße mit zweierlei Maß messen, so ein ehemaliger aktiver Offizier im Blick auf die Rolle von General Walther von Seydlitz, »wenn man den innerdeutschen Widerstandskämpfern Achtung und Ehre erweist, aber einen Mann verfemt, ihm die Ehre abspricht, der ein Jahr früher aus den gleichen Motiven, mit dem gleichen Idealis-

---

[144] Vgl. dazu Leonid Reschin, Der Moskauer Prozeß gegen General von Seydlitz im Spiegel russischer Dokumente. In: Ueberschär, Nationalkomitee »Freies Deutschland«, S. 251-263.

[145] Fischer, Bewegung »Freies Deutschland«, S. 963.

mus, mit der gleichen Entschlossenheit in den ihm durch die Gefangenschaft gezogenen Grenzen handelte«[146]. Ebensowenig kann bezweifelt werden, daß zumindest die militärischen Mitglieder von NKFD und BDO eigenständige nationale und patriotische Zielsetzungen besaßen, auch wenn die Initiative zur Gründung beider Organisationen unmittelbar von Stalin ausging und sie für die Sowjets nicht mehr waren als ein – nur zeitweilig Erfolg versprechendes – Instrument sowjetischer Interessenpolitik.

»Reeducation« und Mitarbeit an alliierten Rundfunksendungen: Etwa zum gleichen Zeitpunkt wie in Rußland stellte sich auch auf anglo-amerikanischer Seite das Problem, daß sich deutsche Kriegsgefangene in hoher Zahl in alliiertem Gewahrsam befanden. Im November 1942 war General Eisenhower mit britischen und amerikanischen Truppen im westlichen Nordafrika gelandet; ein halbes Jahr später kapitulierten die deutschen und italienischen Streitkräfte in Libyen und Tunis. Im Mai 1943 waren knapp 300 000 italienische und deutsche Soldaten in Kriegsgefangenschaft; ab Sommer 1943, nach der alliierten Invasion in Sizilien und Süditalien, kamen immer mehr hinzu. Sie wurden mehrheitlich in die USA und in britische Dominions transportiert. In Großbritannien stieg ihre Zahl erst ab Juni 1944, nach der alliierten Invasion in der Normandie, rasch an. Ende 1944 befanden sich knapp 150 000 deutsche Kriegsgefangene im Vereinigten Königreich.

Schon in Nordafrika hatten Briten und Amerikaner trotz umständebedingter Schwierigkeiten versucht, mit Hilfe von sprachen- und mentalitätskundigen Fachleuten – meist deutschsprachigen politischen Emigranten – aus der Masse der Kriegsgefangenen jene Soldaten herauszufiltern, die dem NS-Regime gegenüber kritisch eingestellt oder zumindest keine fanatischen »Nazis« waren. Man wollte damit sowohl militärisch nutzbare Informationen gewinnen als auch deutsches Fachpersonal für eine zukünftige Besatzungsverwaltung rekrutieren und verfolgte das Fernziel, einer Wiederholung der Nach-Versailles-Ära und dem Erwachen eines deutschen Revanchismus nach der absehbaren Niederlage von vornherein den Boden zu entziehen. Diese Bemühungen wurden verstärkt und systematisiert, nachdem das britische Kabinett Mitte September 1944 die »reeducation« als offizielles Programm beschlossen hatte.

[148] Hans Martens, General von Seydlitz 1942-1945. Analyse eines Konflikts. Berlin o.J., S. 92.

Daß allein schon der Begriff »Umerziehung« viele Kriegsgefangene abstoßen mußte, ist vielfach belegt. Insgesamt gesehen, scheiterte das alliierte Unternehmen der »reeducation«. Im Rahmen dieser Bemühungen entstanden jedoch die sogenannten »Kriegsgefangenensendungen«, deren erste Ansätze bis in den Herbst 1943 und nach Nordafrika zurückreichten und die sicherlich vom sowjetischen Vorbild des NKFD-Senders inspiriert waren. Ab Oktober 1944 wurden über BBC diese Sendungen regelmäßig ausgestrahlt. Meist waren dies kurze Erlebnis- und Erfahrungsberichte der Kriegsgefangenen zu Gefangennahme und Lagererfahrungen, Einschätzungen der militärischen Lage, die ein siegreiches Kriegsende für Deutschland unmöglich mache, Erlebnisse mit SD- und Gestapo-Willkür in den besetzten Gebieten u.ä. Man wollte den Hörern in Deutschland begreiflich machen, man habe das NS-System endlich durchschaut, der Krieg müsse schnellstmöglich beendet werden, und man sei überzeug, die von den Alliierten verlangte bedingungslose Kapitulation bedeute nicht Deutschlands nationales Ende. Bei diesen Texten konnten sich die bei der BBC bzw. dem britischen Political Intelligence Department ressortierten politischen Emigranten wie Waldemar von Knoeringen gegen die britische Seite weitgehend durchsetzen. Nicht Sabotageaufrufe, sondern sachliche Aufklärung über die Lage Deutschlands und die Ergebnisse der NS-Kriegspolitik hätten im Vordergrund zu stehen. Folge dieser Politik der »reeducation« war das Ende 1945 auf maßgebliche Initiative Knoeringens begründete »Training Centre« von Wilton Park, das sich in den Nachkriegsjahrzehnten zu einer deutsch-britischen und darüber hinaus zu einer europäischen Begegnungsstätte entwickelte.[147]

5. »Nachdenken über Deutschland«: Das deutsche Exil im Krieg

Die Ereignisse der Jahre 1938 bis 1940 hatten die politische Emigration erneut durcheinandergewirbelt. In Europa konzentrierte sie sich nach Kriegsbeginn auf Großbritannien und Schweden. Ein großer Teil entzog sich dem deutschen Zugriff durch die Flucht nach Übersee, vor allem in die USA. Auch in Mexiko entstanden wegen der großzügigen Aufnahmepraxis gerade für Vertreter der politischen Linken größere politische Exilgruppen, während die deutschsprachige Emigration in den übrigen lateinamerikanischen Ländern nur eine untergeordnete Rolle spielen konnte.

[147] Vgl. dazu Mehringer, Knoeringen, S. 251 ff.

Der Hitler-Stalin-Pakt unmittelbar vor Kriegsausbruch hatte den politischen Graben zwischen der kommunistischen und der sozial-demokratisch-sozialistischen Emigration praktisch unüberbrückbar gemacht. Die Ablehnung jedes Bündnisses mit einer unter sowjetischem Einfluß stehenden KPD wurde in der Folgezeit einigender Grundsatz des sozialdemokratischen und des linkssozialistischen Exils, auch als 1941, nach dem deutschen Überfall auf die Sowjetunion, die erhoffte große Anti-Hitler-Koalition doch noch zustandekam.[148] Die KPD ihrerseits richtete in den westlichen Emigrationsländern ihre Bündnispolitik auf die Zusammenarbeit mit bürgerlichen Kräften unter Ausschluß bzw. Gleichschaltung der Sozialisten aus, eine Vorwegnahme der späteren Blockpolitik, so daß sich im Verlauf des Kriegs die ursprüngliche Organisations-, Weltanschauungs- und Meinungsvielfalt der politischen Exilszene deutlich auf zwei mehr oder minder festgefügte Lager reduzierte, die einander in schroffer Unversöhnlichkeit gegenüberstanden.

Während sich innerhalb des sozialdemokratischen Exils, vertreten durch die Sopade, noch vor Kriegsausbruch die Erkenntnis durchgesetzt hatte, die Isolierung der Arbeiterbewegung in der Weimarer Republik sei die Ursache ihres Scheiterns gewesen und zukünftig müsse man wesentlich ein Bündnis mit politischen Kräften des Bürgertums anstreben, hielten die linken Zwischengruppen bis weit in den Krieg hinein an der sozialrevolutionären Option als Weg zur Beseitigung des NS-Regimes fest.[149] Der Hitler-Stalin-Pakt ist dennoch als der eigentliche Anstoß für den zentralen Modernisierungsschub linken Denkens im Exil zu werten, auch wenn er erst in der zweiten Kriegshälfte wirksam wurde. Der Pakt hatte zwar der revolutionären Perspektive einer Überwindung der NS-Herrschaft – mit der Sowjetunion als ungeliebtem, aber notwendigem Bündnispartner – die essentielle Grundlage entzogen; doch erst nach Abbrechen aller Inlandsverbindungen, mit dem Kriegsverlauf und der Forderung nach »Unconditional Surrender« war klar geworden, daß

---

[148] Hartmut Mehringer, Der Pakt als grundlegende Weichenstellung für den deutschen Sozialismus. In: Gerhard Bisovsky, Hans Schafranek und Robert Streibel (Hrsg.), Der Hitler-Stalin-Pakt. Voraussetzungen, Hintergründe, Auswirkungen. Wien 1990, S. 119-129.

[149] Siehe dazu vor allem die Anfang 1939 postum veröffentlichte Abhandlung Otto Bauers über ›Die illegale Partei‹ sowie Curt Geyers Sopade-offiziöse Entgegnung ›Die Partei der Freiheit‹ (Juni 1939), beide veröffentlicht in: Kurt Klotzbach (Hrsg.), Drei Schriften aus dem Exil. Berlin, Bonn-Bad Godesberg 1974; allgemein dazu Mehringer, Knoeringen, S. 187 ff.

Deutschland »erobert, nicht befreit«[150] werden würde, so daß die erneute Niederlage des Reichs nicht die Uraufführung des 1918/19 scheinbar vergeblich geprobten Stücks einläuten, sondern zu ganz anderen inneren und äußeren Konsequenzen führen müsse. Nun setzte ein Prozeß grundlegenden programmatischen Umdenkens ein, zu dem die linken Sozialisten, von veränderten Vorgaben aus, Wesentliches beitragen konnten. 1941 bildete sich im britischen Exil mit der »Union deutscher sozialistischer Organisationen in Großbritannien« ein Kartell aus Sopade, den sozialistischen Linksgruppen (Neu Beginnen, ISK und SAPD) sowie der Landesgruppe deutscher Gewerkschafter als Repräsentanz aller deutschen sozialistischen Emigranten in Großbritannien. Die Bedeutung dieser Kartellgründung dürfte damals kaum einem der Beteiligten wirklich bewußt gewesen sein: Mit Ausstrahlungskraft auf andere Exilländer stellte sie die historische Wiedervereinigung des 1917 gespaltenen deutschen Sozialismus dar – freilich unter endgültiger Ausklammerung der Kommunisten, die sich inzwischen in sozialistischem Bewußtsein als Agenten einer fremden und spätestens seit dem Hitler-Stalin-Pakt als feindlich begriffenen Macht entlarvt hatten und damit aus jedwedem künftigen nationalen Konsens herausfielen.

Das nichtkommunistische Exil sah in der zweiten Kriegshälfte seine Hauptaufgabe nach außen darin, unter der Losung »Für Deutschland, gegen Hitler« das in den alliierten Asylländern aufkommende »vansittartistische« Syndrom von der grundlegend autoritären, militaristisch-imperialistischen und humanitätsfeindlichen Natur des deutschen Volkes[151] zu widerlegen. Man warb um Vertrauen für die selbstregulativen demokratischen Kräfte des »Anderen Deutschland« nach einer militärischen Niederlage und trat im Sinne eines »demokratischen Patriotismus« gegen Pläne zur Aufteilung des Reichs und zur Abtretung seiner Ostgebiete auf. Dies schloß gleichwohl unter der Perspektive eines »vereinten Europa« das Konzept eines langfristigen Bündnisses mit den westlichen Demokratien ein, in dem ein neues Deutschland, wie man hoffte, den ihm gebührenden Platz werde finden können.

In den USA wurde im März 1944 der »Council for a Democratic Germany« (CDG) unter dem Vorsitz von Paul Tillich gegründet – als Ansatz zu einer deutschen Gesamtvertretung im Exil; am CDG waren – gleichberechtigt – Kommunisten, Linkssozialisten, Sozial-

---

[150] So der Titel einer Broschüre von Paul Hagen (d.i. Karl Frank) von Neu Beginnen. New York 1946.

[151] Robert Vansittart, maßgeblicher Repräsentant des britischen Foreign Office, vertrat diese Einschätzung ab 1940 in zahlreichen Rundfunkansprachen.

demokraten und Liberale beteiligt.[152] Der CDG entwarf Programme für ein demokratisches Nachkriegsdeutschland, wandte sich scharf gegen die politische und wirtschaftliche Zerstückelung Deutschlands und forderte eine Erziehung des deutschen Volkes zur Demokratie, allerdings durch »Deutsche selbst«. Der CDG scheiterte am Gebot der einstimmigen Beschlußfassung, wobei die Zustimmung der Kommunisten zu Jalta und Potsdam eine zentrale Rolle spielte, sowie an den Gegensätzen zur rechtssozialdemokratischen »German Labor Delegation«, zu der scharf antikommunistischen Gruppe um die ehemalige KPD-Führerin Ruth Fischer und ihre Zeitung ›Network‹ und zu jüdischen Verbänden in den USA.

Schwerpunkte konservativer Emigration waren vor allem die USA, daneben Großbritannien, die Schweiz und die Türkei. Zu ihren Vertretern gehörten illustre Namen aus Politik und Geistesleben der Weimarer Republik, wie die ehemaligen Reichskanzler Heinrich Brüning und Joseph Wirth, die Zentrums-Abgeordneten Johannes Schauff und Friedrich Dessauer, die Professoren Arnold Bergstraesser, Hans Rothfels, Eric Voegelin, Goetz Briefs und Stefan Possony sowie die Publizisten und Politiker Gustav Stolper und Hubertus Prinz zu Löwenstein. Sie bildeten im Krieg keine übergreifende Organisation, konnten aber, vor allem in den USA, erheblichen Einfluß auf die alliierte Nachkriegsplanung hinsichtlich Westorientierung, Liberalisierung, Modernisierung und antisowjetischer Ausrichtung des von den Westalliierten besetzten Teils Deutschlands nehmen. Auch bei ihnen verlief der Lernprozeß »vom Antimodernismus zum Antitotalitarismus«[153] über die Auseinandersetzung mit dem Nationalsozialismus und führte zu scharfer Frontstellung gegen den Sowjetkommunismus.

Die sozialdemokratische Programmdiskussion wurde überwiegend in Großbritannien geführt. Die veränderten Voraussetzungen zwangen bald zur endgültigen Aufgabe der sozialrevolutionären Op-

[152] Dem »Organizing Committee« unter Vorsitz von Paul Tillich gehörten u.a. an: Siegfried Aufhäuser (RSD), Horst W. Baerensprung (SPD), Rabbi Leo Baerwald, der Arzt Felix Boenheim (KPD, später SED), Bertolt Brecht, Hermann Budzislawski (SPD, später KPD), Pfarrer Friedrich Forell, Kurt Glaser (RSD), Albert Grzesinski (SPD), Paul Hagen alias Karl Frank und Paul Hertz (»Neu Beginnen«), der Journalist Hans Hirschfeld, Albert Schreiner (KPD) und Jacob Walcher (SAP). Zu den Unterzeichnern der Gründungserklärung des CDG gehörten so prominente Emigranten wie Georg Dietrich, Heinrich Mann, Marie Juchacz, Karl Otto Paetel, Fritz Sternberg und Herbert Weichmann.

[153] Jean Solchany, Vom Antimodernismus zum Antitotalitarismus. Konservative Interpretationen des Nationalsozialismus in Deutschland 1945-1949. In: VfZ 44 (1996), S. 373-394.

tion für ein Deutschland nach Hitler sowie zur Verständigung auf einen demokratisch-pluralistischen Legitimationsrahmen und auf eine einheitliche »sozialdemokratische Volkspartei«, die nicht nur die Interessen einer Mehrheit jenseits der traditionellen Industriearbeiterschaft wirksam vertreten, sondern auch in ihrem Selbstverständnis pluralistisch geprägt sein sollte. Die Grundlinien einer solchen sozialdemokratischen Einheits- und Volkspartei und die Koordinaten ihrer künftigen politischen Richtung wurden in einem mehrjährigen Diskussionsprozeß in der zweiten Kriegshälfte entworfen. Dabei mußten Rolle und Stellenwert der alten Weimarer SPD neu überdacht, die Notwendigkeit der Entwicklung von der Arbeiter-(Klassen-)Partei zur Volkspartei artikuliert, das Verhältnis zu Religion und Kirchen neu bestimmt und schließlich auch auf wirtschaftspolitischem Gebiet grundlegend neue Gesichtspunkte eingeführt werden – nämlich die Abkehr von zentralverwaltungswirtschaftlichen Vorstellungen zugunsten weltwährungsbezogener keynesianischer Steuerungstechniken der Wirtschaft. Ziel waren Ausschaltung der zyklischen Kapitalismus-Krisen und Vollbeschäftigung, Privateigentum an den Produktionsmitteln erkannte man prinzipiell an.[154] Verzicht auf sozialen, weltanschaulichen und religiösen Ausschließlichkeitscharakter, Konsens über eine demokratisch-pluralistische Verfassungsordnung mit parlamentarischem Machtausgleich, Einheitsgewerkschaft und allgemeine Orientierung auf Westeuropa – dieses auf wenige essentielle Punkte konzentrierte »Ergebnisprotokoll« sozialdemokratischer Programmdiskussion im Exil[155] zeigt, daß hier zentrale Eckwerte sozialdemokratischer Nachkriegspolitik in den Westzonen bzw. der Bundesrepublik Deutschland – endgültig erst mit dem Godesberger Programm von 1959 verbindlich – bereits sehr konkret vorausgedacht wurden. Kurt Schumacher in Hannover, unumstrittener Führer der wiedererstehenden Sozialdemokratie in den westlichen Besatzungszonen, war

---

[154] Siehe dazu auch Michael Held, Sozialdemokratie und Keynesianismus. Von der Weltwirtschaftskrise zum Godesberger Programm. Frankfurt a. M., New York 1982, S. 169 ff.; Röder, Die deutschen sozialistischen Exilgruppen in Großbritannien, S. 272 ff.

[155] In den USA war es vor allem die »German Labor Delegation« unter Albert Grzesinski und Rudolf Katz und die in New York erscheinende ›Neue Volkszeitung‹, in deren Rahmen die sozialdemokratische Diskussion über ein Deutschland nach Hitler geführt wurde (wesentliche Exponenten: Friedrich Stampfer, Wilhelm Sollmann, Gerhart Seger, Max Brauer). Sie gelangte zu ähnlichen Ergebnissen wie in Großbritannien, wenngleich in den USA die ursprüngliche Frontstellung zwischen Sozialdemokratie und linken Zwischengruppen erhalten blieb. Vgl. dazu allgemein Radkau, Emigration in den USA.

in den Haftjahren im Dritten Reich zu ähnlichen Schlußfolgerungen gelangt, was sich schon in seiner zentralen Losung »Neubau – nicht Wiederaufbau« der Sozialdemokratie ausdrückt. Unter diesen Umständen waren programmatische Gedanken und politische Erfahrung der Exil-Sozialdemokratie in der neuen (west-)deutschen SPD von Anfang an präsent. Fritz Heine, zusammen mit Erich Ollenhauer und Erwin Schoettle offizieller Vertreter des Exilparteivorstands bzw. der »Londoner Union« auf der Konferenz in Wennigsen im Oktober 1945 – der ersten direkten Kontaktaufnahme zwischen London und Hannover –, hat im nachhinein stets betont, wie überrascht die Vertreter des Exils ob der »nahtlosen Übereinstimmung« zwischen ihnen und Schumacher in allen wesentlichen Fragen gewesen seien.

Von den rund 6 000 nach 1933 emigrierten Sozialdemokraten kehrten nach Kriegsende knapp 3 000 in die westlichen Besatzungszonen zurück. Schon die Statistik belegt ihren Einfluß. In den vierziger und fünfziger Jahren hatten sie stets mehr als die Hälfte der Sitze im Parteivorstand der West-SPD inne. Die rein quantitative Präsenz von Angehörigen einer Gruppe, die nur aufgrund des Emigrationsschicksals retrospektiv als solche definiert wird, muß nicht notwendig auch eine gruppenspezifische Wirksamkeit begründen. Die Gemeinsamkeit von Lernprozessen und Erfahrungen im britisch-amerikanischen bzw. skandinavischen Exil ergab jedoch zumindest ähnliche Antworten auf neue politische und gesellschaftliche Fragen. Die Remigranten hatten einen großen Vorteil: Sie hatten in England, Schweden und den USA nicht jahrelang in geistiger Isolation, in jenem nach außen abgeschotteten Silo gelebt, in den das NS-Regime Deutschland verwandelt hatte; sie hatten moderne Entwicklungen und neue Fragen, vor allem auf natur- und gesellschaftswissenschaftlichem Gebiet, kennengelernt, die man in Deutschland nicht kannte, sie waren mit freier Presse, freier Meinungsäußerung und der Pluralität von Meinungen vertraut – eine gesellschaftliche Erfahrung, die insbesondere der Hitlerjugend- und Kriegsgeneration weitgehend versperrt geblieben war. Besonders die sozialistische Emigration in Großbritannien besaß spezifische Erfahrungen aus dem politisch-gesellschaftlichen Umfeld, mit dem sie konfrontiert war und die sie nach ihrer Rückkehr »heimtransportieren« konnte: die Bekanntschaft mit der »Labour Party« als parlamentarisch und pragmatisch ausgerichteter und nicht von marxistischer Dogmatik geprägter Arbeiterpartei mit Wählern und Anhängern jenseits der Arbeiterklasse, die selbstverständliche Toleranz und Offenheit der »Fabian Society«, welche den Emigranten wichtige Diskussionsforen eröffnet hatte, und der Wahlsieg der »Labour Party« unmittelbar nach Kriegsende. Dieser Sieg weckte bei den deutschen Sozialisten große Hoffnungen auf Unterstützung, die sich freilich rasch als fruchtlos erweisen sollten. Der veränderte Blickwinkel von Großbritannien aus, wo man Europa im Rücken und das Empire im Blick zu haben gewohnt war, mag ebenfalls zu Entdogmatisierung und Entkontinentalisierung linken Denkens beigetragen haben.

Diese Ergebnisse der Exildiskussion wurden allerdings in modifizierter Form erst mit einem Jahrzehnt Verspätung programmatisches Gemeingut der Sozialdemokratie. Dies lag nicht zuletzt an den Konstellationen des Kalten Kriegs und der »integrativen Auseinandersetzung mit dem Nationalsozialismus« nach 1945[156], die es Emigranten, zumal aus den Reihen der Arbeiterbewegung, nahelegte, dieses Kapitel ihrer Biographie nicht allzusehr in den Vordergrund zu rücken. Dennoch ist festzuhalten, daß ein wichtiger Strang des politisch-gesellschaftlichen Lernprozesses, der vom Sozialismus spätweimarischer Provenienz zu den modernen volksparteilichen Positionen der deutschen Sozialdemokratie führte, außerhalb der Grenzen Deutschlands, nämlich im Exil, verlief.

Ein weiteres, in ganz anderer Weise bestimmendes Zentrum der deutschsprachigen Emigration nach 1933 formierte sich während des Zweiten Weltkriegs in Moskau: Das waren Exil-Zentralkomitee und -Politbüro der KPD, die auf den Fersen der sowjetischen »Befreier« 1945 die Satrapenrolle im sowjetisch besetzten Teil Deutschlands übernehmen sollten und ihre Rolle als Erfüllungsgehilfen der sowjetischen Besatzungsmacht in den Jahren 1944/45 vorausgeplant hatten.[157]

[156] Hermann Lübbe, Der Nationalsozialismus im deutschen Nachkriegsbewußtsein. In: HZ 236 (1983), S. 579-599.
[157] Vgl. dazu: »Nach Hitler kommen wir«. Dokumente zur Programmatik der Moskauer KPD-Führung 1944/45 für Nachkriegsdeutschland. Hrsg. von Peter Erler, Horst Laude und Manfred Wilke. Berlin 1994.

Widerstand gegen ein totalitäres Regime ist notwendig auf der Ebene von Geheimhaltung und Konspiration angesiedelt. Folge dieses Umstands ist auch im Fall des Widerstands gegen den Nationalsozialismus, daß von seiten seiner Repräsentanten keine umfassenden und alle Facetten abdeckenden zeitgenössischen Selbstzeugnisse und Eigenaussagen zu Organisation(en) und Aktion(en) vorliegen. Verstärkt wird dieses Problem noch durch strukturelle Eigenarten: Der Widerstand gegen den Nationalsozialismus war keine einheitliche oder hierarchisch strukturierte Organisation, sondern eine politisch-weltanschaulich und sozial- wie individualpsychologisch höchst disparate »Gegenbewegung«, die in ihren Zielen, Methoden und Mitteln deutliche Unterschiede aufwies. Die zahlreichen Aufzeichnungen, die nichtsdestoweniger existieren, sind Denkschriften, Gesetzesentwürfe, interne Memoranden, Regierungsprogramme, Tagebücher, private Korrespondenzen etc.[1]; allerdings betreffen sie im allgemeinen nicht die »Technik« der Verschwörung, die illegale Organisation, Beteiligte oder geplante durchgeführte Aktionen, es handelt sich vielmehr um literarische Konkretionen von Zukunftshoffnungen und Neuordnungsvorstellungen. Es ist eine Folge des unterschiedlichen Grades von Schriftlichkeit und Selbstverständigungszwang, daß solche Zeugnisse ganz überwiegend aus dem Bereich des Widerstands der »alten Eliten« stammen.[2]

[1] Vgl. dazu die Übersicht im Anhang von Max Braubach, Der Weg zum 20. Juli 1944. Forschungsbericht. Köln 1953. Zur Quellendokumentation siehe auch die ständige Ausstellung in der Gedenkstätte Deutscher Widerstand in Berlin, deren Besuch für jeden, der sich mit dem deutschen Widerstand gegen den Nationalsozialismus auseinandersetzt, obligatorisch ist; vgl. dazu Peter Steinbach, Widerstand gegen den Nationalsozialismus. Zur Konzeption der ständigen Ausstellung »Widerstand gegen den Nationalsozialismus« in der »Gedenkstätte Deutscher Widerstand« in Berlin. In: GWU 37 (1986), S. 481-497.

[2] Allgemein dazu Mommsen, Gesellschaftsbild und Verfassungspläne des deutschen Widerstandes, sowie Graml, Die außenpolitischen Vorstellungen (beide neu in Graml, Widerstand im Dritten Reich). Sicherung und Erschließung der erhalten gebliebenen Zeugnisse und zuverlässige Quelleneditionen der Grundtexte des deutschen Widerstands stellen immer noch eine Herausforderung für die Fachwissenschaft dar.

Die Historiographie des Widerstands gegen den Nationalsozialismus hat längst ihre eigene Geschichte.[3] Sie ist gekennzeichnet von jahrzehntelangen Kontroversen, die weithin auf unterschiedlichen ideologisch-politischen Legitimationsbedürfnissen und selektiven Vereinnahmungs- bzw. Ausgrenzungsbestrebungen beruhten.[4]

Die erste und früheste Phase der Widerstandsforschung in der Bundesrepublik Deutschland setzte ein mit den Memoirenveröffentlichungen von Gisevius und Schlabrendorff, der Untersuchung von Pechel sowie der Erstveröffentlichung der Hassell-Tagebücher[5] und

[3] Den jüngsten Überblick über die Entwicklung der Historiographie des deutschen Widerstands bietet Gerd R. Ueberschär, Von der Einzeltat des 20. Juli 1944 zur »Volksopposition«? Stationen und Wege der westdeutschen Historiographie nach 1945. In: Ueberschär (Hrsg.), Der 20. Juli 1944, S. 101-125. Zum Widerstand der »alten Eliten« siehe Ulrich Heinemann, Arbeit am Mythos. Neuere Literatur zum bürgerlich-aristokratischen Widerstand gegen Hitler und zum 20. Juli 1944 (Teil I), sowie ders. und Michael Krüger-Charlé, Arbeit am Mythos. Der 20. Juli 1944 in Publizistik und wissenschaftlicher Literatur des Jubiläumsjahres 1994 (Teil II). In: GG 21 (1995), S. 111-139 sowie 23 (1997), S. 475-501; vgl. auch Wolfgang Altgeld, Zur Geschichte der Widerstandsforschung. Überblick und Auswahlbibliographie. In: Lill und Oberreuter, 20. Juli, S. 377-391; Horst Möller, La résistance allemande dans la vie culturelle des deux États allemands après 1945. In: Documents. Revue des Questions Allemandes. 1991, H. 4, S. 115-121 und H. 5, S. 86-98; Klaus-Jürgen Müller und Hans Mommsen, Der deutsche Widerstand gegen das NS-Regime. Zur Historiographie des Widerstandes. In: Müller, Der deutsche Widerstand gegen Hitler, S. 13-21; Ueberschär, Die deutsche Militäropposition zwischen Kritik und Würdigung. Zur neueren Geschichtsschreibung über die »Offiziere gegen Hitler«. In: Jahresbibliographie der Bibliothek für Zeitgeschichte 62 (1990), S. 428-442; Hans Mommsen, Die Geschichte des deutschen Widerstands im Lichte der neueren Forschung. In: APUZ 1986/50, S. 3-18; Ueberschär, Gegner des Nationalsozialismus 1933-1945. Volksopposition, individuelle Gewissensentscheidung und Rivalitätskampf konkurrierender Führungseliten als Aspekte der Literatur über Widerstand und Emigration im Dritten Reich zwischen dem 35. und dem 40. Jahrestag des 20. Juli 1944. In: Militärgeschichtliche Mitteilungen 35 (1984), S. 141-196; Günter Plum, Widerstand und Resistenz. In: Broszat und Möller, Das Dritte Reich, S. 248-273.

[4] Vgl. dazu Peter Steinbach, Wem gehört der Widerstand gegen Hitler? In: Dachauer Hefte 6 (1990), S. 57-72, hier insbes. S. 69 ff., sowie Peter Steinbach, Widerstandsforschung im politischen Spannungsfeld. In: APUZ 1988/28, S. 3-21.

[5] Gisevius, Bis zum bitteren Ende; Gisevius stützt sich vor allem auf persönliche Erinnerungen und ist nicht immer ganz zuverlässig; Schlabrendorff, Offiziere gegen Hitler (diese Erinnerungen schildern vor allem das Umfeld der Verschwörung an der Ostfront um Henning von Tresckow); Pechel, Deutscher Widerstand (Pechel konzentriert sich zwar auf den Widerstand der alten Eliten, führt aber auch Kommunisten, die »Rote Kapelle«, Quäker und »Zeugen Jehovas« an); Die Hassell-Tagebücher 1938-1944 (auch die neueste Ausgabe von 1988 ist zwar immer noch nicht ganz vollständig, aber mit rund 87 Prozent der Gesamtüberlieferung doch wesentlich umfassender als die früher erschienenen Fassungen: Erstausgabe Zürich 1946 mit rund der Hälfte der Gesamtüberlieferung, auf der alle späteren Editionen fußten, u.a. eine Taschenbuchausgabe Frankfurt a.M. 1964 mit einem Geleitwort von Hans Rothfels; Martin Broszat, Die Ambivalenz von Patriotismus und Widerstand. In: SZ vom 3./4.5.1989, bezeichnet die

formierte sich[6] – von einzelnen Beschwörungen antifaschistischer Gemeinsamkeiten in der zweiten Hälfte der vierziger und der ersten Hälfte der fünfziger Jahre[7] abgesehen – vornehmlich im Zeichen des Kalten Kriegs; das bedeutete vor allem Nichtberücksichtigung des kommunistischen Widerstands – quantitativ und hinsichtlich des entrichteten Blutzolls zweifellos der stärkste Strang - sowie allgemein des Widerstands von seiten der Arbeiterbewegung, sieht man von einzelnen sozialdemokratischen Galionsfiguren der Verschwörung des 20. Juli 1944 wie Julius Leber und Wilhelm Leuschner ab. Die Widerstandsforschung konzentrierte sich in dieser Phase vor allem auf die Widerstandtätigkeit herausgehobener Persönlichkeiten aus den alten Eliten, die im Umsturzversuch des 20. Juli 1944 als der einzigen Gruppierung der Opposition kulminierte, die eine reale Chance besessen hatte, das NS-Regime zu stürzen. Eberhard Zeller beschwor den »Geist der Freiheit«, der die Aktion des 20. Juli 1944 geprägt habe[8], und dies war durchaus in einem konsensstiftenden Sinne für die junge Bundesrepublik und als bewußte Frontstellung gegenüber DDR und kommunistischem Widerstand zu verstehen, auf den jene sich berief. Die westdeutsche Widerstandsforschung verharrte damals auf zentraler Ebene und registrierte nur die Spitze einer von mehreren Pyramiden. Stellvertretend für diesen Forschungsansatz können die bahnbrechende Untersuchung von Hans Rothfels von 1948, Gerhard Ritters Goerdeler-Biographie sowie z. T. auch die von Annedore Leber zusammengestellten Lebensdarstellungen von Widerstandskämpfern in ihren beiden Biographien-Sammlungen[9] stehen. Es ging um »Vergangenheitsbewältigung« in einer »Selbstdeutung aus dem ›Aufstand‹ bzw. der ›Vollmacht des Gewissens‹, die

Hassell-Tagebücher zu Recht als »zeitgeschichtliche Fundgrube«). Auch die Groscurth-Tagebücher gehören in diesen Zusammenhang.

[6] Eine 1946 vom SPD-Parteivorstand veranlaßte Zusammenstellung der Opfer des Widerstands gegen das NS-Regime fand damals keine Breitenwirkung: Material zu einem Weißbuch der deutschen Opposition gegen die Hitlerdiktatur. Erste Zusammenstellung ermordeter, hingerichteter oder zu Freiheitsstrafen verurteilter deutscher Gegner des Nationalsozialismus. London 1946.

[7] Siehe etwa Weisenborn, Der lautlose Aufstand; diese Untersuchung war die erste, die sich in der Bundesrepublik explizit auch mit dem Widerstand der Arbeiterbewegung befaßte und ihn in die wissenschaftliche Diskussion mit einzubeziehen versuchte.

[8] Eberhard Zeller, Geist der Freiheit. Der 20. Juli. München 1952.

[9] Rothfels, Die deutsche Opposition gegen Hitler (Originalausgabe: The German Opposition to Hitler. An Appraisal. Hinsdale/Ill. 1948); Ritter, Carl Goerdeler; Leber, Das Gewissen entscheidet; Leber, Das Gewissen steht auf (beide Bände wurden - unter Mitherausgeberschaft von Karl Dietrich Bracher - mehrfach neu aufgelegt: zuletzt Mainz 1984; in der Auswahl der vorgestellten Persönlichkeiten des deutschen Widerstands geht Leber bereits deutlich über den engen Umkreis des 20. Juli 1944 hinaus).

noch lange belastet blieb durch Vorurteile gegenüber Widerstandskämpfern, zurückgekehrten ›Emigranten‹ und durch Fragen von
Landes- und Hochverrat im Krieg«[10].

Widerstand gegen das NS-Regime wurde hierbei in mehrfacher
Hinsicht verengt: Zum einen auf den Widerstand *gegen Hitler*, d.h.
den Widerstand gegen einen Tyrannen, zweitens – unter weitgehender Ausgrenzung des Widerstands der Arbeiterbewegung – auf eine
Gruppe herausgehobener Persönlichkeiten überwiegend aus den alten Eliten, die als in sich geschlossene, über Klassen und Parteien
stehende Bewegung mit ausschließlich ethischen Motivationen ge-
deutet wurde; politische Beweggründe und persönliche sowie soziale
und sozialpsychologische Interessenlagen der Beteiligten traten dabei in den Hintergrund, und einer totalitären, als allumfassend, ho-
mogen und linear durchstrukturiert interpretierten Tyrannis stellte
man meist ohne weitere Differenzierung das sogenannte »andere
Deutschland« gegenüber. Schließlich wurde Widerstand reduziert
auf den unmittelbar politischen, intentionalen Widerstand, d.h. den
Widerstand mit dem unmittelbaren Ziel des Sturzes der Diktatur.
Obwohl gerade hier die biographische Beschäftigung mit dem Widerstand im Vordergrund des Interesses stand, verhinderten moralische Überhöhung und Heroisierung der allein im Blickfeld stehenden Vertreter des deutschen Widerstands bei aller unterschiedlich
stringenten biographischen Detailtreue über weite Strecken eine historisch-kritische Sicht der selektierten Widerstandsbiographien; das
moralische Klischee bestimmte den Blickwinkel, und eine Reihe
von zeit- und umweltbedingten Charakterzügen von Gruppierungen oder einzelnen Repräsentanten, die nicht in das aus der Retrospektive antinationalsozialistisch geschönte Bild vom heilen »anderen Deutschland« passen wollten, blieben unberücksichtigt – teils
aufgrund persönlicher Betroffenheiten, teils aufgrund von Quellen-
mangel, teils durchaus absichtsvoll.[11]

---

[10] Klaus J. Bade, Die Konkurrenz der Mythen. Widerstandsforschung im geteilten
Deutschland. In: Universitas 8 (1993), S. 766-777, hier S. 771; siehe dazu auch Mehringer, Knoeringen, S. 15-19; Jan Foitzik, Die Malaise des Widerstands. Im Spannungsfeld zwischen Mißtrauen, Ablehnung und Verdächtigung. In: Tribüne 24
(1985), S. 62-80; vgl. auch Hermann Weinkauff, Die Militäropposition gegen Hitler
und das Widerstandsrecht. Bonn 1954.

[11] Vgl. dazu etwa Christoph Dipper, Der deutsche Widerstand und die Juden. In: GG 9
(1983), S. 349-380. Dipper macht in seiner Untersuchung deutlich, daß auch die ir-
gendwann in Opposition zu Hitler stehenden Vertreter der militärischen und bürokra-
tischen Eliten – trotz des »Aufstands des Gewissens« – den traditionellen Antisemitismus innerhalb der deutschen Gesellschaft von Kaiserzeit und Weimarer Republik ver-
innerlicht hatten; er besaß freilich eine andere Qualität als der »mörderische« Antisemitismus der Nationalsozialisten.

Die dritte angeführte Verengung auf den intentionalen Widerstand bestimmte auch die zweite Phase der Widerstandsforschung und wirkte häufig als heuristische Blockade für weiterführende Fragen. Sie setzte Mitte der sechziger Jahre ein, in etwa parallel zum Abklingen des Kalten Krieges und der beginnenden Verbalisierung der großen Sprachlosigkeit gegenüber Nachfragetabus, die für die erste Nachkriegsgeneration gegolten hatten. Diese zweite Phase war auf der einen Seite durch eine Konzentration auf regionale und lokale Schauplätze des Widerstands gekennzeichnet, auf der anderen durch eine (Wieder-) Inbesitznahme des kommunistischen und allgemein des Widerstands der Arbeiterbewegung. Freilich geschah dies – wohl dialektisches Gegenstück zur vorangegangenen Verdrängung – weithin in Form unkritischer, überwiegend moralischer Akzeptanz in Form antifaschistisch-heroisierender Stilisierung. Die neu entstandenen Arbeiten waren weniger biographisch als organisationsgeschichtlich angelegt. Frühe Höhepunkte und methodologisch bestimmende Exempel für diese neue Phase der Widerstandsforschung stellten vor allem die im Umkreis und unter unmittelbarer Förderung der Friedrich-Ebert-Stiftung entstandenen Untersuchungen dar.[12] Parallel dazu kam es zu ersten ideologiekritischen Infragestellungen der Verfassungs- und Neuordnungspläne sowie des Gesellschaftsbildes der Vertreter der alten Eliten im Umkreis des 20. Juli, die für viele Mit- oder am Rande Betroffene zwar zunächst an den Nerv des Selbstverständnisses der Bundesrepublik zu gehen schienen, insgesamt gesehen jedoch zu einer nützlichen »Historisierung« der bisherigen »Hagiographie« des 20. Juli 1944 und seines gesellschaftlich-politischen Umkreises führte. Gerade in diesem Bereich rückte zum ersten Mal jene »Dialektik von Mitmachen und Widerstehen, von Zusammenarbeit und Verweigerung, von Loyalität und Opposition«[13] in das Blickfeld von Forschung und öffentlicher Wahrnehmung. Man registrierte, daß das Gros der Beteiligten an der Verschwörung des 20. Juli 1944 das NS-Regime zunächst begrüßt, mit seinen nationalen und kultur- und ordnungspolitischen Vorstellungen sympathisiert oder sie sogar aktiv unterstützt und

[12] Klotzbach, Gegen den Nationalsozialismus (Dortmund); Steinberg, Widerstand und Verfolgung in Essen; Bludau, Gestapo-geheim (Duisburg); für Bayern sind hier vor allem die Arbeiten von Bretschneider (München) und Beer (Nürnberg) anzuführen. Diesen frühen regionalgeschichtlichen Untersuchungen folgte eine kaum noch überschaubare Flut von Lokalstudien in Form von Dissertationen, Dokumentationen und Ortsgeschichten über die NS-Zeit. Hervorzuheben ist die - spätere - Untersuchung von Marßolek und Ott über Bremen.
[13] Klaus Hildebrand, Das Vermächtnis des anderen Deutschland. Diktatur und Widerstand - zur Gegenwärtigkeit des Vergangenen. In: FAZ vom 22.7.1989.

während des Kriegs mehr oder minder lang zu den »Vollzugsorganen der Vernichtungspolitik«[14] gezählt hatten.

Diese zweite Phase reichte bis weit in die achtziger, zum Teil sogar bis in die neunziger Jahre hinein. Ihr Ergebnis war vor allem eine kaum noch überschaubare Flut von Lokal- und Regionalstudien, in denen als Vertreter des Widerstands gegen Hitler neben Militärs, Diplomaten, hohen Beamten und Honoratioren nunmehr auch kommunistische und sozialistische Illegale, einfache Arbeiter und »Parteisoldaten« ins Blickfeld traten. »Antifaschistische« Notion erlaubte auch eine vordergründig bruchlose Verständigung mit der Widerstandsforschung der DDR, die ihrerseits erst in den siebziger und vor allem den achtziger Jahren beginnen sollte, sich mit dem 20. Juli 1944 in seiner tatsächlichen politischen und gesellschaftlichen Dimension auseinanderzusetzen[15].

Eine dritte, sozial- und mentalitätsgeschichtlich weiterführende Etappe hatte jedoch bereits Ende der siebziger Jahre eingesetzt; sie lief in ihren Ergebnissen – hier sind besonders das Bayern-Projekt des Instituts für Zeitgeschichte sowie neuerdings das Projekt »Widerstand und Verweigerung im Saarland 1935–1945«[16] anzuführen – lange Zeit, wenn auch mehr oder minder vermittelt, parallel zu früheren Forschungsbemühungen. In dieser dritten Phase wurden explizit biographische Methoden wiederaufgenommen, wenn auch zunächst mehr im Sinne sozialbiographischen Fragens, und der enge, heuristisch zunehmend unfruchtbare intentionale Widerstandsbegriff wurde erweitert und differenziert; ungeachtet aller methodologischen Einwände, die von den Vertretern der traditionellen Widerstandsforschung gegenüber diesen Versuchen einer sozial- und mentalitätsgeschichtlichen Ausweitung des Widerstandsbegriffs zunächst geäußert wurden, hat sich die Erkenntnis, daß hier Neuland betreten und realistischere, historisch fundierte Einordnungskriterien im Sinne einer »Gesellschaftsgeschichte oppositionellen

---

[14] Manfred Messerschmidt, Das Verhältnis von Wehrmacht und NS-Staat und die Frage der Traditionsbildung. In: Ders., Militärgeschichtliche Aspekte der Entwicklung des deutschen Nationalstaates. Düsseldorf 1988, S. 233-255, hier S. 244.

[15] Hier sind vor allem die beiden Arbeiten von Finker über Stauffenberg sowie Moltke und den Kreisauer Kreis zu nennen. Vgl. dazu auch Hans Mommsen, Der 20. Juli in der Sicht des gespaltenen Deutschland. In: Politik und Kultur, 11/1984, S. 9-20; Ines Reich und Kurt Finker, Der 20. Juli 1944 in der Geschichtswissenschaft der SBZ/DDR seit 1945. In: ZfG 39 (1991), S. 533-553; Reich/Finker, Reaktionäre oder Patrioten? Zur Historiographie und Widerstandsforschung in der DDR bis 1990. In: Ueberschär, Der 20. Juli 1944, S. 126-142. Grundsätzlich dazu Möller (Anm. 3).

[16] Bayern in der NS-Zeit, Bd. I-VI (1977-1983); Mallmann und Paul, Widerstand und Verweigerung im Saarland 1935-1945, Bd. 1-3 (1989-1995).

Verhaltens« gewonnen werden können, inzwischen Bahn gebrochen.[17]

Die Widerstandshistoriographie der DDR[18] auf der anderen Seite war letztlich niemals in der Lage, über den Tellerrand des kommunistischen Widerstands als der wenn nicht alleinigen, so doch allein maßgeblichen Repräsentanz des »antifaschistischen« Widerstands und seiner angeblich durchgängigen Anleitung durch das Zentralkomitee der KPD hinauszublicken. Hier lassen sich kaum vergleichbare Entwicklungsschübe der Widerstandsforschung feststellen. Bis 1989 waren neue oder erweiterte Fragestellungen zumeist nur Reaktionen auf die Entwicklung der Forschungsparadigmata im Westen und stellten kaum mehr als den Versuch dar, vermittels eines subtileren Instrumentariums die »Staat gewordene Fortsetzung des Kampfes gegen Hitler« vor Infragestellungen durch die westliche Widerstandsforschung präventiv in Schutz zu nehmen. Trotz einer – leider keineswegs umfassenden bzw. den geographischen Raum der ehemaligen DDR auch nur einigermaßen abdeckenden – Reihe von Detailstudien[19] waren die staatlichem Legitimationsdenken verpflichteten Ergebnisse der DDR-Widerstandsforschung bis zuletzt wenig brauchbar bzw. bedurften kunstvoller historiographischer Rekonstruktionsmanöver - die inzwischen auch quellenmäßig nachvollzogen werden können –, um jenseits aller antifaschistischen Nebelwerfer[20] reale, historisch objektivierbare und individuell faßbare Repräsentanten des antinationalsozialistischen Widerstands auszumachen. Die Wandlungen des Geschichtsbilds vom Widerstand gegen das Dritte Reich in der DDR bedürfen allerdings noch einer

[17] Vgl. hierzu vor allem Martin Broszat, Resistenz und Widerstand. Eine Zwischenbilanz des Forschungsprojekts. In: Bayern in der NS-Zeit, Bd. IV, S. 691-709, sowie die entsprechenden Studien in Broszat, Nach Hitler; ferner Broszat und Fröhlich, Alltag und Widerstand. Kritisch dazu Klaus-Michael Mallmann und Gerhard Paul, Resistenz oder loyale Widerwilligkeit? Anmerkungen zu einem umstrittenen Begriff. In: ZfG 41 (1993), S. 99-116.

[18] Siehe dazu im einzelnen Gittig, Bibliographie; Gittig, Illegale Tarnschriften; Schumann und Wehling, Literatur; Förster, Löwel und Schumann, Forschungen; Lange, Leske, Pech und Schumann, Forschungen; Mammach, Der antifaschistische deutsche Widerstand; Mammach, Widerstand 1939-1945; Werner Bramke, Der antifaschistische Widerstand in der Geschichtsschreibung der DDR in den achtziger Jahren. Forschungsstand und Probleme. In: APUZ 1988/28, S. 23-33; ferner die in Anm. 15 genannten Arbeiten von Reich/Finker.

[19] Siehe dazu Werner Bramke, Widerstandsforschung in der Regionalgeschichtsschreibung der DDR. Eine kritische Bilanz. In: Klaus Schönhoven und Dietrich Staritz (Hrsg.), Sozialismus und Kommunismus im Wandel. Hermann Weber zum 65. Geburtstag. Köln 1993, S. 451-466.

[20] Paradigmatisch: Deutsche Widerstandskämpfer 1933-1945. Biographien und Briefe. 2 Bde., Berlin (-Ost) 1970.

eingehenden Analyse – erste, wenn auch keineswegs abschließende Untersuchungen dazu sind bereits unternommen worden.[21]

Der Negativ-Begriff »Antifaschismus« bildete zwar zeitweise einen vordergründig tauglichen kleinsten gemeinsamen Nenner für die Widerstandsforschung in Ost und West, verstellte aber – dissonant und disparat und letzlich nur ein Instrument aus dem ideologischen Arsenal kommunistischer Bündnis- und Unterordnungsstrategie –, je länger, desto mehr den Blick auf die biographischen und organisationsgeschichtlichen Realitäten des Widerstands. Die Forderung nach *Historisierung des Nationalsozialismus,* die Broszat bereits vor Jahren erhoben hat[22], galt und gilt natürlich mit mindestens gleichem Grad von Notwendigkeit auch für den Widerstand gegen den Nationalsozialismus – und dies bedeutet, neben und zusammen mit einer nüchternen, von aller falschen retrospektiven Emphase entkleideten historischen Einordnung auch und gerade eine Neubewertung individualbiographischen Fragens. Ergebnis war zum einen die Überwindung der unterschiedlichen politisch-ideologischen Ausgrenzung einzelner »Täter«-Gruppen zugunsten eines einheitlichen Widerstandsbegriffs, dessen entscheidendes Kriterium die – wie immer geartete und wie immer wirksame – Gegnerschaft zur NS-Herrschaft bzw. der Versuch ihrer Beschränkung bildet; zum anderen wurde die Ablösung der verengten intentionalen Widerstandsperspektive erreicht, da sozial- und mentalitätsgeschichtliche Fragen auf eine breit angelegte Gesellschaftsgeschichte oppositionellen Verhaltens in der NS-Zeit und damit auf einen integralen Widerstandsbegriff abzielen, der auch die »Alltagsgeschichte« von Widerstand, d.h. die verschiedensten Haltungen von Protest und Nonkonformität, von Teildissens und Anpassungsverweigerung mit einzubeziehen in der Lage ist[23]; zum dritten ging und geht es immer noch um die Überwindung gängiger Bemühungen, bestimmte Richtungen und

---

[21] Vgl. dazu Möller (Anm. 3), Bade (Anm. 10), Reich und Finker (Anm. 15) und Bramke (Anm. 18); Günter Plum, Widerstand und Antifaschismus in der marxistisch-leninistischen Geschichtsauffassung. In: VfZ 9 (1961), S. 50-65; Plum, Der Widerstand gegen den Nationalsozialismus als Gegenstand der zeitgeschichtlichen Forschung in Deutschland. In: Stand und Problematik der Erforschung des Widerstandes gegen den Nationalsozialismus, Ms. (masch., hektogr.). Bad Godesberg (Friedrich-Ebert-Stiftung) 1965; neuerdings vor allem Danyel, Die geteilte Vergangenheit.

[22] Martin Broszat, Plädoyer für eine Historisierung des Nationalsozialismus. In: Merkur 39 (1985), S. 373-385, abgedruckt auch in Broszat, Nach Hitler, S. 159-173.

[23] Wesentliche Quelle hierfür ist neben den Berichten der illegalen Parteien und Gruppen der Arbeiterbewegung an ihre Exilzentralen (vgl. Anm. 32) vor allem die regelmäßige interne Berichterstattung von Gestapo und SD über Stimmung und Verhalten der deutschen Bevölkerung (vgl. Anm. 27).

Gruppen des Widerstands retrospektiv als Legitimationsfolie für Selbstverständnis und Demokratiebegriff der Bundesrepublik zu funktionalisieren oder – umgekehrt – gegen angeblich undemokratische Praktiken in dieser Bundesrepublik zu mobilisieren.

Der Zusammenbruch des »Realsozialismus« würde, so mußte es nach 1989 scheinen, der Widerstandsforschung schon aufgrund der Unmenge neu zugänglicher Quellen die Befreiung von unterschiedlich verinnerlichten antifaschistischen und anti-antifaschistischen Zwangsneurosen ermöglichen und ihr darüber hinaus ein weites Feld für quellengestützte abgewogene und historisch adäquate Neubewertungen bieten. Die ersten Ergebnisse, festzumachen an dem gegenüber 1984 quantitativ eher bescheidenen Output des Jubiläumsjahrs 1994, vermögen insgesamt in dieser Hinsicht freilich nicht eben optimistisch zu stimmen; zeitweise schien es sogar, als würden alte, längst verlassene und zugeschüttet geglaubte Schützengräben wieder bezogen. Im Jubiläumsjahr 1994 entfaltete z.B. jene Tageszeitung, hinter der bekanntlich immer ein kluger Kopf steckt, unter sekundärer Nutzung sozialisationsbedingter Befindlichkeiten des Stauffenberg-Filius und ehemaligen CSU-Bundestagsabgeordneten Franz-Ludwig Graf von Stauffenberg und anderer Abkömmlinge des preußischen Militäradels eine mit enormem moralischem Aplomb und in hoher Spaltenzahl vorgetragene Kampagne gegen die Einbeziehung des kommunistischen Widerstands in das Gesamtspektrum der deutschen Opposition im Dritten Reich.[24] Die Erinnerungen von Dönhoff[25], die sich vergleichbarer Polemik freilich enthält, zeichnen ein menschlich anrührendes Bild zahlreicher Beteiligter an der Offiziersverschwörung; ihre im Stil der fünfziger und sechziger Jahre vorgenommene moralische Verklärung führt in der Sache allerdings nicht weiter und vermeidet vor allem die Frage nach der konkreten Verstrickung der Verschwörer in die nationalsozialistische Kriegs- und Vernichtungspolitik und nach ihren dezidiert antidemokratischen und illiberalen politischen Grundüberzeugungen. Sie waren keineswegs, wie die Autorin glau-

---

[24] Anlaß war die dem historischen Gewicht entsprechende Berücksichtigung des »Nationalkomitees ›Freies Deutschland‹« in der ständigen Ausstellung der »Gedenkstätte Deutscher Widerstand« in Berlin. Vgl. dazu FAZ Nr. 138 vom 10.6., 147 vom 28.6., 153 vom 5.7., 166 vom 20.7. und 169 vom 23.7. 1994. Stauffenberg hatte sich – als ob es darum gegangen wäre – dagegen verwahrt, seinen Vater »in die häßliche Kumpanei von Tyrannen und Totschlägern wie Pieck, Ulbricht und Stalin« herabwürdigen zu lassen; vgl. dazu Heinemann und Krüger-Charlé, Arbeit am Mythos, Teil 2 (Anm. 3), S. 475 ff.

[25] Dönhoff, Marion Gräfin, »Um der Ehre willen«. Erinnerung an die Freunde vom 20. Juli. Berlin 1994.

ben zu machen versucht, bloße Reaktion auf das Scheitern des Weimarer Experiments, sondern als Ausfluß neokonservativer Ideologien umgekehrt gerade eine der Voraussetzungen für dieses Scheitern. Und auch der Versuch Kurt Finkers, in der Neuauflage seiner Untersuchung des Kreisauer Kreises (1993) den antimodernen und antimetropolitanen Grundzug des Kreisauer Denkens als Widerstand gegen die »Mißhandlung der Natur durch wirtschaftlichen Raubbau« modisch grün einzufärben, ist nicht eben überzeugend.

Alle Gruppen und Richtungen des deutschen politischen Widerstands waren sich in der Tat nur in einem einzigen Punkt wirklich einig, nämlich in der Ablehnung eines pluralistisch-parlamentarischen Systems nach dem Muster von Weimar. Sie können nur im Kontext der Bedingungen des Dritten Reichs und der Erfahrungen seit dem Ersten Weltkrieg angemessen gewürdigt werden; sie sind Teil des »Dritten Reichs« und nur in seinem historischen Zusammenhang zu verstehen, und jeder Versuch, sie – wie immer selektiert – für eine Demokratietheorie im Sinne eines Selbstverständnisses der Bundesrepublik Deutschland in Anspruch zu nehmen, stellt eine Fehlbeurteilung sowohl der Struktur wie der Handlungsmöglichkeiten des Widerstands dar.

I. Quellen

Von den weiter oben bereits genannten Überlieferungen aus dem Bereich des Widerstands der »alten Eliten« abgesehen, stellen sich die Quellen zum Widerstand gegen den Nationalsozialismus fast ausnahmslos als »Gegnerüberlieferung« dar, d.h. als Überlieferung der Verfolgerinstitutionen Polizei, SD und Justiz[26], deren historische Nutzung naturgemäß besondere quellenkritische Sorgfalt und Vorsicht erfordert. Gleiches gilt für retrospektive Erinnerungen schriftlicher oder mündlicher Art. Neben Gestapo-Berichten und weiteren Gestapo-Quellen und staatlichen Akten[27] bilden vornehmlich Ge-

[26] Siehe dazu Boberach, Meldungen aus dem Reich; Steinert, Hitlers Krieg und die Deutschen; vgl. hierzu neben ›Bayern in der NS-Zeit‹ vor allem auch Mallmann und Paul, Widerstand und Verweigerung im Saarland 1935-1945. Bd. 2 und 3.

[27] Vgl. dazu: Gestapo-Berichte über den antifaschistischen Widerstandskampf der KPD 1933 bis 1945. Bd. 1-3. Berlin (-Ost) 1989/90; eine wichtige Quelle bilden auch die regelmäßigen Berichte der Präsidenten der Oberlandesgerichte an das Reichsjustizministerium (BA Berlin); siehe dazu Hans Michelberger (Hrsg.), Berichte aus der Justiz des Dritten Reiches. Die Lageberichte der Oberlandesgerichtspräsidenten von 1940-45 unter vergleichender Heranziehung der Lageberichte der Generalstaatsanwälte. Pfaffenweiler

richtsakten die wesentlichste Quelle zur Geschichte des Widerstands gegen den Nationalsozialismus, also die Verfahren gegen Gruppen und Einzelpersonen vor den zentralen Gerichten des Dritten Reichs, vor allem dem Volksgerichtshof sowie – in zweiter Linie – dem Reichsgericht und dem Reichskriegsgericht. Das Institut für Zeitgeschichte hat jüngst in Form einer Mikrofiche-Edition eine so weit wie möglich vollständige Sammlung aller Hochverratsverfahren gegen Deutsche und Österreicher vor diesen drei zentralen Gerichten vorgelegt.[28] Auch bei einer Reihe von Oberlandesgerichten, an die der Oberreichsanwalt beim Volksgerichtshof zahlreiche Hochverratsverfahren abgab[29], finden sich entsprechende Quellen. Die von Hans-Adolf Jacobsen neu herausgegebenen ›Kaltenbrunner-Berichte‹[30], zusammenfassende Überarbeitungen der Verhöraussagen für

1989. Anzuführen sind vor allem die erhalten gebliebenen Personenakten der Gestapo(leit)stellen Würzburg (Staatsarchiv Würzburg), Düsseldorf (Hauptstaatsarchiv Düsseldorf) und Neustadt an der Weinstraße (Staatsarchiv Speyer). Hierzu und allgemein zu den staatlichen und NSDAP-Quellen siehe Boberach, Inventar.

[28] Jürgen Zarusky und Hartmut Mehringer (Bearb.), Widerstand als »Hochverrat« 1933-1945. Die Verfahren gegen deutsche Reichsangehörige vor dem Reichsgericht, dem Volksgerichtshof und dem Reichskriegsgericht. Mikofiche-Edition. München u.a. 1994-95. Die Sammlung umfaßt rund 2 000 Verfahren mit ca. 70 000 Blatt auf 750 Mikrofiches und wird durch ein sechsgliedriges Register erschlossen. Sie stützt sich vor allem auf die einschlägigen Bestände im Bundesarchiv Koblenz, im Berlin Document Center, die Sammlung der Staatsanwaltschaft beim Landgericht Berlin, auf die im Bundesarchiv zusammengeführten Bestände des ehemaligen Zentralen Staatsarchivs der DDR Potsdam, des ehemaligen Zentralen Parteiarchivs der SED, die NS-Aktensammlung des ehemaligen Ministeriums für Staatssicherheit, auf den Reichsgerichtsbestand der Bibliothek des ehemaligen Obersten Gerichts der DDR (jetzt in der Bibliothek des Bundesgerichtshofs) sowie auf – vor Kriegsende auf nach 1945 tschechisches Gebiet ausgelagerte – Überlieferungen des Reichskriegsgerichts in Prag und von den Sowjets 1945 beschlagnahmte Bestände deutscher Justizakten im ehemaligen »Sonderarchiv« in Moskau (vgl. Anm. 31). Siehe dazu Jürgen Zarusky, »Widerstand als ›Hochverrat‹ 1933-1945«. Eine Mikrofiche-Edition des Instituts für Zeitgeschichte. In: VfZ 42 (1994), S. 671-680.

[29] Zumeist die ehemaligen Staatsgerichtshöfe der deutschen Länder. 1937 gab es zehn – in Abstimmung mit dem Oberreichsanwalt – für Hoch- und Landesverratsverfahren zuständige Oberlandesgerichte: Das Kammergericht Berlin sowie die OLG Breslau, Dresden, Hamburg, Hamm, Jena, Kassel, Königsberg, München, Stuttgart; nach 1938 bzw. während des Kriegs kamen noch fünf weitere hinzu: Danzig, Kattowitz, Leitmeritz, Posen und Wien. Zum unterschiedlichen Erhaltungs- und Überlieferungszustand sowie den archivischen Standorten dieser Akten vgl. Boberach, Inventar.

[30] Jacobsen, »Spiegelbild einer Verschwörung«. Diese Neuausgabe der ursprünglich 1961 im Seewald-Verlag erschienenen, von Karl Heinrich Peter unkommentiert herausgegebenen ›Kaltenbrunner-Berichte‹ ist gegenüber der Erstausgabe erweitert und in den notwendigen historischen Rahmen gestellt, verzichtet aber aus technischen Gründen bedauerlicherweise auf die notwendige kritische Edition und stellt offensichtlich noch immer keine wirklich vollständige Textwiedergabe dar.

Hitler und Bormann, gehören zu den wichtigsten Quellen über die Verschwörung des 20. Juli 1944.

Obwohl zahlreiche Akten und sonstige Quellen durch Kriegseinwirkungen zerstört oder bei Kriegsende vernichtet worden sind, erwies sich die Tatsache, daß die Masse der noch vorhandenen deutschen Akten bei Kriegsende in alliierte Hände fiel, letztlich als Glücksfall für die zeitgeschichtliche Forschung insgesamt, der damit durch eine frühzeitige Öffnung insbesondere der amerikanischen Beuteakten schon relativ frühzeitig zentrale Bestände zugänglich wurden. 1958 begannen die USA mit der Rückgabe dieser Akten an die Bundesrepublik. Ein großer Teil der einschlägigen Akten, die von den Sowjets beschlagnahmt worden waren, wurde schon in den fünfziger Jahren an die DDR zurückgegeben und war damit für die Forschung im allgemeinen auch weiterhin nicht verfügbar; heute sind diese Akten im Bundesarchiv (Abteilungen Berlin) sowie in den Staatsarchiven der neuen Bundesländer greifbar. Allerdings befinden sich noch wesentliche Bestände in sowjetischen Archiven, vor allem im ehemaligen »Sonderarchiv«[31] in Moskau. Über ihre Rückgabe wird verhandelt, sie sind jedoch in Moskau grundsätzlich einzusehen. Als Quelle zum Widerstand ist hierbei vor allem der umfangreiche Bestand Reichssicherheitshauptamt, Reichsjustizministerium sowie die Kollektion Dokumentarmaterial deutscher Gerichtsinstitutionen von Bedeutung.

Die politische Emigration, mit dem Widerstand der Arbeiterbewegung im Reich unterschiedlich eng verbunden, überlieferte ebenfalls wichtige – freilich meist nur mittelbare – Quellen zum Widerstand gegen die NS-Diktatur in Deutschland.[32]

[31] Heute Zentr chranenija istoriko-dokumentalnych kollekcij (ZChIDK); dieses Archiv untersteht inzwischen der Archivverwaltung Rußlands. Eine erste, freilich nicht immer ganz zuverlässige Bestandsübersicht liefern Götz Aly und Susanne Heim, Das zentrale Staatsarchiv in Moskau (»Sonderarchiv«). Rekonstruktion und Bestandsverzeichnis verschollen geglaubten Schriftguts aus der NS-Zeit. Düsseldorf 1992. Vgl. dazu allgemein Jürgen Zarusky, Bemerkungen zur russischen Archivsituation. In: VfZ 41 (1993), S. 139-147, sowie Jan Foitzik, Zur Situation in russischen Archiven. In: Jahrbuch für historische Kommunismusforschung. Berlin 1993, S. 299-308.

[32] Primärquellen bzw. zeitgenössische Selbstzeugnisse zum Widerstand der Parteien und Gruppen der deutschen Arbeiterbewegung finden sich in dem über viele Jahre hinweg zum Teil hochentwickelten Berichtswesen an die jeweiligen Exilzentralen im Ausland: für die Sozialdemokratie die Berichte der Grenzsekretäre an die Sopade (Bestand Sopade im AsD Bonn), für die KPD im ehemaligen Zentralen Parteiarchiv der SED (heute in der Stiftung Archiv der Parteien und Massenorganisationen der DDR beim Bundesarchiv [SAPMO] Berlin), für die linken Zwischengruppen u.a. im Internationaal Instituut voor Sociale Geschiedenis Amsterdam (Collectie Neu Beginnen), AsD Bonn (Sozialistische Arbeiterpartei), in den Sammlungen und im Arbeitsarchiv Prof. Dr. Hermann Weber/Mannheim (u.a. Trotzkisten und Anarchisten). Die Sopade faßte diese lo-

kalen Berichte zu ›Deutschland-Berichten‹ (aufgrund des grünen Papiers, auf dem sie vervielfältigt wurden, auch »Grüne Berichte« genannt) zusammen, auch »Neu Beginnen« veröffentlichte regelmäßige ›Lagemeldungen‹, beide wurden damals schon in begrenztem Umfang einer interessierten Öffentlichkeit im Ausland bzw. in der Emigration bekannt gemacht. Sie sind inzwischen veröffentlicht und durch Register erschlossen worden (Deutschland-Berichte der Sozialdemokratischen Partei Deutschlands, sowie Stöver, Die Lagemeldungen der Gruppe Neu Beginnen aus dem Reich). Zu diesen Überlieferungen und ihrem Quellenwert siehe allgemein Michael Voges, Klassenkampf in der »Betriebsgemeinschaft«. Die Deutschland-Berichte der Sopade (1934-1940) als Quelle zum Widerstand der Industriearbeiter im Dritten Reich. In: AfS XXI (1981), S. 329-383, sowie Stöver, Volksgemeinschaft im Dritten Reich. Anzuführen sind hier noch die inzwischen veröffentlichten internen Sitzungsprotokolle der Sopade (Buchholz und Rother, Der Parteivorstand der SPD im Exil).

279

II. Literatur

1. Bibliographien, Handbücher, Lexika

Trotz dieser schwierigen Quellenlage ist wohl kaum ein Gebiet der NS-Geschichte intensiver abgehandelt worden als der Bereich Widerstand und Emigration. Eine 1984 erschienene Bibliographie »Widerstand«[33] führt über 6 000 monographische Veröffentlichungen und Aufsätze an, zu denen inzwischen eine Vielzahl weiterer Titel gekommen ist.

Eine systematische Bibliographie zur deutschsprachigen Emigration während der NS-Herrschaft existiert nicht; anzuführen sind hier aber vor allem die bereits frühzeitig begonnenen Arbeiten von Walter A. Berendsohn über die Primärliteratur der deutschsprachigen Emigration[34], das Handbuch der deutschen Exilpresse sowie als grundlegende bio-bibliographische Dokumentation und Erschließung das Biographische Handbuch der deutschsprachigen Emigration nach 1933.[35] Siehe dazu auch das Verzeichnis der Ausbürgerungen während des Dritten Reichs.[36] Wichtige Fundgruben bilden das im Auftrag der Herbert- und Elsbeth-Weichmann-Stiftung herausgegebene Quelleninventar, das Inventar zu den Nachlässen emigrierter Wissenschaftler, das Inventar von Emigranten-Nachlässen und Exilquellen in den USA und der Exilschriften-Katalog der Deutschen Bibliothek.[37]

---

[33] Forschungsgemeinschaft 20. Juli e.V., Bibliographie »Widerstand«. An älteren Bibliographien seien hier noch angeführt: Hochmuth, Faschismus und Widerstand; Goguel, Antifaschistischer Widerstand; Büchel, Der deutsche Widerstand; vgl. auch Anm. 18. Allgemein zur NS-Geschichte siehe Hüttenberger, Bibliographie zum Nationalsozialismus, sowie die Bibliographie in Hildebrand, Das Dritte Reich; neuerdings umfassend Ruck, Bibliographie.

[34] Berendsohn, Die humanistische Front; Berendsohn, Die deutsche Literatur; siehe dazu auch Durzak, Die deutsche Exilliteratur; Sternfeld und Tiedemann, Deutsche Exil-Literatur.

[35] Maas, Handbuch der deutschen Exilpresse; Röder und Strauss, Biographisches Handbuch der deutschsprachigen Emigration.

[36] Die Ausbürgerung deutscher Staatsangehöriger; vgl. dazu auch Lehmann, In Acht und Bann.

[37] Quellen zur deutschen politischen Emigration 1933-1945. Inventar; Inventar zu den Nachlässen emigrierter deutschsprachiger Wissenschaftler; Guide to the Archival Materials of the German-speaking Emigration to the United States, bisher 2 Bde.; Deutsche Bibliothek/Deutsches Exilarchiv, Katalog.

Handbuchcharakter für Widerstand und Exil besitzt auch die Dokumentation von Schumacher.[38] Auch zwei 1994 erschienene Lexika zum deutschen Widerstand[39] sind in diesem Zusammenhang zu nennen.

2. Monographien und Aufsätze zu den einzelnen Abschnitten der vorliegenden Darstellung

»Zwei Lebensläufe in Widerstand und Exil«: Herbert Wehner und Waldemar von Knoeringen waren maßgebliche Protagonisten innerhalb des kommunistischen bzw. linkssozialistischen Widerstands und Exils und nach 1945 innerhalb der SPD. Sowohl zu Wehner wie zu Knoeringen existieren (auto)biographische Arbeiten.[40]

Die Endphase der Weimarer Republik und der Beginn des Widerstands: Für die Endphase der ersten deutschen Republik und den Beginn des NS-Regimes sind neben den in der vorliegenden Reihe erschienenen Bänden von Möller und Broszat die Studie von Winkler über die Weimarer Republik sowie Winklers große Untersuchung über die Arbeiterbewegung am Ende der Weimarer Republik bedeutsam; nach wie vor unverzichtbar sind der bereits 1960 erschienene Band über ›Das Ende der Parteien‹, Brachers Untersuchung über die ›Auflösung der Weimarer Republik‹ sowie die Studie von Sontheimer und weitere Arbeiten.[41]

---

[38] Schumacher, M.d.R.

[39] Benz und Pehle, Lexikon des deutschen Widerstandes (enthält zehn Überblicksdarstellungen zu den verschiedenen Richtungen und Gruppen in Widerstand und Verfolgung, einen lexikalischen Teil mit 63 Artikeln zu einzelnen Stichworten von »Abwehr« bis »20. Juli 1944« und knapp 560 biographische Annotationen zu Persönlichkeiten aus Widerstand und Emigration; Steinbach und Tuchel, Lexikon des Widerstandes 1933-1945 (enthält über 400 Sach- und vor allem Personenartikel; die letzteren sind ausführlicher als die biographischen Annotationen bei Benz und Pehle).

[40] Wehner, Zeugnis; Wehner, Selbstbesinnung und Selbstkritik; Soell, Der junge Wehner; Müller, Die Akte Wehner; Scholz, Wehner in Schweden; vgl. auch die vom Ministerium für Staatssicherheit zusammengetragenen Unterlagen zu Wehner, die bei der Gauck-Behörde eingesehen werden können. Zu Knoeringen siehe Mehringer, Knoeringen.

[41] Möller, Weimar; Broszat, Machtergreifung; Winkler, Weimar; Winkler, Weg in die Katastrophe; Matthias und Morsey, Das Ende der Parteien 1933; Bracher, Die Auflösung der Weimarer Republik; ferner: Der Weg ins Dritte Reich 1918-1933; Bracher, Sauer und Schulz, Die nationalsozialistische Machtergreifung; Erdmann und Schulz, Weimar; Lill und Oberreuter, Machtverfall und Machtergreifung; Winkler, Die deutsche Staatskrise; klassisch die Untersuchung von Rosenberg, Geschichte der Weimarer Republik; Sontheimer, Antidemokratisches Denken.

Wesentlich für die Geschichte der KPD in der Weimarer Republik sind die Arbeiten von Flechtheim und Weber sowie – für die Ausgangsjahre der Weimarer Republik – von Bahne.[42] Jüngst hat Mallmann die von diesen Autoren entwickelte und von Peukert und Mehringer[43] aus regionaler Perspektive untermauerte Einschätzung der KPD in den Ausgangsjahren der Weimarer Republik als einer Partei der Arbeitslosen und Lumpenproletarier (hinsichtlich Mitgliedschaft, nicht jedoch hinsichtlich des Funktionärskörpers) mit seiner These von der Kontinuität »linksproletarischer Milieus« einer scharfen Kritik unterzogen.[44]

Zur Geschichte der linken Zwischengruppen in der Weimarer Republik liegt – vor allem aus der Schule von Wolfgang Abendroth – eine Reihe älterer Untersuchungen (meist Dissertationen) vor, die sämtlich die Phase des Widerstands und das Exil unmittelbar nach der NS-Machtübernahme mit einschließen, so zur SAP[45], zur

---

[42] Flechtheim, Die KPD in der Weimarer Republik; Weber, Die Wandlung des deutschen Kommunismus; Bahne, Die KPD und das Ende von Weimar, ist eine aktualisierte und überarbeitete Fassung des Beitrags von Bahne, Die Kommunistische Partei Deutschlands. In: Matthias und Morsey, Ende der Parteien.

[43] Vgl. Peukert, Die KPD im Widerstand, sowie Mehringer, Die KPD in Bayern.

[44] Mallmann, Kommunisten in der Weimarer Republik; vgl. dazu auch Klaus-Michael Mallmann, Milieu, Radikalismus und lokale Gesellschaft. Zur Sozialgeschichte des Kommunismus in der Weimarer Republik. In: GG 21 (1995), S. 5-31. Zur grundsätzlichen Einschätzung dieser »Neubewertung« siehe Andreas Wirsching, »Stalinisierung« oder entideologisierte »Nischengesellschaft«. Alte Einsichten und neue Thesen zum Charakter der KPD in der Weimarer Republik. In: VfZ 45 (1997), S. 449-466.

[45] Die SAP war sowohl quantitativ wie programmatisch zunächst zweifellos die bedeutendste der linken Zwischengruppen. Sie wurde 1931 von linken SPD-Reichstagsabgeordneten (Kurt Rosenfeld, Max Seydewitz u.a.) gegründet und rekrutierte sich zunächst vor allem aus der SPD-Linken um die Zeitschrift ›Klassenkampf‹. Es gelang ihr darüber hinaus, einige der linken Splittergruppen wie etwa die Rest-USPD um Theodor Liebknecht zum Anschluß zu bewegen, dennoch konnte sie ihren eigenen Anspruch, ein Sammelbecken für die zahlreichen linken Gruppen zu werden, nicht einlösen: Die persönlichen und programmatischen Differenzen zwischen den vielen in Frage kommenden Gruppen und Sekten erwiesen sich – trotz allseits erkannter Notwendigkeit von Zusammenarbeit und Zusammenschluß – zumeist als zu stark. Ursprünglich rund 25 000 Mitglieder umfassend, sank ihre Mitgliederzahl bis 1933 auf rund 17 000 ab – trotz des zahlenmäßig nicht unbedeutenden Zuwachses, den sie Anfang 1932 von der Ende 1931 abgespaltenen Minderheitsfraktion der KPO um Jacob Walcher und Paul Frölich erhielt; dieser gelang es alsbald, in der Führung der SAP wichtige Positionen zu erringen. Ihre Propagierung der Einheitsfront sowohl »von unten« wie »von oben« für eine gemeinsame Politik der Arbeiterbewegung gegenüber dem Nationalsozialismus scheiterte vor allem an der Intransigenz der KPD, die die SAP sogar als die »gefährlichste Spielart des Sozialfaschismus« diffamierte; vgl. Drechsler, Die Sozialistische Arbeiterpartei Deutschlands.

KPO[46], zu Neu Beginnen[47], zum ISK[48]; gleiches gilt für die vor allem

[46] In der Ende 1928, nach dem VI. Weltkongreß der Komintern, gegründeten KPO formierte sich die »rechte« Opposition der KPD um Heinrich Brandler, August Thalheimer und andere (ehemals) führende Vertreter der KPD – vor allem jene Kräfte, die nicht bereit waren, den von der Kominternführung verordneten ultralinken Kurs mitzutragen, für den die »sozialfaschistische« SPD den Hauptfeind darstellte. Als eine der größeren linken Zwischengruppen besaß sie zunächst eine Stärke von etwa 3500 Mitgliedern. Ungeachtet ihrer massiven Kritik an der KPD-Führung und vor allem an deren Haltung zur Gewerkschaftseinheit und zur SPD setzte sich die KPO als politisches Ziel die Eroberung der KPD, was den eigenen organisatorischen Bestrebungen enge Grenzen setzte. Ab etwa 1930 war die KPO heftigen internen Fraktionsstreitigkeiten ausgesetzt. Wegen der Frage des Verhältnisses zur SAP kam es Ende 1931 zur Spaltung: Die Mehrheit, ihrem Selbstverständnis nach Kaderorganisation einer künftigen wiedervereinigten KPD, lehnte ein Zusammengehen mit der SAP ab, während die Minderheit um Jacob Walcher und Paul Frölich sich als Kern einer neuen radikalsozialistischen Partei begriff und die Fusion beider Organisationen betrieb; nach der Spaltung stieß die KPO-Minderheit großteils zur SAP. Vgl. dazu Tjaden, Struktur und Funktion der »KPD-Opposition«, sowie Bergmann, »Gegen den Strom«, eine Arbeit, die insbesondere gut dokumentierte Kurzbiographien aller wichtigen KPO-Funktionäre enthält.

[47] Autor der Broschüre ›Neu Beginnen‹ war – unter dem Pseudonym Miles – Walter Loewenheim, ursprünglich Kommunist, später zumindest formell SPD-Mitglied. Loewenheim hatte bereits Ende der zwanziger Jahre die Auffassung vertreten, die Entwicklung der inneren Widersprüche des Kapitalismus müsse keineswegs – wie bisher Grundüberzeugung und emotionale Selbstversicherung der Arbeiterbewegung insgesamt – zwangsläufig und linear zur proletarischen Revolution bzw. zum Sieg des Sozialismus führen; vielmehr sei angesichts der globalen wirtschaftlichen Krise eine Phase politischer Krisen und der weltweiten Etablierung faschistischer Regime zu erwarten – es sei denn, es gelinge, das historische Versagen der Arbeiterbewegung, das sich in ihrer Spaltung manifestiere, durch die Bildung einer neuen revolutionären Einheitspartei zu überwinden. Diese sollte frei von den Fehlern und Unzulänglichkeiten der alten SPD und der alten KPD sein, eine Partei also, in der sich die Selbstbefreiung des wissenschaftlichen Bewußtseins und ein daraus abgeleitetes planvolles politisches Handeln der Eliten vollziehen könne. Die Phase der parlamentarischen Demokratie sei historisch überholt, auf der Tagesordnung stünden autoritäre Einparteien-Regime, und es komme lediglich darauf an, ob sie faschistisch oder sozialistisch seien. Die Organisation besaß ihren Schwerpunkt in Berlin, verfügte jedoch bald auch über Anhänger und Sympathisanten im Studenten- und Intellektuellenmilieu von Frankfurt a. M. und anderen deutschen Großstädten; 1931 gelang es ihr, einen Großteil der führenden Funktionäre der Berliner SAJ zu kooptieren, unter ihnen den späteren SPD-Fraktionsvorsitzenden im Bundestag Fritz Erler (»Genosse Grau«). Vgl. dazu Kliem, Der sozialistische Widerstand; Reichhardt, Neu Beginnen; jüngst ist eine Geschichte von Neu Beginnen aus der Hand ihres Gründers erschienen: Loewenheim, Geschichte der Org.

[48] Die Entstehungsgeschichte des ISK reicht in Auseinandersetzungen innerhalb der deutschen Jugendbewegung in der Zeit vor dem Ersten Weltkrieg zurück, an denen Leonard Nelson, philosophischer Mentor und späterer Gründer des ISK und bis zu seinem Tode 1927 Philosophieprofessor an der Universität Göttingen, aktiv beteiligt gewesen war. Obwohl der deutschen Arbeiterbewegung politisch verbunden und in der SPD aktiv, waren die Grundaxiome Nelsons und seiner Anhänger aus der deutschen idealistischen Philosophie – vor allem dem Kantianismus – abgeleitet; sie lehnten sowohl den Marxschen historischen Materialismus wie das aufklärerische Demo-

auf linksradikale und Räte-Traditionen zurückgehenden »Roten Kämpfer«[49] und die Anarchosyndikalisten[50]; auch zu den Linkskom-

kratieprinzip strikt ab und vertraten einen ethischen Sozialismus, der politisch in Staat und Gesellschaft eine Diktatur der ethisch und intellektuell Besten anstrebte. Der ISK war nach einem hierarchisch gegliederten Führerprinzip aufgebaut und forderte von seinen Mitgliedern vegetarische Lebensweise, Abstinenz von Alkohol und Nikotin sowie Kirchenaustritt. Die ideologischen Diskrepanzen und der jugendbewegte Aktivismus der Nelsonianer innerhalb der SPD, vor allem bei den Jungsozialisten, führte 1925 zu ihrem Ausschluß und zur Gründung des ISK. Seiner elitär-voluntaristischen Ideologie entsprechend gab sich der ISK eine streng hierarchische, geradezu »leninistische« Organisationsform und widmete sein Hauptaugenmerk der Erziehung seiner Mitglieder zur politischen Führerschaft. Der ISK verstand sich als eigene Partei, und zwar bewußt als Kaderpartei mit hohen Anforderungen – dies betraf sowohl die nach Einkommen gestaffelten hohen Mitgliederbeiträge wie die Anforderungen zeitlichen Aufwands für die Mitarbeit; seine politische Arbeit konzentrierte sich auf die Gewerkschaften sowie auf die Freidenkerorganisationen, den Arbeiter-Abstinentenbund und andere Kulturorganisationen der Arbeiterbewegung. Unumstrittener Führer des ISK wurde nach dem Tod Leonard Nelsons dessen bisheriger Sekretär Willi Eichler. In der Endphase der Weimarer Republik zählte der ISK 32 ordentliche Ortsvereine bzw. der Bundesleitung direkt unterstehende kleinere Mitgliedergruppen und mehrere Hundert aktiver Mitglieder, um sich freilich ein je nach Örtlichkeit zum Teil um ein Vielfaches größerer Sympathisanten- und Mitarbeiterkreis gruppierte. Vgl. dazu Link, Geschichte des IJB und ISK, sowie Müller-Lemke, Ethischer Sozialismus und soziale Demokratie.

[49] Die »Roten Kämpfer« rekrutierten sich wesentlich aus jenen linksradikalen Sozialisten, die über Spartakusbund, KPD und KAPD zur SPD zurückgekehrt und sich zunächst um den – 1930 verstorbenen – ehemaligen KPD-Mitvorsitzenden Paul Levi und die von ihm herausgegebene Zeitschrift ›Sozialistische Politik und Wirtschaft‹ gesammelt hatten; sie waren vor allem in der (jung)sozialistischen Bildungsarbeit aktiv und hatten sich Ende der zwanziger Jahre mit der »Sozialwissenschaftlichen Vereinigung« (Sitz Berlin) eine erste Organisationsform gegeben. Der Name »Rote Kämpfer« stammt von einer gleichnamigen linkssozialdemokratischen Zeitschrift in Westdeutschland, die 1931 unter den Einfluß der Gruppe geriet. Die Organisation umfaßte mehrere Gruppen in Berlin, Sachsen und im Rhein-Ruhrgebiet mit rund 400 Mitgliedern und war wenig mehr denn ein insbesondere von rätedemokratischen Vorstellungen geprägter Debattierzirkel mit geheimbündlerischen Organisationsformen. Vgl. dazu Ihlau, Die Roten Kämpfer, sowie Hans Rothfels. Zur Geschichte einer linken Widerstandsgruppe. In: VfZ 7 (1959), S. 438-460.

[50] Die anarchosyndikalistischen Organisationen nehmen unter den linken Zwischengruppen insofern eine Sonderstellung ein, als es sich bei ihnen nicht um Abspaltungen von KPD oder SPD in den letzten Jahren der Weimarer Republik handelt, sondern ihre Anfänge bis in die Revolution von 1918/19 bzw. in die Zeit des Sozialistengesetzes zurückreichen. Die Anarchosyndikalisten bildeten somit einen Anfang an einen autonomen Strang der Arbeiterbewegung in Kaiserreich und Weimarer Republik, und ihre grundsätzlich außer- bzw. antiparlamentarische Orientierung machte Fragen der Konspiration und der illegalen politischen Arbeit von Anfang an zu konstitutiven Rahmenbedingungen ihrer politischen Existenz. Die 1919 gegründete FAUD nahm bewußt die Traditionen anarchosyndikalistischer Gewerkschaftsarbeit aus den Jahrzehnten vor 1914 wieder auf. Sie begriff sich als Alternative zu den Freien Gewerkschaften und war zunächst mehr denn 100 000 Mitglieder stark. Sie grenzte sich von der am Legalismus orientierten politischen Arbeiterbewegung (KPD wie SPD) ab, lehnte die Einflußnah-

munisten bzw. Trotzkisten in der Weimarer Republik und in Widerstand und Exil existieren mehrere Arbeiten.[51]

Verfolgungsapparat: Gestapo, SD, Konzentrationslagersystem: Mit ihrem Nachweis der zentralen Rolle der Denunziationen als wichtigster Ressource staatspolizeilicher Erfolge stellen seit Beginn der neunziger Jahre die Untersuchungen des kanadischen Historikers Robert Gellately[52] in der Tat einen Meilenstein in der Gestapo-Forschung dar. Neuesten Forschungsstand bietet der 1995 erschienene Sammelband ›Die Gestapo – Mythos und Realität‹.[53] Zu Gestapo, SD, Reichssicherheitshauptamt (RSHA)[54], justitieller Verfol-

---

me von Parteien und Verbänden auf politische Prozesse ab und war auf lokaler Ebene nach Berufszweigen organisiert. Die Blütezeit der FAUD lag im ersten Jahrfünft der Weimarer Republik, später gingen Mitgliederstärke und politischer Einfluß deutlich zurück. Die FAUD zählte am Ende der Weimarer Republik noch zwischen 6 000 und 10 000 Mitglieder und hatte ihre organisatorischen Stützpunkte neben Berlin vor allem in Mittel- und Westdeutschland. Vgl. dazu Hans Manfred Bock, Syndikalismus und Linkskommunismus von 1918-1923. Meisenheim am Glan 1969, sowie Angela Vogel, Zur Theorie und Praxis des Anarcho-Syndikalismus in der Weimarer Republik. Diss. phil. masch. Münster 1975.

[51] Die Geschichte der organisierten kommunistischen Linksopposition geht bis ins Jahr 1925« und den bekannten »Offenen Brief« der Komintern zurück, der die Verdrängung der trotzkistischen und sinowjewistischen Opposition aus der KPD einleitete. Sie war im wesentlichen 1927 abgeschlossen und führte zu einer Unzahl von linksoppositionellen Organisationen, Gruppen und Grüppchen, deren bedeutendste der 1928 gegründete »Leninbund« unter Ruth Fischer und Hugo Urbahns war. 1930 wurde die trotzkistische Minderheit aus dem Leninbund ausgeschlossen und konstituierte sich zur »Vereinigten Opposition der KPD (Bolschewiki-Leninisten)«, der ersten trotzkistischen Organisation in Deutschland; führender Vertreter war Anton Grylewicz. 1931 spaltete sich eine Minderheitsgruppe um Kurt Landau, Alexander Müller und Hans Schwalbach ab und bildete eine eigene Organisation. Beide Gruppen, von Trotzki selbst als gleichberechtigte trotzkistische Organisationen anerkannt, bezeichneten sich als »Linke Opposition der KPD (Bolschewiki-Leninisten)«, zu unterscheiden nach dem jeweiligen Zentralorgan ›Die Permanente Revolution‹ bzw. ›Der Kommunist‹. Die erste Gruppe zählte etwa 600, die zweite rund 100 Mitglieder, beide konzentriert vor allem in Berlin. Vgl. dazu Zimmermann, Leninbund; Alles, Zur Politik und Geschichte der deutschen Trotzkisten; Schafranek, Das kurze Leben des Kurt Landau.

[52] Vor allem Gellately, Die Gestapo und die deutsche Gesellschaft.

[53] Paul und Mallmann, Gestapo (hier auch eine umfassende und nach sachthematischen Gesichtspunkten gegliederte Bibliographie); siehe auch Klaus-Michael Mallmann und Gerhard Paul, Allwissend, allmächtig, allgegenwärtig? Gestapo, Gesellschaft und Widerstand. In: ZfG 41 (1993), S. 984-999.

[54] Buchheim, Die SS – das Herrschaftsinstrument; Höhne, Der Orden unter dem Totenkopf; Aronson, Reinhard Heydrich; Wegner, Hitlers politische Soldaten; Graf, Politische Polizei zwischen Demokratie und Diktatur; zum RSHA siehe auch Herbert, Best. Wichtig in diesem Zusammenhang Tuchel, Konzentrationslager. Allgemein auch Diels, Lucifer ante portas; Delarue, Geschichte der Gestapo. Eine wissenschaftliche Gesamtdarstellung zu Gestapo und SS/SD steht noch aus.

gung[55] sowie Konzentrationslagersystem[56] liegt eine Reihe weiterer Studien vor.

Widerstand: Überblicksdarstellungen: Als Überblicksdarstellungen zum Widerstand sind vor allem eine Reihe von Sammelbänden[57] zu nennen, deren – nicht nur vom Umfang her – gewichtigster zweifellos der Band mit den Beiträgen zu der wissenschaftlichen Konferenz zum 40. Jahrestag des 20. Juli 1944 bildet; auch der Band von Cartarius ist hier anzuführen; für Österreich siehe Luža.[58]

Arbeiterbewegung/Nationalrevolutionäre/Bündische Jugend/Zeugen Jehovas: Für Widerstand und Exil der Arbeiterbewegung liegt eine umfang- und materialreiche Darstellung und Dokumentation vor, die für Lehrzwecke gute Grundlagen bietet.[59] Eine monographische Einzeluntersuchung über den sozialdemokratischen Widerstand – bei der allerdings eine Abgrenzung zu dem Widerstand der sozialistischen linken Zwischengruppen schwierig wäre – existiert bislang nicht; jüngst ist allerdings eine höchst informative, auch durch persönlichen Erfahrungshintergrund angereicherte Darstellung des

[55] Grundlegend Gruchmann, Justiz im Dritten Reich; allgemein: NS-Recht in historischer Perspektive; Bernhard Bästlein, Als Recht zu Unrecht wurde. Zur Entwicklung der Strafjustiz im Nationalsozialismus. In: APUZ 13-14/1989, S. 3-18; Angermund, Deutsche Richterschaft 1919-1945. Zum VGH: Wagner, Der Volksgerichtshof; Koch, Volksgerichtshof; Wieland, Das war der Volksgerichtshof; Jahntz und Kähne, Der Volksgerichtshof; Marxen, Das Volk und sein Gerichtshof; Schlüter, Urteilspraxis. Zum Reichsgericht: Pauli, Die Rechtsprechung des Reichsgerichts. Zum Reichskriegsgericht: Haase, Reichskriegsgericht.

[56] Neben Tuchel, Konzentrationslager, nach wie vor grundlegend Broszat, Nationalsozialistische Konzentrationslager; Kogon, SS-Staat; Pingel, Häftlinge unter SS-Herrschaft; Langbein, Menschen in Auschwitz; Langbein, ... nicht wie Schafe zur Schlachtbank; Drobisch, Widerstand in Buchenwald; Richardi, Schule der Gewalt; Weinmann, Das nationalsozialistische Lagersystem; Sofsky, Die Ordnung des Terrors. Zu Rolle und Stellenwert der kommunistischen Lagerorganisationen wichtig Niethammer, Der »gesäuberte« Antifaschismus.

[57] Ueberschär, Der 20. Juli 1944 (mit einem detaillierten Forschungs- und Literaturüberblick des Herausgebers); Steinbach und Tuchel, Widerstand gegen den Nationalsozialismus (darin eine umfangreiche, nach sachthematischen Gesichtspunkten gegliederte Bibliographie); Graml, Widerstand im Dritten Reich; Mann, Zur Soziologie des Widerstandes; Schüddekopf, Der deutsche Widerstand; Roon, Widerstand im Dritten Reich; Löwenthal und Zur Mühlen, Widerstand und Verweigerung; Scheurig, Deutscher Widerstand; Widerstand und Exil 1933-1945; Steinbach, Widerstand; Albrecht u.a., Widerstand und Exil; Müller, Der deutsche Widerstand gegen Hitler; Engel, Deutscher Widerstand; Grebing und Wickert, Das »andere« Deutschland.

[58] Schmädeke und Steinbach, Der Widerstand gegen den Nationalsozialismus; Cartarius, Opposition gegen Hitler; Luža, Widerstand in Österreich.

[59] Friedrich-Ebert-Stiftung, Widerstand und Exil der deutschen Arbeiterbewegung.

ehemaligen »Neu Beginners« Francis L. Carsten erschienen, deren Untersuchungsschwerpunkt, auch wenn die Kommunisten nicht ausgeklammert werden, der sozialdemokratisch-sozialistische Widerstand und das oppositionelle Verhalten von Arbeitern während des Dritten Reichs bildet.[60] Neben der Behandlung dieses Bereichs in den bereits angeführten Sammelbänden und in zahlreichen Regional- und Lokaluntersuchungen liegen mehrere Arbeiten vor, die den sozialdemokratischen Widerstand und sein Verhältnis zur Sopade vor allem aus dem Blickwinkel des Exils behandeln.[61] Über die umfangreichen Aktivitäten illegaler sozialdemokratisch-sozialistischer Gruppen hinaus richtet die neuere Forschung den Blick vor allem auch auf die Resistenz und »Widerständigkeit« in gewachsenen sozialdemokratischen Milieus[62], die eine der Voraussetzungen für den raschen Wiederaufbau der Partei ab 1945 bildeten.

Als Gesamtdarstellung für den Widerstand der KPD 1933 bis 1945 nach wie vor grundlegend sind die Untersuchung von Horst Duhnke sowie die wesentlich auch auf DDR-Archiven beruhende Studie von Allan Merson; übergreifende regionale Gesamtdarstellungen liefern Peukert (über Westdeutschland) sowie Mehringer (über Bayern). Zum Verhältnis Emigration/Inlandsorganisation siehe die Studien von Herlemann. Die DDR-Widerstandshistoriographie hat eine Reihe von Gesamtdarstellungen sowie von regionalen und lokalen Untersuchungen zum kommunistischen Widerstand hervorgebracht, die freilich nur mit entsprechender quellenkritischer Vorsicht benutzbar sind und häufig den Nachteil haben, daß die Quellenangaben schwer überprüfbar sind – vor der Wende infolge Unzugänglichkeit der einschlägigen Archive, nach der Wende aufgrund der Tatsache, daß zahlreiche Bestände umgelagert und umsigniert wurden. Allgemein zum kommunistischen Widerstand siehe auch die knappen Studien von Weber (1988) und Herlemann (1989).

---

[60] Carsten, Widerstand gegen Hitler; den Versuch einer Gesamtdarstellung liefert Grassmann, Sozialdemokraten gegen Hitler.

[61] Matthias, Sozialdemokratie und Nation; Edinger, Sozialdemokratie und Nationalsozialismus; Mit dem Gesicht nach Deutschland; Seebacher-Brandt, Biedermann und Patriot; durch »Marburger Brille« Freyberg, Sozialdemokraten und Kommunisten.

[62] Zur Sozialistischen Front siehe Rabe, Die »Sozialistische Front«; Herbert Obenaus, Probleme der Erforschung des Widerstands in der hannoverschen Sozialdemokratie 1933 bis 1945. In: Niedersächsisches Jahrbuch für Landesgeschichte 62 (1990), S. 77-95. Zu sozialdemokratischer »Widerständigkeit« und »Resistenz« siehe dazu vor allem Mehringer, Bayerische Sozialdemokratie, insbes. S. 418-432, sowie Mallmann und Paul (Anm. 16).

Für Widerstand und Exil der linken Zwischengruppen insgesamt ist die Arbeit von Foitzik ›Zwischen den Fronten‹ grundlegend. Zur SAP im Widerstand siehe die Arbeit von Jörg Bremer. Zu »Neu Beginnen« in Widerstand und Exil ist die Knoeringen-Biographie von Mehringer wichtig. Der »Rote Stoßtrupp« ist Thema von Erinnerungen seines Initiators und Mitgründers Rudolf Küstermeier. Zum gewerkschaftlichen Widerstand siehe allgemein das Themenheft über die deutschen Gewerkschaften in der Endphase der Weimarer Republik[63] sowie die Arbeiten von Esters und Pelger, Schafheitlin und Gerhard Beier. Grundlegend neuerdings die Untersuchung von Willy Buschak. Der Widerstand aus der katholischen Arbeiterbewegung ist vor allem in einer Reihe von biographisch angelegten Arbeiten gewürdigt worden.[64]

Nationalsozialistische Renegaten wie etwa Otto Straßer und seine Schwarze Front sind lange Zeit von der Widerstandsforschung nicht akzeptiert und berücksichtigt worden; für den Widerstands-Kreis um Ernst Niekisch, dessen Angehörige von der Wiedergutmachungspraxis nach 1945 jahrzehntelang nicht als Verfolgte anerkannt wurden, gilt das gleiche.[65]

Zum Jugendwiderstand im Dritten Reich allgemein existiert inzwischen eine Fülle von Literatur; hier seien nur einige wichtige Titel angeführt.[66] Einen Forschungsüberblick bieten Breyvogel und vor allem Schilde[67], eine die »Eckdaten« 1933 und 1945 übergrei-

---

[63] Gewerkschaftliche Monatshefte 26 (1975), H. 7.

[64] Vgl. Anm. 72; Nebgen, Jakob Kaiser; Widerstand und Verfolgung in Köln; Bayern in der NS-Zeit, Bd. I, S. 327-368; Hetzer, Industriestadt Augsburg; Aretz, Katholische Arbeiterbewegung; Morsey, Vorstellungen christlicher Demokraten; Raem, Katholischer Gesellenverein und deutsche Kolpingsfamilie; Schneider, Zwischen Gegnerschaft und Unterwerfung.

[65] Moreau, Nationalsozialismus von links; Wolfgang Abendroth, Das Problem der Widerstandstätigkeit der »Schwarzen Front«. In: VfZ 8 (1960), S. 181-187. Allgemein zum nationalbolschewistischen Widerstand und seiner Vorgeschichte Schüddekopf, Linke Leute von rechts, sowie Mohler, Die Konservative Revolution; vgl. dazu auch die »Rote Kapelle« sowie den Widerstandskreis um den ehemaligen Freikorpsführer Josef (Beppo) Römer, zu dem inzwischen eine Biographie existiert (Bindrich und Römer, Beppo Römer); zu Ernst Niekischs Widerstands-Kreis siehe Paetel, Jugend in der Entscheidung, sowie Paetel, Versuchung oder Chance; Drexel, Der Fall Niekisch; Beyer, Rückkehr unerwünscht; Sauermann, Ernst Niekisch; Sauermann, Niekisch und der revolutionäre Nationalismus.

[66] Klönne, Gegen den Strom; Gruchmann, Jugendopposition und Justiz; Klönne, Jugendprotest und Jugendopposition; Klönne, Jugend im Dritten Reich; Peukert, Edelweißpiraten; Hellfeld, Edelweißpiraten; Hellfeld und Klönne, Die betrogene Generation; Jahnke und Buddrus, Deutsche Jugend 1933-1945; Breyvogel, Piraten, Swings und Junge Garde.

[67] Schilde, Im Schatten der »Weißen Rose«; Breyvogel, Jugendwiderstand im Überblick.

fende Untersuchung liefert Alfons Kenkmann. Zum Verhältnis Hitler-Jugend und Bündische Jugend vgl. die Arbeiten von Werner, Jovy und Hellfeld[68], zur katholischen und evangelischen Jugend Schellenberger und Kleinöder sowie Priepke und Smidt.[69] Zu den »Zeugen Jehovas« ist die Arbeit von Garbe grundlegend; hier auch die weiterführende Literatur.

Zum Widerstand aus der Arbeiterbewegung in der zweiten Hälfte der dreißiger Jahre und während des Kriegs liegen neben den bereits genannten Gesamtdarstellungen eine Reihe von »Gruppenbiographien« vor, die schon relativ frühzeitig im ehemaligen Institut für Marxismus-Leninismus beim Zentralkomitee der SED entstanden sind; zu nennen ist auch die Arbeit von Luise Kraushaar über die Uhrig-Römer-Organisation.[70] Zur Geschichte der »Roten Kapelle« siehe vor allem einen jüngst erschienenen Sammelband, die Erinnerungen von Heinrich Scheel und weitere Veröffentlichungen.[71] Für den kommunistischen Widerstand in der zweiten Kriegshälfte ist die Studie von Herlemann über Wilhelm Knöchel und die nach ihm benannte Widerstandsorganisation maßgeblich.

Alte Eliten: Zum liberalen Widerstand siehe die Untersuchung von Horst R. Sassin, zum monarchistischen Widerstand – insbesondere in Bayern – die Arbeit von James Donohoe und neuerdings von Christina Maria Förster; zum politischen Katholizismus in Emigration und Widerstand die Untersuchung von Morsey sowie eine Reihe von Sammelbänden.[72] Zum »Kreisauer Kreis« vor allem die

[68] Werner, Der Jungdeutsche Orden im Widerstand; Jovy, Jugendbewegung und Nationalsozialismus; Hellfeld, Bündische Jugend und Hitler-Jugend.

[69] Schellenberger, Katholische Jugend im Dritten Reich; Kleinöder, Verfolgung und Widerstand; Priepke, Die evangelische Jugend im Dritten Reich; Smidt, Dokumente evangelischer Jugendbünde.

[70] Glondajewski und Schumann, Die Neubauer-Poser-Gruppe; Nitzsche, Die Saefkow-Jacob-Bästlein-Gruppe; Puls, Die Bästlein-Jacob-Abshagen-Gruppe; Krause, Die Schumann-Engert-Kresse-Gruppe; Biernat und Kraushaar, Die Schulze-Boysen/Harnack-Organisation; zur Danz-Schwantes-Gruppe in Magdeburg siehe Beiträge zur Geschichte der Stadt und des Bezirkes Magdeburg, 2 (1970) und 12 (1980); Kraushaar, Berliner Kommunisten im Kampf gegen den Faschismus. Allgemein auch Kühn, Die letzte Runde.

[71] Coppi, Danyel und Tuchel, Die Rote Kapelle; Scheel, Vor den Schranken des Reichskriegsgerichts; überwiegend aus geheimdienstlicher Sicht bzw. aus der Perspektive der NS-Untersuchungsbehörden Höhne, Kennwort Direktor; siehe auch Bahar, Sozialrevolutionärer Nationalismus; Schilde, Eva Maria Buch; siehe dazu auch Coppi, Harro Schulze-Boysen.

[72] Morsey, Christliche Demokraten in Emigration und Widerstand; Buchstab, Kaff und Kleinmann, Verfolgung und Widerstand; Aretz, Morsey und Rauscher, Zeitgeschichte in Lebensbildern; Morsey und Schwarz, Adenauer im Dritten Reich. Berlin 1991 (vgl. auch Anm. 64).

grundlegende Untersuchung von Ger van Roon, ferner die Arbeiten von Bleistein, Finker, Moltke und Winterhager.[73] Zum studentischen Widerstand während des Kriegs und zur »Weißen Rose« liegen eine Reihe von Arbeiten vor; hinzuweisen ist auch auf eine unveröffentlichte Magisterarbeit von Kaufmann.[74]

Zu Rolle und Widerstand der Kirchen im Dritten Reich insgesamt siehe vor allem die zusammenfassende Überblicksdarstellung von Denzler und Fabricius, zur Haltung der kirchengläubigen Bevölkerung die Edition von Boberach über Kirche und Kirchenvolk; zur evangelischen Kirche vor allem Besier und Ringshausen, Meier, Norden, Schoenborn und Wittmütz, Schmidt, Scholder und Zipfel[75], zur katholischen Kirche Albrecht, Binder, Gotto und Repgen, Hürten, Lewy, Neuhäusler, Reichhold, Repgen, Volk.[76] Zum Verhältnis der evangelischen Kirche zur nationalsozialistischen Judenvernichtung vgl. Kaiser und Greschat, Holocaust.

Für die zivile und militärische Opposition, die in Attentat und Staatsstreichversuch vom 20. Juli 1944 gipfelte, ist neben den weiter oben angeführten Sammelbänden und Überblicksdarstellungen die große Untersuchung von Peter Hoffmann, Widerstand – Staatsstreich – Attentat, grundlegend; siehe dazu auch die Darstellung von Joachim Fest, Staatsstreich. Aktualisierten Forschungsstand bietet Hoffmanns große Stauffenberg-Biographie. Insbesondere für die Verschwörer des 20. Juli 1944 und ihren Umkreis liegt eine breite biographische Literatur[77] vor: u.a. zu den Militärs Beck, Canaris,

---

[73] Roon, Neuordnung im Widerstand; Bleistein, Dossier: Kreisauer Kreis; zu Finker siehe Anm. 15; Moltke, Wirtschafts- und gesellschaftspolitische Vorstellungen; Winterhager, Der Kreisauer Kreis; vgl. in diesem Zusammenhang auch Moltke-Stiftung Berlin, Moltke Almanach Bd. 1.

[74] Scholl, Die Weiße Rose; Bussmann, Der deutsche Widerstand und die »Weiße Rose«; Petry, Studenten aufs Schafott; Jens, Hans Scholl, Sophie Scholl; Knoop-Graf und Jens, Willi Graf; Lill, Hochverrat? (hierin bibliographisch Michael Kißener, Literatur zur Weißen Rose 1971-1992); Die Weiße Rose und das Erbe des Widerstandes; allgemein Michael Grüttner, Studenten im Dritten Reich. Kaufmann, Die Ethik des Widerstandes.

[75] Besier und Ringshausen, Bekenntnis, Widerstand, Martyrium; Meier, Der evangelische Kirchenkampf; Norden, Schoenborn und Wittmütz, Wir verwerfen die falsche Lehre; Schmidt, Dokumente des Kirchenkampfes; Scholder, Die Kirchen und das Dritte Reich; als ältere Arbeit Zipfel, Kirchenkampf.

[76] Albrecht, Katholische Kirche im Dritten Reich; Binder, Irrtum und Widerstand; Gotto und Repgen, Kirche, Katholiken und Nationalsozialismus; Hürten, Deutsche Katholiken 1918-1945; Lewy, Katholische Kirche; Neuhäusler, Kreuz und Hakenkreuz; Reichhold, Die deutsche katholische Kirche; Repgen, Katholizismus und Nationalsozialismus; Volk, Katholische Kirche und Nationalsozialismus.

[77] Neben den zwei Lebensbilder-Sammelbänden von Leber siehe vor allem die beiden Sammelbände von Lill und Oberreuter sowie »Für Deutschland«.

290

Halder, Hoepner, Olbricht, Oster, Stauffenberg, Stieff, Stülpnagel und Tresckow[78]; bei den zivilen Beteiligten u.a. zu Bonhoeffer, Delp, Dohnanyi, Goerdeler, Hassell, Kaiser, Kessel, Kleist-Schmenzin, Leber, Leuschner, Mierendorff, Moltke, Müller, Rösch, Scheliha, Schulenburg, Trott zu Solz, Weizsäcker, ferner zu den »Jungen« innerhalb der Verschwörung.[79] Zur Blomberg-Fritsch-Krise 1938 und der von ihr wesentlich mit ausgelösten »Septemberverschwörung« 1938 siehe neuerdings die informative Studie von Janßen und Tobias.[80] Die Auslandsbeziehungen des deutschen Widerstands sind – nach der älteren Arbeit von Martin – umfassend in einer kürzlich erschienenen großen Untersuchung von Klemperer sowie einer zeitlich enger gefaßten Studie von Schlie behandelt.[81]

Zum politischen Denken im Widerstand der alten Eliten vgl. neben Mommsen, Gesellschaftsbild, insbesondere die geistesgeschichtlich-ideologiekritische Studie von Hammersen; diese letztgenannte Arbeit bildet die bislang umfassendste und gründlichste Untersu-

---

[78] Foerster, Generaloberst Ludwig Beck; Buchheit, Ludwig Beck; Reynolds, Beck; Müller, General Ludwig Beck; Georgi, General Olbricht; Höhne, Canaris; Hartmann, Halder; Ueberschär, Generaloberst Franz Halder; Bücheler, Hoepner; Medem, Axel von dem Bussche; Page, General Friedrich Olbricht; Thun-Hohenstein, Der Verschwörer. General Oster; Finker, Stauffenberg; Hoffmann, Claus Graf Schenk von Stauffenberg; Kramarz, Claus Graf Stauffenberg; Christian Müller, Oberst i.G. Stauffenberg; Zeller, Oberst Claus Graf Stauffenberg; Horst Mühleisen, Hellmuth Stieff und der militärische Widerstand. In: VfZ 39 (1991), S. 339-377; zu Stieff vgl. auch ders. (Hrsg.), Hellmuth Stieff. Briefe. Berlin 1991; Bücheler, Carl-Heinrich von Stülpnagel; Scheurig, Henning von Tresckow.

[79] Bethge, Bonhoeffer; Bethge, Dietrich Bonhoeffer; Müller, Dietrich Bonhoeffers Kampf; Bleistein, Alfred Delp; Chowaniec, Der »Fall Dohnanyi«; Ritter, Goerdeler; Schöllgen, Ulrich von Hassell; Kosthorst, Jakob Kaiser; Nebgen, Jakob Kaiser; Mayer, Jakob Kaiser; Steinbach, Albrecht von Kessel; Scheurig, Ewald von Kleist-Schmenzin; Beck, Julius Leber; Leithäuser, Wilhelm Leuschner; Albrecht, Der militante Sozialdemokrat. Carlo Mierendorff; Balfour, Frisby und Moltke, Helmuth James von Moltke; Heitler, Josef Müller; Bleistein, Augustin Rösch; Sahm, Rudolf von Scheliha; Krebs, Fritz Dietlof Graf von der Schulenburg; Heinemann, Ein konservativer Rebell. Fritz Dietlof Graf von der Schulenburg; zu Schulenburg siehe auch Hans Mommsen, Fritz Dietlof Graf von der Schulenburg und die preußische Tradition. In: VfZ 32 (1984), S. 213-239; Sykes, Adam von Trott; den neuesten Forschungsstand bietet Malone, Adam von Trott; Blasius, Für Großdeutschland – gegen den großen Krieg. Ernst von Weizsäcker; zu Weizsäcker siehe auch Hill, Die Weizsäcker-Papiere; Schwerin, Die Jungen des 20. Juli 1944.

[80] Janßen und Tobias, Der Sturz der Generäle; siehe in diesem Zusammenhang auch Susanne Meinl und Dieter Krüger, Friedrich Wilhelm Heinz. Vom Freikorpskämpfer zum Leiter des Nachrichtendienstes im Bundeskanzleramt. In: VfZ 42 (1994), S. 39-69.

[81] Martin, Friedensinitiativen; Klemperer, Die verlassenen Verschwörer; Schlie, Kein Frieden mit Deutschland; vgl. dazu auch Döscher, Das Auswärtige Amt, sowie die Erinnerungen von Weizsäcker.

chung zum ordnungspolitischen Denken des Widerstands der »alten Eliten«, seiner Prägung durch antiliberales und antidemokratisches Denken und seiner grundlegenden Parlaments- und Parteienfeindlichkeit, die in neokonservativen Ideologien wurzelten. Zur Entwicklung der oppositionellen Haltung von Angehörigen der alten Eliten, insbesondere innerhalb des Militärs, siehe vor allem Müller, Das Heer und Hitler, sowie ›Vollmacht des Gewissens‹ und ›Aufstand des Gewissens‹, hier insbesondere die Beiträge von Krausnick; ferner die Untersuchungen von Deutsch sowie Klemperer, Die verlassenen Verschwörer. Der Rolle der Einsatzgruppen des SD und ihren – zum Teil unter Beteiligung von Wehrmachtangehörigen – in der Sowjetunion durchgeführten Massenmord-Aktionen, die für viele Offiziere den Entschluß zu aktivem Widerstand auslösten oder beförderten, gilt die klassische Untersuchung von Krausnick und Wilhelm über die »Truppe des Weltanschauungskriegs«.[82]

Widerstand gegen den Krieg/»Unbesungene Helden«: Zu Stimmung und Verhalten der deutschen Bevölkerung während des Kriegs vgl. die bereits angeführte Arbeit von Steinert, die von Boberach edierten SD-Berichtsserien sowie die entsprechenden Untersuchungen in ›Bayern in der NS-Zeit‹ sowie Mallmann und Paul, Widerstand und Verweigerung im Saarland. Rolle und Schicksal der Juden in Deutschland und individuelle Hilfeleistung für Verfolgte vor allem während des Kriegs sind Themen von zwei von Benz und Ginzel herausgegebenen Sammelbänden.[83] Zu Deserteuren und den Angehörigen von Strafbataillonen und Sonderformationen vgl. vor allem die Untersuchungen von Haase und Klausch.[84] Zum Widerstand von »Fremdarbeitern« während des Kriegs siehe vor allem die Untersuchungen von Herbert und Brodski.[85] Zum Widerstand in

---

[82] Der von Krausnick stammende Teil dieses Bandes ist in einer überarbeiteten Neuauflage erschienen: Krausnick, Hitlers Einsatzgruppen. Vgl. dazu auch den Katalog der Ausstellung »Vernichtungskrieg. Verbrechen der Wehrmacht 1941-1944«. Hamburg 1996; in der Einleitung wird – aus welchen Motiven immer – irreführenderweise erklärt, die deutsche »Militärgeschichtsschreibung« (?) habe zur Aufklärung der entsprechenden Tatbestände beigetragen, weigere sich aber einzugestehen, daß die Wehrmacht an allen Verbrechen aktiv und als Gesamtorganisation (?) beteiligt gewesen sei.

[83] Benz, Die Juden in Deutschland; Ginzel, Mut zur Menschlichkeit (hier auch die weitere Literatur); vgl. dazu auch Grossmann, Die unbesungenen Helden.

[84] Haase, Deutsche Deserteure; Haase, Das Reichskriegsgericht; vgl. auch Norbert Haase, Aus der Praxis des Reichskriegsgerichts. Neue Dokumente zur Militärgerichtsbarkeit im Zweiten Weltkrieg. In: VfZ 39 (1991), S. 379-411; Klausch, Bewährungsbataillone 999; Klausch, Antifaschisten in SS-Uniform.

[85] Herbert, Fremdarbeiter; zur »Brüderlichen Zusammenarbeit der Kriegsgefangenen« (BSW) Brodski, Im Kampf gegen den Faschismus.

den letzten Kriegsmonaten liegt inzwischen eine Reihe von Veröffentlichungen vor[86], der Forschungsbereich ist freilich noch keineswegs vollständig ausgeleuchtet.

Zum Nationalkomitee »Freies Deutschland« und seiner Einordnung in den Gesamtzusammenhang des deutschen Widerstands kam es noch vor kurzem zu heftigen Auseinandersetzungen[87], die noch keineswegs abgeschlossen sind. Den neuesten Forschungsstand unter Einbeziehung sowjetischer Quellen präsentiert ein von Ueberschär herausgegebener Sammelband zum NKFD. Auch die Erinnerungen von Seydlitz und zwei ältere Arbeiten von Scheurig und Fischer sind anzuführen.[88] Zu den Kriegsgefangenen in britischen Lagern vgl. die große Studie von Henry Faulk sowie Mehringer, Knoeringen.

Emigration: Detaillierte bibliographische Angaben zur deutschsprachigen Emigration nach 1933 würden den Rahmen dieses Forschungs- und Literaturüberblicks sprengen. Deshalb sei hier – neben den bereits weiter oben angeführten Quelleneditionen und Hilfsmitteln – lediglich auf einige »Meilensteine« der inzwischen rund drei Jahrzehnte intensiv betriebenen Exilforschung hingewiesen, die auch den jeweils zeitgenössischen Literaturüberblick vermitteln; so der frühe Aufsatz von Berendsohn[89], der legendäre Ausstellungskatalog der Deutschen Bibliothek Frankfurt von Werner Berthold, die Arbeiten von Werner Röder, der Band von Hirschfeld über das deutschsprachige Exil in Großbritannien, die Arbeit von Müssener über das Exil in Schweden, die Untersuchungen von Patrik von zur Mühlen, insbesondere zu Spanien und zu Lateinamerika, und von Klaus Voigt zum Exil in Italien, die Arbeiten von Joa-

[86] Wichtig die umfangreiche Untersuchung von Henke, Amerikanische Besetzung; Borsdorf und Niethammer, Zwischen Befreiung und Besatzung, sowie Niethammer, Borsdorf und Brandt, Arbeiterinitiative 1945, ferner Brandt, Antifaschismus und Arbeiterbewegung, und Marßolek, Arbeiterbewegung nach dem Krieg, betonen die Traditionen der Arbeiterbewegung im Widerstand am Ende des NS-Regimes. Für Köln: Rusinek, Gesellschaft in der Katastrophe; für Bayern: Troll, Aktionen zur Kriegsbeendigung.

[87] Vgl. dazu Peter Steinbach, Der Widerstand in seiner ganzen Breite und Vielfalt. Plädoyer für die Erwähnung des »Nationalkomitees Freies Deutschland« in der Berliner Widerstandsausstellung. In: GWU 41 (1990), S. 302-307.

[88] Seydlitz, Stalingrad; Scheurig, Freies Deutschland; Fischer, Sowjetische Deutschlandpolitik im Zweiten Weltkrieg; vgl. dazu auch Peter Steinbach, Nationalkomitee Freies Deutschland und der Widerstand gegen den Nationalsozialismus. In: Exilforschung 8 (1990), S. 61-91.

[89] Walter A. Berendsohn, Probleme der Emigration aus dem Dritten Reich, in: APUZ 1956/B XXXII und XXXIII, S. 497-526.

chim Radkau und Ulla Langkau-Alex zur Emigration in die USA, die Untersuchung von Fritz Pohle über das Exil in Mexiko, die Arbeit von Hans Schafranek über die deutschen und österreichischen Emigranten in der UdSSR und ihre Auslieferung an die NS-Behörden[90], die leider noch nicht durch den vorgesehenen zweiten Band abgeschlossene Arbeit von Langkau-Alex zur Deutschen Volksfront im Exil sowie die beiden Kolloqien des Forschungsschwerpunkts »Exilforschung« der Deutschen Forschungsgemeinschaft.[91] Zu den Nachkriegsplanungen des deutschsprachigen Exils vgl. auch den Sammelband von Koebner, Sautermeister und Schneider. Einen Einstieg in die neuere Forschungsliteratur liefert das seit 1983 erscheinende Jahrbuch ›Exilforschung‹. Handbuchfunktion in Hinblick auf ihre Datenfülle haben die Arbeiten von Walter und Loewy.[92] Zum Exil von Künstlern und Wissenschaftlern siehe Möller[93] sowie die disziplingeschichtlichen Studien von Strauss u.a.; zur deutsch-jüdischen Immigration in die USA die Reihe der Research Foundation for Jewish Immigration.[94]

---

[90] Schafranek, Zwischen NKWD und Gestapo; vgl. dazu auch Hermann Weber, »Weiße Flecken« in der Geschichte. Die KPD-Opfer der Stalinschen Säuberungen und ihre Rehabilitierung. Frankfurt a. M. 1989.

[91] Frühwald und Schieder, Leben im Exil; Briegel und Frühwald, Die Erfahrung der Fremde. Forschungsbericht.

[92] Walter, Deutsche Exilliteratur 1933-1950; Loewy, Exil; zu nennen ist hier auch Pütter, Rundfunk, sowie Deutsche Exilliteratur seit 1933.

[93] Möller, Exodus der Kultur; vgl. auch Horst Möller, Die Remigration von Wissenschaftlern nach 1945. In: Die Künste und die Wissenschaften im Exil 1933-1945. Hrsg. von Edith Böhne u.a. Gerlingen 1992, S. 601-614; als Ergebnis der Exilforschung aus der ehemaligen DDR vgl. Kunst und Literatur im antifaschistischen Exil 1933-1945. 7 Bde.

[94] Die Emigration der Wissenschaften nach 1933; siehe hierzu auch: Deutsche Intellektuelle im Exil; Strauss, Jewish Immigrants of the Nazi Period in the USA; vgl. dazu auch: Die jüdische Emigration aus Deutschland.

Liste der in Kurzform angeführten Literatur

Albrecht, Dieter (Hrsg.), Katholische Kirche im Dritten Reich. Eine Aufsatzsammlung zum Verhältnis von Papsttum, Episkopat und deutschen Katholiken zum Nationalsozialismus 1933-1945. Mainz 1976

Albrecht, Richard, Der militante Sozialdemokrat. Carlo Mierendorff 1897-1943. Eine Biographie. Berlin, Bonn 1987

Albrecht, Richard u.a., Widerstand und Exil 1933-1945. Frankfurt a.M., New York 1986

Alles, Wolfgang, Zur Politik und Geschichte der deutschen Trotzkisten ab 1930. Diplomarbeit Univ. Mannheim (masch.) 1978

Angermund, Ralph, Deutsche Richterschaft 1919-1945. Krisenerfahrung, Illusion, politische Rechtsprechung. Frankfurt a. M. 1990

Aretz, Jürgen, Katholische Arbeiterbewegung und Nationalsozialismus. Der Verband katholischer Arbeiter- und Knappenvereine Westdeutschlands 1923-1945. Mainz 1978

Aretz, Jürgen, Rudolf Morsey und Anton Rauscher (Hrsg.), Zeitgeschichte in Lebensbildern. Aus dem deutschen Katholizismus des 19. und 20. Jahrhunderts. 6 Bde., Mainz 1975-1984

Aronson, Shlomo, Reinhard Heydrich und die Frühgeschichte von Gestapo und SD. Stuttgart 1971

Aufstand des Gewissens. Militärischer Widerstand gegen Hitler und das NS-Regime 1933-1945. Militärgeschichtliches Forschungsamt (Hrsg.). 4. Aufl., Berlin 1994

Die Ausbürgerung deutscher Staatsangehöriger 1933-1945 nach den im Reichsanzeiger veröffentlichten Listen. Hrsg. von Michael Hepp. 3 Bde., München 1985-1988

Bahar, Alexander, Sozialrevolutionärer Nationalismus zwischen Konservativer Revolution und Sozialismus. Harro Schulze-Boysen und der »Gegner«-Kreis. Koblenz 1992

Bahne, Siegfried, Die KPD und das Ende von Weimar. Das Scheitern einer Politik 1932-1935. Frankfurt a. M., New York 1976

Balfour, Michael, Julian Frisby und Freya von Moltke, Helmuth James von Moltke 1907-1945. Anwalt der Zukunft. Stuttgart 1975, 2. Aufl. Berlin 1984

Bayern in der NS-Zeit. München, Wien, Bd. I: Soziale Lage und politisches Verhalten der Bevölkerung im Spiegel vertraulicher Berichte. Hrsg. von Martin Broszat, Elke Fröhlich und Falk Wiesemann. 1977; Bd.II: Herrschaft und Gesellschaft im Konflikt. Hrsg. von Broszat und Fröhlich. 1979; Bd. III und IV: Herrschaft und Gesellschaft im Konflikt. Hrsg. von Broszat, Fröhlich und Anton Grossmann. 1981; Bd. V: Die Parteien KPD, SPD, BVP in Verfolgung und Widerstand. Hrsg. von Broszat und Hartmut Mehringer. 1983; Bd. VI: Die Herausforderung des Einzelnen. Geschichten über Widerstand und Verfolgung. Hrsg. von Broszat und Fröhlich. 1983

Beck, Dorothea, Julius Leber. Sozialdemokrat zwischen Reform und Widerstand. Berlin 1983

Beer, Helmut, Widerstand gegen den Nationalsozialismus in Nürnberg. Nürnberg 1976

Beier, Gerhard, Die illegale Reichsleitung der Gewerkschaften 1933-1945. Köln 1981

Beier, Gerhard, Das Lehrstück vom 1. und 2. Mai 1933. Frankfurt a. M. 1975

Benz, Wolfgang (Hrsg.), Die Juden in Deutschland 1933-1945. 3. Aufl. München 1993

Benz, Wolfgang und Walter H. Pehle (Hrsg.), Lexikon des deutschen Widerstandes. Frankfurt a. M. 1994

Berendsohn, Walter Arthur, Die deutsche Literatur der Flüchtlinge aus dem Dritten Reich. Bd. 1-4, Registerband. Stockholm 1967-1971

Berendsohn, Walter Arthur, Die humanistische Front. Einführung in die deutsche Emigrantenliteratur. Zürich 1946

Bergmann, Theodor, »Gegen den Strom«. Die Geschichte der Kommunistischen Partei-Opposition. Hamburg 1988

Berthold, Werner, Exil-Literatur 1933-1945. Ausstellung der Deutschen Bibliothek Frankfurt, Mai bis August 1965. Frankfurt a. M. 1965

Besier, Gerhard und Gerhard Ringshausen (Hrsg.), Bekenntnis, Widerstand, Martyrium. Von Barmen 1934 bis Plötzensee 1944. Göttingen 1986

Bethge, Eberhard, Dietrich Bonhoeffer. 2. Aufl. Reinbek 1989

Bethge, Eberhard, Dietrich Bonhoeffer – Theologe, Christ, Zeitgenosse. 7. Aufl. München 1989

Beyer, Wilhelm Raimund (Hrsg.), Rückkehr unerwünscht. Joseph Drexels »Reise nach Mauthausen« und der Widerstandskreis Ernst Niekisch. München 1980

Biernat, Karl Heinz und Luise Kraushaar, Die Schulze-Boysen/Harnack-Organisation im antifaschistischen Kampf. Berichte und 52 Lebensbilder. 2. Aufl. Berlin (-Ost) 1972

Binder, Gerhart, Irrtum und Widerstand. Die deutschen Katholiken in der Auseinandersetzung mit dem Nationalsozialismus. München 1968

Bindrich, Oswald und Susanne Römer, Beppo Römer. Ein Leben zwischen Revolution und Nation. Berlin 1991

Blasius, Rainer A., Für Großdeutschland – gegen den großen Krieg. Ernst von Weizsäcker in den Krisen um die Tschechoslowakei und Polen. Köln, Wien 1981

Bleistein, Roman (Hrsg.), Dossier: Kreisauer Kreis. Dokumente aus dem Widerstand gegen den Nationalsozialismus. Aus dem Nachlaß von Lothar König S.J. Frankfurt a. M. 1987

Bleistein, Roman, Alfred Delp. Geschichte eines Zeugen. Frankfurt a. M. 1989

Bleistein, Roman (Hrsg.), Augustin Rösch. Kampf gegen den Nationalsozialismus. Frankfurt a. M. 1985

Bludau, Kuno, Gestapo-geheim. Widerstand und Verfolgung in Duisburg 1933-1945. Bonn-Bad Godesberg 1973

Boberach, Heinz (Bearb.), Inventar archivalischer Quellen des NS-Staates. Die Überlieferung von Behörden und Einrichtungen des Reichs, der Länder und der NSDAP. Teil 1: Reichszentralbehörden, regionale Behörden und wissenschaftliche Hochschulen für die zehn westdeutschen Bundesländer sowie Berlin; Teil 2: Regionale Behörden und wissenschaftliche Hochschulen für die fünf ostdeutschen Länder, die ehemaligen preußischen Ostprovinzen und eingegliederten Gebiete in Polen, Österreich und der Tschechischen Republik mit Nachträgen zu Teil 1. München u.a. 1991 und 1995

Boberach, Heinz (Hrsg.), Berichte des SD und der Gestapo über Kirche und Kirchenvolk in Deutschland 1934-1944. Mainz 1971

Boberach, Heinz (Hrsg.), Meldungen aus dem Reich. Die geheimen Lageberichte des Sicherheitsdienstes der SS 1938-1945. Bd. 1-17, Herrsching 1984

Borsdorf, Ulrich und Lutz Niethammer (Hrsg.), Zwischen Befreiung und Besatzung. Analysen des US-Geheimdienstes über Positionen und Strukturen deutscher Politik. Wuppertal 1976

Bracher, Karl Dietrich, Die Auflösung der Weimarer Republik. Eine Studie zum Problem des Machtverfalls in der Demokratie. Königstein, Düsseldorf 1978

Bracher, Karl Dietrich, Wolfgang Sauer und Gerhard Schulz (Hrsg.), Die nationalsozialistische Machtergreifung. Studien zur Errichtung des totalitären Herrschaftssystems in Deutschland. 3. Aufl. Berlin 1974

Brandt, Peter, Antifaschismus und Arbeiterbewegung. Aufbau – Ausprägung – Politik in Bremen 1945/46. Hamburg 1976

Bremer, Jörg, Die Sozialistische Arbeiterpartei Deutschlands (SAP). Untergrund und Exil 1933-1945. Frankfurt a. M., New York 1978

Bretschneider, Heike, Der Widerstand gegen den Nationalsozialismus in München 1933-1945. München 1968

Breyvogel, Wilfried, Jugendwiderstand im Nationalsozialismus. Ein Überblick. In: Gerhard Ringshausen (Hrsg.), Perspektiven des Widerstands. Der Widerstand im Dritten Reich und seine didaktische Erschließung. Obererlenbach 1994

Breyvogel, Wilfried, Piraten, Swings und Junge Garde. Jugendwiderstand im Nationalsozialismus. Bonn 1991

Briegel, Manfred und Wolfgang Frühwald, Die Erfahrung der Fremde. Forschungsbericht. Weinheim 1988

Brodski, J.A., Im Kampf gegen den Faschismus. Sowjetische Widerstandskämpfer in Hitlerdeutschland 1941-1945. Berlin (-Ost) 1973

Broszat, Martin, Die Machtergreifung. Der Aufstieg der NSDAP und die Zerstörung der Weimarer Demokratie. München 1984

Broszat, Martin, Nach Hitler. Der schwierige Umgang mit unserer Geschichte. München 1986

Broszat, Martin, Nationalsozialistische Konzentrationslager 1933-1945. In: Anatomie des SS-Staates. 6. Aufl. München 1994, S. 323-445

Broszat, Martin und Elke Fröhlich, Alltag und Widerstand. Bayern im Nationalsozialismus. München 1987

Broszat, Martin und Horst Möller (Hrsg.), Das Dritte Reich. Herrschaftsstruktur und Geschichte. Vorträge aus dem Institut für Zeitgeschichte. München 1983

Büchel, Regine, Der deutsche Widerstand im Spiegel von Fachliteratur und Publizistik seit 1945. München 1975

Bücheler, Heinrich, Hoepner. Ein deutsches Soldatenschicksal des zwanzigsten Jahrhunderts. Herford 1980

Bücheler, Heinrich, Carl-Heinrich von Stülpnagel. Soldat – Philosoph – Verschwörer. Frankfurt a. M., Berlin 1989

Buchheim, Hans, Die SS – das Herrschaftsinstrument. In: Anatomie des SS-Staates. 6. Aufl. München 1994, S. 15-212

Buchheit, Gert, Ludwig Beck. Ein preußischer General. München 1964

Buchholz, Marlis und Bernd Rother (Bearb.), Der Parteivorstand der SPD im Exil. Protokolle der Sopade 1933-1940. Bonn 1995

Buchstab,Günter, Brigitte Kaff und Hans-Otto Kleinmann, Verfolgung und Widerstand 1933-1945. Christliche Demokraten gegen Hitler. Düsseldorf 1986

Buschak, Willy, »Arbeit im kleinsten Zirkel«. Gewerkschaften im Widerstand gegen den Nationalsozialismus. Hamburg 1993

Bussmann, Walter, Der deutsche Widerstand und die »Weiße Rose«. München 1968

Carsten, Francis L., Widerstand gegen Hitler. Die deutschen Arbeiter und die Nazis. Frankfurt a. M., Leipzig 1996

Cartarius, Ulrich, Opposition gegen Hitler. Ein erzählender Bildband. Berlin 1984

Chowaniec, Elisabeth, Der »Fall Dohnanyi« 1943-1945. Widerstand, Militärjustiz, SS-Willkür. München 1991

Coppi, Hans, Harro Schulze-Boysen. Wege in den Widerstand. Eine biographische Studie. Koblenz 1993

Coppi, Hans, Jürgen Danyel und Johannes Tuchel (Hrsg.), Die Rote Kapelle im Widerstand gegen den Nationalsozialismus. Berlin 1994

Danyel, Jürgen (Hrsg.), Die geteilte Vergangenheit. Zum Umgang mit Nationalsozialismus und Widerstand in beiden deutschen Staaten. Berlin 1995

Delarue, Jacques, Geschichte der Gestapo. Düsseldorf 1964

Denzler, Georg und Volker Fabricius (Hrsg.), Die Kirchen im Dritten Reich. Christen und Nazis Hand in Hand? Frankfurt a. M. 1984

Denzler, Georg und Volker Fabricius (Hrsg.), Christen und Nationalsozialisten. Darstellung und Dokumente. Mit einem Exkurs: Kirche im Sozialismus. Frankfurt a. M. 1993 (erweiterte und aktualisierte Neuausgabe)

Deutsch, Harold C., Das Komplott oder die Entmachtung der Generale. o.O. 1974

Deutsch, Harold C., Verschwörung gegen den Krieg. Der Widerstand in den Jahren 1939-1940. Frankfurt a. M. 1969

Deutsche Exilliteratur seit 1933. Hrsg. von John M. Spalek und Joseph Strelka. Bd. I/1-2 Kalifornien, Bd. II/1-2 New York. Bern, München 1976-1989

Deutsche Intellektuelle im Exil. Ihre Akademie und die »American Guild for German Cultural Freedom«. Eine Ausstellung des deutschen Exilarchivs 1933-1945 der Deutschen Bibliothek Frankfurt a. M. Ausstellung und Katalog: Werner Berthold, Brita Eckert und Frank Wende. München u.a. 1993

Deutsche Bibliothek Frankfurt a. M. und Deutsches Exilarchiv 1933-1945 (Hrsg.), Katalog der Bücher und Broschüren. Stuttgart 1989

Deutschland-Berichte der Sozialdemokratischen Partei Deutschlands (Sopade) 1934-1940. 7 Bde., Salzhausen, Frankfurt a. M. 1980

Diels, Rudolf, Lucifer ante portas ... es spricht der erste Chef der Gestapo. Stuttgart 1950

Döscher, Hans-Jürgen, Das Auswärtige Amt im Dritten Reich. Diplomatie im Schatten der »Endlösung«. Berlin 1987

Donohoe, James, Hitler's Conservative Opponents in Bavaria 1930-1945. A Study of Catholic, Monarchist and Separatist Anti-Nazi-Activities. Leiden 1961

Drechsler, Hanno, Die Sozialistische Arbeiterpartei Deutschlands. Ein Beitrag zur Geschichte der deutschen Arbeiterbewegung am Ende der Weimarer Republik. Meisenheim am Glan 1965

Drexel, Joseph E., Der Fall Niekisch. Eine Dokumentation. Köln, Berlin 1964

Drobisch, Klaus, Widerstand in Buchenwald. Frankfurt a. M. 1978

Duhnke, Horst, Die KPD von 1933-1945. Köln 1972

Durzak, Manfred (Hrsg.), Die deutsche Exilliteratur 1933-1945. Stuttgart 1973

Edinger, Lewis J., Sozialdemokratie und Nationalsozialismus. Der Parteivorstand der SPD im Exil 1933-1945. Hannover, Frankfurt a. M. 1960

Die Emigration der Wissenschaften nach 1933. Disziplingeschichtliche Studien. Hrsg. von Herbert A. Strauss, Klaus Fischer, Christhard Hoffmann und Alfons

Söllner. München u.a. 1991

Engel, Huberta (Hrsg.), Deutscher Widerstand – Demokratie heute. Kirche, Kreisauer Kreis, Ethik, Militär und Gewerkschaften. Bonn, Berlin 1992

Erdmann, Karl Dietrich und Gerhard Schulz (Hrsg.), Weimar. Selbstpreisgabe einer Demokratie. Düsseldorf 1980

Esters, Helmut und Hans Pelger, Gewerkschafter im Widerstand. Hannover 1967 (eine überarbeitete und erweiterte Fassung, von Alexandra Schlingensiepen herausgegeben, eingeleitet und durch einen Forschungsüberblick ergänzt, Bonn 1983)

Exilforschung. Ein internationales Jahrbuch. Hrsg. im Auftrag der Gesellschaft für Exilforschung. München 1983 ff.

Faulk, Henry, Die deutschen Kriegsgefangenen in Großbritannien. Reeducation (= Zur Geschichte der deutschen Kriegsgefangenen im Zweiten Weltkrieg, Bd. IX/2). München 1970

Fest, Joachim, Staatsstreich. Der lange Weg zum 20. Juli. Berlin 1994

Finker, Kurt, Stauffenberg und der 20. Juli 1944. 2. Aufl. Berlin (-Ost) 1971

Finker, Kurt, Graf Moltke und der Kreisauer Kreis. Berlin (-Ost) 1980, 3. überarbeitete Aufl. Berlin 1993

Fischer, Alexander, Sowjetische Deutschlandpolitik im Zweiten Weltkrieg 1941-1945. Stuttgart 1975

Flechtheim, Ossip K., Die KPD in der Weimarer Republik. Frankfurt a. M. 1948 (Neuausgabe Hannover 1986)

Förster, Christina Maria, Der Harnier-Kreis. Widerstand gegen den Nationalsozialismus in Bayern. Paderborn 1996

Förster, Gerhard, Bruno Löwel und Wolfgang Schumann, Forschungen zur deutschen Geschichte 1933-1945. In: Historische Forschungen in der DDR. Analysen und Berichte. In: ZfG 18 (1970), Sonderband. Berlin (-Ost) 1970, S. 552-589

Foerster, Wolfgang, Generaloberst Ludwig Beck. Sein Kampf gegen den Krieg. Aus nachgelassenen Papieren des Generalstabschefs. München 1953

Foitzik, Jan, Zwischen den Fronten. Zur Politik, Organisation und Funktion linker politischer Kleinorganisationen im Widerstand 1933 bis 1939/40 unter besonderer Berücksichtigung des Exils. Bonn 1986

Forschungsgemeinschaft 20. Juli e.V., Bibliographie »Widerstand«. Bearbeitet von Ulrich Cartarius. Mit einer Einleitung von Karl Otmar Frhr. von Aretin. München u.a. 1984

Freyberg, Jutta von, Sozialdemokraten und Kommunisten. Die Revolutionären Sozialisten Deutschlands vor dem Problem der Aktionseinheit 1934-1937. Köln 1973

Friedrich-Ebert-Stiftung (Hrsg.), Widerstand und Exil der deutschen Arbeiterbewegung 1933-1945. Grundlagen und Materialien. Bonn 1982

Frühwald, Wolfgang und Wolfgang Schieder, Leben im Exil. Probleme der Integration deutscher Flüchtlinge im Ausland 1933-1945. Hamburg 1981

Garbe, Detlev, Zwischen Widerstand und Martyrium. Die »Zeugen Jehovas« im Dritten Reich. München 1993

Gellately, Robert, Die Gestapo und die deutsche Gesellschaft. Die Durchsetzung der Rassenpolitik 1933-1945. Paderborn 1993 (engl. Originalausgabe Oxford 1990)

Georgi, Friedrich, »Wir haben das letzte gewagt...«. General Friedrich Olbricht und die Verschwörung gegen Hitler. Der Bericht eines Mitverschworenen. Freiburg 1990

Ginzel, Günther B. (Hrsg.), Mut zur Menschlichkeit. Hilfe für Verfolgte während der NS-Zeit. Köln 1993

Gisevius, Hans Bernd, Bis zum bitteren Ende. Zürich 1946 (seither in mehreren Neuauflagen erschienen)

Gittig, Heinz, Illegale antifaschistische Tarnschriften 1933-1945. Frankfurt a. M. 1972

Gittig, Heinz, Bibliographie zur Geschichte des antifaschistischen Widerstandes. Berlin (-Ost) 1959

Glondajewski, Gertrud und Heinz Schumann, Die Neubauer-Poser-Gruppe. Dokumente und Materialien des illegalen antifaschistischen Kampfes (Thüringen 1939-1945). Berlin (-Ost) 1957

Goguel, Rudi, Antifaschistischer Widerstand und Klassenkampf. Die faschistische Diktatur 1933 bis 1945 und ihre Gegner. Bibliographie deutschsprachiger Literatur aus den Jahren 1945 bis 1973. Berlin (-Ost) 1974

Gotto, Klaus und Konrad Repgen (Hrsg.), Kirche, Katholiken und Nationalsozialismus. Mainz 1980

Graf, Christoph, Politische Polizei zwischen Demokratie und Diktatur. Die Entwicklung der preußischen Polizei vom Staatsschutzorgan der Weimarer Republik zum Geheimen Staatspolizeiamt des Dritten Reiches. Berlin 1983

Graml, Hermann, Die außenpolitischen Vorstellungen des deutschen Widerstands. In: Schmitthenner und Buchheim, Der deutsche Widerstand, S. 15-72

Graml, Hermann (Hrsg.), Widerstand im Dritten Reich. Probleme, Ereignisse, Gestalten. Frankfurt a. M. 1984 (in diesem Band sind die beiden Beiträge von Graml und Mommsen aus dem Band von Schmitthenner und Buchheim in überarbeiteter Fassung enthalten, ergänzt durch eine Reihe von zusätzlichen, vor allem biographischen Beiträgen)

Grasmann, Peter, Sozialdemokraten gegen Hitler 1933-1945. München, Wien 1976

Grebing, Helga und Christl Wickert (Hrsg.), Das »andere« Deutschland im Widerstand gegen den Nationalsozialismus. Essen 1994

Groscurth, Helmuth, Tagebücher eines Abwehroffiziers 1938 bis 1940. Mit weiteren Dokumenten zur Militäropposition gegen Hitler. Hrsg. von Helmut Krausnick und Harold C. Deutsch. Stuttgart 1970

Grossmann, Kurt R., Die unbesungenen Helden. Menschen in Deutschlands dunkelsten Tagen. 2. Aufl. Berlin 1961

Gruchmann, Lothar, Jugendopposition und Justiz im Dritten Reich. Die Probleme bei der Verfolgung der »Leipziger Meuten« durch die Gerichte. In: Miscellanea. Festschrift für Helmut Krausnick zum 75. Geburtstag. Stuttgart 1980, S. 103-130

Gruchmann, Lothar, Justiz im Dritten Reich 1933-1940. Anpassung und Unterwerfung in der Ära Gürtner. München 1988

Grüttner, Michael, Studenten im Dritten Reich. Paderborn 1995

Guide to the Archival Materials of the German-speaking Emigration to the United States after 1933. Hrsg. von John M. Spalek u.a. Bisher 2 Bde., München u.a. 1978 und 1991

Haase, Nobert, Deutsche Deserteure. Berlin 1987

Haase, Norbert, Das Reichskriegsgericht und der Widerstand gegen die nationalsozialistische Herrschaft. Berlin 1993

Hammersen, Nicolai, Politisches Denken im deutschen Widerstand. Ein Beitrag zur Geschichte neokonservativer Ideologien 1914-1944. Berlin 1993

Hartmann, Christian, Halder. Generalstabschef Hitlers 1938-1942. Paderborn 1991

Hassell, Ulrich von, Die Hassell-Tagebücher 1938-1944. Aufzeichnungen vom anderen Deutschland. Hrsg. von Friedrich Frhr. Hiller von Gaertringen. Berlin 1988

Heinemann, Ulrich, Ein konservativer Rebell. Fritz Dietlof Graf von der Schulenburg und der 20. Juli. Berlin 1990

Heitler, Friedrich Hermann, Josef Müller. Mann des Widerstandes und erster CSU-Vorsitzender. München 1991

Hellfeld, Matthias von, Bündische Jugend und Hitler-Jugend. Zur Geschichte von Anpassung und Widerstand 1930-1939. Köln 1987

Hellfeld, Matthias von, Edelweißpiraten in Köln. Jugendrebellion gegen das Dritte Reich. Das Beispiel Köln-Ehrenfeld. 2. Aufl. Köln 1983

Hellfeld, Matthias von und Arno Klönne, Die betrogene Generation. Jugend in Deutschland unter dem Faschismus. Quellen und Dokumente. Köln 1985

Henke, Klaus-Dietmar, Die amerikanische Besetzung Deutschlands. München 1995

Herbert, Ulrich, Best. Biographische Studien über Radikalismus, Weltanschauung und Vernunft 1903-1989. Bonn 1996

Herbert, Ulrich: Fremdarbeiter. Politik und Praxis des »Ausländer-Einsatzes« in der Kriegswirtschaft des Dritten Reiches. Berlin, Bonn 1985

Herlemann, Beatrix, Der deutsche kommunistische Widerstand während des Krieges. Berlin 1989

Herlemann, Beatrix, Die Emigration als Kampfposten. Die Anleitung des kommunistischen Widerstandes in Deutschland aus Frankreich, Belgien und den Niederlanden. Königstein/Ts. 1982

Herlemann, Beatrix, Auf verlorenem Posten. Kommunistischer Widerstand im Zweiten Weltkrieg. Die Knöchel-Organisation. Bonn 1986

Hetzer, Gerhard, Die Industriestadt Augsburg. Eine Sozialgeschichte der Arbeiteropposition. In: Bayern in der NS-Zeit, Bd. III, S. 1–234

Hildebrand, Klaus, Das Dritte Reich. 5. Aufl. München 1995

Hill, Leonidas E. (Hrsg.), Die Weizsäcker-Papiere. 2 Bde., Frankfurt a. M. 1974-1982

Hirschfeld, Gerhard (Hrsg.), Exil in Großbritannien. Zur Emigration aus dem nationalsozialistischen Deutschland. Stuttgart 1983

Hochmuth, Ursel, Faschismus und Widerstand 1933-1945. Ein Verzeichnis deutschsprachiger Literatur. Frankfurt a. M. 1973

Höhne, Heinz, Canaris. Patriot im Zwielicht. München 1976

Höhne, Heinz, Kennwort Direktor. Die Geschichte der Roten Kapelle. Frankfurt a. M. 1970

Höhne, Heinz, Der Orden unter dem Totenkopf. Die Geschichte der SS. Hamburg 1966

Hoffmann, Peter, Claus Graf Schenk von Stauffenberg und seine Brüder. Stuttgart 1992

Hoffmann, Peter, Widerstand – Staatsstreich – Attentat. Der Kampf der Opposition gegen Hitler. 3., neu überarbeitete und erweiterte Ausgabe München 1979; 4. Aufl. München 1985

Hürten, Heinz, Deutsche Katholiken 1918-1945. Paderborn 1992

Hüttenberger, Peter, Bibliographie zum Nationalsozialismus. Göttingen 1980

Ihlau, Olaf, Die Roten Kämpfer. Ein Beitrag zur Geschichte der Arbeiterbewegung in der Weimarer Republik und im Dritten Reich. Meisenheim am Glan 1969

Inventar zu den Nachlässen emigrierter deutschsprachiger Wissenschaftler in Archiven und Bibliotheken der Bundesrepublik Deutschland. Hrsg. von der Deutschen Bibliothek. München u.a. 1994

Jacobsen, Hans-Adolf (Hrsg.), »Spiegelbild einer Verschwörung«. Die Opposition gegen Hitler und der Staatsstreich vom 20. Juli 1944 in der SD-Berichterstattung. Geheime Dokumente aus dem ehemaligen Reichssicherheitshauptamt. 2 Bde., Stuttgart 1984

Jahnke, Karl Heinz und Michael Buddrus, Deutsche Jugend 1933-1945. Eine Dokumentation. Hamburg 1989

Jahntz, Bernhard und Volker Kähne, Der Volksgerichtshof. Darstellung der Ermittlungen der Staatsanwaltschaft bei dem Landgericht Berlin gegen ehemalige Richter und Staatsanwälte am Volksgerichtshof. 3. Aufl. Berlin 1992

Janßen, Karl Heinz und Fritz Tobias, Der Sturz der Generäle. Hitler und die Blomberg-Fritsch-Krise 1938. München 1994

Jens, Inge (Hrsg.), Hans Scholl, Sophie Scholl. Briefe und Aufzeichnungen. Frankfurt a. M. 1984

Jovy, Michael, Jugendbewegung und Nationalsozialismus. Zusammenhänge und Gegensätze. Versuch einer Klärung. Münster 1984

Die jüdische Emigration aus Deutschland 1933-1941. Die Geschichte einer Austreibung. Eine Ausstellung der Deutschen Bibliothek Frankfurt a. M. unter Mitwirkung des Leo-Baeck-Instituts New York. New York, Frankfurt a. M. 1985

Kaiser, Jochen-Christoph und Martin Greschat (Hrsg.), Der Holocaust und die Protestanten. Analyse einer Verstrickung. Frankfurt a. M. 1988

Kaufmann, Michael, Die Ethik des Widerstandes im Falle der Weißen Rose. Magisterarbeit, Sozialwissenschaftliche Fakultät der Ludwig-Maximilians-Universität München. 1994

Kenkmann, Alfons, Wilde Jugend. Lebenswelt großstädtischer Jugendlicher zwischen Weltwirtschaftskrise, Nationalsozialismus und Währungsreform. Essen 1996

Klausch, Hans-Peter, Antifaschisten in SS-Uniform. Schicksal und Widerstand der deutschen politischen KZ-Häftlinge, Zuchthaus- und Wehrmachtstrafgefangenen in der SS-Sonderformation Dirlewanger. Bremen 1993

Klausch, Hans-Peter, Die Geschichte der Bewährungsbataillone 999 unter besonderer Berücksichtigung des antifaschistischen Widerstandes. Köln 1987

Kleinöder, Evi, Verfolgung und Widerstand der Katholischen Jugendvereine. Eine Fallstudie über Eichstätt. In: Bayern in der NS-Zeit, Bd. II, S. 175-236

Klemperer, Klemens von, Die verlassenen Verschwörer. Der deutsche Widerstand auf der Suche nach Verbündeten, 1938-1945. Berlin 1994

Klemperer, Klemens von, Enrico Syring und Rainer Zitelmann (Hrsg.), »Für Deutschland«. Die Männer des 20. Juli. Frankfurt a. M., Berlin 1994

Kliem, Kurt, Der sozialistische Widerstand gegen das Dritte Reich, dargestellt an der Gruppe »Neu Beginnen«. Diss. phil. masch. Marburg 1957

Klönne, Arno, Gegen den Strom. Bericht über den Jugendwiderstand im Dritten Reich. Hannover, Frankfurt a. M. 1957

Klönne, Arno, Jugend im Dritten Reich. Die Hitler-Jugend und ihre Gegner. Dokumente und Analysen. Düsseldorf 1982

Klönne, Arno, Jugendprotest und Jugendopposition. Von der HJ-Erziehung zum Cliquenwesen der Kriegszeit. In: Bayern in der NS-Zeit, Bd. IV, S. 527-620

Klotzbach, Kurt, Gegen den Nationalsozialismus. Widerstand und Verfolgung in Dortmund 1930-1945. Hannover 1969

Knoop-Graf, Anneliese und Inge Jens (Hrsg.), Willi Graf. Briefe und Aufzeichnungen. Frankfurt a. M. 1988

Koch, Hannsjoachim, Volksgerichtshof. Politische Justiz im Dritten Reich. München 1988

Koebner, Thomas, Gert Sautermeister und Sigrid Schneider (Hrsg.), Deutschland nach Hitler. Zukunftspläne im Exil und aus der Besatzungszeit 1939-1949. Opladen 1987

Kogon, Eugen, Der SS-Staat. Das System der deutschen Konzentrationslager. 2. Aufl. Berlin 1947

Kosthorst, Erich, Jakob Kaiser. Der Arbeiterführer. Berlin 1967

Kramarz, Joachim, Claus Graf Stauffenberg 15. November 1907 – 20. Juli 1944. Das Leben eines Offiziers. Frankfurt a. M. 1965

Krause, Ilse, Die Schumann-Engert-Kresse-Gruppe. Dokumente und Materialien des illegalen Kampfes (Leipzig 1943-1945). Berlin (-Ost) 1960

Kraushaar, Luise, Berliner Kommunisten im Kampf gegen den Faschismus 1936-1942. Robert Uhrig und Genossen. Berlin (-Ost) 1981

Krausnick, Helmut, Hitlers Einsatzgruppen. Die Truppe des Weltanschauungskriegs 1938-1942. Frankfurt a. M. 1989

Krausnick, Helmut und Hans-Heinrich Wilhelm, Die Truppe des Weltanschauungskriegs. Die Einsatzgruppen der Sicherheitspolizei und des SD 1938-1942. Stuttgart 1981

Krebs, Albert, Fritz Dietlof Graf von der Schulenburg. Zwischen Staatsräson und Hochverrat. Hamburg 1964

Kühn, Kurt, Die letzte Runde. Widerstandsgruppe NKFD. Berlin, Potsdam 1949

Küstermeier, Rudolf, Der Rote Stoßtrupp. Berlin 1972

Kunst und Literatur im antifaschistischen Exil 1933-1945. 7 Bde. (UdSSR, Schweiz, USA, Lateinamerika, Tschechoslowakei-Großbritannien-Palästina, Niederlande-Spanien, Frankreich), Frankfurt a. M. 1979-1981

Langbein, Hermann, Menschen in Auschwitz. Wien u.a. 1972

Langbein, Hermann, ... nicht wie Schafe zur Schlachtbank. Widerstand in nationalsozialistischen Konzentrationslagern. Frankfurt a. M. 1980

Lange, Dieter, Birgid Leske, Karlheinz Pech und Wolfgang Schumann, Forschungen zur deutschen Geschichte 1933-1945. In: Historische Forschungen in der DDR 1970-1980. In: ZfG 28 (1980), Sonderband. Berlin (-Ost) 1980, S. 279-309

Langkau-Alex, Ursula, Volksfront für Deutschland? Bd. 1: Vorgeschichte und Gründung des »Ausschusses zur Vorbereitung einer deutschen Volksfront« 1933-1936. Frankfurt a. M. 1977

Langkau-Alex, Ursula, Was soll aus Deutschland werden? Der Council for a Democratic Germany in New York 1944-1945. Aufsätze und Dokumente. Frankfurt a. M. 1995

Leber, Annedore (Hrsg.), Das Gewissen entscheidet. Bereiche des deutschen Widerstandes von 1933-1945 in Lebensbildern. Frankfurt a. M. 1950 (in mehreren überarbeiteten und erweiterten Neuauflagen)

Leber, Annedore (Hrsg.), Das Gewissen steht auf. 64 Lebensbilder aus dem deutschen Widerstand 1933-1945. Frankfurt a. M. 1954 (in mehreren überarbeiteten und erweiterten Neuauflagen)

Lehmann, Hans G., In Acht und Bann. Politische Emigration, NS-Ausbürgerung und Wiedergutmachung am Beispiel Willy Brandts. München 1976

Leithäuser, Joachim G., Wilhelm Leuschner. Ein Leben für die Republik. Köln 1962

Lewy, Guenter, Die Katholische Kirche und das Dritte Reich. München 1965

Lill, Rudolf (Hrsg.), Hochverrat? Die »Weiße Rose« und ihr Umfeld. Konstanz 1993

Lill, Rudolf und Heinrich Oberreuter, Machtverfall und Machtergreifung. Aufstieg und Herrschaft des Nationalsozialismus. München 1983

Lill, Rudolf und Heinrich Oberreuter (Hrsg.), 20. Juli. Porträts des Widerstands. Düsseldorf, Wien 1994 (aktualisierte und überarbeitete Neuauflage der Erstausgabe von 1984)

Link, Werner, Die Geschichte des Internationalen Jugend-Bundes (IJB) und des Internationalen Sozialistischen Kampfbundes (ISK). Meisenheim am Glan 1964

Loewenheim, Walter, Geschichte der Org [Neu Beginnen] 1929-1935. Eine zeitgenössische Analyse. Hrsg. von Jan Foitzik. Berlin 1995

Loewy, Ernst (Hrsg.), Exil. Literarische und politische Texte aus dem deutschen Exil 1933-1945. Stuttgart 1979

Löwenthal, Richard und Patrick von zur Mühlen (Hrsg.), Widerstand und Verweigerung in Deutschland 1933-1945. Berlin, Bonn 1982

Luža, Radomir, Der Widerstand in Österreich 1938-1945. Wien 1983

Maas, Lieselotte, Handbuch der deutschen Exilpresse 1933-1945. 4 Bde., München, Wien 1976-1990

Mallmann, Klaus-Michael, Kommunisten in der Weimarer Republik. Sozialgeschichte einer revolutionären Bewegung. Darmstadt 1996

Mallmann, Klaus-Michael und Gerhard Paul, Widerstand und Verweigerung im Saarland 1935-1945. Bonn: Bd. 1: Das zersplitterte Nein. Saarländer gegen Hitler. 1989; Bd. 2: Herrschaft und Alltag. Ein Industrierevier im Dritten Reich. 1991; Bd. 3: Milieus und Widerstand. Eine Verhaltensgeschichte der Gesellschaft im Nationalsozialismus. 1995

Malone, Henry O., Adam von Trott. Werdegang eines Verschwörers 1909-1938. Berlin 1986

Mammach, Klaus, Der antifaschistische deutsche Widerstand 1933-1939. 6. Aufl. Berlin (-Ost) 1984

Mammach, Klaus, Widerstand 1939-1945. Geschichte der deutschen antifaschistischen Widerstandsbewegung im Inland und in der Emigration. Berlin(-Ost) 1987

Mann, Reinhard, Zur Soziologie des Widerstandes im nationalsozialistischen Deutschland. Köln 1976

Marßolek, Inge, Arbeiterbewegung nach dem Krieg (1945-1948). Am Beispiel Solingen, Remscheid, Wuppertal. Frankfurt a. M. 1983

Marßolek, Inge und Réne Ott, Bremen im Dritten Reich. Anpassung, Widerstand und Verfolgung. Unter Mitarb. von Peter Brandt, Hartmut Müller, Hans-Josef Steinberg. Bremen 1986

Martin, Bernd, Friedensinitiativen und Machtpolitik im Zweiten Weltkrieg 1939-1942. Düsseldorf 1976

Marxen, Klaus, Das Volk und sein Gerichtshof. Frankfurt a. M. 1994

Matthias, Erich, Sozialdemokratie und Nation. Ein Beitrag zur Ideengeschichte der sozialdemokratischen Emigration in der Prager Zeit des Parteivorstands 1933-1938. Stuttgart 1952

Matthias, Erich und Rudolf Morsey (Hrsg.), Das Ende der Parteien 1933. Düsseldorf 1960

Mayer, Tilmann (Hrsg.), Jakob Kaiser. Gewerkschafter und Patriot. Köln 1988

Medem, Gevinon von (Hrsg.), Axel von dem Bussche. München 1994

Mehringer, Hartmut, Die bayerische Sozialdemokratie bis zum Ende des NS-Regimes. Vorgeschichte, Verfolgung und Widerstand. In: Bayern in der NS-Zeit, Bd. V, S. 287-432

Mehringer, Hartmut, Die KPD in Bayern 1919-1945. Vorgeschichte, Verfolgung und Widerstand. In: Bayern in der NS-Zeit, Bd. V, S. 1-286

Mehringer, Hartmut, Waldemar von Knoeringen. Eine politische Biographie. Vom revolutionären Sozialismus zur sozialen Demokratie. München u.a. 1989

Meier, Kurt, Der evangelische Kirchenkampf. Gesamtdarstellung in drei Bänden. Göttingen 1976-1979

Merson, Allan, Communist Resistance in Nazi Germany. London 1985

Mit dem Gesicht nach Deutschland. Eine Dokumentation über die sozialdemokratische Emigration. Aus dem Nachlaß von Friedrich Stampfer, ergänzt durch andere Überlieferungen. Hrsg. im Auftrag der Kommission für Geschichte des Parlamentarismus und der politischen Parteien von Erich Matthias, bearbeitet von Werner Link. Düsseldorf 1968

Mohler, Armin, Die Konservative Revolution in Deutschland 1918-1932. Ein Handbuch. 2. Aufl. Darmstadt 1972

Möller, Horst, Exodus der Kultur. Schriftsteller, Wissenschaftler und Künstler in der Emigration nach 1933. München 1984

Möller, Horst, Weimar. Die unvollendete Demokratie. 6., ergänzte Aufl. München 1997

Moltke, Albrecht von, Die wirtschafts- und gesellschaftspolitischen Vorstellungen des Kreisauer Kreises innerhalb der deutschen Widerstandsbewegung. Diss. phil. masch. Köln 1989

Moltke-Stiftung Berlin (Hrsg.), Moltke Almanach Bd. 1: Die Herkunft der Mitglieder des engeren Kreisauer Kreises. Das biographische und genealogische Bild einer Widerstandsgruppe. Berlin o.J. (1984)

Mommsen, Hans, Gesellschaftsbild und Verfassungspläne des deutschen Widerstandes. In: Schmitthenner und Buchheim, Der deutsche Widerstand, S. 73-167 (überarbeitete Neufassung in Graml, Widerstand im Dritten Reich)

Moreau, Patrick, Nationalsozialismus von links. Die »Kampfgemeinschaft Revolutionärer Nationalsozialisten« und die »Schwarze Front« Otto Straßers 1930-1935. Stuttgart 1985

Morsey, Rudolf, Christliche Demokraten in Emigration und Widerstand 1933-1945. Köln 1987

Morsey, Rudolf, Vorstellungen christlicher Demokraten innerhalb und außerhalb des »Dritten Reiches« über den Neuaufbau Deutschlands und Europas. In: Becker, Winfried (Hrsg.), Christliche Demokratie in Europa. Köln 1988, S. 189-212

Morsey, Rudolf und Hans-Peter Schwarz (Hrsg.), Adenauer im Dritten Reich. Berlin 1991

Müller, Christian, Oberst i.G. Stauffenberg. Eine Biographie. Düsseldorf 1970

Müller, Christine Ruth, Dietrich Bonhoeffers Kampf gegen die nationalsozialistische Verfolgung und Vernichtung der Juden. München 1990

Müller, Klaus-Jürgen, Das Heer und Hitler. Armee und nationalsozialistisches Regime 1933-1940. Stuttgart 1969 (Neuauflage: Militär, Politik und Gesellschaft in Deutschland 1933-1940. 4. Aufl. Paderborn 1984)

Müller, Klaus-Jürgen, General Ludwig Beck. Studien und Dokumente zur politisch-militärischen Vorstellungswelt und Tätigkeit des Generalstabschefs des deutschen Heeres 1933-1938. Boppard 1980

Müller, Klaus-Jürgen (Hrsg.), Der deutsche Widerstand gegen Hitler. 2. Aufl. Paderborn 1990

Müller, Reinhard, Die Akte Wehner. Moskau 1937 bis 1941. Berlin 1993

Müller-Lemke, Sabine, Ethischer Sozialismus und soziale Demokratie. Der politische Weg Willi Eichlers vom ISK zur SPD. Bonn 1988

Müssener, Helmut, Exil in Schweden. Politische und kulturelle Emigration nach 1933. München 1974 (mit einem ausführlichen forschungsgeschichtlichen Überblick bis Anfang der siebziger Jahre)

Nebgen, Elfriede, Jakob Kaiser. Der Widerstandskämpfer. Stuttgart u. a. 1967

Neuhäusler, Johann, Kreuz und Hakenkreuz. Der Kampf des Nationalsozialismus gegen die katholische Kirche und der kirchliche Widerstand. München 1946

Niethammer, Lutz (Hrsg.) unter Mitarbeit von Karin Hartewig, Harry Stein und Leonie Wannemacher, Der »gesäuberte« Antifaschismus. Die SED und die roten Kapos von Buchenwald. Berlin 1994

Niethammer, Lutz, Ulrich Borsdorf und Peter Brandt (Hrsg.), Arbeiterinitiative 1945. Antifaschistische Ausschüsse und Reorganisation der Arbeiterbewegung in Deutschland. Wuppertal 1976

Nitzsche, Gerhard, Die Saefkow-Jacob-Bästlein-Gruppe. Dokumente und Materialien des illegalen antifaschistischen Kampfes (1942-1945). Berlin (-Ost) 1957

Norden, Günther van, Gerhard Schoenborn und Volker Wittmütz (Hrsg.), Wir verwerfen die falsche Lehre. Arbeits- und Lesebuch zur Barmer Theologischen Erklärung und zum Kirchenkampf. Wuppertal, Barmen 1984

NS-Recht in historischer Perspektive. Hrsg. vom Institut für Zeitgeschichte. München, Wien 1981

Paetel, Karl Otto, Jugend in der Entscheidung 1913-1933-1945. Bad Godesberg 1963

Paetel, Karl Otto, Versuchung oder Chance. Zur Geschichte des deutschen Nationalbolschewismus. Göttingen 1965

Page, Helena P., General Friedrich Olbricht. Ein Mann des 20 Juli. Bonn 1992

Paul, Gerhard und Klaus-Michael Mallmann (Hrsg.), Die Gestapo – Mythos und Realität. Darmstadt 1995

Pauli, Gerhard, Die Rechtsprechung des Reichsgerichts in Strafsachen zwischen 1933 und 1945 und ihre Fortwirkung in der Rechtsprechung des Bundesgerichtshofes. Berlin 1993

Pechel, Rudolf, Deutscher Widerstand. Erlenbach, Zürich 1947

Petry, Christian, Studenten aufs Schafott. Die Weiße Rose und ihr Scheitern. München 1968

Peukert, Detlev, Die Edelweißpiraten. Protestbewegungen jugendlicher Arbeiter im Dritten Reich. 2. Aufl. Köln 1983

Peukert, Detlev, Die KPD im Widerstand. Verfolgung und Untergrundarbeit an Rhein und Ruhr 1933 bis 1945. Wuppertal 1980

Peukert, Detlev, Die Lage der Arbeiter und der gewerkschaftliche Widerstand im

Dritten Reich. In: Borsdorf, Ulrich, Geschichte der deutschen Gewerkschaften. Von den Anfängen bis 1945. Köln 1987

Pingel, Falk, Häftlinge unter SS-Herrschaft. Widerstand, Selbstbehauptung und Vernichtung im Konzentrationslager. Hamburg 1978

Pohle, Fritz, Das mexikanische Exil. Ein Beitrag zur Geschichte der politisch-kulturellen Emigration aus Deutschland. Stuttgart 1986

Priepke, Manfred, Die evangelische Jugend im Dritten Reich 1933-1936. Hannover, Frankfurt a. M. 1960

Pütter, Conrad, Rundfunk gegen das »Dritte Reich«. Deutschsprachige Rundfunkaktivitäten im Exil 1933-1945. Ein Handbuch. München 1986

Puls, Ursula, Die Bästlein-Jacob-Abshagen-Gruppe. Berichte über den antifaschistischen Widerstandskampf in Hamburg und an der Wasserkante während des Zweiten Weltkriegs. Berlin (-Ost) 1959

Quellen zur deutschen politischen Emigration 1933-1945. Inventar von Nachlässen, nichtstaatlichen Akten und Sammlungen in Archiven und Bibliotheken der Bundesrepublik Deutschland. Hrsg. von Heinz Boberach, Patrik von zur Mühlen, Werner Röder und Peter Steinbach. München u. a. 1994

Rabe, Bernd, Die »Sozialistische Front«. Sozialdemokraten gegen den Faschismus 1933-1936. Hannover 1984

Radkau, Joachim, Die deutsche Emigration in den USA. Ihr Einfluß auf die amerikanische Europapolitik 1933-1945. Düsseldorf 1971

Raem, Heinz-Albert, Katholischer Gesellenverein und deutsche Kolpingsfamilie in der Ära des Nationalsozialismus. Mainz 1982

Reichhardt, Hans, Neu Beginnen. Ein Beitrag zur Geschichte des Widerstandes der Arbeiterbewegung gegen den Nationalsozialismus. Berlin 1963

Reichhold, Anselm, Die deutsche katholische Kirche zur Zeit des Nationalsozialismus (1933-1945) unter besonderer Berücksichtigung der Hirtenbriefe, Predigten und sonstigen Kundgebungen der deutschen katholischen Bischöfe. St. Ottilien 1992

Repgen, Konrad, Katholizismus und Nationalsozialismus. Zeitgeschichtliche Interpretationen und Probleme. Köln 1983

Reynolds, Nicholas, Beck. Gehorsam und Widerstand. Das Leben des deutschen Generalstabschefs 1935-1938. Wiesbaden, München 1977

Richardi, Hans-Günter, Schule der Gewalt. Die Anfänge des Konzentrationslagers Dachau 1933-1934. Ein dokumentarischer Bericht. München 1983

Ritter, Gerhard, Carl Goerdeler und die deutsche Widerstandsbewegung. Stuttgart 1954

Röder, Werner, Die deutschen sozialistischen Exilgruppen in Großbritannien. Ein Beitrag zur Geschichte des Widerstandes gegen den Nationalsozialismus. 2. Aufl. Bonn-Bad Godesberg 1973

Röder, Werner, Deutscher Widerstand im Ausland. Zur Geschichte des politischen Exils 1933-1945. In: APUZ 1980/31, S. 3-22

Röder, Werner, Emigration nach 1933. In: Broszat und Möller, Das Dritte Reich, S. 231-247

Röder, Werner, Exil- und Emigrationsforschung. Notizen aus deutschen Erfahrungen. In: Friedrich Stadler (Hrsg.), Vertriebene Vernunft II. Emigration und Exil österreichischer Wissenschaft. Wien, München 1988, S. 102-114

Röder, Werner, German Politics in Exile 1933-1945. A Survey. In: L'Émigration politique en Europe aux XIXe et XXe siècles. Actes du colloque organisé par l'École Française de Rome (März 1988). Rom 1991

Röder, Werner, Zum Verhältnis von Exil und innerdeutschem Widerstand. In: Exilforschung. Ein internationales Jahrbuch 5 (1987), S. 28-39

Röder, Werner und Herbert A. Strauss (Hrsg.), Biographisches Handbuch der deutschsprachigen Emigration nach 1933/International Biographical Dictionary of Central European Émigrés 1933-1945. Bd. I: Politik, Wirtschaft, Öffentliches Leben. Bd. II: The Arts, Sciences, and Literature. Bd. III: Gesamtregister. München u. a. 1980-1983

Roon, Ger van, Neuordnung im Widerstand. Der Kreisauer Kreis innerhalb der deutschen Widerstandsbewegung. München 1967

Roon, Ger van, Widerstand im Dritten Reich. Ein Überblick. München 1979

Rosenberg, Artur, Geschichte der Weimarer Republik. 20. Aufl. Frankfurt a. M. 1980

Rothfels, Hans, Die deutsche Opposition gegen Hitler. Eine Würdigung. Krefeld 1949 (neue erweiterte Ausgabe, eingeleitet von Hermann Graml. München 1986)

Ruck, Michael, Bibliographie zum Nationalsozialismus. Köln 1995

Rusinek, Bernd-A., Gesellschaft in der Katastrophe. Terror, Illegalität, Widerstand. Köln 1944/45. Essen 1989

Sahm, Ulrich, Rudolf von Scheliha 1897-1942. Ein deutscher Diplomat gegen Hitler. München 1990

Sassin, Horst R., Widerstand, Verfolgung und Emigration Liberaler 1933-1945. Bonn 1983

Sauermann, Uwe, Ernst Niekisch. Zwischen allen Fronten. München 1980

Sauermann, Uwe, Ernst Niekisch und der revolutionäre Nationalismus. München 1985

Schafheitlin, Stefan, Gewerkschaften in Widerstand und Exil 1939-1945. Hamburg 1979

Schafranek, Hans, Das kurze Leben des Kurt Landau. Ein österreichischer Kommunist als Opfer der stalinistischen Geheimpolizei. Wien 1988

Schafranek, Hans, Zwischen NKWD und Gestapo. Die Auslieferung deutscher und österreichischer Antifaschisten aus der Sowjetunion an Nazideutschland 1937-1941. Frankfurt a. M. 1990

Scharrer, Manfred (Hrsg.), Kampflose Kapitulation. Arbeiterbewegung 1933. Hamburg 1984

Scheel, Heinrich, Vor den Schranken des Reichskriegsgerichts. Mein Weg in den Widerstand. Berlin 1993

Schellenberger, Barbara, Katholische Jugend im Dritten Reich. Mainz 1975

Scheurig, Bodo (Hrsg.), Deutscher Widerstand 1938-1944. 2. Aufl. München 1984

Scheurig, Bodo, Ewald von Kleist-Schmenzin. Ein Konservativer gegen Hitler. Oldenburg 1968

Scheurig, Bodo, Freies Deutschland. Das Nationalkomitee und der Bund Deutscher Offiziere in der Sowjetunion 1933-1945. 3. Aufl. Köln 1984

Scheurig, Bodo, Henning von Tresckow. Eine Biographie. Oldenburg, Hamburg 1973

Schilde, Kurt (Hrsg.), Eva Maria Buch und die »Rote Kapelle«. 2. Aufl. Berlin 1993

Schilde, Kurt, Im Schatten der »Weißen Rose«. Jugendopposition gegen den Nationalsozialismus im Spiegel der Forschung (1945-1989). Frankfurt a. M. 1995

Schlabrendorff, Fabian von, Offiziere gegen Hitler. Erlebnisbericht. Hrsg. von Gero Schulze-Gaevernitz, Zürich 1946 (seither in zahlreichen Neuauflagen erschienen)

Schlie, Ulrich, Kein Frieden mit Deutschland. Die geheimen Gespräche im 2. Weltkrieg 1939-1941. München, Berlin 1994

Schlüter, Holger, Die Urteilspraxis des nationalsozialistischen Volksgerichtshofs. Berlin 1995

Schmädeke, Jürgen und Peter Steinbach (Hrsg.), Der Widerstand gegen den Nationalsozialismus. Die deutsche Gesellschaft und der Widerstand gegen Hitler. München, Zürich 1985

Schmidt, Kurt Dietrich (Hrsg.), Dokumente des Kirchenkampfes. 2 Bde.,Göttingen 1964/65

Schmitthenner, Walter und Hans Buchheim (Hrsg.), Der deutsche Widerstand gegen Hitler. Vier historisch-kritische Studien. Köln 1966

Schneider, Michael, Zwischen Gegnerschaft und Unterwerfung. Die christlichen Gewerkschaften und der Nationalsozialismus. In: Scharrer, Kampflose Kapitulation, S. 183-215

Scholder, Klaus, Die Kirchen und das Dritte Reich. 2 Bde., Frankfurt a. M. 1977-1985

Schöllgen, Gregor, Ulrich von Hassell 1881-1944. Ein Konservativer in der Opposition. München 1990

Scholl, Inge, Die Weiße Rose. Frankfurt a. M. 1952 (3. erweiterte Aufl. 1993)

Scholz, Michael F., Herbert Wehner in Schweden 1941-1946. München 1995

Schüddekopf, Otto-Ernst, Linke Leute von rechts. Die nationalrevolutionären Minderheiten und der Kommunismus in der Weimarer Republik. Stuttgart 1960 (Neuauflage: Nationalbolschewismus in Deutschland. Frankfurt a. M. 1972)

Schüddekopf, Otto-Ernst, Der deutsche Widerstand gegen den Nationalsozialismus. Seine Darstellung in Lehrplänen und Schulbüchern der Fächer Geschichte und Politik in der Bundesrepublik Deutschland. Frankfurt a. M. 1977

Schumacher, Martin (Hrsg.), M.d.R. Die Reichstagsabgeordneten der Weimarer Republik in der Zeit des Nationalsozialismus. Politische Verfolgung, Emigration und Ausbürgerung 1933-1945. Eine biographische Dokumentation. Mit einem Forschungsbericht zur Verfolgung deutscher und ausländischer Parlamentarier im nationalsozialistischen Herrschaftsbereich. 3. Aufl. Düsseldorf 1994

Schumann, Heinz und Wilhelm Wehling, Literatur über Probleme der deutschen antifaschistischen Widerstandsbewegung. In: Historische Forschungen in der DDR. Analysen und Berichte. ZfG 8 (1960), Sonderheft. Berlin (-Ost) 1960, S. 381-402

Schwerin, Detlev Graf von, Die Jungen des 20. Juli 1944. Brücklmeier, Kessel, Schulenburg, Schwerin, Wussow, Yorck. Berlin 1991

Seebacher-Brandt, Brigitte, Biedermann und Patriot. Erich Ollenhauer – ein sozialdemokratisches Leben. Diss. phil. FU Berlin. Rheinbreitbach 1984

Seydlitz, Walter von, Stalingrad. Konflikt und Konsequenz. Erinnerungen. Oldenburg 1977

Smidt, Udo (Hrsg.), Dokumente evangelischer Jugendbünde. Stuttgart 1975

Soell, Hartmut, Der junge Wehner. Zwischen revolutionärem Mythos und praktischer Vernunft. Stuttgart 1991

Sofsky, Wolfgang, Die Ordnung des Terrors. Das Konzentrationslager. Frankfurt a. M. 1993

Sontheimer, Kurt, Antidemokratisches Denken in der Weimarer Republik. Die politischen Ideen des deutschen Nationalismus zwischen 1918 und 1933. München 1992 (Erstauflage 1962)

Steinbach, Peter, Albrecht von Kessel. Verborgene Saat. Aufzeichnungen aus dem Widerstand 1933-1945. Berlin 1992

Steinbach, Peter (Hrsg.), Widerstand. Ein Problem zwischen Theorie und Geschichte. Köln 1987

Steinbach, Peter und Johannes Tuchel (Hrsg.), Lexikon des Widerstandes 1933-1945. München 1994

Steinbach, Peter und Johannes Tuchel (Hrsg.), Widerstand gegen den Nationalsozialismus. Bonn 1994 (darin eine umfangreiche, nach sachthematischen Gesichtspunkten gegliederte Bibliographie)

Steinberg, Hans-Josef, Widerstand und Verfolgung in Essen 1933-1945. Bonn-Bad Godesberg 1969

Steinert, Marlis Gertrud, Hitlers Krieg und die Deutschen. Stimmung und Haltung der deutschen Bevölkerung im Zweiten Weltkrieg. Düsseldorf, Wien 1970

Sternfeld, Wilhelm und Eva Tiedemann, Deutsche Exil-Literatur 1933-1945. Eine Bibliographie. Heidelberg, Darmstadt 1970

Stöver, Bernd (Bearb.), Die Lagemeldungen der Gruppe Neu Beginnen aus dem Reich (1933-1936). Bonn 1996

Stöver, Bernd, Volksgemeinschaft im Dritten Reich. Die Konsensbereitschaft der Deutschen aus der Sicht sozialistischer Exilberichte. Düsseldorf 1993

Strauss, Herbert A. (Hrsg.), Jewish Immigrants of the Nazi Period in the USA. 6 Bde., München u. a. 1979-1987

Sykes, Christopher, Adam von Trott. Eine deutsche Tragödie. Düsseldorf 1969

Themenheft über die deutschen Gewerkschaften in der Endphase der Weimarer Republik. Gewerkschaftliche Monatshefte 26 (1975), H. 7

Thun-Hohenstein, Romedio Graf von, Der Verschwörer. General Oster und die Militäropposition. Berlin 1982. 2. Aufl. München 1984

Tjaden, Karl Hermann, Struktur und Funktion der »KPD-Opposition« (KPO). Eine organisationsgeschichtliche Untersuchung zur »Rechts«-Opposition im deutschen Kommunismus zur Zeit der Weimarer Republik. Meisenheim am Glan 1964

Troll, Hildebrand, Aktionen zur Kriegsbeendigung im Frühjahr 1945. In: Bayern in der NS-Zeit, Bd. IV, S. 645-689

Tuchel, Johannes, Konzentrationslager. Organisationsgeschichte und Funktion der »Inspektion der Konzentrationslager« 1934-1938. Boppard 1991

Ueberschär, Gerd R., Generaloberst Franz Halder. Generalstabschef, Gegner und Gefangener Hitlers. Göttingen, Zürich 1991

Ueberschär, Gerd R. (Hrsg.), Das Nationalkomitee »Freies Deutschland« und der Bund Deutscher Offiziere. Frankfurt a. M. 1995

Ueberschär, Gerd R. (Hrsg.), Der 20. Juli 1944. Bewertung und Rezeption des deutschen Widerstandes gegen das NS-Regime. Köln 1994 (mit einem detaillierten Forschungs- und Literaturüberblick des Herausgebers)

Voigt, Klaus, Zuflucht auf Widerruf. Exil in Italien 1933-1945. Stuttgart 1989

Volk, Ludwig, Katholische Kirche und Nationalsozialismus. Mainz 1987

Vollmacht des Gewissens. Hrsg. von der Europäischen Publikation. Bd. 1., 3. Aufl. Frankfurt, Berlin 1960. Bd. 2., Frankfurt a. M., Berlin 1965

Wagner, Walter, Der Volksgerichtshof im nationalsozialistischen Staat. Stuttgart 1974

Walter, Hans-Albert, Deutsche Exilliteratur 1933-1950 (bisher erschienen: Bd. 4. Exilpresse. Stuttgart 1978; Bd. 2: Europäisches Appeasement und überseeische

Asylpraxis. Stuttgart 1984; Bd. 3: Internierung, Flucht und Lebensbedingungen im Zweiten Weltkrieg. Stuttgart 1988

Weber, Hermann, Kommunistischer Widerstand gegen die Hitler-Diktatur 1933-1939. Berlin 1988

Weber, Hermann, Die Wandlung des deutschen Kommunismus. Die Stalinisierung der KPD in der Weimarer Republik. 2 Bde., Frankfurt a. M. 1969

Der Weg ins Dritte Reich 1918-1933. Mit Beiträgen von Theodor Eschenburg, Ernst Fraenkel, Kurt Sontheimer, Erich Matthias, Rudolf Morsey, Ossip K. Flechtheim, Karl Dietrich Bracher, Helmut Krausnick, Hans Rothfels, Eugen Kogon. 4. Aufl. München 1983

Wegner, Bernd, Hitlers politische Soldaten. Die Waffen-SS 1933-1945. Paderborn 1982

Wehner, Herbert, Zeugnis. Köln 1982

Wehner, Herbert, Selbstbesinnung und Selbstkritik. In: Wehner, Wandel und Bewährung. Ausgewählte Schriften 1930-1980. Berlin 1986, S. 35-47

Weinmann, Martin (Hrsg.), Das nationalsozialistische Lagersystem. Frankfurt a. M. 1990

Weisenborn, Günter (Hrsg.) Der lautlose Aufstand. Bericht über die Widerstandsbewegung des deutschen Volkes 1933-1945. Hamburg 1953

Die Weiße Rose und das Erbe des Widerstandes. Münchner Gedächtnisvorlesungen. München 1993

Weizsäcker, Ernst von, Erinnerungen. München u.a. 1950

Werner, Robert, Der Jungdeutsche Orden im Widerstand 1933-1945. München 1980

Widerstand und Exil 1933-1945. (Hrsg. von der Bundeszentrale für politische Bildung). Bonn 1985

Widerstand und Verfolgung in Köln 1933-1945. Ausstellung des Historischen Archivs der Stadt Köln. Köln 1974

Wieland, Günther, Das war der Volksgerichtshof. Ermittlungen – Fakten – Dokumente. Berlin (-Ost) 1989

Winkler, Heinrich August, Die deutsche Staatskrise 1930-1933. Handlungsspielräume und Alternativen. München 1992

Winkler, Heinrich August, Der Weg in die Katastrophe. Arbeiter und Arbeiterbewegung in der Weimarer Republik 1930-1933. Bonn, Berlin 1987

Winkler, Heinrich August, Weimar 1918-1933. Die Geschichte der ersten deutschen Demokratie. München 1993

Winterhager, Wilhelm Ernst (Bearb.), Der Kreisauer Kreis. Porträt einer Widerstandsgruppe. Begleitband zu einer Ausstellung der Stiftung Preußischer Kulturbesitz. Mainz 1985

Zeller, Eberhard, Oberst Claus Graf Stauffenberg. Ein Lebensbild. Paderborn 1994

Zimmermann, Rüdiger, Der Leninbund. Linke Kommunisten in der Weimarer Republik. Düsseldorf 1978

Zipfel, Friedrich, Kirchenkampf in Deutschland 1933-1945. Berlin 1965

Zur Mühlen, Patrik von, Fluchtweg Spanien-Portugal. Die deutsche Emigration und der Exodus aus Europa 1933-1945. Bonn 1992

Zur Mühlen, Patrik von, Fluchtziel Lateinamerika. Die deutsche Emigration 1933-1945. Politische Aktivitäten und soziokulturelle Integration. Bonn 1988

Zur Mühlen, Patrik von, Spanien war ihre Hoffnung. Die deutsche Linke im Spanischen Bürgerkrieg 1936 bis 1939. Bonn 1983

Zeittafel

1930

23. Januar   In Thüringen erste Regierungsbeteiligung der NSDAP

27. März   Ende der letzten parlamentarisch legitimierten Regierung der Weimarer Republik (Sturz der großen Koalition unter Hermann Müller/SPD; Brüning regiert mit Notverordnungen)

30. Juni   Otto Straßer verläßt die NSDAP, Gründung der »Kampfgemeinschaft revolutionärer Nationalsozialisten« (später »Schwarze Front«)

14. September   Spektakulärer Reichstags-Wahlsieg der NSDAP (18,3 %, Anstieg von 12 auf 107 Mandate), zweitstärkste Partei nach der SPD

1931

Jan./Febr.   Erklärung katholischer Bischöfe in Bayern und im Rheinland gegen den Nationalsozialismus

Mitte Juli   Banken- und Währungskrise, Schließung aller Banken und Sparkassen bis zum 5.8.: Höhepunkt der Wirtschaftskrise

15. Juli   Wahl Walter Lienaus (NSDAP) zum Vorsitzenden der Deutschen Studentenschaft

4. Oktober   Gründung der Sozialistischen Arbeiterpartei (Deutschlands) (SAP[D]) und des »Sozialistischen Jugend-Verbandes« (SJV) auf einer Reichskonferenz oppositioneller Sozialdemokraten in Berlin

10. Oktober   Erster Empfang Hitlers durch Reichspräsident Hindenburg

11. Oktober   Bildung der »Harzburger Front« aus NSDAP, DNVP, Stahlhelm und weiteren vaterländischen Verbänden

25. November   Bei einer Hausdurchsuchung werden Umsturzpläne hessischer Nationalsozialisten (»Boxheimer Dokumente«) gefunden; das Reichsgerichtsverfahren wird Ende 1932 eingestellt

16. Dezember   SPD, Reichsbanner, ADGB und republikanische Parteien gründen die »Eiserne Front« gegen den Nationalsozialismus

1932

13. April   Durch »Notverordnung zur Sicherung der Staatsautorität« Verbot von SA und SS (am 17.6. durch Regierung von Papen wieder aufgehoben)

24. April   Bei den preußischen Landtagswahlen wird die NSDAP stärkste Partei; die bisherige Regierungskoalition verliert die Mehrheit

21. Mai   Alfred Freyberg (NSDAP) Ministerpräsident in Anhalt

16. Juni   Gauleiter Carl Röver Ministerpräsident einer rein nationalsozialistischen Regierung in Oldenburg, ebenso

13. Juli   Walter Granzow in Mecklenburg-Schwerin

17. Juli   »Altonaer Blutsonntag« (18 Tote): Höhepunkt der bürger-

	kriegsähnlichen Auseinandersetzungen zwischen SA und KPD in einer Reihe von Großstädten (11.1.-23.9.: insgesamt 155 Tote)
20. Juli	»Preußenschlag«: Durch Notverordnung enthebt Hindenburg die geschäftsführende (sozialdemokratische) Regierung Otto Braun in Preußen ihres Amts und ernennt Reichskanzler von Papen zum Reichskommissar für Preußen. Beseitigung des sozialdemokratischen Einflusses in Verwaltung und Polizei
31. Juli	Reichstagswahl: NSDAP 36,9 %
10. August	Potempa-Mord: Nach Ermordung eines Kommunisten durch fünf SA-Leute in Potempa/Oberschlesien werden die Täter von einem Sondergericht zum Tod verurteilt; Hitler solidarisiert sich in einem öffentlichen Telegramm mit den Verurteilten
26. August	Gauleiter Fritz Sauckel Ministerpräsident in Thüringen
6. November	Reichstagswahl: Verluste für die NSDAP (33,5 %)
2. Dezember	Hindenburg ernennt General Kurt von Schleicher zum Reichskanzler (vierte Regierung seit 1930), der vergeblich einen Ausgleich zwischen SPD, Gewerkschaften und NSDAP sucht
1933	
4. Januar	Gespräche Papens mit Hitler über eine gemeinsame Regierung
15. Januar	NSDAP-Erfolg bei den Landtagswahlen in Lippe (39,5 %)
28. Januar	Rücktritt Schleichers
30. Januar	Hindenburg beauftragt Hitler mit der Bildung einer neuen Regierung - für die Konservativen das »kleinere Übel«. Die Nationalsozialisten fühlen sich am Ziel ihres Kampfes gegen die Weimarer Republik und feiern die Ernennung Hitlers zum Reichskanzler als »Machtergreifung«. Schon in der Nacht vom 30. zum 31. Januar beginnt die »Gegner«-Verfolgung
31. Januar	Aufruf des SPD-Vorstandes, die neue Regierung auf dem Boden der Verfassung zu bekämpfen. Die KPD-Führung ruft - ohne Erfolg und Resonanz - zur Einheitsfront aller Arbeiterorganisationen und zum Generalstreik auf
1. Februar	Auflösung des Reichstags, Neuwahlen zum 5. März (Ziel Hitlers: absolute Mehrheit, »legale« Abschaffung der Verfassung)
4. Februar	Notverordnung »Zum Schutz des deutschen Volkes« erweitert Möglichkeiten zum Eingriff in Presse- und Versammlungsfreiheit
Februar	»Deutscher Vortrupp. Gefolgschaft deutscher Juden« durch Hans-Joachim Schoeps gegründet. Die Organisation von zunächst rund 150 Mitgliedern, die sich als deutsch-national-konservativ-jüdische Gruppierung versteht und sich dem »Reichsbund Jüdischer Frontsoldaten« anschließt, wird 1935 aufgelöst

ab 22. Februar	SA und SS Hilfspolizei in Preußen
27./28. Februar	Reichstagsbrand - Brandstiftung durch den Einzeltäter Marinus van der Lubbe
28. Februar	»Notverordnung zum Schutze von Volk und Staat«: Alle wesentlichen Grundrechte wie Versammlungs- und Pressefreiheit werden außer Kraft gesetzt, dauerhafter rechtlicher Ausnahmezustand; Kommunisten werden in »Schutzhaft« genommen, der Wahlkampfterror verschärft sich
3. März	Der untergetauchte KPD-Vorsitzende Ernst Thälmann wird durch Verrat aus den eigenen Reihen verhaftet
5. März	Reichstagswahl: NSDAP (43,9 %) verfehlt die absolute Mehrheit, Koalition mit DNVP und anderen Parteien
9. März	Sturz der Regierung Held in Bayern durch die Nationalsozialisten; Heinrich Himmler wird Polizeipräsident in München
11. März	Besetzung der Zentrale des sozialdemokratischen »Reichsbanners Schwarz-Rot-Gold« in Magdeburg
13. März	Goebbels wird Propagandaminister
20. März	Himmler gibt die Errichtung des Konzentrationslagers Dachau bekannt; in ganz Deutschland werden weitere Konzentrationslager eingerichtet, um politische Gegner festzusetzen und auszuschalten
21. März	»Tag von Potsdam«: Staatsakt in der Potsdamer Garnisonkirche; »historischer Händedruck« zwischen dem Weltkriegsgefreiten in Zivil Adolf Hitler und dem greisen Feldmarschall und Reichspräsidenten Paul von Hindenburg in kaiserlicher Marschalluniform symbolisiert die »nationale Erhebung«, die neue »Volksgemeinschaft« und die Verbindung des »neuen« (nationalsozialistischen) und des »alten« (preußisch-konservativen) Deutschland. Erlaß der Verordnung zur Abwehr »heimtückischer Angriffe« gegen die Regierung und Errichtung von Sondergerichten
23. März	»Ermächtigungsgesetz«: Nach Illegalisierung der KPD gegen die Stimmen der SPD, aber unter Zustimmung aller anderen Reichstagsparteien Abschaffung der parlamentarischen Demokratie. Die Regierung kann - zunächst auf vier Jahre befristet - Gesetze auch verfassungsändernden Inhalts ohne den Reichstag erlassen. Deutschland entwickelt sich in den folgenden Monaten zum diktatorischen »Führerstaat«
28. März	Deutsche katholische Bischöfe nehmen ihre früheren Warnungen vor dem Nationalsozialismus in Hirtenbriefen zurück
März	Sozialdemokratische Gruppen bereiten sich auf die politische Auseinandersetzung im Untergrund vor
März/April	Gesetze zur Gleichschaltung der Länder, Neubildung der Länderparlamente ohne Wahl nach den Ergebnissen der Reichstagswahl, Einsetzung von Reichsstatthaltern
1. April	Organisierter Boykott jüdischer Geschäfte. Ernennung Himmlers zum »Politischen Polizeikommandeur Bayerns«
11. April	Gesetz zur Wiederherstellung des Berufsbeamtentums: Ent-

	lassung »gegnerischer« Beamter und Einführung des »Arier-paragraphen«.
19. April	ADGB-Führung empfiehlt Beteiligung an den staatlichen Feiern zum 1. Mai
24./26. April	Bildung des Geheimen Staatspolizeiamts (Gestapa) in Preußen
26. April	SPD-Reichskonferenz billigt Legalitätskurs der Parteiführung
April/Mai	Beginnende Gleichschaltung des öffentlichen und kulturellen Lebens; zahlreiche Regimegegner und politisch Bedrohte fliehen ins Ausland. Ende April Gründung der »Notgemeinschaft deutscher Wissenschaftler« in Zürich (ab 1936 London) durch die Professoren Fritz Demuth, Philipp Schwartz und Moritz Bonn, die bis 1945 die Stellenvermittlung an etwa 2 000 emigrierte deutsche und österreichische Akademiker, vor allem in Großbritannien und den USA, unterstützt
1. Mai	Der 1. Mai als »Tag der nationalen Arbeit« gesetzlicher Feiertag
2. Mai	Zerschlagung der Gewerkschaftsbewegung, Bildung der »Deutschen Arbeitsfront«
3./4. Mai	Einführung von NS-Zwangskartellen als »Reichsstände« für Handwerk und Handel
4. Mai	Erste und einzige Vollsitzung des neugewählten SPD-Parteivorstands: Beschluß zur Bildung einer Auslandszentrale und dem Transfer von Teilen des Parteivermögens ins Ausland
10. Mai	Bücherverbrennungen als Demonstration gegen »undeutschen Geist« in zahlreichen deutschen Universitätsstädten; Beschlagnahme des verbliebenen Parteivermögens der SPD
17. Mai	»Friedenserklärung« Hitlers im Reichstag. In Berlin stimmen die dort verbliebenen Mitglieder der SPD-Reichstagsfraktion dieser Erklärung entgegen der Aufforderung der emigrierten Mitglieder des Parteivorstands zu, was zu scharfen parteiinternen Konflikten führt
27. Mai	Pfarrer Fritz von Bodelschwingh wird gegen den Kandidaten und »Bevollmächtigten des Führers« Ludwig Müller zum »Reichsbischof« der Evangelischen Kirche gewählt, demonstrativ aber weder von Hitler noch von Hindenburg empfangen. Beginn des Kirchenkampfes in der evangelischen Kirche als Auseinandersetzung zwischen den »Deutschen Christen« und den Gläubigen, die sich den politischen Beeinflussungsversuchen der NS-Führung widersetzen
Mai	Bildung des sozialdemokratischen Exilparteivorstands (Sopade) in Saarbrücken, ab Juni in Prag
17. Juni	Baldur von Schirach (ab 2. August 1940 Artur Axmann) »Jugendführer des Deutschen Reiches«
22. Juni	Verbot der SPD
27. Juni	Die DNVP löst sich selbst auf, Hugenberg tritt aus dem Ka-

	binett aus. Anschließend Selbstauflösung auch aller anderen Parteien
Juni	Auflösung und Verbot der meisten Jugendbünde
14. Juli	Gesetz gegen die Neubildung von Parteien schließt die Gleichschaltung der Parlamente ab. Die NSDAP nunmehr einzige Partei. Gesetz zur Verhütung erbkranken Nachwuchses ermöglicht Sterilisierungen
20. Juli	Abschluß des Reichskonkordats
23. Juli	»Kirchenwahlen« in der evangelischen Kirche - starke Mehrheiten für die »Deutschen Christen«
5. September	Generalsynode (»braune Synode«) der (evangelischen) Kirchen der Altpreußischen Union beschließt Einführung des Arierparagraphen für Pfarrer
11./21. September	Gründung des evangelischen »Pfarrernotbundes« durch Pfarrer Martin Niemöller als Reaktion auf die »braune Synode«
17. September	Gründung der Reichsvertretung der deutschen Juden (ab 1939: Reichsvereinigung der Juden in Deutschland) als Selbsthilfeorganisation angesichts zunehmender gesellschaftlicher Ausgrenzung (Präsident: Leo Baeck, Geschäftsführer: Otto Hirsch)
21. September	Reichstagsbrandprozeß vor dem Reichsgericht. Angeklagt: Van der Lubbe, daneben der Vorsitzende der ehemaligen KPD-Reichstagsfraktion Ernst Torgler und drei Bulgaren, darunter Georgi Dimitroff (23.12.: Todesurteil für van der Lubbe, für alle anderen Angeklagten Freispruch). Auf Betreiben Willi Münzenbergs internationaler Gegenprozeß in London, das »Braunbuch über Reichstagsbrand und Hitler-Terror« suggeriert Brandstiftung durch Nationalsozialisten und erregt weltweit Aufsehen
22. September	Reichskulturkammer-Gesetz zur Erfassung und Gleichschaltung aller Berufstätigen im kulturellen Bereich dient u.a. der ideologischen Überwachung. Entzug oder Verweigerung der Mitgliedschaft in den Einzelkammern aus politischen oder rassischen Gründen bedeutet Berufsverbot
27. September	Evangelische Nationalsynode in Wittenberg: Wahl Ludwig Müllers zum Reichsbischof
4. Oktober	Schriftleitergesetz regelt Ausbildung und Zulassung zu Presseberufen: »Schriftleiter« sind nicht mehr dem Verleger, sondern dem Staat verantwortlich
24. November	Gesetz über Sicherheitsverwahrung nach Strafhaft für Rückfalltäter
November	Zerschlagung der Widerstandsorganisation »Roter Stoßtrupp« in Berlin; Bildung illegaler Gewerkschaftsleitungen
19. Dezember	Die evangelische Jugend wird in die HJ eingegliedert
1934	
8. Januar	»Prager Manifest« (datiert zum 30. Januar 1934) der deutschen Sozialdemokraten (Sopade) in Prag ruft zum »revolutionären Sturz« des Regimes Hitler auf

12. Februar	Österreich: Angesichts zunehmender Übergriffe gegenüber der Sozialdemokratie und dem »Republikanischen Schutzbund« (sozialdemokratische Wehrorganisation) seitens des Bundeskanzlers Engelbert Dollfuß und der Heimwehr kommt es zur revolutionären Schutzbund-Erhebung: Niederschlagung durch Militär und Polizei, Standrecht-Justiz, Illegalisierung der Arbeiterbewegung, Flucht zahlreicher Funktionäre und Mitglieder, vor allem in die Tschechoslowakei. Errichtung des Ständestaats bzw. der »austrofaschistischen Diktatur«
16. Februar	Gesetzlicher Auftrag zur Zentralisierung der Rechtspflege durch das Reich. Indizierung von Alfred Rosenbergs ›Mythus des 20. Jahrhunderts‹ durch die katholische Kirche
März	Die trotzkistische »Gruppe Funke« in Berlin wird ausgeschaltet; zahlreiche Verhaftungen
März/April	»Vertrauensräte«-Wahlen in den Betrieben: Nahezu die Hälfte der Arbeiter stimmt nicht für die nationalsozialistische Einheitsliste; nach erneutem Mißerfolg 1935 werden keine betrieblichen Wahlen mehr angesetzt
20. April	Ernennung Himmlers zum stellvertretenden Chef und Inspekteur der Geheimen Staatspolizei in Preußen
22. April	Erster gemeinsamer Auftritt der Mitglieder der Bekennenden Kirche aus ganz Deutschland in Ulm
24. April	Errichtung des Volksgerichtshofes für Delikte des Hoch- und Landesverrats (Reaktion auf die Freisprüche im Reichstagsbrandprozeß)
29.-31. Mai	1. Bekenntnissynode der Bekennenden Kirche (Barmer Synode) beschließt das Barmer Bekenntnis, lehnt den weltanschaulichen Führungsanspruch des NS-Staates im Bereich der evangelischen Kirche ab und verkündet »Notrecht« gegen Kirchenleitungen
7. Juni	Gemeinsamer Hirtenbrief der katholischen Bischöfe gegen die Irrtümer der Zeit
17. Juni	Rede des Vizekanzlers Papen in Marburg (Verfasser: Edgar Jung) mit scharfer Kritik aus konservativer Rechtsauffassung an »Staatstotalismus« und der Herrschaft einer einzigen Partei
30. Juni	Innerparteiliche Gegner Hitlers und ehemalige politische Gegner aus anderen Parteien (»Systemparteien«) und der Reichswehr werden anläßlich des »Röhm-Putsches« vom Sicherheitsdienst der SS ermordet. Die Mordaktion mit rund 100 Opfern wird nachträglich als »Staatsnotwehr« für rechtens erklärt
Juni	Konstituierung des Deutschen PEN-Clubs im Exil (Präsident: Heinrich Mann)
25. Juli	Österreichs Bundeskanzler Dollfuß wird während eines gescheiterten nationalsozialistischen Putsches ermordet
2. August	Tod des Reichspräsidenten Hindenburg; unmittelbar darauf Vereinigung von Reichskanzler- und Reichspräsidentenamt in Person und Funktion Hitlers als »Führer und Reichs-

	kanzler«, Vereidigung von Wehrmacht und Beamtenschaft auf Hitler
18. August	Erste Volksabstimmung im NS-Staat über die Maßnahmen vom 2. August 1934; trotz überwältigender Zustimmung wird auch Ablehnung des Regimes deutlich. In manchen Stimmbezirken verweigern mehr als ein Viertel der Wähler ihre Zustimmung
19./20. Oktober	2. Bekenntnissynode der Bekennenden Kirche in Berlin-Dahlem bekräftigt das »kirchliche Notrecht« und festigt die Struktur der Bekennenden Kirche
Oktober	Ausschaltung der sozialistischen Rechberg-Gruppe in Südwestdeutschland
Herbst	Gestapo zerschlägt den »Technik-Apparat« der KPD und viele illegale Bezirksleitungen
22. November	Gründung der Vorläufigen Kirchenleitung der Bekennenden Kirche
30. November	Turn- und Sportjugend wird der HJ eingegliedert

1935

13. Januar	Saarabstimmung: Trotz der intensiven Kampagne von KPD (Herbert Wehner) und Saar-SPD (Max Braun) unter Beteiligung emigrierter Oppositioneller für die Beibehaltung des Status quo stimmen über 90 Prozent für die Wiedereingliederung in das Deutsche Reich
4./5. März	Bekenntnissynode der Evangelischen Kirche der Altpreußischen Union beschließt Kanzelverkündigung gegen »Neuheidentum« und NS-Rassenideologie. Verhaftung zahlreicher evangelischer Pfarrer
16. März	Wiedereinführung der allgemeinen Wehrpflicht
1. April	Verbot der Organisation der »Zeugen Jehovas«, zahlreiche Verhaftungen
20./21. April	Konferenz illegaler und emigrierter Gewerkschafter aus dem Transportbereich in Roskilde/Dänemark
17. Mai	Beginn einer Welle von 60 Prozessen gegen Klosterangehörige wegen »Devisenvergehen«
Mai/Juni	Zerschlagung des Germania-Kreises (größte sozialdemokratische Widerstandsgruppe am Niederrhein); kleinere Zirkel arbeiten von Amsterdam aus weiter
4.-6. Juni	3. Bekenntnissynode der Bekennenden Kirche in Augsburg
20. Juli	Erlaß schränkt Tätigkeit katholischer Jugendorganisationen ein
26./27. Juli	Konferenz von Reichenberg: Gründung einer Auslandsvertretung der deutschen Gewerkschaften (ADG) in Komotau unter Heinrich Schliestedt (ab August 1938 unter Fritz Tarnow in Kopenhagen)
Mai-August	Verstärkte Boykott-Propaganda gegen Juden
Juli/Aug.	VII. Weltkongreß der Komintern bereitet eine gegen den Faschismus gerichtete Volksfront vor und korrigiert die »Sozialfaschismustheorie«, die die Sozialdemokratie zu einem

	noch vor den Nationalsozialisten auszuschaltenden Gegner erklärt hatte
Sommer	Der Kampf der Nationalsozialisten gegen die katholischen und evangelischen Bekenntnisschulen wird verschärft
20. August	Die katholischen Bischöfe erlassen einen Hirtenbrief gegen das nationalsozialistische »Neuheidentum« und die Verdrängung christlicher Elemente aus der Öffentlichkeit
15. September	Nürnberger Rassengesetze
24. September	Gesetz zur Sicherung der »deutschen evangelischen Kirche« ermächtigt Reichskirchenminister Hans Kerrl zur »Wiederherstellung geordneter Zustände«
26. September	Emigranten aller politischen Richtungen versammeln sich im Hotel Lutetia in Paris zur Vorbereitung einer deutschen Volksfront
Oktober	KPD-Konferenz bei Moskau (»Brüsseler Konferenz«) beschließt die Taktik der Einheits- und Volksfront. Diese Bestrebungen scheitern in der Emigration, innerhalb Deutschlands können sie sich nur schwer durchsetzen, da die meisten kommunistischen Widerstandsgruppen bereits zerschlagen sind
Herbst	Die Gestapo bricht in die Berliner Organisation von »Neu Beginnen« ein; zahlreiche Verhaftungen bis Frühjahr 1936

1936	
2. Februar	Eine gemeinsame »Kundgebung an das deutsche Volk« wird im Hotel Lutetia in Paris durch KPD-, SPD-, linkssozialistische und bürgerliche Exilpolitiker (federführend: Heinrich Mann) verabschiedet
17.-22. Februar	4. Bekenntnissynode der Bekennenden Kirche in Bad Oeynhausen: Es kommt zur Spaltung
12. März	Wahl der 2. Vorläufigen Kirchenleitung durch den Reichsbruderrat
18. April	Gesetz erhebt Volksgerichtshof zum ordentlichen Gericht und stellt ihn als oberstes Strafgericht dem Reichsgericht gleich
23./24. Mai	Konferenz von Vertrauensleuten der illegalen Bergarbeiter-Gewerkschaft in Paris, Gründung des »Arbeitsausschusses freigewerkschaftlicher Bergarbeiter«
28. Mai	Pfingst-Denkschrift der 2. Vorläufigen Leitung der Bekennenden Kirche gegen staatliche Unrechtsmaßnahmen und NS-Rassenpolitik
Mai	Erneute Propagandakampagne gegen katholische Geistliche und Klöster. Etwa 300 Geistliche werden wegen angeblicher Devisen- und Sittlichkeitsverbrechen angeklagt
4. Juni	Denkschrift der radikalen Bekennenden Kirche an Hitler nimmt Stellung gegen Judenhaß und NS-Verfolgungsmaßnahmen; daraufhin Verhaftung von zahlreichen evangelischen Geistlichen
17. Juni	Führererlaß »zur einheitlichen Zusammenfassung der polizeilichen Aufgaben im Reich«, Ernennung Himmlers zum

	»Reichsführer SS und Chef der deutschen Polizei«
26. Juli	Beginn der Aufstellung der »Legion Condor«: Bis 6. Juni 1939 kämpfen 16 000 deutsche Soldaten auf der Seite Francos im Spanischen Bürgerkrieg
Ab Sommer	Etwa 5000 deutsche NS-Gegner kämpfen im Spanischen Bürgerkrieg auf republikanischer Seite in den »Internationalen Brigaden«
1. August	Hitler eröffnet die XI. Olympischen Sommerspiele in Berlin
August	Weitgehende Zerschlagung der größten norddeutschen Widerstandsgruppe »Sozialistische Front« in Hannover
Aug./Sept.	Massenverhaftungen von »Zeugen Jehovas«
4.-7. September	Mitteleuropäischer Kongreß der »Zeugen Jehovas« in Luzern, Proteste gegen nationalsozialistische Verfolgungsmaßnahmen
10. November	Hirtenbrief der katholische Bischöfe fordert Schutz der Bekenntnisschule
November	Zerschlagung der Widerstandsgruppe »Rote Kämpfer«
26. November	Carl von Ossietzky, seit 1933 in Deutschland inhaftiert, erhält den Friedensnobelpreis
1. Dezember	Hitler-Jugend wird durch Gesetz zur Staatsjugend erklärt
12. Dezember	Exakt terminierte zeitgleiche Verteilung eines auf dem Luzerner Kongreß verabschiedeten Protestflugblatts der »Zeugen Jehovas« in einer Auflage von wohl 200 000 im ganzen Reichsgebiet
Ende 1936	Thomas Mann tritt aus dem Exil erstmals offen gegen den NS-Staat auf: Ausbürgerung, Entzug der Ehrendoktorwürde der Universität Bonn
1937	
30. Januar	Das »Ermächtigungsgesetz« wird um weitere vier Jahre verlängert
Februar	Zerschlagung der illegalen KPO-Organisation, der illegalen Eisenbahner-Organisation in Westdeutschland sowie der Organisation des DMV in Sachsen und Berlin
9. März	Kripo verhaftet schlagartig mehrere Tausend Vorbestrafter (»Gewohnheitsverbrecher«) zur Einweisung in Konzentrationslager
21. März	Enzyklika »Mit brennender Sorge« (Ausstellungsdatum 14. März) wird von den Kanzeln verkündigt und in den katholischen Kirchen verteilt. Papst Pius XI. verurteilt scharf die nationalsozialistische Kirchenpolitik, aber auch die politischen Verhältnisse in Deutschland. Verhaftung zahlreicher katholischer Geistlicher, Beschlagnahmungsaktionen in kirchlichen Druckereien, verbunden mit zahlreichen Enteignungen
März	Die nationalbolschewistischen »Widerstands-Kreise« (Ernst Niekisch, Joseph Drexel) in Nürnberg, Berlin und anderen Städten werden zerschlagen
26. April	Zerstörung der baskischen Stadt Guernica durch deutsche Flugzeuge im Spanischen Bürgerkrieg
Frühjahr	Goerdeler versucht, auf Auslandsreisen Kontakte zu auslän-

	dischen Regierungskreisen zu knüpfen. Neue Massenverhaftungen von »Zeugen Jehovas«. Zerschlagung der illegalen Organisationen der FAUD und der »Roten Kämpfer«
18. Juni	Doppelmitgliedschaft in kirchlicher Jugend und HJ wird verboten
20. Juni	Schlagartige Verteilung von rund 70 000 Protestflugblättern der »Zeugen Jehovas« in zahlreichen Städten
Juni	Volksgerichtshofsverfahren gegen Führer des »Jungnationalen Bundes« in Essen
Sommer	Eskalation des Kirchenkampfes gegen die Bekennende Kirche führt zur Verhaftung von etwa 800 Geistlichen der Bekennenden evangelischen Kirche
1. Juli	Verhaftung von Pastor Niemöller (KL-Haft bis 1945)
4. Juli	Öffentlicher Protest von Kardinal Faulhaber gegen die Verhaftung katholischer Geistlicher und die Willkür der Gestapo in München
August	Neue Verhaftungswelle gegen »Zeugen Jehovas«
5. November	Hitler informiert die Wehrmachtführung über seine Kriegspläne.
12. November	Stellungnahme von Generalstabschef des Heeres Ludwig Beck gegen diese Pläne
Dezember	Beginn einer bis Sommer 1938 anhaltenden Verhaftungswelle gegen illegale Gruppen des ISK in vielen Großstädten. Auch die illegalen Organisationen der SAP und der KPO werden weitgehend ausgeschaltet
1938	
4. Februar	Blomberg-Fritsch-Affäre führt zu weitgehender Gleichschaltung der Wehrmacht. Revirements auch im Auswärtigen Amt: Ribbentrop neuer Außenminister, Botschafter Ulrich von Hassell entlassen
13. März	Anschluß Österreichs
Frühjahr	Verfolgung der bisherigen Regierungspartei wie auch der illegalen Arbeiterbewegung in der »Ostmark«.
20. April	Treueid der evangelischen Pfarrer auf Hitler
5. Mai	1. Denkschrift von Beck gegen die Kriegsvorbereitung
30. Mai	Weisung Hitlers an die Wehrmacht zur Vorbereitung der Zerschlagung der ČSR.
3. Juni	2. Denkschrift von Beck
13.-18. Juli	Tausende »Asozialer« werden verhaftet und in Konzentrationslager eingewiesen
15./16. Juli	3. Denkschrift von Beck
19.-29. Juli	Vortrag von Beck beim Oberbefehlshaber des Heeres Walther von Brauchitsch endet mit der - erfolglosen - Aufforderung zum kollektiven Rücktritt an die gesamte militärische Führung
18. August	Beck reicht seinen Rücktritt ein, ohne damit das erhoffte Aufsehen erregen zu können
Sommer	Gestapo zerschlägt Vertriebsorganisation der ›Deutschen Freiheitsbriefe‹

19. August	Hirtenbrief der katholischen Fuldaer Bischofskonferenz gegen Kirchenhetze und Sittlichkeitsprozesse. Unterredung zwischen Churchill und Ewald von Kleist in London
Aug./Sept.	Vorbereitung eines Staatsstreichsplanes im Zusammenhang mit der von Hitler beabsichtigten kriegerischen Lösung der Sudetenfrage (»September-Verschwörung«)
7. September	Im Namen der deutschen Opposition fordert Erich Kordt erfolglos von der englischen Regierung eine deutliche Stellungnahme gegen die möglichen Expansionspläne der deutschen Regierung
Mitte Sept.	Vorbereitung der Verhaftung Hitlers durch hohe Offiziere um Oster, Witzleben und Hase
30. September	Münchener Abkommen: Durch die Einigung der europäischen Großmächte mit Hitler werden die Umsturzpläne der Opposition gegenstandslos
1. Oktober	Einmarsch deutscher Truppen in das Sudetenland
Herbst	Zerschlagung der »10-Punkte-Gruppe« sowie der Gruppe »Neu Beginnen« in Berlin
21. Oktober	Geheimbefehl Hitlers zur »Erledigung der Rest-Tschechei«
7. November	Attentat Herschel Grynszpans auf Botschaftsrat Ernst vom Rath in Paris
9./10. November	»Reichskristallnacht«: Judenpogrom vor allem auf Initiative von Joseph Goebbels; bei angeblich spontanen Massenprotesten anläßlich des Grynszpan-Attentats werden fast 100 Juden ermordet, nahezu alle Synagogen sowie über 7 000 jüdische Geschäfte zerstört oder schwer beschädigt
8. Dezember	Runderlaß Himmlers zur systematischen Erfassung und erkennungsdienstlichen Behandlung aller Zigeuner im Reichsgebiet
Dezember	Der evangelische Landesbischof von Württemberg Theophil Wurm protestiert wegen der Übergriffe auf die Juden. Einrichtung von Hilfsstellen der Kirchen für verfolgte Juden, vor allem, soweit sie zum christlichen Glauben konvertiert sind. Erste Zusammenkünfte im Freundeskreis um Peter Graf Yorck von Wartenburg; aus diesen Anfängen entsteht der »Kreisauer Kreis« um Yorck und Moltke

1939

30. Januar	Hitler kündigt für den Kriegsfall außerordentliche Maßnahmen gegen die Juden an
30.1.-1. Februar	»Berner Konferenz« der KPD in Draveil bei Juvisy-sur-Seine südlich von Paris
6. Februar	Gestapo löst reichsweit katholischen Jungmännerverband auf
14./15. März	Einmarsch deutscher Truppen in die Tschechoslowakei, Bildung des »Reichsprotektorats Böhmen und Mähren«
21. März	Hitler verlangt von Polen Rückgliederung Danzigs ans Reich und Rückgabe des »Korridors«
23. März	Deutscher Einmarsch ins litauische Memelgebiet, Rückgliederung ans Reich

322

25. März	Allgemeine Jugenddienstpflicht in der HJ
3. April	Weisung Hitlers zur Vorbereitung des Angriffs auf Polen
23. Mai	Hitler erläutert der Generalität seine Angriffspläne gegen Polen
Sommer	Zahlreiche Auslandskontakte deutscher Regimegegner wie Goerdeler, Trott zu Solz und Erich Kordt. In Berlin findet sich aus verschiedenen Kreisen eine Gruppe um Arvid Harnack und Harro Schulze-Boysen zusammen (die später so genannte »Rote Kapelle«)
August	Zerschlagung des monarchistischen Harnier-Kreises in München
23. August	Deutsch-sowjetischer Nichtangriffspakt (»Hitler-Stalin-Pakt«). Kommunistische Widerstandsgruppen werden nicht mehr von sowjetischer Seite unterstützt. Nur einzelne noch bestehende Gruppen setzen trotz der überraschenden und die Kommunisten lähmenden Zusammenarbeit zwischen Hitler und Stalin ihren Kampf gegen das Regime fort
1. September	Deutscher Überfall auf Polen, Beginn des Zweiten Weltkriegs
21. September	Richtlinien Heydrichs für »Einsatzgruppen« im besetzten Polen: u.a. Konzentrierung der Juden in Ghettos
27. September	Bildung des Reichssicherheitshauptamts (RSHA): Vereinigung der Zentralen Ämter der Sicherheitspolizei (Gestapo und Reichskriminalpolizeiamt) mit dem Sicherheitshauptamt des Reichsführers SS. Das RSHA wird zur Zentrale des NS-Terrors
September	Ausrottungsaktionen gegenüber Juden und Polen führen zu vereinzelten Protesten führender Militärs. Der Plan hoher deutscher Offiziere (u.a. Generaloberst Kurt von Hammerstein), Hitler während eines Besuchs an der Westfront festzunehmen und auszuschalten, scheitert
Herbst	Beginn der Euthanasieaktion. Erste Judendeportationen
9. Oktober	Hitler kündigt den Beginn der Westoffensive »zum frühestmöglichen Zeitpunkt« an; der zunächst auf den 12. November festgelegte Angriffstermin wird jedoch immer wieder verschoben
11. Oktober	1. Denkschrift von General Ritter von Leeb gegen Hitlers Westoffensive
31. Oktober	2. Denkschrift des Generals von Leeb
Oktober	Josef Müller (Ochsensepp) versucht, mit Hilfe des Vatikans Kontakt zur britischen Regierung aufzunehmen. Verhaftung der Mitglieder der kommunistischen Gruppe um Heinz Kapelle in Berlin
November	Die Offiziersgruppe um Oster und Halder bereitet einen Anschlag auf Hitler zur Verhinderung der Westoffensive vor
8. November	Mißglücktes Attentat auf Hitler im Münchener Bürgerbräukeller durch den Einzeltäter Johann Georg Elser
18. November	Scharfe Proteste von Generaloberst Johannes Blaskowitz gegen die Mordaktionen in Polen
27. November	Kontaktaufnahme zwischen Leuschner, Kaiser, Goerdeler

| | und Beck |
| Herbst | Gespräche von Trott zu Solz mit amerikanischen und britischen Politikern in den USA und Kanada |

1940

Januar	Verfassungsprogramm von Goerdeler (›Das Ziel‹)
11. Februar	Deutsch-sowjetisches Wirtschaftsabkommen sichert umfangreiche Erdöl-, Edelmetall- und Getreidelieferungen für Deutschland
22./23. Februar	Aussprache Hassells in Arosa mit James Lonsdale Bryans, der über Kontakt zum britischen Außenminister Halifax verfügt
9. April	Deutsche Besetzung Dänemarks und Norwegens
10. April	Gratulationsschreiben des Breslauer Kardinals Adolf Bertram zu Hitlers Geburtstag
14./15. April	Erneute Besprechung Hassells mit James Lonsdale Bryans in Arosa
10. Mai	Beginn des deutschen Angriffs im Westen auf Frankreich unter Verletzung der Neutralität Luxemburgs, Belgiens und der Niederlande; vorhergehende mehrmalige Versuche deutscher Regimegegner wie Oster und Oberst Wilhelm Staehle, die Angriffstermine preiszugeben, um die Westmächte zu warnen, finden keine Resonanz
19. Juli	Protest des evangelischen Landesbischofs Wurm bei Innenminister Frick gegen die Tötung Geisteskranker
31. Juli	Nach dem siegreichen Ende des Westfeldzugs erklärt Hitler intern seinen Entschluß zum Angriff auf die Sowjetunion
1. August	Protest der katholischen Bischöfe bei Hitler gegen die Ermordung von Geisteskranken. Nach zahlreichen weiteren Protesten, auch von seiten evangelischer Kirchenführer 1940/41 und anderer Stellen, wird das Euthanasie-Programm weitgehend eingestellt
Oktober	Thomas Mann beginnt monatliche Rundfunkansprachen (»Deutsche Hörer«) über BBC London
Ab Herbst	Albrecht Haushofer, Professor für politische Geographie in Berlin und in Verbindung zu Regimegegnern vom Auswärtigen Amt bis hin zur »Roten Kapelle«, versucht im Auftrag von Hitlers Stellvertreter Rudolf Heß Kontakt mit britischen Politikern aufzunehmen
Dezember	Beginn einer Verhaftungswelle gegen »Zeugen Jehovas«, der neugebildete überregionale Organisationsnetze zum Opfer fallen

1941

| 17./30. März | Hitler erläutert vor hohen Offizieren die Prinzipien der geplanten Kriegführung im Osten: Der Rußlandfeldzug sei als »Vernichtungskrieg« mit barbarischer Härte zu führen |
| 19. März | SPD-Parteivorstand (Sopade), SAPD-Leitung, Vorstand des ISK und das Auslandsbüro »Neu Beginnen« sowie die Landesgruppe deutscher Gewerkschafter in Großbritannien bil- |

	den »Union deutscher sozialistischer Organisationen in Großbritannien« (»Londoner Union«)
13. Mai	Erlaß Hitlers über Ausschaltung der Kriegsgerichtsbarkeit in den zu besetzenden sowjetischen Gebieten: Straffreiheit bei gesetzwidrigem Vorgehen deutscher Soldaten gegen Zivilisten, Ahndung von Straftaten Einheimischer durch die Besatzungsmacht ohne Gerichtsverfahren
30. Mai	Goerdeler formuliert einen Friedensplan für Gespräche mit der britischen Regierung
6. Juni	»Kommissar-Befehl« ordnet die unmittelbare Liquidierung politischer Kommissare in der Sowjetunion bei Gefangennahme an
20. Juni	Hirtenbrief des katholischen Episkopats über die Bedrückung der Kirche in Deutschland
22. Juni	Überfall auf die Sowjetunion. Den drei Heeresgruppen folgen vier Einsatzgruppen der Sicherheitspolizei und des SD (»A«: Baltikum, »B« Weißruthenien, »C« Ukraine, »D« Krim). Etwa 3000 Mann stark, ist ihre Aufgabe die »Sicherung des Hinterlands« im Rücken der Front. Dahinter verbirgt sich der Auftrag zur systematischen Tötung von Juden, kommunistischen Funktionären und anderen »unerwünschten Elementen« (Maxime: »Wo der Partisan ist, ist der Jude, und wo der Jude ist, ist der Partisan«). 1941/42 beträgt die Zahl ihrer Opfer mehr als eine Million Menschen
Juli	Verhaftung der Gruppe um Hanno Günther und Alfred Schmidt-Sas in Berlin
3. August	Der katholische Bischof Clemens August Graf von Galen predigt in Münster gegen die Ermordung Geisteskranker; zahlreiche Geistliche beider Konfessionen protestieren gegen die rassisch motivierten Verbrechen der NS-Führung
4. August	Pläne werden entwickelt, Hitler bei einem Truppenbesuch im Mittelabschnitt der Ostfront festzunehmen
14. August	Verkündung der Atlantik-Charta durch Roosevelt und Churchill
1. September	Verordnung über das Tragen des Judensterns
23. September	Beginn der Massenermordung von Juden in Auschwitz durch Gas
September	Verhaftung der Gruppe um Josef Landgraf in Wien
1. Oktober	Auswanderungsverbot für deutsche Staatsangehörige jüdischer Rasse
20. Oktober	Beginn der systematischen Judendeportationen aus dem Reich nach Osten
November	Die Gruppe um Goerdeler versucht, Verbindung zur amerikanischen Regierung aufzunehmen
7. Dezember	Japanischer Überfall auf Pearl Harbor und Eintritt der USA in den Krieg
9./10. Dezember	Protest des evangelischen Bischofs Wurm und des Breslauer Kardinals Bertram gegen die Morde an Geisteskranken und die Beschneidung kirchlicher Rechte
Dezember	»Winterkrise«: Stocken des deutschen Vormarschs unmittel-

bar vor Moskau macht das Scheitern der Blitzkriegsstrategie in der Sowjetunion offenbar. Im Umkreis des Generalfeldmarschalls von Witzleben gibt es Überlegungen, an der Westfront einen Umsturzversuch zu wagen

16. Dezember   Hitler verbietet jeden operativen Rückzug, entläßt Brauchitsch und übernimmt selbst den Oberbefehl über das Heer

1942

20. Januar   »Wannsee-Konferenz« führender Verwaltungsbeamter und hoher SS-Führer zur Koordinierung der Ausrottungsmaßnahmen gegen die Juden

Januar   Wilhelm Knöchel beginnt mit dem Unternehmen, in Berlin eine neue kommunistische Reichsleitung aufzubauen

Ende Januar   Verhaftung der Gruppe um Walther Klingenbeck

Februar   Die meisten Mitglieder der kommunistisch-nationalrevolutionären Widerstandsorganisation um Robert Uhrig und Beppo Römer in Berlin, deren Anfänge bis ins Jahr 1938 zurückreichen, werden verhaftet; 45 Todesurteile. Zerschlagung der kommunistischen »Vorbote«-Gruppe in Mannheim. Verhaftung der Gruppe um Helmut Hübener in Hamburg

2. März   Denkschrift des evangelischen Bischofs Wurm gegen den nationalsozialistischen Kulturkampf

17. März   Beginn der Massentötungen von Juden im polnischen Vernichtungslager Belzec, anschließend in Sobibor und Treblinka

22. März   Katholischer Hirtenbrief wider den Kampf der Nationalsozialisten gegen Christentum und Kirche

März   Erste Judentransporte aus dem Reichsgebiet und aus Westeuropa nach Auschwitz

Ende März   Der zurückgetretene Ludwig Beck wird zur »Zentrale« der Militärverschwörung

April   Treffen zwischen Goerdeler und dem schwedischen Bankier Wallenberg in Stockholm

Mitte Mai   Verhaftung der Mitglieder der Herbert-Baum-Gruppe

Pfingsten   1. Kreisauer Tagung (24./25. Mai)

Ende Mai   Die evangelischen Pfarrer Schönfeld und Bonhoeffer von der »Bekennenden Kirche« kontaktieren den britischen Bischof von Chichester Bell in Schweden

Frühjahr   Zerschlagung der »Neu-Beginnen«-Widerstandsorganisation »Revolutionäre Sozialisten« in Südbayern und Österreich (Hermann Frieb, Bebo Wager)

Sommer   Münchener Studenten um die Geschwister Scholl (»Weiße Rose«) beginnen mit Flugblattaktionen

Juli   In Smolensk versucht Goerdeler persönlich, Generalfeldmarschall Günther von Kluge für Umsturzpläne zu gewinnen

20. August   Roland Freisler wird Vorsitzender des Volksgerichtshofs

24. September	Generalstabschef des Heeres Franz Halder wird abgelöst
Herbst	Verhaftung der meisten Mitglieder der Widerstandsgruppe um Arvid Harnack und Harro Schulze-Boysen (»Rote Kapelle«)
5. Oktober	Himmler befiehlt die Deportation aller Juden aus Konzentrationslagern im Reichsgebiet nach Auschwitz
Oktober	2. Kreisauer Tagung
Mitte Oktober	Die meisten Mitglieder der kommunistischen Widerstandsgruppe um Franz Jacob, Bernhard Bästlein und Robert Abshagen in Hamburg werden verhaftet
November	Niederlage Rommels bei El Alamein, Landung der Alliierten in Marokko, Beginn des sowjetischen Gegenangriffs bei Stalingrad
Herbst	Verhaftung zahlreicher Angehöriger »wilder« Jugendgruppen im Rhein-Ruhr-Gebiet
Dezember	Die illegale Berliner Organisation der »Zeugen Jehovas« wird zerschlagen
Ab Dezember	Prozesse gegen Mitglieder der »Roten Kapelle«, Hinrichtungen
Ende 1942	Die Gruppen um Goerdeler und Beck und die Opposition um Tresckow und Olbricht intensivieren ihre Zusammenarbeit

1943

8. Januar	Treffen zwischen den »Kreisauern« und der Gruppe um Goerdeler
14.-26. Januar	Konferenz von Casablanca: Roosevelt und Churchill erkären die bedingungslose Kapitulation (»Unconditional surrender«) zur unabdingbaren Voraussetzung eines Waffenstillstands
31.Januar/1. Februar	Kapitulation der 6. Armee in Stalingrad
Januar	5. Flugbatt der »Weißen Rose«
Januar/Februar	Zerschlagung der Knöchel-Organisation in Berlin und Westdeutschland
Mitte Februar	6. Flugblatt der »Weißen Rose«. Die Mitglieder der Widerstandsgruppe um die Geschwister Scholl werden am 18. Feburar in München, wenig später darauf in Hamburg verhaftet
18. Februar	Goebbels verkündet im Berliner Sportpalast den »totalen Krieg«
13. März	Der Versuch von Tresckow und Schlabrendorff, Hitler durch einen Bombenanschlag auszuschalten, schlägt fehl
21. März	Fehlschlag eines Attentatsversuchs auf Hitler im Berliner Zeughaus durch Rudolf von Gersdorff
26. März	Geheime Denkschrift von Goerdeler für die Wehrmachtsspitze, um einen Staatsstreich anzustoßen
19. April	Aufstand im Warschauer Ghetto
Ostern	Münchner (protestantischer) Laienbrief verurteilt die Vernichtungsmaßnahmen gegen Juden (25./26. April)
April	Hans Oster, Dietrich Bonhoeffer, Hans von Dohnanyi, Josef Müller u.a. (»Abwehrkreis«) werden verhaftet

327

Frühjahr	KPD-geführte »Freie deutsche Bewegungen« in Lateinamerika und Großbritannien, später in der Schweiz und Frankreich, sollen mit Zielrichtung auf die liberale und konservative Emigration ein »Einheitsprogramm der deutschen Antifaschisten« vorbereiten. Größere illegale Gruppen der »Zeugen Jehovas« im süd- und westdeutschen Raum werden ausgeschaltet
17. Mai	Goerdeler veranlaßt Olbricht, einen Staatsstreich vorzubereiten
Mai	Häftlingsaufstand in Sobibor
Pfingsten	3. Kreisauer Tagung (13./14. Juni)
12./13. Juli	Auf unmittelbare Veranlassung Stalins gründen deutsche kommunistische Emigranten um Ulbricht und Pieck mit deutschen Kriegsgefangenen in Krasnogorsk bei Moskau das »Nationalkomitee Freies Deutschland« (NKFD)
25. Juli	Goerdeler versucht erneut, Generalfeldmarschall Kluge in die Verschwörung einzubeziehen, bleibt aber erfolglos
Sommer	General Olbricht erarbeitet im Allgemeinen Heeresamt Berlin im Zusammenhang mit der Entwicklung verschiedener Attentatsvorhaben den konspirativen Teil der »Walküre-Planung«. Stauffenberg wird für die Umsturzplanungen gewonnen. Kommunistische Widerstandsgruppen um Anton Saefkow, Franz Jacob, Theodor Neubauer und Georg Schumann formieren sich in Berlin, Leipzig, Magdeburg/Sachsen-Anhalt und Thüringen
9. August	Letzter Reformentwurf aus dem »Kreisauer Kreis« für ein Deutschland »nach Hitler«
19. August	Hirtenbrief der katholischen Bischöfe gegen die Tötung unschuldigen Lebens
11./12. September	Gründung des »Bundes deutscher Offiziere« (BDO) in Lunjowo bei Moskau
16./17. Oktober	Bekenntnissynode der evangelischen »Altpreußischen Union« verurteilt die Tötung von Menschen aus Rasse-, Alters- und Krankheitsgründen
Oktober/November	Stauffenberg schließt als Stabschef im Allgemeinen Heeresamt die Vorbereitungen für den Umsturzversuch weitgehend ab
November	Planung eines Attentats auf Hitler anläßlich der Vorführung neuer Uniformen durch Axel von dem Bussche scheitert
9./10. Dezember	Proteste von Landesbischof Wurm und Kardinal Bertram bei Hitler gegen Unterdrückung der Kirchen und Tötung von Geisteskranken
1944	
Januar	Verhaftung Moltkes und wenig später Yorck von Wartenburgs sowie von Mitgliedern des Kreises um Hanna Solf
11. Februar	Verhaftung von Admiral Wilhelm Canaris/Abwehr
Februar	Planung eines Attentats auf Hitler während einer erneuten Uniformvorführung (Ewald Heinrich von Kleist) bzw. durch einen Pistolenanschlag scheitert

328

März	Gründung des »Council for a Democratic Germany« in New York (Paul Tillich, Reinhold Niebuhr)
Frühjahr	Zerschlagung der illegalen sowjetischen Kriegsgefangenen- und »Fremdarbeiter«-Organisation »Brüderliche Zusammenarbeit der Kriegsgefangenen« (BSW) und der mit ihr zusammenarbeitenden »Antinazistischen Deutschen Volksfront« in München
Mai	Erneute Versuche der Opposition, Verbindung zur britischen Regierung aufzunehmen, bleiben erfolglos
6. Juni	Alliierte Invasion in der Normandie
1. Juli	Stauffenberg wird zum Chef des Stabes beim Befehlshaber des Ersatzheeres ernannt
Anfang Juli	Die kommunistischen Widerstandsorganisationen in Berlin, Magdeburg, Leipzig und Thüringen werden aufgerollt
5. Juli	Verhaftung von Leber und Reichwein
6./11. Juli	Stauffenberg trifft mit Sprengstoffpaket zu Lagebesprechungen auf dem Obersalzberg ein, führt das Attentat aber noch nicht aus
15. Juli	In Erwartung der »Initialzündung« durch Stauffenberg löst Olbricht in Berlin den »Plan Walküre« aus, muß dies allerdings wieder zurücknehmen, da das Attentat nicht erfolgt
20. Juli	Sprengstoff-Attentat auf Hitler im Hauptquartier »Wolfsschanze« mißglückt, der Umsturzversuch durch Stauffenberg und seine Mitverschwörer in Berlin scheitert; in den frühen Nachtstunden standrechtliche Hinrichtung von Stauffenberg, Beck, Mertz von Quirnheim, Olbricht und Werner von Haeften im Innenhof des Bendlerblocks auf Befehl von General Friedrich Fromm
21. Juli	Beginn umfassender Fahndungs- und Verhaftungsmaßnahmen.
1. August	Für Angehörige der Regimegegner aus den alten Eliten wird die Sippenhaft angeordnet. Anfang August werden Beschuldigte aus dem Militär durch einen »Ehrenhof« unter Vorsitz von Generalfeldmarschall Gerd von Rundstedt zwecks Aburteilung durch den Volksgerichtshof (VGH) aus der Wehrmacht ausgestoßen
7. August	Beginn der VGH-Verfahren gegen Beteiligte und Mitwisser an der Verschwörung des 20. Juli 1944; diese Prozesse finden bis in das Frühjahr 1945 statt und enden überwiegend mit der Hinrichtung der Verurteilten in Berlin-Plötzensee
12. August	Verhaftung Goerdelers
Mitte August	»Aktion Gewitter«: Die Gestapo verhaftet rund 5 000 »Gegner« aus den alten Weimarer Parteien und Verbänden
Mitte Sept.	»Reeducation« als offizielles britisches Kriegsgefangenen-Programm begonnen
7. Oktober	Häftlingsaufstand in Auschwitz
Oktober	BBC London strahlt »Kriegsgefangenen-Sendungen« aus
November	Zerschlagung der Kölner Gruppe »Komitee Freies Deutschland«
Herbst	Edelweißpiraten in Köln; 13 Angehörige der Gruppe wer-

	den im November von der Gestapo öffentlich gehenkt
Ab Herbst	Verschärfte Verfahren gegen einzelne, die sich den Durchhaltebefehlen widersetzen, nehmen zu
8. Dezember	50 in der UdSSR kriegsgefangene Generale mit Generalfeldmarschall Paulus an der Spitze veröffentlichen im Namen des NKFD einen Aufruf »an Volk und Wehrmacht«

1945

April	Zahlreiche Widerstandsaktionen der »letzten Stunde« unmittelbar vor Einmarsch alliierter Truppen
11. April	»Selbstbefreiung« der Häftlinge in Buchenwald
27. April	»Freiheitsaktion Bayern« in München
28. April	Einen Tag vor dem Einmarsch amerikanischer Truppen werden in Penzberg/Obb. sechzehn Bürgerinnen und Bürger standrechtlich erschossen oder von Werwolf-Einheiten ohne Verfahren gehängt
8. Mai	Bedingungslose Kapitulation der deutschen Wehrmacht

Abkürzungsverzeichnis

AA	Auswärtiges Amt
ADG	Auslandsvertretung der deutschen Gewerkschaften
ADGB	Allgemeiner Deutscher Gewerkschaftsbund
ADV	Antinazistische Deutsche Volksfront
AfS	Archiv für Sozialgeschichte
AGSI	Arbeitsgemeinschaft für sozialistische Inlandsarbeit
AK	Auslandskomitee (der KPO)
APUZ	Aus Politik und Zeitgeschichte. Beilage zur Wochenzeitung ›Das Parlament‹
AsD	Archiv der sozialen Demokratie
AVÖS	Auslandsvertretung der österreichischen Sozialisten
BA	Bundesarchiv
BAV	Bergarbeiter-Verband (Verband der Bergbauindustriearbeiter)
BBC	British Broadcasting Corporation
BDM	Bund Deutscher Mädel
BDO	Bund Deutscher Offiziere
BK	Bekennende Kirche; Berliner Komitee (der KPO)
BSW	Bratskoe Sotrudničestvo Voennoplennych (Brüderliche Zusammenarbeit der Kriegsgefangenen)
BVP	Bayerische Volkspartei
BzG	Beiträge zur Geschichte der Arbeiterbewegung
CDG	Council for a Democratic Germany
CDU	Christlich-Demokratische Union
ČSR	Československa Republika (Tschechoslowakische Republik)
CSU	Christlich-Soziale Union
d.j. 1.11	Deutsche Jungenschaft vom 1.11.
DAF	Deutsche Arbeitsfront
DC	Deutsche Christen
DDP	Deutsche Demokratische Partei
DMV	Deutscher Metallarbeiterverband
DNVP	Deutschnationale Volkspartei
DÖW	Dokumentationsarchiv des österreichischen Widerstands
DSAP	Deutsche Sozialdemokratische Arbeiterpartei (in der ČSR)
DStP	Deutsche Staatspartei
DTV	Deutscher Textilarbeiterverband
DVP	Deutsche Volkspartei
EKKI	Exekutivkomitee der Komintern
FAB	Freiheitsaktion Bayern
FAUD	Freie Arbeiter-Union Deutschlands
FAZ	Frankfurter Allgemeine Zeitung
FBI	Federal Bureau of Investigation
Gestapa	Geheimes Staatspolizeiamt
Gestapo	Geheime Staatspolizei
GG	Geschichte und Gesellschaft
GLD	German Labor Delegation

GPU	Gosudarstvennoe Političeskoe Upravlenie (»Staatliche Politische Verwaltung«, sowjetische Geheimpolizei)
GWU	Geschichte in Wissenschaft und Unterricht
BayHStA	Bayerisches Hauptstaatsarchiv
HJ	Hitler-Jugend
HZ	Historische Zeitschrift
IBV	Internationale Bibelforscher-Vereinigung
IGB	Internationaler Gewerkschaftsbund
IISG	Internationaal Instituut voor Sociale Geschiedenis (Internationales Institut für Sozialgeschichte) Amsterdam
IRH	Internationale Rote Hilfe
IRSH	International Review of Social History
ISK	Internationaler Sozialistischer Kampfbund
ITF	Internationale Transportarbeiter-Föderation
KAB	Katholische Arbeiterbewegung
KAPD	Kommunistische Arbeiterpartei Deutschlands
KGRNS	Kampfgemeinschaft Revolutionärer Nationalsozialisten
KJVD	Kommunistischer Jugendverband Deutschlands
KL	Konzentrationslager
Komintern	Kommunistische Internationale
KP(D)O	Kommunistische Partei (Deutschlands)/Opposition
KPD	Kommunistische Partei Deutschlands
KPÖ	Kommunistische Partei Österreichs
LO	Leninistische Organisation
Ms.	Manuskript
NKFD	Nationalkomitee »Freies Deutschland«
NKWD	Narodnyj Kommissariat Vnutrennych Del (Volkskommissariat für Inneres, auch sowjetische Geheimpolizei)
NSDAP	Nationalsozialistische Arbeiterpartei Deutschlands
OKH	Oberkommando des Heeres
OKW	Oberkommando der Wehrmacht
OLG	Oberlandesgericht
Orpo	Ordnungspolizei
OSS	Office of Strategic Services
PEN	Poets, Playwrights, Editors, Essayists, Novelists
RFSS	Reichsführer SS
RGI	Rote Gewerkschafts-Internationale
RGO	Revolutionäre Gewerkschaftsopposition
RKÖ	Revolutionäre Kommunisten Österreichs
RM	Reichsmark
RSD	Revolutionäre Sozialisten Deutschlands
RSHA	Reichssicherheitshauptamt
RSÖ	Revolutionäre Sozialisten Österreichs
SA	Sturmabteilung
SAI	Sozialistische Arbeiter-Internationale
SAJ	Sozialistische Arbeiterjugend
SAP(D)	Sozialistische Arbeiterpartei (Deutschlands)
SAPMO	Stiftung Archiv der Parteien und Massenorganisationen der ehemaligen DDR beim Bundesarchiv
SBZ	Sowjetische Besatzungszone

SD	Sicherheitsdienst
SED	Sozialistische Einheitspartei Deutschlands
SF	Sozialistische Front; Schwarze Front
Sipo	Sicherheitspolizei
SJV	Sozialistischer Jugendverband
SPD	Sozialdemokratische Partei Deutschlands
SS	Schutzstaffel
SZ	Süddeutsche Zeitung
UdSSR	Union der Sozialistischen Sowjetrepubliken
UNO	United Nations Organisation
USG	Unabhängige Sozialistische Gewerkschaft
VfZ	Vierteljahrshefte für Zeitgeschichte
VGH	Volksgerichtshof
VVN	Vereinigung der Verfolgten des Naziregimes
ZChIDK	Zentr chranenija istoriko-dokumentalnych kollekzij (Zentrum für die Aufbewahrung historisch-dokumentarischer Sammlungen) Moskau
ZdA	Zentralverband der Angestellten
ZfG	Zeitschrift für Geschichtswissenschaft
ZK	Zentralkomitee
ZPA	Zentrales Parteiarchiv
ZPKK	Zentrale Parteikontrollkommission

Deutsche Geschichte der neuesten Zeit
vom 19. Jahrhundert bis zur Gegenwart
Herausgegeben von
Martin Broszat, Wolfgang Benz, Hermann Graml
in Verbindung mit dem Institut für Zeitgeschichte

Die »neueste« Geschichte setzt ein mit den nachnapoleonischen Evolutionen
und Umbrüchen auf dem Wege zur Entstehung des modernen deutschen Na-
tional-, Verfassungs- und Industriestaates. Sie reicht bis zum Ende der sozial-
liberalen Koalition (1982). Die großen Themen der deutschen Geschichte des
19. und 20. Jahrhunderts werden, auf die Gegenwart hin gestaffelt, in dreißig
konzentriert geschriebenen Bänden abgehandelt. Ihre Gestaltung folgt einer
einheitlichen Konzeption, die die verschiedenen Elemente der Geschichtsver-
mittlung zur Geltung bringen soll: die erzählerische Vertiefung einzelner Ereignisse, Konflikte, Konstellationen; Gesamtdarstellung und Deutung; Dokumentation mit ausgewählten Quellentexten, Statistiken, Zeittafeln; Work-
shop-Information über die Quellenproblematik, leitende Fragestellungen und
Kontroversen der historischen Literatur. Erstklassige Autoren machen die
wichtigsten Kapitel dieser deutschen Geschichte auf methodisch neue Weise
lebendig.

Personenregister

343

Arno Lustiger

Zum Kampf auf Leben und Tod!

Vom Widerstand der Juden 1933-1945
dtv 30097

Die erste umfassende Darstellung des von Juden in ganz Europa geleisteten Widerstandes gegen den nationalsozialistischen Terror. Damit wird das weit verbreitete Bild von der Passivität der Opfer gründlich revidiert. In den zwölf Kapiteln des Buches werden Gruppen und Einzelkämpfer in Deutschland, in Polen, in den Vernichtungslagern, im Baltikum und in der Sowjetunion, in Süd- und Südosteuropa, in Frankreich, Holland und Belgien geschildert. Aus den zahlreichen Zeugenberichten, Kurzbiographien und Dokumenten wird die Vielfalt des jüdischen Widerstandes beeindruckend deutlich.

»Lustigers Buch kommt das unzweifelhafte Verdienst zu, den tatsächlichen Umfang des verzweifelten, meist aussichtslosen Widerstands europäischer Juden gegen ihre Auslöschung dokumentiert und darüber hinaus zahlreiche Gruppen und Einzelkämpfer der Namenlosigkeit entrissen zu haben.« (Eva-Elisabeth Fischer, Süddeutsche Zeitung)

»Zu sagen, es wäre ein wichtiges Buch, ein gelungener Versuch, Versäumnisse hauptamtlicher Forscher nachzuholen, wäre zwar richtig, aber eine freche Untertreibung. Es ist eine gigantische Fleißarbeit von höchstem Gebrauchswert.« (Henryk M. Broder, Die Woche)

dtv

Dimension des Völkermords
Die Zahl der jüdischen Opfer des Nationalsozialismus

Herausgegeben von Wolfgang Benz
dtv 4690

Die in diesem Band versammelten Beiträge ausgewiesener Experten bieten neben exakten Zahlen ein detailliertes Gesamtbild der Voraussetzungen, Formen und Phasen der nationalsozialistischen Judenverfolgung.

»... eine der gründlichsten Untersuchungen des ganzen Vorgangs überhaupt.« (Eberhard Jäckel)

»Wenn man dieses Buch nicht nur als Kompendium und Nachschlagewerk benutzt, sondern als Gesamtdarstellung liest, wird sichtbar, welche riesenhaften Ausmaße dieses Verbrechen besaß, wie viele Tausende und Zehntausende von Menschen in seine Vorbereitung und Durchführung einbezogen waren, welchen organisatorischen und politischen Aufwandes es bedurfte, um die jüdische Bevölkerung noch in dem entlegensten Dorf in Frankreich, der Ukraine oder Norwegen und noch auf der kleinsten griechischen Insel zu ›erfassen‹, zu deportieren und schließlich zu ermorden.« (Ulrich Herbert)

dtv

Helmuth J. von Moltke
Briefe an Freya
1939-1945
Herausgegeben von Beate Ruhm von Oppen
dtv 2970

Die Briefe dokumentieren zum einen die Bemühungen
Moltkes, im Rahmen seiner Tätigkeit durch Einwände und
Verzögerungen gegenüber den Anordnungen der Reichs-
führung »das Schlimmste weniger schlimm zu machen« und
immer wieder gegen Unrecht, Verfolgung und Mord zu
intervenieren, zum anderen erhellen sie die Geschichte und
Ideenwelt des Kreisauer Kreises, der sich die Beendigung der
nationalsozialistischen Herrschaft und die Neuordnung
Deutschlands zum Ziel gesetzt hatte.

»Die Briefe an Freya von Moltke sind ein großartiges
menschliches Dokument einer humanitären Gesinnung und
geben einen ausgezeichneten Einblick in die Gedankenwelt
einer der führenden Persönlichkeiten des deutschen Widerstandes.«
(Aus der Begründung der Jury zur Verleihung des Geschwi-
ster-Scholl-Preises 1989)

dtv

Das Urteil von Nürnberg
1946
Mit einem Vorwort von Jörg Friedrich
dtv 2902

Der amtliche Text des Urteils in deutscher Sprache liegt hier vollständig vor.

Das Urteil von Nürnberg ist ein »Präzedenzfall«. Zum ersten Mal in der Geschichte wurde hier versucht, nach der Katastrophe eines Krieges die Verantwortlichen juristisch zur Rechenschaft zu ziehen und ihre Taten zu sühnen. Der Internationale Militärgerichtshof in Nürnberg, der dieses Urteil fällte, war von den Siegermächten des Zweiten Weltkrieges gebildet worden zur Aburteilung von Kriegsverbrechern, für die ein geographisch bestimmbarer Tatort nicht vorhanden war. Der Gerichtshof hatte die Vollmacht, den Prozeß gegen alle Personen zu führen, die Verbrechen gegen den Frieden, Kriegsverbrechen und Verbrechen gegen die Menschlichkeit begangen hatten. Im Verlauf der Verhandlung wurde für diese Anklagepunkte erdrückendes Beweismaterial vorgebracht und von den Richtern geprüft. Die ausführliche Urteilsbegründung ist daher mehr als eine juristische Definition – sie entrollt das Panorama der nationalsozialistischen Herrschaft in Deutschland und wird dadurch zu einem zeitgeschichtlichen Dokument ersten Ranges. Jörg Friedrich, ausgewiesener Kenner der Materie, erläutert in seinem Vorwort die völkerrechtlichen, politischen und moralischen Dimensionen dieses Ereignisses bis in die Gegenwart.

dtv

Gegen das Vergessen
Taschenbücher zum Dritten Reich

Jan-Pieter Barbian
Literaturpolitik im Dritten Reich
Institutionen, Kompetenzen, Betätigungsfelder
dtv 4668

Martin Broszat
Der Staat Hitlers
dtv 4009

Hans Buchheim / Martin Broszat / Hans-Adolf Jacobsen / Helmut Krausnick
Anatomie des NS-Staates
dtv 4637

Dimension des Völkermords
Die Zahl der jüdischen Opfer des Nationalsozialismus
Hrsg. von Wolfgang Benz
dtv 4690

Enzyklopädie des Nationalsozialismus
Hrsg. v. Wolfgang Benz, Hermann Graml und Hermann Weiß
dtv 33007

Norbert Frei
Der Führerstaat
Nationalsozialistische Herrschaft 1933-1945
dtv 4517

Hermann Graml
Reichskristallnacht
Antisemitismus und Judenverfolgung im Dritten Reich
dtv 4519

Lothar Gruchmann
Totaler Krieg
Vom Blitzkrieg zur bedingungslosen Kapitulation
dtv 4521

Ian Kershaw
Hitlers Macht
Das Profil der NS-Herrschaft
dtv 4582

Kurt Meier
Kreuz und Hakenkreuz
Die evangelische Kirche im Dritten Reich
dtv 4590

Die Rückseite des Hakenkreuzes
Absonderliches aus den Akten des Dritten Reiches
Hrsg. von Beatrice und Helmut Heiber
dtv 2967

Bernd Rüthers
Entartetes Recht
Rechtslehren und Kronjuristen im Dritten Reich
dtv 4630